当代儒家思想进展

(2020)

任重◎主编

团结出版社

图书在版编目（CIP）数据

当代儒家思想进展.2020 / 任重主编. —北京：团结出版社，2022.6 ISBN 978—7—5126—9410—1

Ⅰ.①当… Ⅱ.①任… Ⅲ.①儒家—哲学思想—研究　Ⅳ.①B222.05

中国版本图书馆CIP数据核字（2022）第085455号

责任编辑： 时晓莉　马英华
封面设计： 蓝旗营文化

出　　版：团结出版社
　　　　　（北京市东城区东皇城根南街84号　邮编：100006）
电　　话：（010）65228880　65244790
网　　址：http://www.tjpress.com
E-mail：65244790@163.com
经　　销：全国新华书店
印　　装：运河（唐山）印务有限公司

开　　本：170mm×240mm　　16开
印　　张：32.5
字　　数：288千字
版　　次：2022年6月　第1版
印　　次：2022年6月　第1次印刷

书　　号：978-7-5126-9410-1
定　　价：72.00元
　　　　　（版权所属，盗版必究）

出 版 说 明

民族的复兴虽不以文化的复兴为其全部内容，却绝对以文化的复兴为其最高标志。

儒家思想是中华文化的主要组成部分，小康、和谐、德治、教化以及"讲仁爱、重民本、守诚信、崇正义、尚和合、求大同"等理念均来自儒家。作为中华文化主干并深深楔入中华民族生命形态塑造出的儒家思想，在经历了近代的跌宕起伏后也随着时代变迁恢复生机中回归社会。

十几年前，就有人指出儒学发展的重心已经由港台地区转移到了大陆。改革开放、全球化以及"文明冲突"等，使得中国社会需要从自己的立场、自己的传统出发，表达自己的诉求和对世界的看法。如果说港台暨海外新儒家的工作主要是在东西方文化论争中为自己的传统进行价值辩护和知识梳理，那么，在最近的发展中，中国大陆儒学传承者们则开始从儒家文化系统与吾土吾民的精神生活、与国家国族建构的内在关系出发来理解把握其意义，探索其当代功能及实现形式。因此，在问题意识、学术范式和经典谱系等方面都形成了具有自己时代特征的成果，并引起了方方面面的关注。

"中国重新生长"是一个显著的文明现象。在中华民族伟大复兴正在成为时代强音的时候，出版以儒家思想最新发展为主题的年度学术文丛，从内部视角对当代儒家的学术思想和活动予以集中展示，对于儒学的良性发展，促进儒家复兴与中华民族复兴的同频共振，其必要性和重要性皆不言自明。

这就是我们出版"当代儒家思想进展年度文丛"的目的。

任重①
2020年初写于北京

---

① 任重，哲学博士，中国人民大学孔子研究院研究员，儒家网创办人暨主编。

目 / 录

研究新得

治道古今：儒家治道传统与现代国家治理之道 / 孙磊 …………… 3

中国古代边疆治理经验的反思与总结 / 张新民 …………………… 37

华夏宗教：传统与赓续 / 张俊 ……………………………………… 65

中国近代以来重公德轻私德的偏向与流弊 / 陈来 ………………… 93

发现儒家法理：方法与范畴 / 屠凯 ………………………………… 138

沟通传统与现代：以"仁"为本推动灵性社会工作的本土实践 /
　　蔡鑫 仲婧然 …………………………………………………… 166

重振经学：在经典诠释中释放儒学的生命力 / 景海峰 …………… 183

经世论道

儒家政治：当代中国政治的理想原型 / 姚洋 ……………………… 205

创造性构建中国新价值体系 / 姚中秋 ……………………………… 216

"天下一家"：中国古典文明的政教理想 / 陈赟 …………………… 227

家国结构与"孝"的公共性 / 陈壁生 ……………………………… 235

道治时代与法持时代 / 唐文明 ……………………………………… 244

儒家思想在现代社会的建设性意义 / 白彤东 ……………………… 255

中国精神、中国价值和中华民族：基于文明论的理解 / 陈明……268

思想评述

"历代政治得失"的微言隐义 / 任锋……………………………277
梁漱溟儒教观的宗教学解读——以道德代宗教论为中心 / 樊兵策 287
寻绎儒学现代开展的一条流脉——以贺麟纪念唐君毅文为线索 /
　　白欲晓……………………………………………………306
历史政治学视野下中国思想史研究路径的省思 / 秦际明…………325
文明双峰之间的好奇与穿梭——潘岳先生《秦汉与罗马》读后 /
　　田飞龙……………………………………………346

学思践悟

发挥儒家在当代宗教与文明对话中的积极作用 / 郭齐勇……………355
古代中国的"礼法"与"礼法之治" / 俞荣根……………………361
江山胜迹我辈登临——谈中国历史传承中的文化基因 / 王学典… 366
《周易》的协商思想及其当代价值 / 谈火生……………………372
我国古代乡约文化与社会教化 / 沈小勇…………………………378
发挥乡贤文化在乡村治理中的作用 / 王彩霞………………………384
文化强国的核心是文明内聚力 / 谢茂松 牟坚 ……………………389
名教：古代中国的核心价值观 / 苟东锋………………………392
墨家和现代灵知 / 李竞恒……………………………………398
活出人生的意义 / 康晓光……………………………………403
张謇、南通与文庙 / 刘根勤…………………………………417

当代儒林

在特区修一条国学路——访深圳大学国学院院长景海峰 / 杨琦 张少华 洪梓霖 ················· 427

"述而不作"是重振儒学的可能性路径——记李景林先生 / 周若愚 ················· 433

附录

儒家网2020年度十大好书 ················· 441

研究新得

治道古今：儒家治道传统与现代国家治理之道

□ 孙磊[①]

人类社会发展至今，东西方社会都致力于寻求建立优良的政治秩序，此乃政治之本义。由于历史文化传统和社会结构存在差异，不同社会所理解的优良政治秩序都有所不同。现代西方治理革命在世界范围内推动了政治由统治向治理的转变，对中国的国家治理现代化产生了很大影响。然而对于其中所包含的深层次的治理价值以及治理方式，中国并不能直接援引，而必须立足于中华文明，对其进行批判式的吸收。儒家治道传统立足于中华文明，蕴含丰富的治理价值与治理经验，但其必须经过创造性转化，不断丰富内涵，并与现代西方治理对话，才能适应国家治理现代化的需要。国内政治科学研究的主流在研究国家治理时，往往忽视儒家治道传统对现代国家治理的作用与价值，而研究儒家政治传统的学者往往不能很好地考察现代西方治理的利弊，因而不能对儒家治道传统进行与时俱

---

① 孙磊，德国慕尼黑大学政治哲学博士，同济大学政治与国际关系学院教授、政治学系系主任，主要研究领域为政治哲学与政治思想史。本文原刊于《中国政治学》2020年第1期。

进的创造性阐释。

　　本文试图通过阐释儒家治道传统的内涵及其现代转化，探求其在现代中国国家治理中的意义与作用。第一部分将考察西方治理研究的趋势，以及受此影响的中国国家治理研究所存在的问题，由此阐明研究中国治道传统对于现代中国国家治理研究的必要性；第二部分将考察历史上儒家治道传统的形成，以及构成其主体的"道统"与"治统"之间的关系；第三部分将从天道信仰、民为邦本、礼乐刑政、君子之治四个层面，阐发儒家治道传统在传统中国政治中所呈现出的丰富内涵；第四部分将从国家治理现代化的目标出发，阐发儒家治道传统如何通过与现代国家治理对话，实现其现代转化，并进一步探寻其在现代国家治理中的作用。

一、西方治理研究的趋势与中国国家治理研究存在的问题

　　西方治理革命源于区分治理（governance）与统治（government），20世纪90年代以来，西方经济学、政治学、社会学等领域都出现了治理革命，呼唤"更多的治理，更少的统治"。简言之，治理与统治的差别在于，"治理是一种由共同的目标支持的活动，这些管理活动的主体未必是政府，也无须依靠国家的强制力量来实现"。[1] 这场铺天盖地的治理革命，与西方福利国家的危机、发展中国家的经济增长缓慢以及全球化的挑战密切相关。对此，公共管理领域提出协商性治理，经济学者提出以市场为主的经济治理结构，尤其是世界银行在1990年的报告《治理与发展》中，强调"善治"的四个标准：公共部门管理、问责、法治与信息透明。自20世纪90年代至今，西方治理革命早已席卷全球各个领域。国内政治学学界如何认识和评价西方的治理研究？如何评价西方治理研究对于中国国家治理研究的影响？对此，存在三种代表性观点。

第一种观点的代表是俞可平。他翻译引介的《治理与善治》一书是国内理解西方治理革命的权威著作。在此基础上，俞可平所强调的治理与统治的区别为学界普遍接受。他认为，治理是偏重于工具性的政治行为，其中的技术性因素重于价值性因素。他提出了衡量国家治理现代化的五个标准：权力运行的制度化、民主化、法治、效率与协调。其中他特别强调民主是现代国家治理体系的本质特征。[2]第二种观点的代表是杨光斌。他指出，西方政治科学理论具有强烈的民主化色彩，以西方制度为标准来衡量新兴国家的政治发展，其对中国的影响体现为中国早期政治学研究中的现代化理论和民主化理论。此后西方主流的治理理论核心仍然是以个人权利为中心的社会中心主义。中国要建构自主性的政治学话语体系，在治理上，要秉承中国的"致治"传统与实用理性，重视国家治理能力与国家治理统治权的建设，研究真实的社会，让治理理论起到治理的作用。[3]第三种观点的代表是王绍光。他指出，西方的治理概念空洞而混乱，名为跨学科概念，实则充满歧义，内涵不清，外延无边。他认为西方的治理研究并没有能够实现"从政府向治理"的范式转换。治理革命主要兴起于新公共管理运动，其背后的推手是新自由主义的思想。西方主流治理理论体现出强烈的新自由主义主张。[4]

我们认为，俞可平的观点对中国国家治理研究的影响在于，强调治理与统治的根本差异与国家治理现代化的民主标准，但同时重视治理行为的工具理性特征。杨光斌和王绍光的观点都体现了中国政治学界对西方主流治理理论背后的价值色彩（社会中心主义与新自由主义）的反思，是对国内部分治理研究日趋工具化的警示和提醒。那么，我们究竟如何审视西方治理理论背后的价值色彩？它绝不是不带价值色彩的工具理性。首先，西方治理革命的核心价值是民主。强调公共利益最大化，国家权力向社会回归以及公民的充分参与。20世纪90年代美国以公民为中心的公民治理充分体现了民主治理的精神，公民社会的构建、NGO等第三部门的运作都是民主治理的实践。其次，西方治理革命中盛行的多中心治理理论体现了法治的价值。多中心治理强调面对公共问题，一群相互依存的人可以自我组织起来进行自主治理（self-governance），由此形成政府、市场、自主治理三种相互竞争与合作的形态，以解决公共事务的治理。[5]显然，在呼唤多中心治理的背后，是对传统政治行政权力中心化的限制与制衡，而整个多中心的分权架构和社会自治的实现是以法治为基本保障的。

随着新自由主义在西方国家尤其是转型国家失灵，如苏联解体后东欧国家使用"休克疗法"导致政治经济混乱，新公共管理推崇的市场万能逐渐受到"市场失灵"的挑战，出现了一系列政治难题，诸如政治衰败、民主失败与无效国家。西方治理研究开始打破新自由主义的神话，转向关注"治理能力"与"治理成效"的问题，其代表人物是弗朗西斯·福山。为了弥补自由主义忽视国家能力建构的不足，福山将治理定义为"政府制定或执行规则，提供服务的能力，而不管这个政府是否民主"。[6]这篇关于治理的文章明确强调政府治理水平以及对国家能力的实证化测量。福山关于治理的进一步研究体现在其专著《政治秩序的起源：从前人类时代到法国大革命》和《国家构建：21世纪的国家治理与世界秩序》中，他提出了现代国家治理的三个衡量指标——国家能力、法治与负责制政府。国家能力指国家具有强大的领导组织动员能力；法治指具有限制国家权力的有效制度；负责制政府指政府对民众负责，将民众利益置于自身利益之上，主要通过法治和议会制等制度实现。福山认为，现代国家治理能同时使这三个指标制度化的是英国，既通过制度制衡限制政府权力，又没有破坏强大而统一的主权政府。[7] 以福山为代表的西方政治学者深化了治理理论的研究，抓住了自由主义民主治理的要害，使得治理研究在政治学领域得到深化，尤其值得我们关注。但是，福山的理论，尤其是他对中国历史的解释，是否符合中华政治文明对自身的理解？这种对自身政治历史的理解，显然影响到当代中国国家治理的理论与实践。事实上，近些年中国政治学界的"福山热"也证明了这一点，福山关于中国治理的反思尤其引发学界热议。[8]

总之，早期西方治理理论强调治理方式的多样化只具有工具理性的意义，治理本身并无更多价值的色彩。这种观点尤其体现在公共管理领域与经济学领域。但正如王绍光指出的，治理理论的价值中立不过是西方新自由主义的理论陷阱。21世纪的西方治理理论，以福山为代表，出现了对原有治理理论的调整和深化。然而，当今中国治理研究很多仍仅仅停留在早期治理理论工具理性的层面，而不去探求治理方式背后蕴含的深层次的价值追求，例如民主与法治，以及现代中国国家治理如何理解这些治理价值与中华政治文明之间的关联。杨光斌与王绍光的研究已经朝中国政治学理论的自主性方向努力，但在中华政治文明的历史传统上仍然较少涉及。

鉴于此，我们认为，当今中国国家治理理论研究应该突破工具理性主导的研究范式，要提防西方治理理论背后掩藏着的新自由主义陷阱与"西方中心主义"的叙事逻辑。中国的国家治理理论要有自己的建构和特色，其重要的理论来源应该是中国的历史与现实。中国的国家治理现代化应置于中国由传统国家向现代国家转型的大背景下来考察。因此，在构建现代国家治理体系时，中国需要借鉴西方治理革命中的理论与实践，但在进行制度模式选择时，必须清楚"一个国家选择什么样的治理体系，是由这个国家的历史传承、文化传统、经济社会发展水平决定的，是由这个国家的人民决定的"。[9] 换言之，中国在借鉴和学习西方治理理论与经验时，一个重要的思考向度是中国自身的历史传承和文化传统。中国几千年的治道思想与实践蕴含着丰富的超大规模国家的治理经验，也是我们探究中华政治文明传统的关键性资源。但当今中国对自身政治文明的传统既熟悉又陌生，一方面现代中国人的生活方式与思想文化仍受到传统的浸润；另一方面现代中国的国家治理长期处于对传统的误解与反叛中，以为只有不断摧毁自身的政治传统，才能更快、更好地实现现代化。鉴于此，中华政治文明传统并非自明，而需要我们去追溯其渊源流变、挖掘其潜在内涵，以激活其在现代中国政治中的生命力。这正是本文探讨儒家治道传统及其现代转化的思考背景。

二、儒家治道传统的形成

在中国政治文化传统中，治道的思想一以贯之。早在"治道"一词出现以前，孔子删定《尚书》，就汇集了中华民族寻求优良政治秩序的治理之道。尧舜时期的"天下为公"成为后世国家治理的最高理想，周公的敬天保民与制礼作乐成为儒家"礼治"的治理典范。先秦诸子源于六经，都对治理天下之大道心向往之，因此中国的思想与学术都与"治道"问题密切相关。"治道"一词的使用，最早源于《墨子》。"今天下之士君子，忠实欲天下之富，而恶其贫，欲天下之治，而恶其乱，当兼相爱、交相利，此圣王之法，天下之治道也，不可不务为也"（《墨子·兼爱中》），墨子的"兼相爱，交相利"正是其治理天下的主张。庄子在《天道》中区分了"治之道"与"治之具"，将"刑名赏罚"看作治理的具体手段，而天道才是真正的"治之道"。

儒家的治道思想，无论在理论上还是在实践中，对中国传统政治都发挥了主导性影响。孔子阐发六经大义，法先王之道。孟子的"仁政"说、"民贵君轻"说为历代政治家所推崇。相对应庄子关于"治之道"与"治之具"的划分，儒家也有类似的表述，比如"治道"与"治术""治道"与"治法""道统"与"治统"等。这些表述不同，但意义相近，本文采用后世使用较多的"道统"与"治统"。"道统"是指政治体建构与运作的根本原则与方向。"道"有两种根本含义：一指道路，二指指引方向。"道统"包含敬天保民、为政以德、修齐治平等根本价值，"治统"包含礼乐刑政、制度法规等用来实现"道统"的手段与方式。

关于"道统"与"治统"的关系，儒家认为，三代以内，圣王合一，治教合一，王集"道统"与"治统"于一身；三代以后，圣贤与王不能集于一人，王只能行使"治统"，"道统"不再掌握在王手中。《新唐书·礼乐志》曰："由三代而上，治出于一，而礼乐达于天下；由三代而下，治出于二，而礼乐为虚名。"但即使在"治统即道统"的周公时期，中国政治仍体现为"道统"高于"治统"，周公终身为臣，受到王以及后世王室的无比尊重。一直到秦始皇焚书坑儒，以吏为师，以天子之权力，使"治统"凌驾于"道统"之上，而秦亦历二世而亡。宋代大儒朱熹阐发的"道统"[10]与"治统"正是先秦儒家思想的延伸。儒家士大夫弘扬"道统"，主张"道统"高于"治统"，以捍卫"道统"来批评现实君主和百官的政治治理。士大夫通过经筵讲习与谏议制度，以先王之道和三代之道来批评具体政治，由此形成宋代独特的士大夫与君王"共治"天下的局面。明清政治日益走向专制，亦是违背了道统高于治统的根本理念。清朝君主以"道统"与"治统"集于朕一身自居，士君子士气萎靡，沉迷于考据，无法捍卫"道统"，导致君主权力达到空前的专制。

由此来看，儒家思想构成中国政治文化的大传统，即"道统"高于"治统"，学术必求能领导政治，政治必求能追随学术。[11]"道统"取决于孔子代表的士君子不断法先王之道、原道、寻道与护道，其代表着政治的正当性。"治统"必须遵循"道统"的原则及其指出的方向，进行具体的国家与社会治理，才能获得政治正当性。"道统"与"治统"既相对独立又紧密结合。如果坚持二者的绝对合一，那是法家维护君主专制的主张。"道统"应该是天下万世的公理，是天下人治天下的公共性的体现，假如两者都被统治者垄断，国家治理的权力运作就缺乏天下人的监督。如果坚持二者的绝对独立，势必会造成二者各说各话，"道统"空疏而迂阔，"治统"狭隘而短视。例如，晚清时期乾嘉汉学不问"治统"，专言"道统"，终究是一个伪"道统"。晚清时期理学名臣构成的"清流派"空谈"道统"，以清谈误国，延误了国家改革变法的最佳时机。所谓"道统"与"治统"的相对独立，是基于具体分工不同的考虑，"治统"是对国家治理方式和制度运用的探求，"道统"是对国家治理的根本原则的探求。中国传统政治实践表明，二者需要紧密结合，"道统"是国家统治不成文的宪法，需要士君子以天下为己任，以弘道和卫道的使命感，时刻予以守护。"治统"必须要遵循"道统"方向的指引，无道的国家治理不可能形成优良的国家治理秩序。

本文所说的儒家治道传统包含"道统"与"治统"两个层面，既包含对国家治理的根本原则与方向的探求，又包含如何运用制度法规来实现优良的治理。[12]以下，笔者将从"道统"与"治统"两个层面分别阐释儒家治道传统的内涵。

三、儒家治道传统的内涵

（一）天道信仰的治理精神

华夏民族对于天道的信仰始于占卜祭祀的神灵信仰，在西周和春秋时期则转化成一种体现理性与德行的天道信仰。《尚书·尧典》确立了华夏民族的天道信仰，使其成为后世一切思想文化观念中神圣性的渊源。"乃命羲和，钦若昊天，历象日月星辰，敬授民时"，尧派天官根据宇宙运行的规律安排民众的日常生产活动。孔子赞美尧的伟大贡献在于敬天与法天，"唯天为大，唯尧则之"（《论语·尧曰》）。对于政治治理而言，天道信仰的意义表现为如下方面。

首先，天道信仰塑造了华夏民族诚敬的心灵，使其敬仰人之外更高的天，而不至于陷入唯我独大的人类中心主义。这种对天的诚敬通过人的德行展示出来，即"以德配天"，人并非盲目地服从天的命令，而是可以通过不断实践德行，与天地并立，构成《易经》所说的"天、地、人"三才。人行天地之间，既法天道，又紧紧连接着脚下的大地，由此才形成人道。与西方的神道宗教相比，天道信仰就是华夏民族的宗教。前者信仰位格神的上帝，后者信仰大化无形的天道。上帝"太初有言"，天则不言，天生万物，天行健是天的大德，"君子自强不息"，"以德配天"是人法天的德行。

其次，天道信仰构成政治合法性的根本。天命的授予与天意的抉择都以德行为根本。一方面，"天命有德"将天命的授予与统治者的德行联系起来，从而构成中国传统政治所遵循的"天道宪法"。根据孟子的解释，统治者的治理权力是"天与之"，"天子不能以天下与人"（《孟子·万章上》），尧向天推荐舜，天考察舜的德行后，才受命于舜。另一方面，"天命靡常"更是对统治者的教化与警戒。殷纣王早期还能维持天命，是因为还有贤哲在其左右。后来，纣王无道，百姓向天呼吁，诅咒纣之速亡。尽管纣王自以为天命与生俱来，也可以永存，但天哀痛四方之民，终将统治权从商受命于周。周公反复叮咛统治者"殷鉴之不远，在夏后之世"（《诗经·大雅·荡》），就是告诫君王唯有敬德保民，才能配天之受命。从尧舜的"公天下"到夏商周的"家天下"是中国政治的第一次大转折，这意味着"天命有德"的受命逻辑受到挑战，但周公仍试图通过制礼作乐，藏"天下一家"的理想于"家天下"之制。周公的礼治不仅维护了一家一姓的统治，而且丰富了华夏民族"以天下为家"的政教理想。[13]

然而，在中国历史上，天道信仰每到一定时期总会衰落，会被统治者僭越，春秋战国时"陪臣执国命"而礼崩乐坏，秦始皇称帝后废除祭天的郊礼，其封禅只是为了祈求自己长生不老。尤其是在君王权力专制达到巅峰的清朝政治中，皇帝直接宣称自身集"道统"与"治统"于一身。因此，如何在不同的时代背景下，不断重塑华夏民族的天道信仰，以"道统"约束"治统"，捍卫"天道宪法"，就成为儒家道统面临的迫切而重大的问题。

（二）民为邦本的治理目标

子曰："天何言哉，四时行焉，百物生焉，天何言哉？"（《论语·阳货》）"上天之载，无声无臭。"（《诗经·大雅·文王》）那么，天道高深莫测而不言，又如何在政治事务中呈现？"民为邦本，本固邦宁"（《尚书·五子之歌》），民本是天道信仰在政治合法性中的根本体现。天、君、民之间构成治理权力的框架，它内含三层含义：第一，天与君的关系。"天佑下民，作之君，作之师"（《尚书·泰誓》），天受命君王，是让其以德行来治理和教化人民。君王的权力来自天，他只有符合德行的标准，才配天命，否则就会被取消天命。第二，君与民的关系。天受命君，君由此拥有对民的治权。君被称为"天子"（天之元子），代天治理百姓，由此会有"天子作民父母"。这个比喻强调的是君民之间的亲亲尊尊，君王要像爱护家人一样体贴民生疾苦，既凸显了中国政治家国同构的运行逻辑，又彰显出君王以民为本的终极政治使命。第三，天与民的关系。这可以从三个层面来理解：（1）天从民愿，民心为天命之本，天民相因，天命体现为民意。"天聪明，自我民聪明；天明畏，自我民明威"（《尚书·皋陶谟》），人民始终与天命在一起，审视君王的一切，君王敬畏天命，就要敬畏人民。（2）天为民相，天乃民之助，天为民而劳。天之助民还表现在会惩罚那些不能忧民教民的君王，最大的惩罚就是取消对其的授命。（3）天裕民生，天开民衣食之源，知民生之所依。"爰知小人之依，能保惠于庶民，不敢侮鳏寡。"（《尚书·无逸》）[14]

民本是天下公共性的体现。"天下非一人之天下，乃天下人之天下也。"（《吕氏春秋·贵公》）民众参与政治的程度取决于其贤德的程度，而非人人平等投票。周公所表彰的"民献十夫"就是非常典型的民意代表，"民献"指的是民众中的贤者。传统的"士人政治"也可以被看作贤人代表政治，因为其中"无贵族，无庶民，亦无贫富之别，惟择其有学与贤者"。此外，除贤人代表以君臣商讨、谏议与纳谏等途径参与政治之外，民众也能通过不同途径参与政治，如统治者召开万民大会，向众庶咨询军国大事；国人直接进见国君，与国君当面对话；通过街谈巷议在固定场所议论朝政得失，比如召公谏厉王弭谤，子产不毁乡校；通过诗歌民谣讽刺时政，国君往往以采风的方式将其收集起来，倾听民意。随着近世新儒学的开展，宋代以来的公论观念及其表达，集中体现出中国传统政治对人类道德—言论理性的高度重视,从中孕育出丰富的公共意识和正当性思想。

儒家政治中关于"天、君、民"之间的治理权力架构构成了约束君王权力的"天道宪法",其在政治中体现为"无偏无党,王道荡荡;无党无偏,王道平平"(《尚书·洪范》)的洪范大法。以公正无私的法律制度来治理国家,就是遵循道天道民本的"天道宪法"。这种天、君、民之间的权力结构在后世被反复重述,如孟子"民为贵,社稷次之,君为轻"(《孟子·尽心下》),荀子"天之生民,非为君也;天之立君,以为民也"(《荀子·大略》)。天道通过人民的根本诉求得以彰显,也由于后世君主权力专制违背人民的根本诉求而变得晦暗不明。

在上述天、君、民三者的权力关系中,先秦以后的现实政治更多地强调君对民的治权、君王对百姓的仁爱与惠民养民,这容易使人误解,以为人民在政治中只是被动地被照顾,君王才是政治的主动者,从而遮蔽了人民在政治中的主动性及其根本作用。而在先秦儒家政治哲学中,天与君的关系、天与民的关系更加重要。一方面,天民一体的民本思想强化了"天道宪法"对治理权力的监督与制衡;另一方面,民本体现的公共性在强调贤能代表的治理与教化的同时,并不忽视民众议政的声音。总之,在天、君、民的权力架构所体现的民本思想中,必须将天与君、天与民的关系置于首位,由此才能形成"道统"对"治统"的教化和制衡。

(三)礼乐刑政的治理制度

"礼乐刑政四达而不悖"(《礼记·乐记》)是儒家治道传统所追求的理想治理制度。早在《尚书》记载的三代之治中,就彰显出"以刑弼教"的精神。舜在分派官员时,派契"作司徒,敬敷五教在宽"(《尚书·尧典》),以日常人伦之道教化百姓,又派夔作乐,以诗歌声律教化百姓。舜又派皋陶作士,主管刑狱司法,所遵循的原则是"明于五刑,以弼五教。期于予治,刑期于无刑,民协于中"(《尚书·大禹谟》),即五刑的作用是辅助五教,最终是为了不用刑,使百姓合于中道。春秋时期已经出现礼崩乐坏,孔子继承先王之道,阐发"以刑弼教"的大义,"道之以政,齐之以刑,民免而无耻;道之以德,齐之以礼,有耻且格"(《论语·为政》)。然而由于战国时期兵刑的作用越来越大,出现主张德礼的儒家与主张兵刑的法家的分化,孟子的"王霸之辩"容易导向否定兵刑的"王道",法家的刻薄寡恩则导致秦历二世而亡。

汉代的基本治国方略是"礼法共治"。一方面,汉承秦制,在国家行政体制官僚系统中,受法家影响很大,多任用刀笔吏、文法吏治理国家;另一方面,经贾谊到董仲舒的儒生持续努力,儒家的礼乐教化通过制度改良(如察举、循吏),逐渐深入国家与社会治理。如贾谊所言,"刀笔筐箧,不知大体",汉儒不断将儒学识大体的精神渗入吏治中。儒生与官吏不断融合,共同形成"礼乐刑政四达而不悖"的治理制度。而宋明以下,儒生高居上位,官吏沉沦堕落,实际政务多由在下的官吏负责。儒生与官吏的截然分离致使中国政治病相百出。[15]

传统中国治理制度中的"礼乐刑政"体现了政治实践中的儒法之争与儒法融合。法家从儒家家衍生而出,两者的目标都是"务为治",儒家主张家庭人伦为政治的出发点,在教化中培养人的德行。儒家的为政思路在于,礼为政本,教化为先,构建亲亲尊贤的社会秩序。法家主张公私之分,出于对人性的根本怀疑以及对人趋利之心的利用,依靠外在的法律规范,使人们摒弃私利,维护国家利益。法家的为政思路在于,利为政本,重刑以止奸。[16]为了适应汉以来大一统的中央集权国家的治理,儒家在制度法律上多与法家合作,但在对其原则与运用的解释上多秉承礼治的精神,"以礼入法",礼主刑辅,董仲舒的"春秋决狱"即为以经义解释司法实践的例证。后世国家法典编订多出自儒臣,儒者担任官吏时多按照制度法律处理政务。[17] 由此可见,儒家与法家在政治实践中各有长短,需要互补,儒家长于礼乐教化而重文,法家长于循名责实而重质,儒家法古而长于守成,法家法今而长于变革。中国治理制度的实践不可能是纯儒之政或纯法之政,而必然是儒家与法家(还有道家)的融合。汉宣帝所言的"汉家自有制度,本以霸王道杂之",其实正是儒法融合的体现。

儒家治道传统从来不排斥法律,但也从不唯法律是从,法律只是儒家实现国家社会和谐治理的工具,法律秩序也只是儒家所追求的善治的一端。在具体的治理制度实践中,对于法律制度的一致性、明确性与稳定性等,儒家与法家均无异议。作为中华政治文明极具特色的治理制度,儒家治统中礼乐刑政的结合体现了一种德主刑辅、教化为先的政教文明。礼乐与刑政的融合、儒与法的融合在当今的意义尤需深入思考。

(四)君子之治的治理主体

君子源于三代之治的封建贵族,它首先代表政治地位和身份,与之相对的"小人"则指庶民。然而,君子并非仅有政治地位,而是要经过六艺的教育,养成美好的德行,以实现"德位相应"。《尚书·尧典》塑造了中国优秀统治者的典范——德位相应的尧、舜。"德"绝不仅仅是现代意义上的个人道德,而是包含修身、齐家、治国、平天下各方面的出色与卓越。就尧而言,"钦明文思安安,允恭克让"是其修身之德,"克明俊德,以亲九族"是其齐家之德,"九族既睦,平章百姓"是其治国之德,"百姓昭明,协和万邦,黎民于变时雍"是其平天下之德。周公制礼作乐的目的是构建"纳上下于道德而合天子诸侯大夫士庶民以成一道德之团体"。[18]作为六艺的礼乐射御书数,不仅仅是培养君子的技艺,更是在技艺中培养君子的德行,如以射礼培养君子的谦让节制和反求诸己,以乐教培养君子的诚敬中和。因此,君子应集德行与技艺于一身,在实践中培养明哲审慎的实践智慧。君子就是贤能,贤强调德,能强调艺。君子之治就是贤能之治。春秋时期涌现出大批具有儒者气质的士君子,如鲁大夫臧文仲、晋大夫叔向、郑大夫子产,其智仁勇之德行为后世君子效仿并发扬光大。[19]

当封建贵族走向腐朽,"德位相应"的君子之治就无法维系。因此,孔子"设以德致位之教,传弟子以治平之术,使得登庸行道,代世卿而执政。故孔子之理想君子,德成位高,非宗子之徒资贵荫,更非权臣之仅凭实力"。[20]孔子用以培养君子的六艺继承了三代中的贵族教育,却打破了封建世袭的禁锢,使愿意成为君子的人,无论贵贱,都可以通过学习诗书六艺,在躬行实践中修德以取位("人皆可以为尧舜",《孟子·告子下》)。孔子以来的儒家致力于将君子从封建等级制的"位"中解放出来,使之成为平民社会中的德行出众者。君子从民众中产生,以其贤能影响并造福民众。以君子构成国家与社会治理的主体,构成儒家治道传统的基石。

虽然现实政治中不可能做到完全的"德位相应",诸如春秋政治中无德之君臣比比皆是,有大德者如孔子却无位,但以君子为主体的贤能政治成为儒家道统影响中国治理的重要途径。"君子之德风,小人之德草,草上之风必偃"(《论语·颜渊》),教化政治的实现主要依靠那些捍卫道统的贤能君子,他们"在本朝则美政,在下位则美俗"（《荀子·儒效》），在国家体制内担任官员时，他们精忠报国，崇德报功；在退居乡林之野时，他们以自身的德高望重影响感化地方民众，成为地方乡贤。总之，没有这些贤能君子对道的践行与坚守，坚信道统高于治统、师儒高于君王，儒家贤能政治就不可能实现。

君子作为治理主体，不仅依赖儒家文教体系的培育，而且需要诸多人才选拔制度来支撑。正如苏力所言，精英的选拔是大国的宪制问题。首先，精英政治的社会共识是在儒家文教体系主导教育下产生，"贤贤"是中国政治的共识，尽管对于贤与能的标准有不同理解。其次，精英的选拔不仅仅依靠统治者的个人德性与政治判断力，如求贤若渴、知人善任，而且需要制度化的选拔方式加以保障。汉初精英多任用功臣，虽其中不乏卫青、霍去病这样的能人，但功臣无法世出，精英的延续无法保障。汉武帝时开始推出的推举和察举制度打破了功臣世袭的做法，使天下德能兼备的人才能够被选拔出，为国家与社会治理服务。从察举向科举转变，一方面源于察举造成门阀世族掌控政治的人才固化；另一方面源于加强中央集权、国家控制人才选拔的需要。千年之后科举制被废除，则源于现代西方文明的刺激与挑战，旧的人才无法满足国家需要。[21] 当今，在现代国家治理的语境下，治理主体应为什么样的精英，如何培养这样的精英，如何选拔这样的精英，儒家以君子作为治理主体的治道传统有何借鉴意义，我们将在下文进行深入探讨。

四、儒家治道传统的现代转化

尽管儒家治道传统内涵丰富，但由于其历史上长期服务于君主政治，再加上新文化运动的主力军将传统与现代极端对立，儒家治道传统也与君主制一道被丢入历史的废墟，从而无从参与现代国家的建构。在现代新儒家中，牟宗三的《政道与治道》首先将传统政治的政道归于"政治不正确"的"一人统治"，现代中国则必须建立"政治正确"的"民主政道"，在此大前提下，儒道法思想作为"治道"才有意义。张君劢的《中国专制君主政治之评议》一书历陈君主制与民主制的根本差异，认为君主制只会陷入治乱无常的循环，而民主制才是长治久安之道。[22] 牟、张二人是现代新儒家的代表，他们只肯定儒家追求"内圣"的道德学说，希望以此作为民主政治的道德基础，却将儒家的"外王"政治学说与传统君主制一起彻底否定。在20世纪的现代中国国家治理中，儒家如同一个游魂，一直游离于体制之外。90年代后，社会上出现强烈的传统文化复兴的呼声，执政党顺应民意，在国家社会治理的各方面日益强调优秀传统文化的重要作用。学术界以蒋庆、陈明、干春松、姚中秋等为代表的"大陆新儒家"的崛起推动了政治儒学的兴起。在此背景下，如何实现儒家治道传统的现代转化，使其在中国国家治理现代化中发挥积极有益的作用，已经引发学术界的强烈关注。

我们在下文中拟接着上述所阐发的儒家治道传统的内涵，通过与现代国家治理中的民主、法治、多中心治理、公民美德等进行对话，不断丰富儒家治道传统在当今时代的内涵，推动其创造性转化。当然，由于篇幅和我们能力所限，这里提出的转化路径仅仅是初步的论纲，有待日后进一步完善和细化。

（一）以天道化人道

现代西方国家治理的基本原则之一是政教分离，但这绝不意味着政治不受宗教精神的影响、公民不受宗教伦理的教化。考察美国建国精神，无论是追溯到清教徒的虔敬勤奋与节俭自律，还是追溯到古希腊罗马追求共同幸福的古典美德，都清楚地体现出美国国家治理的立教之本。托克维尔在《论美国的民主》中充分地展现了宗教对于政治非同寻常的意义。由于现代世界日益被"除魅",美国国家治理的立教之本也不断受到质疑与挑战,公民伦理缺乏源于宗教与历史的神圣性与历史性。公民宗教引发热议,正是对这种政治世俗化危机的回应。[23]

20世纪经历数次反传统的革命冲击,中国社会中的天道信仰已然衰微。受现代西方政教分离原则的影响,现代中国政治已成为纯粹世俗化的人道政治。然而,原本由儒家承担的教化使命,却并没有能够由适应中国人生活的宗教来有效替代。由此出现了两方面危机:一方面,国家伦理资源亏空,政治中缺乏神圣的伦理价值,无法唤起社会的普遍认同,无法提供个人安身立命的精神需求;另一方面,社会中缺乏教化的力量,物质主义和消费至上的观念笼罩社会,民众陷入信仰的虚无,甚至无法遵循诚信的底线共识。因此,如何重塑天道信仰的精神,使其化解现代国人的信仰危机,影响与提升世俗化政治的品性,是现代国家治理必须要思考的关键问题。

首先,中国国家治理要厘清政教关系,重塑中华民族的天道信仰,重建国民精神秩序与教化伦理。一方面,中华政治文明受儒家文化影响,在历史上一直呈现为政教文明。政体现治统(君),教体现道统(师),治统遵循道统,道统引导治统,因此中国的政教关系十分独特,既非截然分离,又非完全合一。我们无法用西方"政教分离"或"政教合一"模式来解释中国。当今的问题在于,中国政府无所不在、无所不能,在重大事务治理中确实体现了超高的效率,但同样由此背上沉重的包袱,以至于任何微小的治理不当都会引发民众对政府的不满。在政教关系上,政府对宗教与教育的过度管控,只会使它们所具有的精神治疗与身心平衡功效日渐式微,而激发其在形式上转变成另一个权力性的"政治空间",从而与现实政治形成竞争或冲突性的张力。[24] 相反，如果借鉴儒家政教文明的治理经验，给社会教育以充分的重视，发挥"教"的社会教化力量，必将激活人潜在的生命力与创造力。另一方面，儒家对于天道信仰的重塑、社会人心秩序与传统教化伦理的重建负有重要使命。华夏民族的天道信仰的深层内涵有待于当今学者深入研究和阐发，"天人合一"的深层意蕴亦需要深入考察。尤其应在中西比较的视域中，考察儒家的天道信仰与西方上帝的神道信仰之间的异同。此外，当今儒家复兴，不能只是儒学在学院层面的复兴，学院化的儒学仅仅以中国哲学的名目保存了"儒家形而上学"的义理，儒学并非哲学，学院研究儒学的知识分子亦不是传统意义上的士大夫，他们中的多数往往因为脱离社会，而被讥为"死儒"。从历史上看，儒家一直是社会教化的主要承担者，也正因如此，儒家才拥有深厚的社会基础。因此，儒家复兴必须深入社会，继续承担社会教化的功能。笔者建议在社会层面儒教复兴。康有为称儒教是"人道教"，牟宗三称儒教是"人文教"，姚新中指出，中国的"宗"将祖先与后代相连接，"教"则指向古训的传递。亦有人称儒教是"文教"，取《易经》"观乎人文，以化成天下"的含义。[25]这些都表明，中国学者对于儒教与西方religion意义上的宗教差异有普遍共识。儒教中没有基于天人对立所形成的强势的外在超越，而是追求天道与人道的和谐统一，追求即而不离，日用即道的浑然一体。基于儒教是一种"文教"的特点，儒教复兴意味着学习儒家经典，并在生活中不断实践。当今社会急需具有神圣性、追求德性的教化力量。过去"礼失求诸野"，儒生在民间设立书院讲学传道，形成"学在民间，道在山林"的书院传统。当今儒生仍然可以继承书院传统，使书院面向社会大众，与生活结合阐释经典，教化仁义礼智信的德行。总之，儒家教化的正道在于，"以天道为基础，以人文为枢纽,让受教之人在历史与文明的脉络中,认识自身在天地万物与人事结构中的位分,并努力循道而行,以达致具有整体意义的善好生活"。[26]

其次,当今社会天道信仰的重塑必须与现代治理方式密切结合。在国家治理层面上,"天命有德"的政治合法性与"天命靡常"的教化警戒可以思考如何与宪法结合、如何依宪执政。当今中国要建立法治国家,而法治的内涵亟待中华文明的政治理念来丰富扩展。中国法治应当基于对传统中国治国理政经验的总结,以中华文明的道统为基础。例如,现代西方宪政的精神主要是消极意义上的限制与约束权力,这当然十分重要。但根据儒家治道传统,道统还能够起到积极的引导教化治统的作用。将"天道"的精神与法治结合起来,将承载中华政治文明精华的王道仁政精神与法治结合起来,将"仁义礼智信"的君子德行融入民主政治的公民美德,无疑将有助于结合现代治理方式,树立对宪法的尊重与信仰。依宪治国更意味着当今中国民主政治要接续中华文明的道统,并使其发扬光大,这正是澄循"监于先王成宪"意义上的传统中国的宪制精神。

综上所述,儒家天道信仰的治理精神在现代国家治理中主要通过社会教化与国家宪法发挥作用。以天道化人道,是要为当今高度世俗化、祛魅化的世界融入神圣的精神。重塑天道信仰,就是重塑"天人相通"的儒家政治信念。民众只有敬天,才能培养心中的诚敬,才能形成仁义礼智信的德行。统治者只有敬天,才能珍惜来源于天命的权力,才能牢记天命并非永远不变的警戒。

(二)以民本化民主

民主制本身源于政体论思维,强调多数人统治,但并不意味着一定能构建优良的政治秩序。[27]民主制的最大特点是平等,但若构成一种优良的政治秩序，必然需要一定的条件和保障。古典民主制的保障是公民德性，亚里士多德认为，理想的民主制是自由人之间的统治与被统治，要实现这一理想，统治者和被统治者都应成为有德性的公民。通过良好的公民教育，可以培养正义、勇敢、节制、智慧的德性，使公民成为品行高尚的人。现代民主政治的保障在于：一方面，民主与法治的制度结合在一起，有效限制了权力的滥用和腐败；另一方面，公民自治与有效参与，即林肯所说的"民治"，为现代政治注入鲜活的生命力。但现代民主政治发展至今亦暴露出诸多弊端，例如，选举民主过于重视程序，以至于民主几乎变为"选主"；大众民主暴露出大众的平庸与狂热；参与民主对极端平等的追求，容易导致对精英与择优的排斥。[28]现代国家治理对于这些弊端要有更清醒的认识。

民本源于儒家治道论思维，强调治理的目的是构建优良的政治秩序，追求一种良善的仁政。如果说民主强调主权归属与个体自主，那么民本在治理中则以天道为本，重视治理者的责任与治理的成效。正如许雅棠的研究表明，达尔注重程序的公民选举并不能解决治理者的责任问题，而中国传统中的儒法治理学却将治理的好坏与成败视为核心问题。[29]如前所述，民本思想具有丰富的内涵，既蕴含天下乃天下人之天下的公共性，又蕴含人民在德性的教化中，追求仁政与善治的含义。当今中国国家治理应该充分发掘民本思想的潜在内涵，而不能简单地用民本附会民主，用传统民本为现代民主做注脚。笔者提出以民本化民主，意味着立足民本，批判性地汲取现代民主政治的经验，当然民本思想及其实践本身也要予以充分考察。

第一，在传统民本思想中，天、君、民之间所构成的"天道宪法"赋予人民以至高无上的政治合法性，但这种合法性并不意味着每个人意见的叠加，而是通过公正无私的大法来体现。因此，如果传统的"天道民本"思想能与现代宪法中的人民主权相结合，天道与人民相通，"民为邦本"意味着国家的根基是捍卫天道与正义的人民，那么，这样的民本直通天道，因而比纯粹世俗化政治中的"民主"更具有神圣性，更厚实坚固，并且能抵制现代民主政治中个体权利为本所带来的弊病。此外，民本可以包容民主，在较低层面上，尊重个体生命的尊严，保护每个公民的基本权利；在更高的层面上，则将人民当家做主与"天下为公"的天道关联在一起。时下的自由主义者更多在最低层面上强调"民主"，而忽视了传统民本思想的更高追求，因而展现出的是比较薄的自由民主，无法为以中华治道文明为基础的中国政治所接受。在民主普遍为现代社会所接受的时代，如何使中国民主更具特色、更厚实，就必须要立足民本、吸纳民主。杨光斌提出超越自由民主理论，由"社会参与—自主性回应—有效治理"三要素构成的"治理民主"（governable democracy），强调中国的"民本主义民主"是基于民本思想而进行的群众路线的政治制度。[30]这是中国政治学理论开始诉诸儒家传统的开端，但研究者并没有深入考察民本传统及其意涵，因此"民本主义民主"理论仍有待进一步推进和深化。

第二，民本旨在实现仁政与善治，注重选贤与能，以贤能作为人民代表来参政议政。现代民主排斥精英，往往陷入民主与贤能的对立。[31]过分强调程序正义，往往将择优变成择劣。以民本化民主，应该更注重实质正义，重视通过选举、荐举或考试等多种公平的形式，推出德才兼备的贤能来代表民众。民本体现的是"天下为公"的公共性，民主体现的是对公民个体权利的维护以及广泛的政治参与。若能以民本的公共性指导民主，中国民主政治则将接续天道民本的中华政治文明的道统，赋予道统以新的生命力。试以基层民主自治为例来说明。基层民主自治作为中国的基本政治制度，是人民行使民主权利的直接体现，也延续了中国数千年社会自治的传统，汲取了现代公民自治的精神。然而当今政治科学西化严重，往往将国家与社会对立，将社会预设为与国家权力抗争的一方，由此按照西方模式构建以权利为本、维权抗争式的基层民主自治。传统儒家的治理思路根本摒弃国家—社会的二元对立，突出治理中的德性教化与贤能治理。过去深受儒家文化熏陶的君子和乡绅在社会和谐与稳定中发挥榜样和仲裁者的作用，有效缓解了国家权力与社会的对峙，维护以礼俗乡约为基础的乡村自治。如今仍然可以借鉴儒家治理的这种优点，培育乡村和社区的"贤良人士"，以礼法来调节矛盾，构建振兴道德、寓教于乐的乡村（社区）文化。近年来，国家提倡的基层政治中的协商民主已经在朝此方向发展，基层政治中出现的议事会、邻里中心与睦邻中心都在朝和谐共治，而非权利抗争的方向发展，其中贤能人士参与其中的制度化途径有待进一步探寻。

综上所述，儒家治道传统中的"民为邦本"思想要在现代国家治理中发挥作用，必须与现代民主政治展开充分对话。民本思想与现代人民主权制度的结合，能够使人民主权更加神圣公正，避免纯粹基于选票导致的"多数人暴政"。民本思想与现代政治中的人民代表制度、基层民主制度等结合，能够使中国民主政治汲取民本思想的养料、突出德性民主的特色，避免激进民主与民粹主义的弊病。

（三）以礼乐化刑政

现代国家统治的合法性体现在法理型统治上，韦伯称其为理性化统治。其优点在于重视法律与制度的规制性与约束性，缺点在于缺乏伦理教化的维度。现代理性统治所依赖的启蒙理性以身心分离为基础，由此导致现代人的生活方式并非从安顿身心出发，而是将外在的理念和价值植入人的身心。因此，现代人的生活方式是高度耗费的，而不是存养的，这种方式被纳入现代治理体系后，往往通过国家与社会的全面动员，实现对个人的全面支配。再加上资本的统治无孔不入，任何文化都会被当作商品来消费。因此，现代治理的最大危机体现为权力与资本对人与社会的绝对统治。[32] 现代西方治理革命提出的多中心治理旨在提倡公民参与与社会自治，激发公民对社会公共事务的参与，淡化行政权力中心的统治色彩。

但这种思路仍然秉承现代西方国家—社会二分以及政教分离的思路，并没有充分考虑治理中的伦理教化问题。所谓治理中的伦理教化，应当基于对现代人启蒙理性造成的身心分离的生活方式的深刻反省，将人在社会政治生活中的身心安顿纳入公共治理中，而不仅仅将其视为私人领域的个人信仰问题。

儒家"礼乐刑政四达而不悖"的治道传统可以为多中心治理注入中国人的生活方式，寻求适合当今中国发展的治理制度。儒家治理本身即是多中心的，以个人修身为本，推向家庭治理（齐家），再推向国家治理（治国）和天下治理（平天下）。《礼记·大学》曰："自天子以至于庶人，一是皆以修身为本。"这体现出儒家治理的基础是安顿个人身心的生活方式，齐家、治国、平天下的各种实践生活都是在修身。面对现代人身心分离、高度耗费的生活方式危机，儒家治理中的修身为本在高度理性化的现代社会中为中国人提供了安身立命之道。根据姚中秋的研究，儒家式多中心治理秩序的特点在于：一方面，修、齐、治、平是递进的关系，道德伦理秩序是社会秩序的基础，这两者又构成政治秩序的基础；另一方面，修、齐、治、平是并列的关系，四者之间不存在高下之分，都以修身为本，每层的权力都不是绝对的，社会依靠各层级共同体的共同治理。[33] 由此来看，儒家式多中心治理没有国家—社会的二元对立，而更多具有共治的色彩，如儒家士君子既可以是国家体制内的官员，又可以是社会治理中的乡贤。当今国家治理在深刻反思现代西方治理危机时，要批判地继承西方多中心治理理论与实践，以传统中国国家—社会共治的治理思路为本，重视治理的德性伦理，致力和谐社会的建设，淡化国家治理与社会自治之间的对立色彩。

儒家"礼乐刑政"的治道传统遵循德主刑辅、教化为先，体现中华政教文明的独特性。礼乐首先是一种安顿身心的生活方式，其次在治理中表现为以德为本、以礼为用、政以行之、刑以防之的治理秩序。汉代礼法共治、援儒入法的制度实践对当今国家治理而言，则意味着如何理解德治与法治的关系、如何处理儒家传统与现代西方法治传统的关系。[34]

第一，德治与法治。现代西方国家治理更重视法律制度的规制与约束作用，但其法治背后有很深的宗教传统和伦理意涵，如普通法传统中重视自发形成的习俗与规则，重视基于经验实践培养的实践智慧。但当今中国由于受"五四"反传统的激进文化的影响，谈到德治，有人就认为是儒家的专制余毒又死灰复燃。而对西方法治传统认识肤浅者，则以为法治是可以与德性分离的纯粹制度构建。当今国家治理重新强调德治与法治相结合，不能片面地将中国传统等同于德治、将西方传统等同于法治，只有这样，才能避免各执中西之一端而失之偏颇。

第二，儒家传统与现代西方法治传统的关系。新时代的"儒法互补"必然体现为儒家传统如何回应现代中国国家治理中全面依法治国的方略。这需要重新审视儒家治道传统的性质。以往对儒家传统的理解集中在"德治"和"人治"上，而忽视了儒家治道传中规则制度的重要性。现代新儒家正是以此为基础,提出现代中国政治应以儒家伦理作为"内圣"意义上的道德资源,以现代民主法治作为"外王"意义上的制度资源。"内圣"与"外王"仍然无法贯通。与上述观点不同,有学者指出儒家治道传统的性质是"礼治",是以礼乐教化为本的"德治"与以制度法律为用的"法治"的结合。儒家的"礼"是宪法学意义上的不成文法,"礼治"与英美普通法传统中的"法治"有相似之处。[35] 这些研究逐渐从治道的视角来考察"礼治",更加全面地审视儒家传统。当今国家治理在全面推进依法治国时,一方面应该以中华政教文明与儒家治理思路为本,总结中国传统治理经验,注重提倡从上到下的道德修身,注重培育社会的公序良俗,注重考量司法审判依据中伦理习俗的重要性;另一方面,积极汲取现代西方法治的治理理念与经验,注重法律对公民基本权利的保障,注重通过法律与制度完善加强对权力的监督,注重培育公民对公共事务的积极而有效的参与。总之,儒家传统与现代西方法治传统在推进国家治理现代化的进程中,并没有根本矛盾,而应该取长补短、相得益彰。

综上所述,以礼乐化刑政,就是以中华政教文明的传统来调节现代法理型统治,以使其更加符合当今中国人的生活方式。这仍然符合全面建设法治国家的治理方略,但中国法治的内涵应具备更多本土化的色彩,更体现中华政教文明的精神。尤为重要的是,以礼乐化刑政,绝非以礼乐替代刑政,绝不能将德治与法治对立起来,更不能将礼乐教化的德治曲解为不要法律制度的"人治"。当今中国只有融合德治与法治、礼乐与刑政,并以礼乐的生活方式调和现代法理型统治的"刑政",才能构建有中华政教文明特色的法治国家。

（四）以君子化公民

现代民主政治中的公民伴随着个人主义和民族国家的兴起而出现，其内涵主要由自由主义思想主导。姚中秋、郭忠华等将现代公民的肖像勾画为：法理为本，奴者为镜，国家为界，权责为途，自由之境。现代公民首先是法律概念，主要基于法律对个人平等权利的维护。现代公民追求平等，抵制不平等的主奴关系。现代公民的界限是民族国家，以追求权利和履行责任作为参与公共事务的主要途径。现代公民追求的最高境界是自由。[36] 这种自由主义的现代公民的重心在于对个体权利与平等的维护，但其弊端也很明显。强调公民个体权利本位，往往忽视公民的德性教化，公民与他人的关系不仅仅是陌生人之间的法律关系，而需要更多的友爱伦理。强调公民的绝对平等，往往忽视贤能精英在公共事务中的重要使命，从而导致民主社会的均质化和平庸化。西方社会对自由主义所导致的"原子式个人主义"早有反省，20世纪80年代以来盛行的社群主义与共和主义思潮强调公民自治、积极参与的美德，都是对个体本位的现代权利政治的弥补和修正。与之相关的公民社会与公共性问题的讨论也可以归于对自由主义公民政治的反省。

以上主义和思潮对当今中国学术界产生了不同程度的影响。但学界的主流仍然认为，中国构建现代公民社会的主要思想资源仍然是西方，尽管可能诉诸西方不同的思潮，而对中国的儒家文化传统以及受其影响的中国传统社会治理资源在根本上持否定态度。例如，自由主义学者主张君子与公民的彻底不同，认为两者之间无法对话。近年来随着儒学复兴，这种学术倾向正在发生转变，尤其在政治哲学领域，部分自由主义者正在积极展开与儒学对话，寻求自由主义资源与儒学传统资源对社会的共同治理。笔者赞成此种学术转变，但与之不同，笔者主张中国社会的治理主体是贤能君子，以培养和塑造君子为本，以君子带动公民。这意味着以儒家治道传统中的君子之治为本，充分吸收、改造现代西方自由主义的公民理念与实践经验，对此可以表述为"以君子化公民"。儒家治道传统的核心是君子之治，这种贤能政治的传统至今仍在国家与社会治理中发挥影响。[37] 以君子化公民，就是要使君子贤能在公共事务治理中发挥引领、主导的作用。

首先，如何构建君子的培养机制？经过孔子以来儒家文化的改造以及现代政治文化的熏陶，君子早已不再是身份等级的象征（如"有位者"），而是蕴含强烈的伦理自觉的贤能（如"君子喻于义""士志于道"）。传统君子的培养依赖儒家的文教体系，在涵泳经典中变化气质，在具体生活中践行儒家之道。现代君子的培养应该先在国民基础教育体系中推广，注重经典教育与修身实践的结合，如在小学中学中普及《论语》，将其与现代公民的修身教育结合。然后在高等教育以及专业人才教育体系中推广，注重以阅读中西经典为主的通识教育，注重专业技艺与君子德行的结合，培养具有文明主体意识和自觉意识的君子式政治家、君子式法律人、君子式商人与君子式学者。[38]

如何使儒家文教体系在现代社会的土壤中扎根，构建更加适合现代社会的君子养成的教育机制，是儒家治道中的君子之治实现现代转化的关键。如果君子养成的教育机制日渐完善，贤能君子在国家社会的各个领域能够发挥引领带头作用，就能更有效地带动民众，形成更加良善的国家社会治理秩序。

其次，如何构建君子的选拔机制，使其在公共事务治理中发挥引领和主导作用。君子选拔是大国的宪制问题，它不仅依靠求贤若渴、礼贤下士等方式发现人才，还需要制度性渠道保障人才选拔。

历史上儒家政治中的君子选拔制度曾采用察举荐举制与科举考试制，十分注重考察君子的德行与技艺。对当今中国国家治理而言，要选拔治理的领导者，必须考察治理者的德行伦理，勇于承担责任的担当意识以及经世致用的实践智慧。现代民主政治中的民主价值在君子选拔机制中通过选举投票体现，儒家民本政治中的民本价值在君子选拔机制中通过民心民意体现，如何能将德才兼备原则、选举投票程序与民心民意的表达相结合，融入现代社会君子选拔机制，可以在党政干部选拔机制的具体实践中详细考察。

此外，如何建立和完善公民教育体制？根据现代民主政治的要求，中国在依法治国中全面推行对公民权利的法律维护，并将自由、民主、平等、公正融入社会主义核心价值体系。虽然某些法律对公民权的保护还不尽如人意，但全体公民的权利意识普遍高涨，甚至走向极端。中国正在经历令人焦虑的道德危机，道德是法律的基础，缺乏道德底线的民族，又如何实现良法善治？因此，一方面，由于个体化的进程不断推进，当代中国公民的权利意识日益增强；另一方面，道德危机致使当代中国人产生心灵焦虑和伦理危机。要解决这种政治—道德难题，就必须考虑如何使日益个体化的公民习得公民美德与道德伦理。[39]儒家治道传统重视德性教化，强调君子身先士卒的榜样模范作用，对于现代公民教育有重要借鉴意义。现代西方社会的社群主义和共和主义主张培养更具公民美德与公共意识的"厚公民"，当今中国亦应该继承儒家教化传统，在公民教育中融入更多道德伦理与公民美德教育，如仁、义、礼、智、信，培养"君子式公民"。以君子化公民，并非通过现代西方的理性启蒙教育，使公民反对传统道德与宗教，而是汲取儒家的教化传统，注重躬行实践，以身作则，以德化人；注重培育社会中的公序良俗，敦风化俗，通过良善的法律、风俗浸润人心。

当然，在现代中国，君子与公民在政治法律地位上完全平等，君子首先是公民之一分子，与其他公民享有平等的权利，绝不可能有任何特权意识，诸如某些权力精英与知识精英自认为应该享有比其他人更多的权利。另外，尽管君子在道德伦理与贤能程度上高于公民，这也绝不能成为君子产生道德优越感的依据，有此种优越感者必然是没有严于修身的"伪君子"。子曰："见贤思齐，见不贤而自省"，贤与不贤始终是相对的，是修身达到的程度不同。而修身没有止境，即便圣贤也不会有高于众人的优越感，因为圣贤之上还有更高的天。现代西方民主政治中"精英"与"民众"截然对立，这源于"精英"只不过是教育、技艺上的出色，并非德行的卓越，他们并非儒家意义上的君子。

综上所述，只有君子在国家和社会的各个领域发挥积极引领作用，才能构建优良的治理秩序。贤能君子应当具有高度的伦理自觉和使命担当，扎根于民众，服务于民众，而非脱离民众、骄傲自大。公民在履行基本的公民义务的基础上，努力向贤能君子学习，并汲取西方民主政治中公民自治与有效参与的治理经验，积极投身于各级公共事务的治理中。由此，君子与公民共治的治理将传承"协和万邦"的儒家治道传统，共同构建富强民主文明和谐美丽的社会主义现代化国家。

五、余论

本文的写作源于对当今中国国家治理研究现状的担忧：第一，普遍使用西方治理理论与治理方式，而不对其潜在的理论预设和理论价值加以反思；第二，政治科学的主流研究忽视儒家治道传统对于现代国家治理的重要意义，疏于从中国的历史和文化传统中寻找构建现代国家治理理论的资源。为此，本文考察了儒家治道传统的形成及其丰富的内涵，旨在表明：尽管儒家治道传统蕴含天道信仰的治理精神、民为邦本的治理目标、礼乐刑政的治理制度、君子之治的治理主体，但其在中国传统政治中的地位作用和呈现方式不断随着时代而变化。因而，本文重点讨论了儒家治道传统在现代国家治理中应如何转化。只有通过与现代国家治理对话，以天道化人道，以民本化民主，以礼乐化刑政，以君子化公民，儒家治道传统才能实现创造性的转化，适应国家治理现代化的需要。

本文所说的治理与治道，意指对现代西方治理文明与中国治道传统的比较与对话，绝不是对二者进行简单的取舍。由于本文研究重点在于儒家治道传统，对现代西方治理文明的理解难免会有些以偏概全。本文所提出的儒家治道传统的现代转化的思路仍然只是一个初步的论纲，有待进一步完善和细化。本文的目的是希望中国国家治理研究能够重视儒家治道传统，以中华政治文明为本，批判地吸收现代西方治理文明，从而能够真正有助于现代中国构建良法善治的治理秩序，实现中华民族的伟大复兴。

注释

[1]俞可平主编《治理与善治》，社会科学文献出版社，2000，第2页。

[2]俞可平：《中国的治理改革（1978—2018）》，《武汉大学学报（哲学社会科学版）》2018年第3期。

[3]杨光斌：《关于国家治理能力的一般理论》，《教学与研究》2017年第1期；杨光斌：《作为建制性学科的中国政治学》，《政治学研究》2018年第1期。

[4]王绍光：《治理研究：正本清源》，《开放时代》2018年第2期。

[5][美]埃莉诺·奥斯特罗姆：《公共事务的治理之道》，余逊达译，上海三

联书店，2000年，第9—44页。

[6] Francis Fukuyama, "What Is Governance?" Governance: An International Journal of Policy, Administration and Institutions 26, No.3 (2013): 第347—368页.

[7] [美]弗朗西斯·福山：《政治秩序的起源：从前人类时代到法国大革命》，毛俊杰译，广西师范大学出版社，2012，第412—423页。

[8] 这方面的讨论，比较有代表性的文章可参见：高全喜《我们真正理解福山吗：中国语境下"福山热"的冷思考》，《探索与争鸣》2016年第6期；杨光斌《"历史终结论"底色下的中国政治观察》，《行政论坛》2017年第3期。

[9] 习近平：《习近平谈治国理政》，外文出版社，2014，第75页。

[10] 这里以及本文中所说的"道统"，指中华文明的大传统，不涉及宋代儒学中辟异端、辟佛老的"正统论"问题。关于朱熹道统论的详细阐释，可参见陈赟《儒家思想与中国之道》，浙江大学出版社，2016，第180—193页。

[11] 钱穆：《治统与道统》，载《钱穆先生全集：中国学术思想史论丛（九）》，九州出版社，2011，第55页。

[12] "新儒家代表"牟宗三用"政道与治道"来解释中国传统政治，政道指君主专制，治道指儒道法三家的具体治理方式。这种观点实际上用西方政体论来解释政道，而其所理解的治道，仅仅相当于中国传统政治中的"治统"或"治术"。王绍光曾撰文批评西方的政体论思维只关注政治秩序的形式，中国的政道思维关注政治秩序的实质。这可以看作对牟宗三政道与治道划分的有力批评。参见牟宗三《政道与治道》，广西师范大学出版社，2006；王绍光《政体与政道：中西政治分析的异同》，载王绍光主编《理想政治秩序：中西古今的探求》，生活·读书·新知三联书店，2012。

[13]陈赟：《儒家思想与中国之道》，浙江大学出版社，2016，第166页。

[14]黄玉顺：《中国正义论的形成》，东方出版社，2015，第64—83页。

[15]钱穆：《政学私言》，九州出版社，2010，第81页。

[16]许雅棠：《"治理责任"的思考：民主时代中的儒法治道》，《东吴政治学报》2005年第21期。

[17]瞿同祖：《中国法律与中国社会》，中华书局，2003，第329—352页。

[18]王国维：《观堂集林（上）》，中华书局，2004，第454页。

[19]陈来：《古代思想文化的世界》，生活·读书·新知三联书店，2009，第369—393页。

[20]萧公权：《中国政治思想史（上）》，商务印书馆，2011，第76页。

[21]苏力：《大国宪制：历史中国的制度构成》，北京大学出版社，2018，第393—420页。

[22]牟宗三：《政道与治道》，广西师范大学出版社，2006；张君劢：《中国专制君主政制之评议》，弘文馆出版社，1986。

[23]美国公民宗教的提出，可参见罗伯特·贝拉《美国的公民宗教》，陈勇译，《原道》2006年第1辑：第123—141页。

[24]陈赟：《儒家思想与中国之道》，浙江大学出版社，2016，第323页。

[25]姚新中：《"religion"和宗教：中国与犹太—基督教有关宗教概念理解的比较研究》，赵艳霞译，《学海》2004年第1期。

[26]时亮、王兆芝：《民本思想的理论结构及其现代转化论纲》，《天府新论》2016年第3期。

[27]任锋、杨光斌、姚中秋、田飞龙：《民本与民主：当代中国政治学理论的话语重建》，《天府新论》2015年第6期。

[28][美]乔万尼·萨托利：《民主新论》，冯克利、阎克文译，上海人民出版社，2009，第158—159页。

[29]许雅棠：《"治理责任"的思考：民主时代中的儒法治道》，《东吴政

治学报》2005年第21期。

[30]杨光斌：《让民主归位》，中国人民大学出版社，2015，第242、264页。

[31]贝淡宁：《贤能政治》，吴万伟译，中信出版社，2016，第9—41页。

[32]陈赟：《儒家思想与中国之道》，浙江大学出版社，2016，第298—302页。

[33]秋风：《儒家式现代秩序》，广西师范大学出版社，2013，第186页。

[34]李泽厚先生提出，今天谈"儒法互补"的意义不是指儒家与法家的互补，而是儒家与现代西方法治的互补。参见李泽厚《历史本体论·己卯五说》，生活·读书·新知三联书店，2003，第210页。

[35]张千帆：《为了人的尊严：中国古典政治哲学批判与重构》，中国民主法制出版社，2012，第153—181页；姚中秋：《华夏治理秩序史第二卷：封建（上册）》，海南出版社，2012，第623—688页。

[36]姚中秋、郭忠华等：《君子与公民：寻找中国文明脉络中的秩序主体》，《天府新论》2015年第6期。

[37]例如，习近平同志在谈到"着力培养党和人民需要的好干部"时，强调"治国之要，首在用人"，也就是古人所说的："尚贤者，政之本也。"参见习近平《习近平谈治国理政》，外文出版社，2014，第411页。

[38]秋风：《儒家式现代秩序》，广西师范大学出版社，2013，第122页。

[39]王苍龙：《"公民式村子"抑或"君子式公民"》，《天府新论》2018年第1期。

中国古代边疆治理经验的反思与总结

❏ 张新民[①]

边疆治理作为国家治理体系不可或缺的组成部分，无论何时都对推动民族友好团结、国家稳定发展具有重大的意义，特别是在"一带一路"倡议中，边疆治理更直接关系到"一带一路"如何顺利实施的问题，因而不能不认真反思和总结历代王朝的治边经验，从更广阔的时空范围来审视或讨论我们今天的边疆治理工作。明末清初的顾炎武曾称赞司马迁的治史态度，认为他"胸中固有一天下大势，非后代书生之所能几"；我们今天已有了更好的交通条件和认知环境，当然可以超越司马迁，在讨论国家边疆治理的问题上，胸中也有范围更加宽广的天下大势。我们一方面要看到历代王朝不断向外开边拓土，空间活动的疆域范围日趋扩大；另一方面也要看到其所管理或经营的内部系统方式并非一成不变，总是朝着充实和完善的方向发展。无论向外的拓展或向内的收缩，都与时局或国运

[①] 张新民，贵州大学中国文化书院荣誉院长、教授。本文原刊于《中国文化与管理》2020年第1卷。

的升降起伏有关。至于帝国体系内部核心区与边陲区，或者说汉族文化区和非汉族文化区之间，则始终存在着经济、文化、政治等多方面的差异，有着管理方法或管理模式的不同。而国家经营管理边疆社会的过程，本质上也是边地族群参与国家建构的过程。从治国必治边的角度看，当然也有必要以史为鉴，博古通今，扩大观察和思考的视野空间，认真探讨传统中国的边疆治理模式，努力从中寻找出可供借鉴的各种得失利弊经验，以反思的态度升华或丰富当前的边疆治理战略内容，实现边疆与内地有机一体的和谐化稳定和连环式快速发展。

一、"边疆"政权连环体系及其盛衰互动

"边疆"的概念严格说先秦文献极少记录，所谓"德以柔中国，刑以威四夷""天子守四夷"一类的说法，都说明以天子为共主的天下秩序格局，可以由中心向外逐渐推移，必然有直接统治和间接统治乃至更外围的区域之分，形成内服与外服有别的相关制度。而越向外延伸便越为"异族"居住之地，于是与中原政治文化核心区域相对应，便有了明显带有边地性质的"四邻"或"四夷"的概念。因此，如何在国家治理层面上真正做到"安中国而御四夷"，遂成为后人治《春秋》学最关注的政治大事。

"四夷"与"四裔"的概念相通，唐代杜佑撰《通典》一书，即先立"州郡"一门，强调"其画野分疆之制，自五帝始焉。道德远覃，四夷从化，即人为治，不求其欲，斯盖羁縻而已，宁论封域之广狭乎！""州郡"之后，即次以"边防"一门，称"今之夷狄，有居处巢穴焉，有葬无封树焉，有手搏食焉，有祭立尸焉"。细核后者内容所及，实即"四夷"或"四裔"之事。尽管后来四库馆臣批评他，认为"边防门所载多数万里外重译乃通之国，亦有仅传其

名不通朝贡者,既不临边,亦无事于防,题曰边防,名实亦舛"。但他既将"边防"殿于"州郡"之后,主要是针对与国家行政体制有别的"羁縻"或"朝贡"地,并以先秦即有的"四夷"——东夷、南蛮、西戎、北狄——观念列目分篇,目的仍在于"来则御之,去则备之",并将视野拓宽至"数万里外重译乃通之国",暗中仍有一传统"天下观"在支配,遂超出了"边防"一词的限制范围。这也可见古代的"疆域"观念,一概以"政教所及为限",是一个弹性的可以盈缩消长有所变化的广阔空间,并没有现代国家主权意义上必须清晰划定的边界。

正是有鉴于此,后来马端临撰《文献通考》,便将"边防"改成了"四裔"。清人解释"四裔",认为"大地东西七万二千里,南北如之中土,居大地之中,瀛海四环,其缘边滨海而居者是谓之裔,海外诸国亦谓之裔,裔之为言边也"。如果以马氏《文献通考·四裔考》为时代标志,则可说由"四夷"观念发展出"四裔"观念,又由"四裔"观念产生了"边裔"观念,均要到唐代以后才普遍流行。与"边裔"相应的概念为"边地""边徼"或"边境",传世典籍常有"外攘四夷,以安边境"之说,可见"边境"如果不是"四夷"居住区域,至少也必须与其相连接,尽管仍以中原为轴心区来加以定位,但已将其视为与内地有着盛衰联结关系的有机整体,同样要到唐代以后才广泛流行,越到后世运用就越频繁。例如,明代一些有识之士便特别反对以"边徼"为"遐远"而不加重视,甚至任职边地也颇以此自轻自贱的朝野议论,认为"衣之裔曰边,器之羡曰边,而器破必自羡始,衣破必自裔始,边徼之说,何以异此边可轻乎哉",意在告诫国家政治文化中心的衰败,往往都是从边地开始的;国家政治文化中心区域与"四夷"意义上的边地,二者始终存在着互为依存的整体联系。国家的政治危机、政权危机或国家安全危机等，都有可能从边疆地区的乱象引发出来。无论内地或边疆，从传统中国的天下观或文化体系出发，都绝不是对立的毫不相关的两极；它们有着一荣俱荣、一损俱损的相互支撑的关系，都是全局整体不可分割的重要有机组成部分。

但是，边疆治理不仅涉及边疆与内地之间的关系问题，也牵连边疆与边疆之间的关系问题。陈寅恪先生在其所撰写的《唐代政治史述论稿》一书中，也着重讨论了有唐一代的边疆治理问题。由于边疆地区往往都是少数民族聚居区，因而治理边疆不可能不涉及华夷关系问题，但所谓"夷"与"夷"之间的关系似也不能忽视。因而他特别关注"外族盛衰之连环性"，以及各种外患及其与王朝中央内政的相互影响问题。质而言之，他着眼于宏大国家局势分析讨论唐代边疆治理大事，认为一"外族"的崛起或强大可能导致另一"外族"的灭亡或衰弱，而"外族"与"外族"之间环环相扣，突厥、吐蕃、回纥、南诏等实际已构成了一个盛衰连环的体系。反过来，"外族"的兴亡、强弱又会影响王朝中央的内政，例如唐太宗为了解决北部突厥的边境威胁，对其他三个边疆政权采取了绥靖政策，性质犹如今天的统战工作，因此便有了大唐政权与吐蕃西藏政权的多次"和亲"。突厥问题解决后，又倾全国之力攻打高丽，但高丽刚一得手即迅速退出，在东北地区采取了消极退守的治边策略，原因即与西部地区吐蕃势力开始强大有关。以后尚有回纥、南诏地方势力的相继崛起，构成了极为明显的连环互动关系，极大地改变了边疆与内地的政治生态结构，从而影响到王朝中央的内政"国是"决策问题，关系到唐帝国数百年国运的兴衰隆替，决不可视为孤立性的事件，遗忘了事物总是相互联系的常识性真理。即使边疆彼此之间相隔甚远的"外族"及其可能发生的外患，往往也会深刻地影响到内政外交一系列重大"国是"问题。

陈寅恪先生的研究提示我们，尽管历代王朝中央政府经略开发的重点不同，但都有必要将边疆看成一个相互影响或牵连甚广的整体体系，任何治理者都必须以通观总览的眼光来加以审慎判断和可靠决策。"四夷"的更迭盛衰不可能不影响国运的升降起伏，治边本身就是治国不可或缺的重要内容。中国是中原王朝与周边少数民族区域合为一体的完整中国，借用传统"四夷"的概念，解构其贬义的色彩，也可说边疆治理必须同时兼顾东、西、南、北周遭边地的实际情况，即在今天也不能简单视为一条生硬固化的边界线，而是一个范围广袤的族群生活区，多数均在府州厅县辖境之外，往往设有具有更多自治权的土司，可能临边亦可能不临边，不仅范围广大，资源丰富，而且民族众多，风俗各异，彼此之间长期存在着连环互动的关系，更与内地相互依存而不可分割，同样是完整中国十分重要的组成部分。

从中原王朝与周边少数民族区域合为一体的完整中国的宏观视域看，传统中国能崛起为亚洲内陆最大的国家，是与"天子守四夷"的治边策略消长不断地实现分不开的。近年来美国学者拉铁摩尔（Owen Lattimore）等人提出的"双边疆"（double frontiers）学说，即将传统中国边疆体系分为"外边疆"（Outer Frontier）和"内边疆"（Inner Frontier）。他以长城为防御性的线状区隔线，认为长城及其周边地区为"内边疆"，而蒙古草原游牧地区则为"外边疆"。这一理论范式虽然尚有缺陷，但也有较强的解释力。我们完全可以创造性地改造他的理论，看到不仅"内边疆"可称为"内地边疆"，即"外边疆"也可称为"边地边疆"，其中必然有族群与族群或部落与部落之间的交流和融变，因而"内地边疆"可以透过连环互动而不断去边疆化，变为严格意义上的内地，"边地边疆"也能凭借连环互动转化为"内地边疆"，即使蒙古草原游牧地区也无例外。历史上的边疆作为一个弹性的不断变动着的区域体系，不能以一劳永逸的绝对边界概念来加以界定，需要透过经济、政治、文化等多方面的交流现象来历史性地汲取既往的经验与智慧，不仅要高度关注双边疆变量因素交叉渗透的多元复杂性，更要重视整个边疆区域交流融变的连环互动性，从而促使其朝着边疆与内地共同受益并能维系国家长久稳定的方向发展。

中华民族与文化共同体势态性规模的不断扩大和发展，无论任何时候都离不开民族与民族之间的互动交往。历代的边地治理模式也各有其利弊或得失，需要以"理想型"的方法来做抽样式的检讨及分析，不妨先从汉武帝的边地治理模式谈起，再依序涉及蜀汉、两宋及清几个时代。

二、汉武帝的边地治理模式

中国历史存在一个常见的现象，便是王朝国家在经营开拓边疆的过程中，一般都会同时兼顾"四夷"的战略地位及其连环互动关系，亦即经营开发西北，则先要安抚西南或东南；反之稳定了西北，也有利于西南或东南的经营开发。例如，西汉王朝国家政权建立后，西北面临着强大匈奴的威胁，西南则有各种大大小小的部落君长国，东南更有南越地方政权的崛起。汉初面对战后满目疮痍、国力十分衰弱的局面，以及匈奴势力不断南下，以致直抵今山西、河北北部一带，而南越王又雄霸一方的客观现实，自然一方面不得不对匈奴采取"和亲"的妥协政策，以后又发展为"徙民实边"的"国是"方略，以争取"休养生息"的发展机会；另一方面又派陆贾持书前往南越，修好已经称帝的南越王赵陀，从而切断其与匈奴连环互动的势态发展危局，化解南北夹击可能造成的帝国生存风险。或许只要看一看汉文帝托陆贾带去的修好书札，信中处处显得退让谦恭，又处处露出冷气杀机，既是恳切安抚之言，又是胁迫警告之词，表面关心汉与南越紧张关系的和解，暗中却盯着汉与匈奴危机局面的缓和，就不能不说是着眼于整个边疆体系，在国家层面上做出的高度智慧决策。

文景之治得以休养生息之后，随着国力的不断充盈强大，汉武帝拥有了凭借强大军事力量来解决匈奴问题的可能。但解决匈奴问题的一个重要前提条件，便是必须先解决南越客观存在的威胁，否则难免不有后顾之忧，受到双方连环互动引发危机的掣肘。因此，在边地治理问题上南北两面同时兼顾——如果要消弭西北积势已久的严重边患，就首先要保证南面后方的稳定——依然是国家边疆战略体系制定必须通盘考虑的大问题。

汉武帝攻打南越，从正面分两路出兵的同时，也想借道僻处西南交通要区的夜郎，即从牂柯水道直逼番禺（今广州）城下，形成腹背两面夹击之势，从而减轻正面攻击翻越五岭可能遭遇的风险。从汉武帝的边疆治理整体战略出发，最终不仅在南面同时灭了夜郎和南越，分别在其故地建立了由王朝中央直接统管的郡县，实现了南面边疆的稳定；更重要的是北面也出兵塞外数千里，大败威胁最大的强敌匈奴，将其驱赶出了汉地边境，为以后西域都护府的建立奠定了基础。这正好说明南北分隔的边疆大小独立政权，面对更加强大的王朝统一帝国，自身也存在盛衰连环的互动性。而汉帝国南北兼顾的治边策略，应该说是极为成功的。

强盛之后的西汉帝国，凭借强大国力开边拓土，不仅建立了亚洲内陆庞大雄阔的帝国体系，创造了世界性的政治统一奇迹，而且南北两面先后开通的丝绸之路，联系了周边由近及远极为广袤的区域，经济文化交往传播的范围甚至从中亚、南亚延伸至遥远的欧洲。只是在赞叹王朝帝国边疆治理正面成就的同时，尚有必要看到武力征讨治边模式的负面问题。武力征讨治边模式固然扩大或强化了王朝帝国的版图势力范围，但也付出了巨大的国家财政成本代价，引发了不少内政国势方面的危机问题，留下了不少盛极而衰的时代变化征兆。司马迁就敏锐地观察到汉武帝好大喜功引发的各种内政危机，认为不仅"江淮之间萧然烦费""巴蜀之民罢焉""燕齐之间靡然发动"，更重要的是"兵连而不解，天下苦其劳，而干戈日滋"，以致"行者赍，居者送，中外骚扰而相奉，百姓抚弊以巧法，财赂衰耗而不赡"。可见纯粹征讨式的治边模式，尽管打败了匈奴，征服了四夷，开拓了疆土，建立了世界罕见的庞大帝国，固然不能不称道汉武帝的雄才大略，但也有必要看到国家财力、物力、人力的巨大耗损，代表国运根基的天道人心元气的由盛转衰，从而不但激化了社会多方面的复杂矛盾，造成了民生的长期凋敝，同时也引发了各种或明或暗的政治危机，导致了人心的涣散和政局的空虚。后人认为"武帝五十年间，因兵革而财用耗，因财用而刑法酷，沸四海而为鼎，生民无所措手足。迨至末年平准之置，则海内萧然，户口减半，阴夺于民之祸，于斯为极"。足证边务失措造成的外患与内政不当引发的内忧，二者之间也是不断交叉连环并相互牵引的，最终破坏了边务与内政应有的生态格局有序化平衡，导致了一系列严重的社会经济和政治文化问题，即在当时便已弊端窳陋尽皆显露，造成了西汉帝国后来长期一蹶不振的厄运，影响后世不可谓不既深且远。

三、诸葛亮的边地治理模式

除上述较具典型意义的武力征讨治边模式外，边疆治理作为一项长期性的国家政治策略，是否还有其他可供借鉴的模式呢？三国时期诸葛亮的边疆治理模式，显然更值得认真分析探讨和客观总结。众所周知,诸葛亮早在其《隆中对》中,就已有了明确的联吴抗魏统一中国的战略性设想,但是,面对曹操挟天子以令诸侯,拥有北方强大兵力的优势,欲北伐抗魏实现统一大业,依然必须首先排除南面后方可能发生的边患一类的后顾之忧。《隆中对》提到的"西和诸戎,南抚夷越",实际即为"南抚北抗"化解后顾之忧的长远整体战略构想。具体到用兵南中的过程,他即采取了"攻心为上,攻城为下,心战为上,兵战为下"的治理方略:一方面示以兵威,展示了军事力量的强大;另一方面也柔之以德,表现出政治举措的宽厚,实际即以"威德"征服人心,争取边地部落族群的自觉认同,实现成本最小而效益最大的和平治边政治方略。

诸葛亮的边疆治理方略,如果稍加总结,也可说是"示之以力,怀之以德",即在显示体现国家强大意志的外在军事弹压力量的同时,也要表现代表国家道德立场的内在感召吸引力量。从儒家一贯具有的"王道"思想出发,诚如孟子所说:"行一不义,杀一不辜,而得天下,皆不为也",而"以力服人者,非心服也,力不赡也;以德服人者,中心悦而诚服也"。因此,国家不仅是强权力量的象征,也应该是道德化的存在,道德作为一种扎根于人心的秩序建构力量,无论任何时候都不应在国家治理活动中缺位。诸葛亮在用兵西南边地的过程中,对孟获擒而纵,纵而擒,以至"七擒七纵",显然都是要以恩威并重的方法来争取人心的认同,虽然并没有完全放弃武力,但又并非徒逞武力,是一种刚柔相济——以兵示刚,以德示柔——的"威德"型治边模式。《诗》云:"柔远能迩,以定我王。"诸葛亮的治边策略,似与此意最相接近。

十分明显,蜀汉政权之所以采取刚柔相济的"威德"型治边模式,一方面,是要安抚西南夷部落民众,建构稳定的大后方秩序;另一方面,则是要倾全国之力北伐讨魏,实现天下一统的政治目的。其中尚有"和戎"与"联吴"的问题，同样是面对四周众多分散力量连环互动的可能，从而采取了与之相关的宏观整体边防方略。史载"南中平，皆即其渠率而用之"，可见"以夷治夷"当也是诸葛亮采取的一大重要治边方法。"以夷制夷"与"攻心为上"的方法相互配合，则不仅争取了更多的边地人心的认同，实现了"彝汉相安"的治边目的，即蜀国内部也出现了"田畴辟，仓廪实，器械利，蓄积饶"的稳定局面，可视为边裔与内政秩序治理连环性互动的典范，也足以证明有刚有柔"威德"型治边模式的成功。

以"威德"型感召治边模式来建构边地秩序，当然也获得了边地部落族群的认同。不妨先看彝文典籍《西南彝志》的说法："蜀汉皇帝时，孔明先生出兵，征讨南方，与叛帅交战。祖先妥阿哲，出兵助汉皇，供给军粮，为其后援，攻无不克。"类似的记载亦见于汉文文献《滇考》："牂牁酋帅火济亦率其罗鬼诸部，为汉兵刊山通道，聚粮以供军，丞相悦，封为罗甸国王，赞助以平诸蛮。"今按妥阿哲其人，彝文文献或作"慕勾妥阿哲"，为"牂牁帅黑卢鹿，水西安氏远祖"，汉文典籍则多译为济火，亦偶有作火济者。其聚粮以助诸葛亮及受封罗甸国王等相关史实的细节，虽有必要进一步考辨，但仍可见彝族部落君长国族群深受诸葛亮感召，与蜀汉政权的治边举措相互呼应，实际已成为汉彝和平秩序建构的积极参与者，也可说是蜀国后方政局稳定自觉不自觉的重要维护人。

诸葛亮治下的蜀地及其南面边地，通过多年内政外务良性互动式的努力，不仅蜀地内部"军资所出，国以富饶"，即后院边地"诸夷慕侯之德，渐去山林，徙居平地，建城邑，务农桑，诸部于是始有姓氏"。可见他的善政举措也引发了地方习俗风气的变化，完全可以视为其治边模式反应下的重要成果。他的"威德"型人格力量和行事风格，一旦外化为内部政治风气或社会环境影响，最直接的效果便是举国上下"风化肃然"；具体表现为边政措施及其摄受吸引力量，则是远近"诸彝感慕德化"。他在西南夷地区"不置吏，不留兵，不运粮"，但又做到了"南人不反人心归……凡牂柯、昆明、东川、武定、乌撒、沾蒙，地方数千里，莫不收其豪杰以为官属"。不仅采取地方习俗制度认可的"诅盟"的方式，迅速获得了"纲纪初定，而蛮汉相安"的积极效果，更重要的是还通过一系列适宜"夷区"实际情况的措施，实现了"示以信义，布以德威，俾分守其土，各部其民"的安邦治边目的。尽管其主要的方法仍为羁縻，后人以为已开了土司制度的滥觞，适可见他对后世影响的深远，不能不称为善理边政的重要历史典范。

　　扎根于人心基础上的影响，必然长期传为口碑。只要观察一下西南地区无处不有的武侯祠，以及大量以"诸葛"二字命名的名胜古迹，更甚者即水西彝族部落还将其首领济火配祀于武侯祠中，便可见他的影响已大书深刻在人心之中，获得了汉夷双方的一致认可。特别是以济火配祀武侯的做法，尽管一主一次区别很大，但毕竟长年共享祭祀香火，说明二人均已化身为汉彝友好的象征符号，反映世人对华夷合理秩序建构的向往。随着固有的民族文化心理隔阂的消除，不仅差异很大的文化之间的融变整合已是客观事实，甚至国家认同高于族群认同的发展趋势也开始有所显现，说明用德而备兵（威德）的文化是何等重要。尽管两宋以后帝国官方的人为塑造作用也不可忽视，但诸葛亮的边政事功及符号象征力量，作为一种重要的文化影响因子，仍历史性地发挥了稳定边疆多元复杂秩序的政治作用，从而极大地改变了西南地区的政治文化生态结构，有利于国家大一统广袤地域分布局面的整合与形成，至今仍可通过创造性的实践方式为其赋予新的历史内涵和解读意义。

四、两宋时期的边地治理模式

宋代的治边模式又与前代有所不同，南渡之前与南渡之后更有很大调整。北宋时不仅辽、金、西夏颇为强大，即吐蕃、回鹘、大理也相继崛起，依然形成盛衰连环互动凶危局面。外患既与内政密切牵连，策略的运用即为重大"国是"问题。王安石执掌朝政期间，即采取"力不足则事之，力同则交之，力有余则制之，同力同德我交之"的治边策略，认为"南方事不足计议"，而"经略西方则当善遇北方，勿使其有疑心，缘四夷中强大未易兼制者，惟北方而已"。他显然也是从传统的"四夷"观念出发，将边疆看成一个连环互动的体系，只是一反诸葛亮"德力相济"的稳妥边患应对方法，采用了"力主德辅"的激进治边策略，在区别对待"四夷"关系的同时，倾全力对付北面边患引发的严重边防危局。

王安石的边政治理重点，显然主要是在北方。面对北面强敌压境的凶危局面，宋王朝不能不采取"力同则交之"的柔性防御策略。特别是订立"澶渊之盟"后，在如何处理与契丹的关系问题上，他特别强调"薄物细故，勿与之校，务厚加恩礼，谨守誓约"。原因是经略西夏则不能不加倍防范契丹，必须消弭一切连环夹击强大势力的可能，面对双方实力相当的军事博弈窘境，他只好采取柔性退让的防御性策略。但从边疆完整体系的视野出发，为了确保南面边地的秩序稳定，消除南北连环互动可能滋生的一切祸源，在举国上下均关注北方边政方略的同时，宋室中央政府未必就放弃了南方的经略开拓，只是与北方的柔性退让边防政策相较，则更多地采用了"力有余则制之"的积极进取方略，举凡川蜀、广南、荆湖等地，均无不有相应的积极的边政举措。例如，他在荆湘一带地区，便一方面针对可以控御的羁縻区，采取剿抚并用的积极开拓方式，灵活运用了各种分化胁迫手段，将其完全纳入了国家的有效掌控范围；另一方面又针对长期失控的"生界"区，即所谓不"与中国通"，不断"寇掠边界"的"内地边疆"，在运用武力弹压的同时，则又采取了消极保守的区隔防范政策，"禁不得与汉民交通，其地不得耕牧"，大体仍为"力主德辅"的边地治理范式。

宋室被迫南渡后，与同为独立政权的金处于对峙局面，面对实力强大的女真族，宋室只能采取"力不足则事之"的退让策略，以不断谈判议和的方式，获得自身暂时的偏安。与"澶渊之盟，宋为兄，辽为弟，故辽使常稍屈"明显不同；宋与金之议和，则以淮水中流分界，不但要向金岁贡银二十五万两、绢二十万匹，更要奉表称臣，受金册封而为帝。"宋以忠厚开国"，最重气节，亦最讲义理，但"义理之说与时势之论往往不能相符，则有不可全执义理者，盖义理必参之以时势，乃为真义理"。揆诸当时的时势，从务实的态度出发，则可说"宋之为国，始终以和议而存，不和议而亡。盖其兵力本弱，而所值辽、金、元三朝下当勃兴之运，天之所兴，固非人力可争，以和保邦，犹不失为图全之善策。而耳食者徒以和议为辱，妄肆诋，真所谓知义理而不知时势，听其言则是，而究其实则不可行"。"力不足则事之"的治边策略，固然为不得已的下策，但仍是审时度势采取的自我保全良策，只能视为弱国博弈势态下的妥协性边防退让治理模式。

但是，与北面边防"力不足则事之"的消极策略不同，南宋的南方治边举措依然沿袭了北宋的做法，仍采取了积极性的"力有余则制之"的方略，主张"德以柔中国，威以镇八蛮，言异用也。叛则伐之，服则舍之，以从宜也"，更多地强调"力"而非"德"的重要。只是与北宋略显激进的做法相较，由于南宋国力日趋衰弱，尽管也夸饰炫耀强大武力，但也尽量运用更加稳健的招抚策略，从而避免边患可能引发的内外政治危机,缓解北部边防承受的巨大压力。其中较值得注意者,即南面"辰、沅、靖三州之地,多接溪峒,其居内地者谓之省民、熟户,山瑶、峒丁乃居外为捍蔽",所谓"捍蔽"乃指介于"省民"与"生界"(生苗)之间的"熟界"(熟苗区),与国家以羁縻方式管理的"熟界"不同,"生界"则为长期不沾"王化"的广袤失控区。"捍蔽"二字恰好点出了由"省民"过渡到"生界"的"内地边疆"特点。"宋淳熙(1174—1189)中,率逢源讨平峒贼姚民敖",朝廷主将"不忍尽诛"其众,便在当地筑招降台,利用"峒民"一贯固有的"合款"习惯法制度,"从夷俗,斫铁歃血而誓",严格规训以"合款"方式聚众起事的"峒民"各部众,"各毁尔牌甲,弃尔标弩,平尔壕堑,散尔徒党,无贪我省地,无害我省民,无若民敖之首乱,以自取灭亡,则尔诸团亦得永保室家"。与北面与辽、金的立约议和一样,南宋在南面也采取了盟誓立约的方法,不同处则为前者是国家政权与国家政权之间的谈判和约,后者则为国家政权与地方族群组织之间的盟誓条约。

由此可见,南宋王朝虽然表面上采取"力有余则制之"的积极性治边策略,但如果真引发重大冲突性边患事件,在用兵强制平息之后,有鉴于北面大兵压境的凶危局面,仍采取了消极性的内收式招抚政策,以对方不再犯边惹乱为前提条件,通过盟誓的方法来确保边地秩序的和平与稳定。而以"熟界"来作为"省民"与"生界"之间的"捍蔽",也说明南宋的治边方略有了明显的向内收缩的策略性转向。

以歃血为盟的方式来争取边地族群的认同,实现南方"内地边疆"社会秩序的稳定,尚见于景定年间(1260—1264)摩崖石刻《戒谕文》。时南宋王室在王化不到的湖耳"生界"或"生苗"地区，展开了一场平定"蛮酋"起事的战争。战争的残酷可用"青烟断野，白骨枕途"来形容。然而一俟战争结束，有鉴于迅速崛起的蒙古不仅先后灭了西夏和金，开启了从北向南直逼南宋的战场，更严重的是还有效控制了西南地区的吐蕃和大理，开始从南面分路进攻四川及湖广，形成三面合围包抄的军事攻击态势，于是今湘黔桂交界一带地区亦成为前线，宋室遂不得不采取消极性的绥靖策略，同样利用"峒民"一贯固有的"合款"习惯法制度，站在征服者居高临下的立场，以"蛮酋"能够接受的习俗仪礼方式，达成了相应的安边和解盟约。

根据双方达致的安边和解盟约，不难看到胜利者以"戒谕"的话语口气，一方面要求失败者"各训尔子孙，弃尔弓弩，毁尔牌甲"，消除可能再次引发乱局的各种隐患；另一方面也鼓励他们"卖剑买牛，卖刀买犊，率丁男少壮，从事田亩，男耕女桑，各归圣化，永为王民"，希冀恢复固有的生产或生活秩序。较诸淳熙年间的消极防范策略，《戒谕文》显然多了一重积极性的"王化"策略，可说是以"怀柔"的方式来化解暴力造成的创伤，从而更加主动地谋求安边息乱长久之道。这说明南宋的治边策略也在不断调整，尽管与其遭遇的连环性边患不无关系，明显表现出一种征服者特有的权力傲慢，但也兼顾了边地族群恢复生产和满足生活需要的实际切身利益，透露出了与"恃文教而略武卫"有关的历史动向新信息，可说是朝着稳妥合理及长久和平治边的方向发展的。

以盟约的方式来处理国家政权与边地族群的关系，并非始于我们已一再提到的两宋时期。例如，后晋天福五年（940），"溪州洞蛮彭士愁寇辰、澧二州，希范讨平之，士愁以五州乞盟，乃铭于铜柱"。可说是楚王马希范与溪州刺史彭士愁共同以"饮血求誓"的方式，在后者承诺"一心归顺王化，永事明廷"的前提下，后者答应"尔能恭顺，我无征徭；本州赋租，自为供赡。本都兵士，亦不抽差；永无金革之虞，克保耕桑之业"，从而形成了法律性的盟约文本，并铭文立柱以作永久历史见证，体现了华夷关系不断融突整合的一个侧面。与具有法律约束力的《溪州铜柱记》类似，无论《受降台记》或《戒谕文》，亦都具有清晰可靠的誓约特征，能够同时为国家法与民间习惯法所接受，具有双方立誓认可的合法性和权威性，当然就为缔约者必须奉行或遵守。只是与五代时期的后晋非常态临时性的做法略有不同，以誓约或盟约的方法治边贯穿了整个两宋时期，其中虽有独立国家政权与独立国家政权之间，以及独立国家政权与"内地边疆"生界族群之间的差别，可适当分梳为"力不足则事之"与"力有余则制之"两种类别形态，但作为法律性的盟誓行为，其具有不可违背的有效约束力则是共同的，完全能够抽绎或总结为盟约式的边政治理模式，显示了王朝中央稳定边地秩序的政治意图与谋略，是特殊历史条件下妥善处理华夷关系的一种权宜而有效的方法。

五、清代的边地治理模式

如前所述，两宋时期辽、金、西夏、蒙元相继在北方兴起后，其周边疆域发生了明显的盈缩变化，赵宋政权出于边疆地区政治、经济、文化实际状况的需要，往往以盟约或誓约的方式来促成相对暂时的和平。但边疆地区各个少数民族政权陆续兴起强盛，因而盟约的对象也在不断发生变化，盟约的数量或频率既多且繁，边患引发的内政纷争亦持续不断。清代王朝帝国的边疆控制实力远胜前代，周边"四夷"的治理对象亦显得相对稳定，所以绝无两宋时期以盟约求和的问题，武力开边拓土的边疆治理发展倾向显得十分突出，但未必就不注意善后的安抚或怀柔政策，作为一种治边模式也自有其重要特征。

　　清朝政权以暴力入主中原，"扬州十日""嘉定三屠"都是其残忍行为的历史见证。以后也继续兼用王、霸两道治理全国，逐渐开拓四周边远区域，不断扩大统治范围，从而形成了中国历史上最广大的疆域版图，不能不说是其留给后人的最大政治文化遗产。清代疆域版图的广大，依然是历代王朝长期拓土开边的必然结果，离不开边疆与内地经济、政治、文化多方面的密切交往，是华夷关系长期融变整合反映在地缘政治上的正常现象。谭其骧先生主编的《中国历史地图集》，即以清朝18世纪50年代到19世纪40年代鸦片战争以前形成的版图，作为历史的中国的合法性地域范围，而不论朝代兴衰更替的早晚先后，以及民族连环互动势力的消长和变化，应该说是有充分的经验事实和学理根据的。

　　清代的边疆治理活动，一般说有三大重要创举：一是平定准噶尔叛乱，实现了西北地区的有效管控和妥善治理；二是收复了失地台湾，从而奠定了掌控东南广袤海域的历史性基础；三是为三千里苗疆无不入于版图，推动了西南地区的内地化发展趋势。清王朝作为一个统一的庞大帝国政权，已逐渐将中原及其周边民族边区整合为一个复杂多元的政治共同体，并在以后各种外来势力不断袭来的政治文化语境中，促使其朝着民族——国家的现代性方向曲折艰难地向前发展。

　　清帝国平定准噶尔叛乱之所以显得重要，是因为战事除涉及漠南、漠北即准噶尔本部外，还牵连青海、西藏、回疆（回部）等广大区域，因而清廷通过征讨和结盟等多种治边策略的运用，不仅控制了蒙古及大部分中亚地区，极大地强化了其与内地社会经济化的联系，改变了当地固有的政治文化生态格局，同时也继续向西南推进并平息了卫藏战争，派出了监管地方事务的驻藏大臣，反映了王朝帝国治藏策略的制度化发展趋势。从而以建立或扩大屏藩范围体系的方式，极大地强化了帝国边疆治理的掌控能力和安全系数。

收复台湾当然也是有清一代的大事，因为尽管明代后期颜恩齐、郑芝龙即在台湾建立了汉人政权，后又落入荷兰侵略势力手中，又再次由郑成功收复，成为地方割据政权。至康熙二十二年（1683），清王朝平定台湾，迫使郑氏归顺并献出台湾岛，从此台湾开始纳入王朝政治有效管理疆域之内，成为统一大业实现的又一重大历史性标志。而以国家大一统地缘政治格局为依托，随着西方列强的不断入侵，海疆与其他内陆边疆的连环性关系也日趋明显，遂有海防与塞防孰轻孰重的朝野纷争，争论的结果是将海防塞防兼顾定为基本国策，反映海疆秩序的建构也开始成为十分重大的"国是"问题。

与王朝帝国势力在其他边陲地区的扩充同步，清廷在西南地区的经略开发活动也极为活跃。其中最值得注意的，便是三千里"苗疆"的开辟，从不少清代学者的认知视野出发，他们认为较诸平定准噶尔叛乱和收复台湾，前者甚至是意义更为重大的历史性事件。严格地说，庞大帝国管理体系并非均质地分布于全国各地，其中有政治、经济、文化的核心区，也有政治、经济、文化的空隙地。后者不仅长期徘徊在国家经济和社会体系的边缘，也始终游离于国家政治与思想体系之外，既是国家控制体系不及的空隙，也是"王化"力量不到的边陲。而在帝国庞大社会经济政治控制体系的内部，实际仍长期存在着或大或小的空隙，数量之多，分布之广，甚至可用"支离破碎""漏洞百出"来形容。以贵州一省之地而论，时人即感慨"远在天末，虽有府州县卫之名，地方皆土司管辖"，何况"苗疆"更为国家"王化"力量长期不到之地，既谈不上羁縻，更从未设置土司，虽位于帝国疆域腹地内部，却为王期权力缺失的"生苗"之区，有着"议榔""款州""鼓社""理老"一类独特的组织管理形式，不为"内地边裔"或"内地边疆"。由于经略开辟的地域极为广袤和重要，遂成为当时震惊朝野上下的"国是"决策大事。

"苗疆"的国家化开辟或经略如何进行，亦即采取何种方法才能更好地将其纳入王朝帝国行政管理体系，虽也有主抚与主剿两种不同的主张，但毕竟主剿作为一种国家意志的治边策略，始终占据了开辟过程的主导地位，不仅进行了血腥式的武力征服，更滥杀了不少无辜民众，不能不说是"扬州十日""嘉定三屠"之后的又一次残暴行为，造成了当地苗人"痛恨切骨"的历史性创伤记忆，不久即引发了包利、红银领导的大规模"苗乱"。"苗乱"的根源和责任当然不在反抗的正义的地方苗人，而在滥用暴力的非正义的王朝政府。较之诸葛亮同样用兵边地，以威德而非暴力服人，即使用计布阵，也"以生道杀人，虽死不怨"，相去不啻天壤之别。

当然，在武力开辟"苗疆"的整个过程中，就其手段的具体运用而言，只能说是重"剿"而轻"抚"。与"剿"区别很大的代表柔性力量"抚"，作为王朝帝国更长远的一项政治谋略，实际亦并非完全弃而不用。质而言之，即王朝政府从地方实际出发，显然也清楚地看到"苗民风俗与内地百姓迥异"，从而施行了大量善后特殊宽松政策，甚至明确规定"嗣后苗众一切自相争讼之事，俱照苗例完结，不必绳以官法"，即以尊重苗人固有习惯法制度（苗例）为前提，通过以"苗"制"苗"的方法来实现更加有效的管控。因而不仅消解了暴力因素引发的族类仇恨，缓和了"苗""汉"之间的矛盾冲突，同时也凝聚了更多的与"王化"政策有关的国家认同资源，能够促使地方社会更快地朝着内地化的方向发展，可说是"剿"后又继之以"抚"，"剿"制造了大量冲突和矛盾，只能靠

"抚"来化解和修复。

始终参与开辟"苗疆"之事的方显曾主张"先抚后剿，剿平之后，仍归于抚"。"先抚后剿"实际并未做到，但"剿平之后，仍归于抚"，仔细考察王朝帝国的善后举措，仍当为客观事实。因此，似可将其总结为"剿主抚辅"而终"归于抚"的治边模式，"抚"相对"剿"仍为常态性的长久做法。这种治边模式虽然有其残忍凶险的一面，但从边疆连环互动战略体系出发，也有配合平定势力强大的准噶尔叛乱，为维护国家安全而急于在西南地区用兵的另一面。因为"三千里苗疆"横亘在西南交通要道上，即使都柳江流域"古州等处苗蛮，界在黔、粤之间，自古未通声教……常越境扰害邻近之居民，劫夺往来之商客，以致数省通衢，行旅阻滞，迂道然后得达，而内地犯法之匪类，又往往逃窜藏匿其中"，严重地阻碍了经都柳江水道由粤入黔转蜀的通道。除都柳江流域外，"苗疆"范围尚广涉清水江上游及其周边地区，水道"上通重安以达都匀，下通黔阳以会朗水"，亦为由湘经水道转旱路入黔转桂，或经"滇楚大道"直达滇省必经之地。一旦梗阻，则"官民自黔之黔、之楚、之粤，皆迂道远行，不得取直道由苗地过……，商旅尤以为苦"。从王朝国家边防战略的宏观视野看，"苗疆"一地的开辟，亦关涉整个西南的稳定，不仅意味着湘黔桂三省毗邻地带大块空隙区域的内部自我充实，更关系经黔地入滇南向外部边疆进行更大范围的拓展。

交通要道及其众多支线所构成的网络，本质上也是王朝帝国权力体系向外延伸必须依赖的控制网络，开辟"苗疆"稳定整个西南，未必就与西北局势完全无关。事实上，准噶尔部在西域不断扩充其势力，早已控制了青海和西藏的广袤地区，很可能以此为凭借继续南下，与云南的蒙古残存势力相互联合，而云南历史上又曾出现过南诏、大理一类的强大地方政权，南宋因腹背两面受敌而灭亡便是极为重要的前车之鉴，因而如何通过开辟"苗疆"来有效掌控云南及整个西南，又依靠掌控云南及整个西南来防范西北长期存在的边患，避免西北与西南多种地方势力叠加可能造成的危机，从而强化或稳定整个东西南北面合为一体的边疆防御体系，显然也是王朝帝国边政治理不能不凭借宏观视野考虑的大问题。

由此可见，清帝国之所以急于开辟"苗疆"，既不是为了殖民，也非掠夺资源，而是为了确保王朝帝国统治的安全，是建构国家边疆体系整体步骤的重要一环。不少欧美学者将其等同于西方早期殖民扩张，无论衡以国家战略意图，抑或验以地方客观史事，显然都是站不住脚的。从边疆盛衰连环互动体系的宏观角度看，如果说准噶尔叛乱的平定即意味着对"天下秩序"威胁力量的解除，那么"苗疆"的开辟则象征着对"天下秩序"建构力量的加强，其一为"边地边疆"，二为"内地边疆"，都是有清一代边疆治理的重点。

六、以德治边的重大历史性意义

以上通过抽样分析的方法，具体讨论了历代较有代表性的几种边疆治理模式。如果一定要做出取舍性的比较，最可取者显然是诸葛亮的治边模式。诸葛亮的一整套做法不仅稳定了西南边地，更重要的是还收拾了人心。更直接地说，他清楚地看到了人心是秩序扎根的基础，缺少了人心的依归或认同，再牢固的秩序也会轰然坍塌，只有建立在人心基础上的秩序才是最长久和最牢固的秩序。无论内政边务，均难有例外。

诸葛亮用以威德感召人心的方法来治边，不仅消除了民族心理隔阂，缓和了民族矛盾或冲突，稳定了西南边疆局势，而且树立了以德治边的历史典范，体现了"王道"政治的重要性，说明任何"正统"的象征均不能有道德资源的缺失。宋儒朱熹常"诵武侯之言曰：'治世以大德，不以小惠。'"所谓"大德"即刚柔两面兼用，尽管以德政感召是根本性或主导性的策略，但并不排斥兵威的必要辅助支持作用，否则非但不能稳定边地局势，建构相互间的友好交往秩序，反而有可能导致连年干戈，百姓生灵涂炭窘境的出现，只能是"小惠"而绝非"大德"。其中之微妙差异，亦可见胸襟器识，而必以国家之前途，百姓之福祉，其受益之多寡久短，为一客观标准。后人感慨"侯所过，辄有遗迹付诸山灵，后人发得奇迹响，必谓侯所遗，盖谓非侯其谁宜为"。即可见其治边功绩传播的广泛，兼可一窥其影响的深远。

透过历代边疆治理范例多方面的比较，以诸葛亮治边模式为典型代表，以此分析传统中国与边疆治理有关的思想体系或具体方法，尚有三个重要概念需要适当分梳："大一统""华夷秩序""天下观"。三者都与我们讨论的主题有关，或许需要以之为分析框架，来进一步判断历代治边模式的利弊得失，不妨稍作一点补充性发挥和说明。

传统中国的"大一统"思想，一般都理解为一个自下而上不断将权力向上集中的庞大皇权体系，当然也可将中央权力层层下放到各级地方政府手中。在上是居高临下的一统中央王权，在下是唯上是从的王权派出机构，权力系如网络般分布于全国各地，逐层管控广袤的社会空间。但是，根据早期公羊学的说法，"大一统"的"大"是动词而非形容词，意在表示赞叹或推崇，具有重要或了不起之义涵。传世经典多有此类用法，例如，《论语·泰伯》："子曰：'大哉!尧之为君也。巍巍乎!唯天为大，唯尧则之。'"《孟子·尽心上》："孟子自范之齐，望见齐王之子，喟然叹曰：'居移气,养移体,大哉居乎!夫非尽人之子与?'"《文心雕龙·原道》:"文之为德也大矣,与天地并生者何哉?"《史通·叙事》:"史之美者,以叙事为工,而叙事之工者,以简要为主,简之时义大矣哉。"均可见"大"字作动词用,明显具有褒扬之义。

"大一统"之"一"字,则当指形上本体,也可说是大全式的道体,是一切存在的原初性本源。《说文》:"惟初太极,道立于一,造分天地,化成万物。"《老子》:"道生一,一生二,二生三,三生万物。"公羊学认为"一"即万物发生形变的潜在开始,也为万物生长的原初状态,不妨称为隐秘而有待展开的本体秩序。"一"亦与"元"相通,即《周易》"元亨利贞"之"元",也可称为"乾元",因而不能不赞叹"大哉乾元,万物资始,乃统天";"至哉坤元,万物滋生,乃顺承天"。与"一"相通一致,而又需要在不同语境中分别表述约"元",同样既是一切创造活力的形上来源,也是一切价值存在的本体依据。"一"与"元"可以互训互释,当绝无任何疑义。

至于"大一统"之"统"字,可说"自一本而万殊,而体用一原也;合万殊而一统,而显微无间也"。"统"既与"一"相关联,则明显是用形上本体的"一"来统摄形下现象的各种分殊性的存在。"一"(本体)与"万殊"(现象)互摄互涵,不仅不分裂对立,反而高度辩证统一,构成了一种宇宙天地生成变化及社会人生发展调适的重要解释模式。

《春秋》开篇即大书"元年春王正月",公羊学依据"大一统"理念展开解释,认为既"变一为元",当然就应"立元正始"。任何分殊的存在本质上都自有其共同的形上原初的来源或开端,即使追问人类社会及其政治活动的究极根榫也绝无例外。形上本体的来源或开端是神圣、超越、纯正和有序的,一方面,无论天地万物或人类社会，都可以在形上本体的世界中统归于"一"，表现出超越抽象的统一性；另一方面，形上本体的世界也是能够活泼启用的，自然可以展开和落实于天地万物或人类社会而表现为"多"，显现为具象的形形色色的分殊。换句话说，"一本"可展开为"万殊"，"殊途"并不妨碍其"同归"。足证"大一统"虽讲"一"而决不排斥"多"，"一统"与"分殊"是高度辩证统一的。

《春秋》以"元年春王正月"为叙事之开首，如果说其书法隐含着微言大义，那明显就是要开出人间正义或正当的政治秩序。以"元"为"统"而系之于"一"，就是强调政治秩序的正当性与合法性来源，尚有一更深层的不以人的意志为转移的形上大道，形上大道即天道作为普遍流行的隐性存在，乃是一切良性政治秩序得以建构的本体根据，以其为"一"为"统"才能得"元"而"亨"而"利"而"贞"。"春"既实指自然界的盎然生机，也象征人类社会的创造活力，乃得"元"禀"一"的必然结果，表现为天道流行创化不已的欣融与繁荣。如果说贯通天地人的"王"字，是政治秩序合理、正当的隐喻，那么"正"则为政治行为正义的象征，说明一切政治行为都必须受到天道正义的规约。亦即前者必须以"一""元"或"天道"为合法性的根本依据，只能在其规约下按照自然正义原则行"王道"，而绝不可偏离正义原则行"霸道"。后者则为"天道"合法性原则具化为人间正义的行为显现，是天道落实于人心做出的正确价值判断和行为抉择。任何不义的政治行为都既违背了天道，也乖离了可与天道相通相感的人心。以天道和人心为合法性依据建立起来的政治制度，当然必须谋求一国政治乃至整个人类社会的长治久安，反对任何危害国家和人类社会稳定的分裂破坏行为。"大一统"的政治理念同时兼顾形上、形下两个世界，是一种整体而全面的具有生命体验形态的哲学致思传统。

凭借《春秋》所提示的微言大义系统，以"大一统"政治理念为出发点，可说政治的原则既不离天道人心而又时时注意其"用"，亦即政治行为必须以形上超越的天道为正当性的根据，做出以人性人心为支撑的合法性制度安排，并将其转化为有体有用的人间正义行为，是传统中国政治哲学致思和行为不言自明的重要方式。天道人心的原则标准固然必须归"元"为"一"，但作为具体方法的政治行为可以据"一"为"多"，原则的常而不变的"一"和方法的灵活万变的"多"，二者之间是可以相融相安而有机统一的。以此为依据衡量历代治边模式，则其利弊得失均可洞若观火，而最可取者仍为诸葛亮的治边模式，尽管历史给他的只是一个小国寡民的政治舞台，根本就无力与雄居北方的曹氏争中原。

严格地说，无论"内地边疆"或"边地边疆"，一般都是少数民族生活区，因而所谓治边必然涉及华夷秩序的建构，当然也要一本天道人心采取长治久安灵活措施。而诸葛亮治边所要面对的"南人"，作为一个有着广阔生活区的边地主体民族，其生活习俗一贯"征巫鬼，好诅盟，投石结草，官常以盟诅要之。诸葛亮乃为夷作图谱。先画天地、日月、君长、城府；次画神龙，龙生夷及牛马羊；后画部主吏乘马幡盖，巡行安恤；又画夷牵牛负酒、赍金宝诣之之象。以赐夷，夷甚重之，许致生口直。又与瑞锦、铁券，今皆存。每刺史、校尉至，赍以呈诣，动亦如之"。可见"治边"本质上即是"治夷"，"治夷"与"治边"是一事之两面。因而他不仅深入了解了"南人"的风规礼俗，尊重他们的精神信仰和生活方式，而且透过他们固有和能够接受的"盟诅"习惯法制度，建立起了和平友好的交往关系。这当然是上合天道、下得人心的正当政治策略，除人心的自觉归依和认同外，尚多增了一重习俗传统扎根的深广合法性基础，遂使在习俗传统中生活的每一个人，都成为积极性的守边者或安边者，不能不称为古代中国华夷秩序建构最有借鉴意义的历史典范。

华夷秩序的重建与边地治理模式的选择，作为政治实践必做的一体两面之事，之所以一再强调天道人心合法性的重要，即在于具体展开时必须以德而非以力服人，即使拥有不同习俗传统的族群也应充分尊重，诚如孟子所说："舜生于诸冯，迁于负夏，卒于鸣条，东夷之人也；文王生于岐周，卒于毕郢，西夷之人也。"虽为"夷人"，但不影响其成贤为圣，说明圣贤从不择地而生，无论南海或北海，不分华夏与诸夷，均心同理同，有着成德的发展可能。后来的王阳明也针对他生活的西南边地及"蛮夷"特殊语境强调"人性之善，天下无不可化之人"，可说是孔子"有教无类"思想的再深化和发挥，从而为华夷秩序的重建奠定了必要的理论基础。

毫无疑问，无论孔孟或后来的王阳明，乃至整个儒家主流传统，都是以普世的人性至善论为出发点，来实践性地讨论或分析人生、社会、政治和制度等各种现实问题。人性上则契应天道，下亦规范人心，故以天道人心作为政治合法性的依据，以普遍、共同的人性为基本预设，则可超越地域和民族，维护一切人的尊严。因此，也可说人道不离天道，天道即是人道，人道本身就是华夷秩序建构的基础，相互之间并没有绝对的分界线。即使有所谓"种族"或"民族"之分，"多系于其人所受之文化，而不在其所承之血统"。至于文化则是可以通过交流互动的方式融变整合的，当然也是能够凭借传播受容的方式来推动其发展的。所谓"居楚而楚，居越而越，居夏而夏"，正是通过日趋频繁的人、财、物的流动与互惠，渠道越来越多的语言、文化、思想、价值的传播和交流，大量原有的边裔明显出现了去边疆化发展趋势，不少历史上的边地已俨然成了内地,不仅华复之间的区分逐渐淡化,民族间的藩篱也日见减少,凡儒家价值深入扎根并与当地文化水乳融合的民族聚居区,往往都是国家边疆治理体系最为稳定的区域。而诸葛亮刚柔相济的治边策略,也可进一步发展为"乾坤并建"的施政原则,既可以用来处理传统的华夷关系,更可扩大为重建社会秩序的一般方法,传统的治边模式经过创造性地转化和诠释,未必就没有可供借鉴的现实意义。

"大一统"理念固然重视形上本体世界的"一统",但也决不忽视形下经验世界的多元,认为"万物并育而不相害,道并行而不相悖",因而决不否定多元文化存在的价值,必然尊重各个民族自身的文化认同和选择。同时也需要以共同的天道天理或人性良知来建设共同的世界,力求以人道仁政为基础来建构良好的制度秩序。因此,必然打破传统国家观念的限制,建构更高一层的天下观,亦即不仅要在形上本体界开出"仁者以天地万物为一体"的价值理想,即在形下经验界也要破除各种边界,做到虽重视民族国家又超越民族国家,关心人类社会又超越人类社会,以人与天地万物共生共荣的视域来观察和定位自己的发展。例如,晚近的康有为就特别强调:"古今人恒言皆曰天下国家,若人道不可少者,此大谬也。今将欲救生民之惨祸,致太平之乐利,求大同之公益,其必先自破国界去国义始矣。"他层层解构一切人为制造的区隔界划,认为当"去国界,合大地;去级界,平民族;去种界,同人类;去形界,保独立;去家界,为天民;去产界,公生业;去乱界,治太平;去类界,爱众生;去苦界,至极乐"。这明显是一种理想层面上的话语言说,难免乌托邦式的想象色彩,但未必就没有传统天下观的暗中支配,说明传统天下观是没有边界的,即使有边界也是可以逐层突破和超越的,尽管国家作为长期历史的存在尚需要维护和关爱,但未必就不可以朝着更高一层的人类命运共同体的方向发展。

以传统天下观看边疆治理和华夷秩序建构,则边疆有边界而又可以超越边界,边界并非经济文化交流的断层线;华夷有分别亦当超越分别,不同的民族并非永远隔阂而不能成为一家。中国文化从来就没有与西方类似的种族主义、征服主义,也没有与西方相同的殖民主义、霸权主义,更绝对没有至今依然在西方内部存在的长期性宗教仇恨、宗教冲突。中国人历来渴望文化的和平交往,反对文化的歧视和压迫。

传统天下观的终极价值诉求,是建构一个无远弗届的道德共同体,即使现实的边疆治理和华夷秩序建构,也不能不有道德力量的真实到场。"乾坤并建"的架构并不排斥硬性力量的运用,但道德的软性吸引力量则更为根本。道德感召引发的心理认同及精神自律,或许更有助于长久秩序的建构。原因是真正的道德总是与正义密契相连,恰如"仁"与"义"只能并举而不能割裂。"天下归心"与"天下归仁",作为一种秩序建构的价值理念或原则,必须通过实际的政治行为及相应的社会实践,才能显示其真实的价值和意义。如果内政外务均以良性互动的方式朝着"天下归心""天下归仁"的方向发展,未来的中国边疆体系治理未必就不能实现"柔远人而四方归之"的升平和谐景象。而中国的经验当然也可以进一步提升为世界性的经验,为人类和平秩序的建构和社会的永久福祉作出中国式的永恒贡献。

华夏宗教：传统与赓续

❏ 张俊①

引言

追溯人类文明的起源，无论是传世文献材料，还是考古文物材料，抑或是人类学田野考察材料，基本都指向同一种文化：巫文化。在巫文化这一人类文明母体中，孕育出了各种自然、社会的知识与精神的信仰，从而形成不同的文明形态。其中，从巫教中演变发展而来的各种宗教信仰，往往成为文明形态区分最本质性的精神内核。

华夏文明作为悠久历史古国的文明，自成一套知识、价值与信仰系统。它之所以屹立世界东方数千年而不倒，是因为有其基本的宗教信仰、价值体系做基础。然而，近一百多年来，由于受到西方宗教观、无神论观念的影响，华夏宗教作为中国人的基本信仰传统这一事实被遮蔽，以致"中国无宗教""中国人无信仰"等谬说大

---

① 张俊，湖南大学岳麓书院教授。本文原刊于《南国学术》2020年第3期。

行其道。这种误解，不仅影响学术判断、误导民众，引起某些外国人或信教者对国人的精神歧视，也误导国家对民族、宗教、文化诸领域的决策，削弱国人对华夏民族的身份认同，造成严重的社会及文化后果。因此，有必要正本清源，为华夏民族的基本宗教信仰及其价值体系正名。

一、"中国无宗教"说何以流行

近代以来，受西方殖民主义宗教观的影响，加之甲午战争、义和团运动等重大历史事件对文化自信的打击，中国固有的道教和其他民间宗教逐渐被知识阶层视为愚昧迷信加以抛弃。于是，"中国无宗教"在民国年间逐渐成为显论。当然，这种观点还可以追溯到明清之际的天主教传教士。[1] 但是，由于此观点出于一神教判教护教的意图，在20世纪以前并未被儒家为主流的士大夫阶层所接受（甚至也未被众多传教士所接受）。而民国知识界的观念之所以发生转变，主要与西方科学主义带来的中西文化之争有关。近代中国科技落后于西方，制度落后于西方，往往被知识界归咎为中国文化的落后，尤其是理性精神的缺乏。所以，在文化自卑心理驱使下，急于想摆脱愚昧形象带来的耻辱感，"通过去宗教来确立中国文化的'理性精神'"。[2] 于是，"中国无宗教"的观点开始在知识界流行。

"中国无宗教"被20世纪的知识分子广泛接受，影响深远，甚至影响到新中国的宗教政策。如果说在明清天主教传教士那里，"中国无宗教"还只是一种武断的或居心叵测的判教论断的话，那么，到了民国知识界，这个论断已成为一个思想学术议题了。例如，梁启超在20世纪20年代的演讲中就提到，凡论宗教一定要有教义和教会的变迁两大要素，根据这两个要素判断，"中国土产里既没有宗教,那么着中国宗教史,主要的部分只是外来的宗教了。外来宗教是佛教、摩尼教、基督教、最初的景教,后来的耶稣教、天主教等"。[3] 可以看出,梁启超的宗教观是以基督教等外来宗教为标准的。他的这一观点在当时学术界颇有代表性,甚至连以儒家安身立命的梁漱溟、钱穆等也都接受了这一判断。梁漱溟在其成名作《东西文化及其哲学》中写道:"世界上宗教最微弱的地方就是中国,最淡于宗教的人是中国人……中国偶有宗教多出于低等动机,其高等动机不成功宗教而别走一路。"[4] 晚年钱穆在《略论中国宗教》中也说:"宗教为西方文化体系中重要一项目。中国文化中,则不自产宗教。凡属宗教,皆外来,并仅占次要地位。"[5] "中国自身文化传统之大体系中无宗教,佛教东来始有之,然不占重要地位。又久而中国化,其宗教之意味遂亦变。"[6]

这种"中国无宗教"学术论断的背后,潜在地是受西方一神论主导的宗教观。虽然此观念早已成为比较宗教学批判的对象,却丝毫不妨碍它在20世纪中国思想界的流行。时至今日,一些学者仍然有意无意地秉持这种宗教观。例如,李泽厚就坚持认为,中国本土没有形成非常明确的宗教传统。在他看来,宗教的核心特征必然包含主客分明、神人分离的"两个世界",中国本土文化的传统中没有形成一个与现实生活世界对立的超验世界,其源头是人神不分的巫的传统,是"一个世界"的传统。[7] 他认为,西方文明经由"巫"的脱魅走向了宗教和科学,中华文明虽然也有"巫的理性化"努力,却没能最终摆脱巫文化,"巫"才是中国文化的基础。"中国没有发展出西方意义的'宗教',只有经由'巫的理性化'所形成的人循自然规律而行,自己主宰命运而以'仁'为根本归属的'礼教'。"[8] 由此,他得出儒家"礼教"才是中国人的"宗教"的结论。[9] 虽然他不认为儒学是宗教,但也不否认儒学包含着敬天法祖的信仰，具有替代宗教的功能，扮演着准宗教的角色；[10]同时，他也承认，儒家对其他宗教和神灵的信仰有极大的包容性。在他看来，这种包容性是上古巫术活动中的多神信仰语境塑造的。这种源自巫文化的多神论，不仅保留在儒家和本土民间信仰中，甚至也渗入到外来宗教中："中国民间宗教大都是'体巫而形释'，佛教和模仿佛教的道教实际仍是'巫'的特质：崇拜对象多元，讲求现实效用，通过念经做法事，使此间人际去灾免祸保平安。"[11]

"中国无宗教"的观点在思想文化界已流行百余年，所造成的弊端主要体现在两方面：一是导致中国本土固有的传统宗教和儒教被排除在"五大宗教"（佛教、道教、天主教、基督新教、伊斯兰教）之外[12]，儒教不再具有宗教地位；而传统宗教则被划入民间信仰，常常与迷信混为一谈，不仅得不到政策支持，反而经常处于随时被取缔的灰色地带。二是思想文化界"中国无宗教"的学术见解在民间以讹传讹，变成"中国人无信仰"的成见并广为流布；在当今几乎所有的社会族群都有宗教信仰的情势下，唯独中国人"没有"（即便有，也是"迷信"），这就为其他国族尤其是西方人在道德上贬低中国人的精神文化提供了口实。

二、学术界对"中国无宗教"说的批判

对于"中国无宗教"的说法，学术界历来就有不同声音。在19世纪早期，外国来华的第一个基督新教传教士马礼逊（R.Morrison，1782—1834）所编撰的《华英字典》中，就将中国的儒、释、道"三教"译作"The three religions in China"，认为它们是与基督教一样的"宗教"（religions）。19世纪中期，麦都思（W.H.Medhurst，1796—1857）、罗存德（W.Lobscheid，1822—1893）等传教士编修的英汉词典也沿用了此译法。[13] 孙江：《重

审中国的"近代":在思想与社会之间》(北京:社会科学文献出版社,2018),第318页。1893年,在美国芝加哥举行的世界宗教大会上,代表中国提交论文参会的赫德兰(I.T.Headland,1859—1942)、丁韪良(W.A.P.Martin,1827—1916)、凯德林(George T.Candlin)、颜永京(1838—1898)、花之安(E.Faber 1839—1899)、白汉理(H.Blodgett,1825—1903)等传教士也都无一例外地肯定了中国存在宗教,中国人有宗教心(信仰)。[14]孙江:《重审中国的"近代":在思想与社会之间》,第307—312页。所以,"中国无宗教"的论调,在新教传教士那里是未被普遍接受的,尽管他们中的多数人基于基督教中心主义的判教立场,对近代儒教、道教、佛教的评价较低。

虽然19世纪中土新教人士已将儒、释、道视为"宗教",但区别于中古佛教宗派教旨意义的"宗教"。西方学术概念的"宗教"一词传入中国始于清季。作为与西文"religion"的汉词对译,日本学者井上哲次郎等人使用了"宗教"一词,后由黄遵宪、康有为、梁启超等人引入汉语学界。20世纪初,在日本接触过西方人类学、宗教学的章太炎即明确反对"中国无宗教"的说法[15]。其弟子如鲁迅后来提出"中国根底全在道教"[16],周作人也提出"国民的思想全是萨满教的(Shamanistic比称道教更确)"[17],以反驳当时知识界开始流行的"中国无宗教"观点。这里且不论周氏兄弟对中国传统宗教文化底色的认识是否允洽,他们驳斥"中国无宗教"说法的同时,不仅没把传统宗教作为中华文明来称颂,反而认为这种信仰在某种程度上是国民愚昧的原因,这就等于将中国宗教自觉地摆到了相对于"高等宗教"(如基督教)的"低等宗教""巫术"的位置。所以,表面上他们否定"中国无宗教"的观点,但其实质并未摆脱当时普遍的文化自卑。

在当代新儒家中,也有反对"中国无宗教"的声音。如唐君毅就讲:"世之论者,咸谓中国无宗教,亦不须有宗教。然如宗教精神之特征,唯在信绝对之精神实在,则中国古代实信天为一绝对之精神生命实在。"[18] "绝对之精神实在"虽出自当代新儒家代表人物之口,但这明显是哲学化的基督教终极实体观念的翻版,一如黑格尔(G.W.F.Hegel,1770—1831)所谓之"绝对精神"。中国人的昊天上帝信仰,可以看作多神信仰语境中的至上神信仰,但它绝不是一神教哲学语境中那个"绝对之精神实在",否则,《诗经》中就不会出现那么多疑天、怨天甚至詈天的诗句了。[19] 就算是后来经过儒家理性化抽象后的义理之天——"天道""天理",也与基督教神哲学中的终极实体概念大不相同。中国人信奉的"天道"不是绝对的、超验的。如果按照李泽厚的观点,中国人的终极信仰始终在巫史传统的"一个世界"中,根本就没有所谓"绝对":"中国是一个世界,西方是两个世界……中国巫史传统没有这种两分观念,才可能发展出实用理性和乐感文化,它追求中庸与度,讲求礼仁并举、阴阳一体、儒法互用、儒道互补、情理和谐,显然不同于西方传统的上帝至上、理性至上。"[20]

既然"中国无宗教"是一种谬说,那么,该怎样认识中国社会固有的宗教传统呢?答案是:首先需要摆脱西方(基督教)中心主义的宗教观。其实,当年的黑格尔已看到了中国宗教与西方宗教的差别:"中国的宗教,不是我们所谓的宗教。因为,我们所谓的宗教,是指'精神'退回到了自身之内,专事想象它自己的主要的性质、它自己的最内在的'存在'。"[21] 加拿大汉学家欧大年(Daniel L.Overmyer)也明确讲:"我们不能以西方基督教模式的宗教理解来判断中国人的信仰活动。"[22] 只有跳出西方一神教的宗教范式,也许才能不带偏见地认识中国固有的宗教传统,而不至于将其贬低为"低级信仰"或"迷信"。

在20世纪，人类学家、社会学家、宗教学家比哲学家抢先一步，跨出了这种误导性的宗教知识模式。例如，杨庆堃在《中国社会中的宗教》一书中写道：

低估宗教在中国社会的地位，实际上是有悖于历史事实的。在中国广袤的土地上，几乎每个角落都有寺院、祠堂、神坛和拜神的地方。寺院、神坛散落于各处，举目皆是，表明宗教在中国社会强大的、无所不在的影响力，它们是一个社会现实的象征。[23]

其实，在传统中国社会，除了公共祭祀的场所和活动随处可见外，还有大量私人祭祀的场所及宗教信仰活动，如家庙祭祀、扫墓祭奠祖先、私宅中举行的各种禳灾祈福的法事等。几乎每个家庭都可以算作一个小型的宗教祭祀场所和信仰组织，除了供奉祖先神位，家庭内部还有灶神、财神、门神之类的信仰活动广泛存在。由于宗教因素渗透到中国社会生活的方方面面，贯穿于中华文化体系中，雅俗文化、大小传统皆受其影响。[24] 所以，李亦园认为，"在传统中国普化宗教的影响下，实际上并无绝对的无信仰者存在"[25]。

根据杨庆堃的研究，中国原本就存在着土生土长的传统宗教，"它从周朝到西汉时期，在外来佛教的影响形成和道教作为宗教出现之前已经得到充分的发展。"[26] 这个宗教传统崇拜的核心，是"天"以及众神和祖先。"中国和华夏，在春秋时就有一个大规模的祭祀体系。汉唐时期的儒、道、佛和民间宗教延续了这个祭祀体系，也都擅长祭礼。延至后世，无论是明清庙祭（祠堂祭祖），还是当代墓祭（清明扫墓），都表现出社会性、制度性的特征。"[27]

中国本土固有的这个宗教传统，宗教学界多将其称为"民间宗教"或"民间信仰"。[28] 但是，这两个概念很难突出其作为中华基本宗教的特质，甚至很难与儒、释、道三教划清界限。因为，一方面，儒、释、道都已发展出官方（精英）和民间（大众）两种宗教形态；另一方面，在现实语境中，"民间宗教"常常被用来指称民间新兴教派，"民间信仰"经常被归入不入流的"低级信仰"甚至"迷信"。所以，这两个概念不适于指称中华民族固有的基本宗教信仰。尽管如此，如果使用与这两个概念相对应的英文"Popular Religion"和"Popular Believing"并无不妥，因为中华基本宗教能够流传数千年而不衰，其定然是深受民众喜欢的信仰方式。早期还有个别学者使用"原始宗教""巫教"（"萨满教"）等概念，这大概是基于中华本土宗教源自巫觋传统；但是，在宗教学中，这些概念都属低等宗教的范畴，明显不能反映中国这种基本宗教在历史长河中发展蜕变的文化特征。所以，还是称为"中华基本宗教"（Chinese Primitive Religion）或"中华传统宗教"（Chinese Traditional Religion）比较恰当，也可简称为"华夏宗教"（Huaxia Religion or Chinese-ism）。

三、华夏宗教的起源

中国是一个文明型国家，而不是一个民族型国家。因为，中国从来就是一个多民族融合而成的国度，其主体民族汉族本身也是民族融合的产物。"汉族"在历史上更多是一个文化概念，而不是种族概念。凡是使用汉字或汉语，接受汉文化及其承载的价值与信仰者，其实都可算作汉族。今天民族志意义的汉族和其他少数民族概念及其影响下的民族政策，在某种程度上是将汉族从宽泛的文化概念推向了狭义的种族概念。为了避免这种狭义汉族概念影响到学术思想的客观性，这里使用文化意义的"华夏"一词来指称"文化中国"这个广义族群概念，故将"中华基本宗教"简称为"华夏宗教"。唐人孔颖达对此解释道:"中国有礼仪之大,故称夏;有服章之美,谓之华。"[29] 服章礼仪之华美堂皇,是华夏文明的直观体现。服章礼仪背后,正是礼乐文化(信仰文化)的高度发达。而最隆重华丽的服章礼仪,往往出现在华夏民族的祭祀典礼之中,正所谓"凡治人之道,莫急于礼;礼有五经,莫重于祭"[30]。中华文明的基础在礼乐,祭祀是中国礼乐文明最重要的部分,这恰恰就是华夏宗教最核心的内容。祭天地、祭日月星辰、祭山川风雷、祭鬼神、祭祖先圣贤,祭祀礼仪支撑起华夏民族的信仰,也支撑起了整个中华传统礼仪之邦的文明。

以礼乐祭祀为代表形态的华夏宗教文化,主要形成于西周。但礼教并不是华夏宗教的全部内涵,只是在先秦时期发展出的一种高级文化形态(主要为儒家所继承和发扬光大)。华夏宗教的源头要早于西周,《礼记·表记》中言:"夏道尊命,事鬼敬神而远之……殷人尊神,率民以事神,先鬼而后礼……周人尊礼尚施,事鬼敬神而远之。"而宗教祭祀的系统化,儒家甚至上溯至唐虞之前颛顼"命重、黎绝地天通"[31]。关于"绝地天通",《国语·楚语下》有较为详细的演绎:

及少皞之衰也,九黎乱德,民神杂糅,不可方物,夫人作享,家为巫史,无有要质,民匮于祀,而不知其福。烝享无度,民神同位。民渎齐盟,无有严威。神狎民则,不蠲其为。嘉生不降,无物以享。祸灾荐臻,莫尽其气。颛顼受之,乃命南正重司天以属神,命火正黎司地以属民,使复旧常,无相侵渎,是谓绝地天通。

虽然"绝地天通"最早见之于《尚书》,《山海经》《国语》《墨子》《史记》也有记述,但毕竟"五帝"时代邈远,"重、黎绝地天通"作为历史事件后人无法考证其真伪,只能结合宗教与政治的宏观历史进程推测它在历史上发生过。"绝地天通"本质是上古社会部落兼并过程中，酋邦统治者的一种思想信仰整合手段——需要建立公共祭祀与信仰体系，以替代各自为政的巫术信仰和部落神祇崇拜，从而垄断占卜与祭祀，获得统治的合法性。

在氏族部落社会，族群内部成员一般接受的是相同的图腾信仰与禁忌，通常没有变革信仰体系的内在需要。而在外部，部落联盟首领通过举贤禅让，权杖在不同部落之间流转，也不存在以一个部落的信仰取代其他部落信仰的必要性。所以，"绝地天通"这种宗教革命，只能出现在拥有世袭制和等级制的酋邦。酋邦统治者为了自身统治与子孙世袭特权的合法性，必然要整顿各自为政的部落神灵信仰和巫术活动，废黜不利于己的所谓"淫祀"，尽可能地打击私人崇拜，将各部落原始宗教信仰纳入一个统一的神祇体系中，并安排专门的祭祀官（如"重"这样的祭司家族）负责管理，以保障神灵世界的话语权掌握在统治者手中，为现实政治秩序服务。正是"绝地天通"这一革命，客观上促成了统一的酋邦祭祀体系的产生，为之后华夏宗教的诞生奠定了基础。

由于缺乏文献材料的支撑，商周以前的华夏宗教面目是非常模糊的，这里只能大致推断它是从"巫教"或"萨满教"脱胎而来。面对此类棘手问题，即使在孔子时代也颇感无奈："夏礼，吾能言之，杞不足征也；殷礼，吾能言之，宋不足征也。文献不足，故也。足，则吾能征之矣。"[32] 但是，今人比孔子幸运的是，可以通过对商周之前的大量考古发现来佐证。譬如，良渚文化的玉琮、玉璧、玉钺、玉璜等，红山文化的玉龙、玉猪龙、玉龟、玉鸟、双熊头三孔玉器、勾云佩、玉璧等，考古学家通常都视之为祀神器或祭祀礼器。其中，玉龙、玉龟、玉鸟、玉熊等物本身就是图腾偶像，部落宗教祭祀崇拜的对象。所以，学术界根据出土文物断定商周以前华夏先民的宗教信仰为巫教，大致是没有问题的。但何时"绝地天通",实现各部落巫教神祇系统的统一,从而形成华夏宗教的体系雏形,始终是个悬案。这里只能暂时将华夏宗教的形成假设在商周时期。

殷商虽典籍信史稀缺,但随着甲骨卜辞以及大量青铜器、玉器的出土,已能够大致推断其宗教信仰状况。其中,甲骨文作为出土文献,为学术界提供了第一手史料。作为初步成熟的早期汉字,甲骨文首先便是卜官掌握的一种宗教文字,其主要用途是记录殷商王室的占卜活动,故甲骨文又称"卜辞",或"贞卜文字"。商人笃信鬼神和上帝,迷信占卜,无论是祭祀、战争这样的国家大事,还是以田猎、生育之类的私事,都要鬼神的"启示"来预测、指导。根据王国维、郭沫若、陈梦家、张光直、何炳棣、胡厚宣等学者对甲骨卜辞的研究,殷商时期的主要宗教信仰与祖先崇拜有关,其热情远超过对"上帝"和各种神明的崇拜。胡厚宣发现,卜辞中关于祭祀的部分主要是关于卜祭先祖的,商王室似乎并不直接祭祀上帝。[33]

不过,商人相信,其先祖先王死后会上宾于天陪侍上帝("宾帝""宾于帝"),他们可以通过祭祀祖先、以祖先为中介来祈祷于上帝。所以,在商人的信仰世界中,上帝的众神之主的"至上神"地位是确定无疑的,上帝之下是日、月、风、云、雷、雨、雹等自然神及商人的祖先神。[34]可见,以上帝(天)、诸神、祖先为主要崇拜对象的中华神祇体系,在殷商时期已经成型。杨庆堃所讲的中华传统宗教的关键组成部分——"祖先崇拜、对天及其自然神的崇拜、占卜和祭祀"[35],在殷商宗教活动中都能看到。

李天纲认为,华夏宗教与基督教、伊斯兰教、佛教甚至道教的一个显著不同,是采用"血祭"。[36]"血祭"的传统应该与巫教有关系,但并无坚实的证据。20世纪以来,殷墟出土的大量祭祀卜辞和墓葬表明，商人在宗教祭祀活动中不仅有大规模的"牺牲"（或燎、或瘗、或沉），甚至有极其残忍的人殉。这种血祭传统在商周鼎革之后，也被周人继承，并被纳入礼教（如"太牢""少牢""荐新"诸礼）流传下来，直到今日。汉字的"祭"字，其书写方式本身就是血祭的反映，《说文解字》讲："祭，祭祀也。从示，以手持肉。"[37] 血食祭祀虽然不是华夏宗教独有的现象，却是华夏宗教几千年不变的传统。在中国，这一祭祀传统足以使其与崇尚"素祭"的大多数"制度性宗教"（Institutional Religion）区别开来。

《论语·为政》讲："殷因于夏礼，所损益可知也。周因于殷礼，所损益可知也。"三代鼎革，其在礼仪文化方面皆有继承，皆有变革，这原本是情理中的事情。周人也是华夏宗教的奠基者，他们又是如何继承并变革商人的宗教体系的呢？"周虽旧邦，其命维新。"[38] 王国维讲："中国政治与文化之变革，莫剧于殷周之际。"[39] 在政治上，周代殷命，封邦建国，一个相对统一的宗法政治体系被建立起来。为了维护这一政治体系，周初统治者不得不设法统一思想，制定新的典章制度（祀典），于是，制礼作乐成为他们的首要工作。周人奠基的礼乐文化也从根本上成就了华夏文化。按照李泽厚的观点，制礼作乐完成了上古巫史传统的"理性化"，而内"德"外"礼"就是这一理性化完成的标志，它奠定了中国文化大传统的根本。[40] 虽然李泽厚敏锐地洞见了西周礼乐文化"理性化"对华夏文化的奠基性影响，但忽略了其核心和基础仍然是一种祭祀文化。[41] 如《汉书·郊祀志上》所讲：

周公相成王，王道大洽，制礼作乐，天子曰明堂辟雍，诸侯曰泮宫。郊祀后稷以配天，宗祀文王于明堂以配上帝。四海之内各以其职来助祭。天子祭天下名山、大川，怀柔百神，咸秩无文。五岳视三公，四渎视诸侯。而诸侯祭其疆内名山大川，大夫祭门、户、井、灶、中溜五祀，士、庶人祖考而已。各有典礼，而淫祀有禁。

西周统治者通过以严明的宗法等级制度来掌控天下祭祀[42]，从而获得政权合法性及统治话语权。像之前或之后的所有统一政权一样，他们有强烈的政治需要禁绝不合"礼法"的"淫祀"，同时"怀柔百神，及河乔岳"[43]，将部落神祇整合到统一的信仰体系中。然而更重要的是，他们需要为这个信仰体系树立神学的中心，这就是天命信仰。不同于殷人对祖先崇拜的依赖，周人前所未有地强调了昊天上帝至高无上的神学地位，并赋予周天子郊祀祭天的特权。这一神学思想为后世王朝普遍继承。

除此之外，周人以政治统摄宗教的礼制也为后世树立了典范。从此，"朝廷不仅掌握了祭天的垄断支配权，还控制了庙宇的兴建、神职的任命及僧侣的管理"[44]。华夏宗教因此不得不依附于政治，再也没有发展出自己的教会组织成为"制度性宗教"，只能附庸于世俗政权及社会成为所谓的"弥漫性宗教"或"普化宗教"（Diffused Religion）。由于华夏宗教高度依附世俗社会并服务于信众的现实生活，日本学者渡边欣雄甚至在其《汉族的宗教》一书中将华夏宗教称为"民俗宗教"。由于没有独立且有自身利益的教会组织，华夏宗教与社会难以形成张力，更不能与世俗权力竞争，故而它不得不围绕信众的尘世生活诉求展开其信仰活动。所以，在现代宗教学以"制度性宗教"为范型的宗教类型图谱中，作为本土基础信仰的华夏宗教的面目注定是模糊不清的，这就难怪"中国无宗教"的说法会广泛流行了。

周人奠定的华夏宗教传统，还有一个显著特征就是祀典——祭祀礼乐制度的地位被前所未有地突出。周人对祀典（本质是体现宗法等级的礼仪制度）的强调，远超过对神明本身的关注。诚如《礼记·表记》所言："周人尊礼尚施，事鬼敬神而远之。"周初统治者通过革命的方式获得所谓"天命"，他们比谁都清楚"天难谌""天不可信"[45]很难想象，商人会因为自己命运多舛而埋怨祖先或上帝，但周人对于至上神"天"的怀疑和埋怨斥责（从朝堂到民间）一直没断过，这可从《诗经》"上帝板板，下民卒瘅"，"浩浩昊天，不骏其德；降丧饥馑，斩伐四国""彼苍者天，歼我良人"中鲜明地表现出来。[46]可见，周人的宗教信仰未必虔敬，却不能忍受礼崩乐坏后士大夫和大小贵族对于宗法等级的僭越。例如，《诗经·小雅·雨无正》就有周王室既训斥诸侯不敬天子又埋怨上天的记述：

周宗既灭，靡所止戾。正大夫离居，莫知我勩。三事大夫，莫肯夙夜。邦君诸侯，莫肯朝夕。庶曰式臧，覆出为恶。

如何昊天，辟言不信？如彼行迈，则靡所臻。凡百君子，各敬尔身。胡不相畏，不畏于天？

由于《仪礼》《礼记》《周礼》等都是重视祭祀仪式甚于祭祀对象，这就与亚伯拉罕一神教强调崇拜对象形成鲜明对比。中华宗教的这种系统性，在于祀典中祭祀礼仪的系统性，而不在于祭祀的神祇本身。[47]这也是西周礼乐文化对华夏宗教三千年传统的一个深刻烙印。

四、儒家：华夏宗教的担纲者

西周礼乐文化之所以被儒家所继承，是因为儒家本身是"礼崩乐坏"的产物[48]。以孔、孟、荀为代表的先秦儒家，本是维护王道政治和西周礼乐的文化保守主义者。孔子擎起"克己复礼为仁"的儒家大旗，其文化理想就是恢复西周的礼乐："吾说夏礼，杞不足征也。吾学殷礼，有宋存焉。吾学周礼，今用之，吾从周。"[49]

"周监于二代，郁郁乎文哉！吾从周。"[50]西周封邦建国之初虽然革新了华夏宗教，但其"尊礼尚施，事鬼敬神而远之"的态度，其实看重祭祀礼仪远多于鬼神本身。这种宗教精神，一方面从源头上影响了后世华夏宗教以祭祀为信仰生活中心的传统，另一方面也为先秦人文主义的孕育提供了精神土壤，为诸子百家尤其是儒家的出现奠定了思想基础。

从现代学术的视角来看，先秦儒家基本上属于一个哲学流派，《论语》《孟子》《荀子》更近于哲学思想著作而非类宗教或神学经典。也正是基于此，很多学者否认儒家是宗教。如果仅仅将儒家限定在孔、孟、荀为代表的诸子儒家，"儒家非宗教"这一判断基本可以成立。但若考虑到儒家源自巫史传统，孔子之前的原始儒家其实与从巫觋分化出来的祝、宗、卜、史是一类人[51]；而自西汉以降，儒家也曾广泛参与华夏宗教的理论与实践建构，而且一直都是作为中华祠祭信仰（无论是国家祭祀还是民间祭祀）的主导者存在的，其宗教地位历代朝野皆有共识。就连明清来华传教的耶稣会士，虽然在宣教策略上否认儒家是真正的宗教，但也不得不承认儒家是类似宗教的所谓"文士教派"（secta literati）。[52]所以，李泽厚定性儒家是"非哲学非宗教""半哲学半宗教"[53]，正是看到了儒家这种复杂性。不过，他最终还是没有正式承认儒家就是宗教，只是将其视为具有宗教功能的"准宗教"。相比之下，彭国翔讲"儒家非人文主义非宗教，而亦人文主义亦宗教"[54]，明确承认了儒家有宗教的面向。

在儒家是不是宗教这个问题上，受牟宗三等港台新儒家的影响，学界多否认儒家是"宗教"（religion），只承认儒家是"成德之教""人文教"（teaching），而其宗教要素则被归结为人文教、道德教里面包含的"宗教感"或"宗教意识"（religiousness）

[55]，或者像杜维明、倪培民等人以一种左右逢源的方式将儒家整体概括为"精神人文主义"（Spiritual Humanism or Religious Humanism）。当然，出现这类观点不是偶然的，一方面是西方中心主义的宗教观潜在作祟，另一方面是现代学者对华夏民族自身的信仰文化传统了解不够所致。

儒家是一个庞大而复杂的精神信仰传统，既包含有所谓人文主义的传统，又承载着华夏宗教的传统。这两种精神传统以西方的思维来看似乎水火难容，但在中国人圆融的世界观里奇妙地和谐共生、并行不悖。受科学主义、理性主义影响，过去的儒家学者过多地强调了其人文主义的维度，而忽略了其宗教的面向。这一弊病近几十年已被学界有识之士所认识，但他们依然属于少数派，儒家宗教说被学术界广泛接受还需要一个历史过程。

先秦儒家对传统宗教秉持的是一种精英主义的务实态度。《论语·述而》讲："子不语怪、力、乱、神。"子路问事鬼神与死后世界的问题，孔子就认为君子不该关注这些无益之事："未能事人，焉能事鬼？""未知生，焉知死？"[56]当然，这并不是说孔子否认鬼神、否认死后世界、否认超自然力量。孔子未尝不敬神，在《论语·八佾》中，他明确主张祭祀祖先和神灵要虔敬，对待宗教祭礼绝不含糊："祭如在，祭神如神在。子曰：'吾不与祭，如不祭。'"孔子主张"君子不忧不惧"[57]，内省不疚，坦坦荡荡，但在遇到困境时，也不得不诉诸天命或神祇。例如，《论语·述而》中："子疾病，子路请祷。子曰：'有诸？'子路曰：'有之。诔曰：祷尔于上下神祇。'子曰：'丘之祷久矣。'"又如，《春秋公羊传》哀公十四年（前481）记："颜渊死，子曰：'噫！天丧予！'子路死，子曰：'噫！天祝予！'"孔子非但不反对传统宗教信仰，反而自身也保留着这种信仰，并且以一种"祭如在"的精神劝诫他人对鬼神的恭敬要发自内心。这一点，早在19世纪便已被英国宗教学家麦克斯·缪勒（F.M.Müller，1823—1900）注意到了。他在《宗教学导论》中明确提到，孔子虽然名义上是"新宗教"（Confucianism）的创始人，"实际上不过是古代宗教的后代传道者"。[58]当然，他认为儒者应该更关注现实生活，不宜沉湎于玄虚的鬼神世界，将希望过多寄托于超自然力量，混淆知识与信仰世界的区分。这种区分，首先表现为人的世界与鬼神世界的区分。例如，樊迟问智，"子曰：务民之义，敬鬼神而远之，可谓知矣"[59]，进而形成"天人相分"这一在先秦思想中具有划时代的哲学命题："有天有人，天人有分。察天人之分，而知所行矣。"[60]

荀子将孔子这种人本主义的理性精神发挥到极致，也深深影响了他的宗教观。他认为宗教祭祀对于百姓来说，是寄托于鬼神，但对于儒者君子来说，虽则祭祀司仪不能不恪尽其职，却只宜将宗教祭祀看作是礼仪之文饰，一种化民成俗的教育途径：

祭者，志意思慕之情也，忠信爱敬之至矣，礼节文貌之盛矣，苟非圣人，莫之能知也。圣人明知之，士君子安行之，官人以为守，百姓以成俗。其在君子，以为人道也；其在百姓，以为鬼事也。[61]

因此，孔、孟、荀等先秦儒家的确不能视为宗教，他们及后来的宋明理学所代表的主要是儒家人文主义的传统。真正能够代表儒家宗教传统的，是汉代儒家。

华夏宗教最终的系统化、神学化是在汉代完成的，《史记·封禅书》《汉书·郊祀志》《白虎通义》等文献较为翔实地反映了这一成果。[62]在这个过程中，汉儒发挥了奠基性作用，东汉末年兴起的道教也做出了一定贡献。

汉儒对战国以来日趋衰微的华夏宗教的复兴与理论化、系统化，与他们对阴阳学派的吸纳、整合有关。《汉书·五行志上》说："汉兴，承秦灭学之后，景、武之世，董仲舒治《公羊春秋》，始推阴阳，为儒者宗。"以董仲舒为代表的汉代儒家，结合阴阳五行思想发展出极具里程碑意义的"天人感应论"，它无论是对华夏宗教还是对儒家都有神学奠基意义。它虽以一种更接近巫术思维的方式将在儒家思孟学派那里日渐形上化的"天人合一"拉回到神秘主义的领域，但这种理论其实比"天人合一"的哲学思想更接近于华夏社会真正的"大传统"[63]。汉儒的这种神学思想重新确定了商周以降华夏民族熟知的"天命"或"天道"至上神信仰及其统辖的神祇体系，并通过阴阳五行学说将天道拟人化，把天道与人道结合起来，其迎合了当时绝大多数人的信仰状态，同时又因其阴阳五行的类比理论而具有思想的深度和魅力，从而足以使其对君主、贵族及士大夫阶层产生吸引力。

阴阳五行类比思想在汉代儒学中被广泛应用，仅《春秋繁露》就有近半的篇章涉及。例如，《春秋繁露·阴阳义》讲天道与君道，就属此种典型的类比思维：

天道之常，一阴一阳。阳者，天之德也；阴者，天之刑也……故为人主之道，莫明于在身之与天同者而用之，使喜怒必当义而出，如寒暑之必当其时乃发也。使德之厚于刑也，如阳之多于阴也。

董仲舒凭借"天人感应论"的思想魅力以及对"天子受命于天""大一统"的支持获得了统治者的信赖，通过《天人三策》成功说服汉武帝"罢黜百家，独尊儒术"，儒家从此开始系统地为中华大一统国家提供了礼制与政治神学（当然，还有国家治理人才——儒生官吏），同时也担当起华夏宗教主要的神学诠释者和祭祀组织者的历史角色。在这个意义上，汉儒真正打通了儒家宗教的传统。

宗教依附政治是中国宗教一以贯之的传统，儒教也不例外。所以，儒家是通过与政权合作，以自上而下的方式来接管华夏宗教的。但儒家并没有形成一个职业的祭祀阶层，也没有形成独立的宗教组织。在国家祭祀层面，祭祀主体依然是官方而非儒家。《汉书·艺文志》讲："儒家者流，盖出于司徒之官，助人君顺阴阳明教化者也。游文于六经之中，留意于仁义之际，祖述尧舜，宪章文武，宗师仲尼，以重其言，于道最为高。"这比较准确地反映了儒家的性质和地位，政治角色主要是辅助君王、诸侯及公卿。例如，郊祀祭天这种最高规则的宗教祭祀典礼，主祭者是天子，儒者只是承担祭祀典礼司仪或组织者的角色。然而，祭礼的话语权是由儒家掌握的，而且从西汉开始儒家是嵌入到整个官僚体系中的，尤其中古以后门阀制度逐渐瓦解，科举取士成为官员选拔的主要途径，尽管名义上政权（主权）在皇家，但皇家贵族子弟的教育权在儒家手中，国家的治权也几乎都在儒家手中。以祭礼为核心的礼治，恰恰是儒家实现治权的重要手段。表面上，国家祭祀是国家的事情，但祭祀的操纵者是儒家，而且他们也承担着多数中低等级的国家祭祀主祭者角色（神职人员）。所以，宗教已是儒家传统的重要面向，两汉以来华夏宗教的主要担纲者就是儒家："历代祀典中的神祇基本上按照《白虎通义》整理的原则收录；各朝史记中的'礼志'（吉、嘉、军、宾、凶）也大致按此汉代儒教体系制定。"[64]

当然，除了国家宗教和国家祭祀系统（National Ritual），中国社会自古皆存在地方信仰和民间的祭祀系统。国家祭祀，从天子到士庶，无论是公共祭祀（Public Ritual）还是私人祭祀（Private Rituals），儒家礼教皆有典章。而国家宗教以外，还有各自为政的地域性信仰系统。这些信仰有时会被儒家排斥为"淫祀"，但儒家所继承的华夏宗教本身就是一个一神与多神和谐共生的开放祭祀系统,所以通常情况下,不违背公序良俗的区域祭祀(Regional Ritual)和地方祭祀(Local Ritual)都会被包容,具有一定群众基础的"淫祀"往往还会获得官方"赐额""封号",甚至纳入祀典成为"正祀"。[65]

五、华夏宗教与道教、佛教的关系

华夏宗教祭祀礼仪虽然汉代以后的儒家皆有修订,但中华神祇体系(天、神、仙、圣、鬼、妖等)的完善,后起的道教贡献甚多。道教继承发扬了华夏宗教兼容并蓄的传统,不仅为传统宗教增添了许多基于神话和历史人物的人格神,还将地方神灵大量吸纳,最终编织出一个高度层级化的神祇体系,极大地丰富了华夏宗教的传统。[66]

然而,道教并不是华夏宗教的正统。相较于儒教,道教只是本土宗教传统的一个支流,某种程度上甚至是一个反叛者和破坏者。道教之于华夏宗教的大传统,颇类似基督教之于犹太教,一开始本身属"异端",后来尽管合法化并汇入"三教"主流,其作为华夏民族的本土宗教仍是一个庶出的传统。

道教与华夏宗教大传统的差异,首先表现在它是一个"自愿性的宗教",即基于信徒个人自愿选择信仰皈依而结成的宗教,信徒结社形成了与世俗社会具有强大张力的宗教组织,并拥有独立的祭司阶层(道士、女冠)和神学及经典体系(《道藏》、道学),这意味着它已是所谓的"制度性宗教"[67]。而华夏宗教,自始至终都没有形成独立宗教组织和神权,其组织、神学、仪式都与世俗社会密不可分,本质上华夏宗教就是一种将信仰嵌入到世俗政治、伦理秩序中的宗教。华夏宗教是典型的"普化宗教"。所以,在组织形式上,道教与华夏宗教的大传统(包括儒教)是完全不同的。另外,道教以"三清"或"玉皇大帝"为主神的神祇体系,以及崇尚素祭等祭祀礼仪,也与华夏宗教大相径庭。

道教作为本土第一个"制度性宗教",是异域佛教影响下的产物。佛、道的兴起,与汉朝的衰落直接相关。作为"普化宗教"的华夏宗教(儒教)依附于政治,伴随政治兴衰而沉浮,当大一统政权衰微、国家四分五裂时,华夏宗教的国家祭祀体系也就必然面临崩溃的危机。其影响力衰弱,人们无法在国家祠祀系统中找到信仰依托,自然纷纷转向佛、道等"制度性宗教"。这种宗教不仅能提供信仰依托,更重要的是其作为独立的社会组织,能够为信徒提供逃避尘世纷扰的"清净之地"。所以,佛、道二教的崛起,与大一统政权及华夏宗教(儒教)影响力的衰落有直接关系。

汉末三国魏晋南北朝近四个世纪的大混乱,为佛教和道教在华夏大地兴起创造了历史条件。到隋唐中国重新统一,这两种"制度性宗教"已经发展成为足与儒家(及华夏宗教)鼎足而立的教派,从此儒、释、道三教并称于世。不过,佛教、道教从没有真正占据过中华文化的正统。中古以降,佛、道二教都只能算是儒家(及华夏宗教)正统之外的辅助信仰体系。

佛教、道教虽然一直与华夏宗教(儒教)存在信仰竞争,但中古以来,随着政治大一统的常态化,儒家的正宗地位越来越稳固,佛、道二教在政治与官方文化信仰领域就彻底失去与儒家竞争的优势。于是,佛、道二教作为结构性补充的信仰地位越来越清晰明确,得不到官方和士大夫阶层的全力支持,其民间化趋势也越来越明显。尽管中古以后儒家雄踞意识形态领域,但儒家并没有不遗余力地排斥佛、道二教,反而选择了包容的宗教策略。一方面,固然是佛、道二教宣扬的出世态度大大降低了儒家的政治戒心;另一方面，佛、道二教的避世生活方式本身对儒家也有吸引力，"为在生活中遭遇不幸的人们提供安静的避世之处，宗教对于世俗社会秩序起到了一种稳定的作用"。[68]

当然，儒家能够包容佛、道二教以及其他民间祭祀信仰，根本原因还是儒家继承了华夏宗教兼容并包的信仰传统。在这个信仰传统中，宗教间的排他性被降到最低，亚伯拉罕一神教系统中那种有我无你的真假信仰的斗争几乎是看不到的。当然，这并不排斥他们在宗教信仰问题上有高低雅俗的价值判教。在儒家心目中，"天命"或"天道"是真正具有优越性的信仰。他们在俗世中"立德""立功""立言"，通过诚敬内圣的方式来践履"天道"，在这种道德信仰的神圣感面前，所有鬼神信仰都是相对次要的。"尽管其他宗教也讲普度众生，拯救世界，但它们是主要从个体心灵出发而不是从阔大的现实世界的伦理—政治着眼，因之儒学认为在救世济民、经世致用的宏观视野中所展现神圣性的'天道'，作为'天经地义'，便是更高更大的神或神明。"[69]

儒家对于"天道"或"天命"信仰的优越感和自信心，除了"天道"本身是华夏宗教信仰系统中的最高主宰外，还有一个重要原因，就是儒家继承了这个信仰系统，并且保持了其正统主流地位。因此可以说，两汉以来，"儒教"是华夏宗教的真正载体。承认华夏宗教，就必须承认儒家也是宗教，至少拥有宗教这一重要面向。

结语

华夏宗教是中华民族的基本宗教，其作为体系性的宗教信仰形成于商周时期，其祭祀体系和神学体系在两汉时期得到儒家的全面发展，形成"儒教"。"儒教"是华夏宗教在汉魏至明清的正统代表。华夏宗教的祠祀系统从一开始就兼顾国家宗教和民间宗教，其以祀典规范引导地方祭祀信仰，绵延数千年，成为中华民族的信仰底色。它兼容一神论与多神论，拥有一个多元的神祇体系，天、神、人、鬼、妖皆可成为其祭祀或崇拜对象，"天命"（天道）为其最高信仰。但是，华夏宗教信仰活动的重心往往不在信仰对象，而在祭祀礼仪。它崇尚"血祭"，因此区别于崇尚"素祭"的其他中国宗教如佛教、道教。华夏宗教是一种"普化宗教"，其神学、礼仪、组织皆与世俗社会高度融合，其祭祀信仰活动皆是回应信众尘世生活的诉求，因此没有形成一个完全的超越世界的观念，也没有自己独立的教团组织。它在民间祭祀层面，主要依靠家庭和社区组织自发形成；但在国家祭祀层面，却高度依赖大一统的政权支持。民国之前，华夏宗教主要由儒家的文教体系和官僚体系提供强大后盾；民国以来，儒家已不再垄断国家官僚与文教体系，所以华夏宗教注定衰落。

华夏宗教的衰落，使得中华民族的基本信仰缺位；于是，就为外来宗教甚至邪教的乘虚而入打开方便之门。所以，抵御外来宗教或邪教对中华民族精神信仰领域的侵蚀，必须回到传统宗教信仰领域自身来寻找精神资源。数千年来，中华民族最根本的信仰是华夏宗教（儒教）赋予的，佛教、道教以及其他宗教只是这一基本宗教的结构性补充。在新时代的今天，恢复本土信仰，不能遗漏了这个真正的本土宗教信仰传统。如果没有华夏宗教这个"普化宗教"的涵化规约，各种"制度性宗教"迟早会因失去这个信仰传统的多元文化土壤而脱轨，蜕变为高度竞争性、排他性的宗教组织力量甚至社会政治力量，即从"弱组织"发展为"强组织"形态的宗教，为中华民族的和谐共荣带来潜在隐忧。因此，为民族复兴之长远计，不得不重新正视华夏宗教（儒教）这一民族信仰的正统地位。

重建中国人的根本信仰，从信仰实践的角度来讲，首先应该做的就是给予民间或地方恢复部分传统祠宇（如文庙、关帝庙、城隍庙、财神殿、家族祠堂）及其祭祀活动的自由空间，使之积极接续地方信仰之传统。当然，吸取历朝历代的经验教训，对于危害社会的"封建迷信"（"淫祀"）以及借信仰祭祀活动实施的各种违法犯罪行为，除了事后进行法律追责外，事先也必须进行严格规范管理。因此，对于这些祠宇以及祭祀信仰活动的管理应该另立机构与法规章程，并以复兴礼乐文明（或礼俗重建）的名义重建国家祀典与敕封制度，进行统一规划、管理与教育，使这些传统信仰能够有序地复兴，并能充分适应国家、民族与社会（尤其是法治社会）现代转型的时代精神需求。

注释

[1] 1584年，耶稣会士利玛窦（M. Ricco，1552—1610）进入中国内地后，就向澳门的宣教机构报告："中国的确不存在真正的宗教……"参见利玛窦《利玛窦书信集》，文铮译，商务印书馆，2018，第40页。

[2] 李天纲：《金泽：江南民间祭祀探源》，生活·读书·新知三联书店，2017，第496页。

[3] 梁启超：《中国历史研究法补编》，吉林出版集团股份有限公司，2016，第135页。

[4] 梁漱溟：《东西文化及其哲学》，商务印书馆，1999，第200页。

[5] 钱穆：《略论中国宗教》，载《现代中国学术论衡》，生活·读书·新知三联书店，2001，第1页。

[6] 钱穆：《略论中国宗教》，载《现代中国学术论衡》，生活·读书·新知三联书店，2001，第11页。

[7] 李泽厚：《由巫到礼 释礼归仁》，生活·读书·新知三联书店，2018，

第13页。

[8] 同上书，第135页。

[9] 同上书，第91页。

[10] 同上书，第119页。

[11] 同上书，第66页。

[12] 中国现在流行的"五大宗教"概念是21世纪初由宗教界所提出（如天主教爱国会主席傅铁山提出："五教同光，共致和谐"），并为管理层认可后才确定的。但中国"五大宗教"的观念在20世纪上半叶已存在，只不过当时所谓的"五教"通常指的是"儒释道耶回"，而非佛教、道教、天主教、基督新教、伊斯兰教。例如，1922年，王有台撰写《儒释道耶回五教辨》；1935年，张尔岐撰写《五教经旨》；1940年，冯炳南组织"五教"演讲并出版《五教入门》之外，提出"五教同源""五教同化论"等等。在这一时期，普通知识分子都将"儒家"视为中国宗教的根本，都将儒教看作"国教"，所谓"五教同化"指的也是其他宗教化于儒教。在他们眼中，别的宗教难免引起纷争，只有儒教才有包举一切的雅量。参见彭国翔《再论民国时期的"五教"观念与实践》，《宗教与哲学》2016年第5辑，第386—401页。

[13] 孙江：《重审中国的"近代"：在思想与社会之间》，社会科学文献出版社，2018，第318页。

[14] 孙江：《重审中国的"近代"：在思想与社会之间》，社会科学文献出版社，2018，第307—312页。

[15] 章炳麟：《訄书详注》，徐复注，上海古籍出版社，2000，第665页。

[16] 鲁迅：《1918年8月20日致许寿裳》，载《鲁迅全集》，人民文学出版社，1973，第18页。

[17] 周作人：《萨满教的礼教思想》，载《谈虎集》，河北教育出版社，2002，第220页。

[18] 唐君毅：《中国文化之精神价值》，广西师范大学出版社，2005，第386页。

[19]张俊:《德福配享与信仰》,商务印书馆,2015,第83—85页。

[20]李泽厚:《由巫到礼 释礼归仁》,生活·读书·新知三联书店,2018,第104—105页。

[21][德]黑格尔:《历史哲学》,王造时译,商务印书馆,1963,第174—175页。

[22]欧大年:《荐序》,载杨庆堃《中国社会中的宗教(修订版)》,范丽珠译,四川人民出版社,2016,第11页。

[23]杨庆堃:《中国社会中的宗教(修订版)》,范丽珠译,四川人民出版社,2016,第6页。

[24]同上书,第14页。

[25]李亦园:《宗教与神话论集》,立绪文化公司,2004,第138页。

[26]杨庆堃:《中国社会中的宗教(修订版)》,范丽珠译,四川人民出版社,2016,第19页。

[27]李天纲:《金泽:江南民间祭祀探源》,生活·读书·新知三联书店,2017,第542页。

[28]同上书,第6页。

[29]《十三经注疏》下册《春秋左传正义》,中华书局,1980,第2148页上。

[30]《十三经注疏》下册《礼记·祭统》,第1602页。

[31]《十三经注疏》上册《尚书·周书·吕刑》,第248页。

[32]《十三经注疏》下册《论语·八佾》,第2466页。

[33]胡厚宣:《殷代之天神崇拜》,载《甲骨学商史论丛初集》,河北教育出版社,2002,第292页。

[34]董作宾:《中国古代文化的认识》,载《董作宾先生全集(乙编第3册)》,艺文印书馆,1977,第339页;张光直:《中国青铜时代》,生活·读书·新知三联书店,1983,第264页。

[35]杨庆堃:《中国社会中的宗教(修订版)》,范丽珠译,四川人民出版社,2016,第85页。

[36]李天纲：《金泽：江南民间祭祀探源》，生活·读书·新知三联书店，2017，第459页。

[37]许慎：《说文解字》，中华书局，1999，第8页上。

[38]《十三经注疏》上册《诗经·大雅·文王》，第503页。

[39]王国维：《殷商制度论》，载《观堂集林（二）》，中华书局，1959，第451页。

[40]李泽厚：《由巫到礼 释礼归仁》，生活·读书·新知三联书店，2018，第21页。

[41]"夫礼始于冠，本于昏，重于丧、祭。"（《礼记·昏义》）"礼有五经，莫重于祭。"（《礼记·祭统》）

[42]《十三经注疏》下册《礼记·祭法》，第1587页。

[43]《十三经注疏》上册《诗·周颂·时迈》，第588页。

[44]杨庆堃：《中国社会中的宗教（修订版）》，第147页。

[45]《十三经注疏》上册《尚书·君奭》，第223页。

[46]《十三经注疏》上册，第548、447、373页。

[47]李天纲：《金泽：江南民间祭祀探源》，生活·读书·新知三联书店，2017，第191页。

[48]清儒章学诚认为，"儒家者流，乃尊六艺而奉以为经，则又不独对传为名也"。参见章学诚《文史通义·经解上》，中华书局，1985，第93页。

[49]《十三经注疏》下册《礼记·中庸》，第1634页。

[50]《十三经注疏》下册《论语·八佾》，第2467页。

[51]《说文解字》："儒，柔也。术士之称。"

[52]梅谦立：《从邂逅到相识：孔子与亚里士多德相遇在明清》，北京大学出版社，2019，第370页。

[53]李泽厚：《论语今读》，安徽文艺出版社，1998，第6页。

[54]彭国翔：《儒家传统：宗教与人文主义之间》，北京大学出版社，2007，第11页。

[55]张俊:《儒耶终极信仰该如何比较——与谢文郁教授商榷》,《南国学术》2018年第3期,第429—445页。

[56]《十三经注疏》下册《论语·先进》,第2499页。

[57]《十三经注疏》下册《论语·颜渊》,第2503页。

[58]麦克斯·缪勒:《宗教学导论》,陈观胜、李培茱译,上海人民出版社,2010,第58页。

[59]《十三经注疏》下册《论语·雍也》,第2479页。

[60]郭店楚简《穷达以时》,文物出版社,1998。

[61]《诸子集成》第二册《荀子·礼论》,中华书局,1954,第250页。

[62]自汉代以后,起源于中原地区的汉族王朝,基本上都是按周代"五经"留下来的礼乐方式来组织和管理宗教生活。这一整套制度,在汉代经高祖(叔孙通制礼)、武帝(独尊儒术)、宣帝(石渠阁会议)、章帝(白虎观会议)逐渐确立起来。由东汉儒者、古文经学派的史学家班固记录整理的《白虎通义》系统地反映了这一儒教制度。参见李天纲《金泽:江南民间祭祀探源》,第252页。

[63]叶舒宪:《中国文化的大传统与小传统》,《光明日报》2012年8月30日;叶舒宪、阳玉平:《重新划分大、小传统的学术创意与学术伦理——叶舒宪教授访谈录》,《社会科学家》2012年第7期,第13—17页。

[64]杨庆堃:《中国社会中的宗教(修订版)》,范丽珠译,四川人民出版社,2016,第252—253页。

[65]同上书,第209、254页。

[66]同上书,第21、92页。

[67]同上书,第238页。

[68]同上书,第257页。

[69]李泽厚:《由巫到礼 释礼归仁》,生活·读书·新知三联书店,2018,第66页。

中国近代以来重公德轻私德的偏向与流弊

□ 陈来①

一、"公德—私德"框架的反思

古代中国的农村生活以小农经济为基础,不可能形成大规模劳动分工和商品交换,人们缺少广泛的社会交往,公共生活受到极大限制。在传统社会中,民间生活有很多集市、庙会、赛神、祭祀等公众活动,但这些活动多是定期的,不是人们每天投入其中的,所以并未制定一定的参与规则。

但公德不应只是公众活动的行为规则,公共生活范围甚广,如官员的政治生活、政治活动,都不是私人空间的私人行为,在这方面中国古代有大量的规范性论述,如克己复礼、非礼勿视、非礼勿听、非礼勿言、非礼勿动,这些都不是私人伦理,而是包括了面对公共生活的要求。

当代中国社会所说的文明礼貌既是日本明治时代所说的文明开

---

① 陈来,清华大学国学院院长、哲学系教授。本文原刊于《文史哲》2020年第1期。

化，如公共场所不大声喧哗，不乱扔垃圾，不随地吐痰，都属于公共生活准则；又如遵守公共秩序，爱护公共财物等，这些都属于公共道德。社会公德一般指公民在社会交往和公共生活中应当遵循的行为准则，旨在维护公共利益和公共秩序。

社会公德与法律的关系，也是人们所关注的一个问题。一般来看，社会公德要求禁止的行为可以说是最轻的法律，亦多可采用社会的规定这一类弱法的形式。以爱护公共物品为例，各种公共场所都有违禁的处罚规定，以养成人们的公德行为和意识。

另外，有些学者认为，社会公德涉及的是人与人、人与社会、人与自然的关系，而中国古代儒家等思想在这方面都有比较丰富的论述，所以儒家伦理虽然"不包含公民、公民社会，以及公民伦理的概念因子，但是它隐含着某些关于公共生活关系的推论"[1]。至于"国而忘家，公而忘私""天下为公"等思想都是古代公德观的基础。

有学者认为，"中国历来被称为礼仪之邦，自古以来就有重视社会公德的优良传统"，认为管子所说的国之四维，即礼义廉耻，就是传统社会的公德观念，至少包含了社会公德的应用[2]。的确，"礼仪之邦"所标示的正是一种社会的公共文明，所以，不是中国古代没有社会公德，而是没有近代社会公共生活所要求的公德和礼规。

现代汉语中的"公德"概念至少包含两个方面，一是公民道德，二是公共道德。还有人把很多价值也列入公德概念。公民道德体现国家对公民的政治要求，公共道德体现现代社会公共生活的规范要求，二者既有联系，又有区别。中国古代既无公民，与希腊城邦国家不同，自然没有公民道德，但是也有政治共同体对成员的要求。而中国古代不能说没有公共道德，所谓公共即非私人之谓，公共性有梯次的不同，随着社群规模的外推而渐大渐广。

　　从近代以来的使用来看，我们今天应该在概念上作出明确区分：狭义的公德专指公共道德，广义的公德则包括公共道德和公民道德，而其他政治价值如自由、民主都不属于道德，不属于公德。由于公德包含公民道德和公共道德二者，所以在以往很多时候的讨论中，由于没有分清公德观念的真正所指，使得讨论变得不清楚，而公德这个笼统概念的适用性则越来越有限。

　　那么，什么是个人道德或私德呢？梁启超说"人人独善其身者谓之私德"[3]，以上谈到公德观念分狭义和广义二者。近代中国学者多注意公德问题，很少有人研究确定私德的概念及其德目体系。倒是近代西方学者边沁、密尔等对私人伦理、个人道德作了界定。在我们看来，私人伦理的说法并不理想，既然讲个人对自己的义务，就不能说是伦理了，所以来是个人道德的说法较好。

　　个人道德，用前述西方思想家的讲法，即只与自身有关，而不涉及他人的行为或品质，如勤学、立志、俭朴、温和、或谦虚、严肃、耐心、慎重等。我在《古代宗教与伦理》一书中，把古代德行分为三类，其中第一类为"个人品格"，包含直、宽、刚、简、柔、愿、强等[4]。《古代思想文化的世界》继续讨论了这一问题，以晋悼公在周事单襄公得到的称赞为例，指出春秋时代德行叙述可分为三部分，即四无、十一言、二未尝不，如"立无跛，正也；视无还，端也；听无耸，成也；言无远，慎也"（《国语·周语下》），这四德都是个人的德行。

　　又如齐、圣、广、渊，明、允、笃、诚、忠、肃、共、懿、慈、惠、和所代表的"形式性德行"，追求的是人格、性情的一般完美，而不是伦理关系的特殊规范，并在古代德行论中将其命名为"性情之德"，以与"道德之德""伦理之德""理智之德"区分开来。"性情之德"是在礼乐文化的总体中界定的，其内容正是"与自己相关的德行"；而仁、义、勇、让、信、礼为"道德之德"；孝悌、慈爱、友忠既不是纯粹个人道德，也不是道德之德，属于"伦理之德"[5]。由此看来，说中国传统道德都是私德，并不恰当。

道德之德与伦理之德相比，道德之德相对而言是道德的品质，而伦理之德是与人际关系直接关联的德目。仁义信礼都需要体现在人伦和社会中，不是纯粹个人的品质，所以古代德行大部分不是纯粹个人的私德。如仁是爱他人，义是正他人，礼是敬他人，信是诚信于人，都不是只涉及自身的德行。可见边沁的说法并不适用。

把个人道德仅仅定义为对自己的道德是有问题的，其实中国古代的个人基本道德多数是联系着对他人的态度。即使有董仲舒提出的"义者正我"（《春秋繁露·仁义法》："以仁安人，以义正我。"），这只是讲了义的修身义，而义的伦理义还是对他人而言[6]。这是与西方不同的。那么，这部分道德应叫作什么道德呢？

相对于政治群体要求的道德和社会群体要求的道德，这部分道德显然更多属于个人全面发展的人的道德，在亚里士多德叫作善人品德，在中国文化中叫作"君子品德"，其内涵包含四个层面，即性情之德、道德之德、伦理之德、理智之德。可见，公德——私德的区分虽然有一定意义，但如果把公德——私德作为全部道德的基本划分，则会遗失一大部分基本道德，证明这种公德——私德划分法的重大局限。

另外，《逸周书·文政解》中的禁九慝，禁止九种不良的公共行为，含有后世所谓公德的意义，表现出了对所谓公共道德的行为的关注。

那么，是不是以往中国传统中的修身德行都是个人道德或私德呢？这要看私德的定义。完全脱离社会生活的个人修身在儒家是少有的，这与佛教和道教不同。当然，宋明理学的修身功夫如体验未发、体认良知、静坐收心，不与社会生活直接联系，近于纯粹的精神修炼，但大多数修身功夫，虽然其修身的过程可能不直接联系社会生活，但所修之德如仁义礼智是与社会行为和他人关联的，而且还需要事上磨炼。所以，也不能说修身都是私德，梁启超此说恐亦未能成立。

当知梁启超所说的中国传统私德不必都是私人伦理，亦适用于公共生活。而另外，梁启超所说的公德也并非都是道德，其中多属近代社会的意识、价值。辛亥革命以后梁启超自己也放弃了公德——私德的分别论，走向人格修养论。人格修养固须落实于个人身心，但其德行并非只对个人自己有意义，也同时适合于公私不同领域。至于梁启超所说的近代公德在我国阙如，这是事实，因为社会发展在当时尚未进至近代社会。

《大学》八条目是功夫，每一功夫阶段并非代表一种道德或德性，虽然修身、正心、诚意、致知似乎是个人功夫，而齐家、治国、平天下为社会治法，但照《大学》所说，其中道理一贯，不分公私。修己治人，其中的治人无论如何不属于私。儒家修己之事，一半为了治人，修己非皆私人事，治人更非私人事，故治人之德，在《论语》中所在多有，皆非私人之德。

只不过当时社会交往有限，其中并不突出与陌生他人发生关系的规范，对公物的爱护亦非全民皆须具有的品质，故不受注意，但如梁启超所说公德阙如，则也不是如此。就应用范围之分别言，古代道德非私人之德，主要是主政者、任官者、士人之德。故君子之德，其体无分于私公，其用则理一而分殊。虽然公民道德和公共道德可以合称为公德，但西方思想史上的古希腊和近代更强调的是公民道德，而非公共道德。

事实上，一个稳定成熟的近代国家与社会，内部秩序更需要的为公共道德。中国近代以来的特殊进程，使得最受重视的是革命道德，改革开放以后，更强调的是公民道德，都不重视公共道德的概念及其推广。换言之，百年来的中国，重视政治公德，不重社会公德，二者严重失衡。今日当务之急，就是要重建二者的平衡，近期的重点是发展社会公德，即公共道德。

仅仅指导个人行为而不涉及他人的道德德性在中国古代儒家道德体系中不占多数，其他都属于"可能影响他人"的范围，仁义礼智信都含有"对他人的义务"，在中国古代道德文化中"对自己的义务"和"对他人的义务"是合一的而不是分立的。

即使按梁启超偏狭的定义，"人人相善其群者谓之公德"[7]，传统的德目虽然不皆直指群体，但都从不同方向而益群、固群、理群，在梁启超的定义下，直接利群的德目占比例较少，至于自由、自治、权利等概念为古代中国文化所未见。

总而言之，"公民道德"的概念，从亚里士多德到近代西方是明确的，个人道德的概念在西方也是有的，但意义不清晰，而从古代到近代"公共道德"的概念并未受到注意。这是日本近代在公共道德意义上重视"公德"概念运用的积极意义。日本近代的公德主要指公共道德，而这一公德观念被梁启超转移为以启蒙思想为内容，梁启超所推崇的公德重点在爱国利群的政治公民道德，而不是公共道德[8]。

从此，伴随中国的历史发展进程，政治公德不仅排挤了社会公德（公共道德），更挤压了个人基本道德（私德）。应当说，个人基本道德不一定是狭义的私德，即只与自己有关的道德，密尔对个人道德和社会道德的区分不够合理，广义的私德就是公德以外的个人基本道德。

中国传统文化中的主要道德都与他人有关，是涉及他人的道德，中国人最重视的五伦——君臣、父子、兄弟、夫妇、朋友，所要求的伦理道德都是关系伦理，而不是纯粹只涉及个人自身的道德，孝悌忠信亦然。仁义反映的是普遍的伦理要求，孝悌反映的是特殊的伦理要求，都不是仅与自己有关，有些道德在修身过程中似乎与他人无关，如"中"，但中的实践意义是导向"和"，"和"作为综合的结果，是关涉他人的。诚、信、敬、恭也都涉及他人，在与他人交往的关系中呈现着并发生作用。故私德之说只在有限的意义上有用。

以仁德为例。在儒家伦理中，仁是各种德性中最重要的，仁既是德性的一个德目，也是整体德性。仁既是对待他人的，也是对待自己的，这与亚里士多德对公正的讨论相似。

从对待自己的德性来看，首先仁不是对"礼"作为规范体系的反对，仁反而是对规范体系全面贯彻与实践的促进者。一个人在自己的视听言动上全面合乎礼的规范要求，便是仁，这就是孔子回答颜渊问仁的主要之点。

颜渊问仁。子曰："克己复礼为仁。一日克己复礼，天下归仁焉。为仁由己，而由人乎哉？"颜渊曰："请问其目。"子曰："非礼勿视，非礼勿听，非礼勿言，非礼勿动。"（《论语·颜渊》）

克己与由己，正表明这里的仁具有对待自己的德性的意义。从行为上遵守规范的礼，是为仁的重要方面，可谓以礼修身。用礼要求自己，即是仁，这是孔子对古代仁说的继承。当然，礼不仅是个人视听言动的道德规范，也是公共生活和公共服务的规范。

后来仲弓问仁，子曰："出门如见大宾，使民如承大祭"

（《论语·颜渊》）。出门与在家相对，出门意味着朝向社会交往和社会服务，使民则是士君子治民的常事。这里仁就是对待他人的德行。由此可见，表面上看，把"对人"和"对己"作为私德公德划分的界限，似乎言之成理，但实际上"对人"者并不皆属公德，而是人之所以为人的基本道德。

二、梁启超的公德私德说

面对20世纪初中国近代变革和国家富强的迫切要求，梁启超的公德说（1902年3月10日）是梁启超将近代启蒙思想应用于当时中国政治和道德领域的表现。这一思想是梁启超"戊戌"以后在日本受到近代西方社会思想等影响下迅速形成的[9]。

梁启超在《新民说》第五节"论公德"开始论述其关于私德与公德的理解和认识：

> 道德之本体一而已，但其发表于外，则公私之名立焉。人人独善其身者谓之私德，人人相善其群者谓之公德。二者皆人生所不可缺之具也。无私德则不能立。合无量数卑污虚伪残忍愚懦之人，无以为国也。无公德则不能团。虽有无量数束身自好、廉谨良愿之人，仍无以为国也。[10]

这是说，公德和私德是道德统一体的两个外在表现方面，"独善其身"者是私德，"相善其群"者是公德。"公德"是个人与社群关系的道德，"私德"是个人不与他人发生关系而只求自身品性的完善而言；二者都是人生必需的道德，也都是立国所需求的道德。"无私德则不能立"，"无公德则不能团"，相比较而言，私德是个人立身处世的根本，公德是社群得以维持的条件。

按照他的举例，能立私德者，如束身自好、廉谨、良愿；私德败坏者，如卑污、虚伪、残忍。公德之目虽然亦可例举，而其主要性质为利群。梁启超主张，缺少私德的民众不可能组成国家，只具有私德而缺少公德的国民也不能组成国家。可见，梁启超所说的"群"并不是一般的指社群、社会而言，而主要是指国家而言。他又指出：

夫一私人之所以自处，与一私人之对于他私人，其间必贵有道德者存，此奚待言？虽然，此道德之一部分，而非其全体也。全体者，合公私而兼善之者也。

私德、公德，本并行不悖者也。然提倡之者即有所偏，其末流或遂至相妨。[11]

这里所说，对称私德为"独善其身"之德的说法是个补充。私德既是个人自处的德操，也是个人对待其他个人、处理与其他个人关系的道德，公德则是个人对于群体的道德。这个区分还是清楚的。私德与公德两者并行不悖。这个思想用今天的话来说，私德是个人的品德、修养，而公德是指有益于国家、社会的德行[12]。梁启超对公德的倡扬和呼吁直接来自他在这一时期的国家主义立场和对作为近代日本国家建设的借鉴[13]。而就观念来说，梁启超的公德即"个人对于群体的道德"的定义是西方近代所未重视的。

他指出：就私德而言，中国文化的私德甚为发达；但因偏于私德之表彰，对公德之提倡，甚多缺略：

吾中国道德之发达，不可谓不早。虽然，偏于私德，而公德殆阙如。试观《论语》《孟子》诸书，吾国民之木铎，而道德所从出者也。其中所教，私德居十之九，而公德不及其一焉。如《皋陶谟》之九德，《洪范》之三德，《论语》所谓"温良恭俭让"，所谓"克己复礼"，所谓"忠信笃敬"，所谓"寡尤寡悔"，所谓"刚毅木讷"，所谓"知命知言"，《大学》所谓"知止，慎独，戒欺，求慊"，《中庸》所谓"好学，力行，知耻"，所谓"戒慎恐惧"，所谓"致曲"，《孟子》所谓"存心养性"，所谓"反身、强恕"……凡此之类，关于私德者，发挥几无余蕴，于养成私人（私人者对于公人而言，谓一个人不与他人交涉之时也）之资格，庶乎备矣。[14]

梁启超列举了《论语》《孟子》《大学》《中庸》《尚书》所标举的德行，如忠信笃敬、温良恭俭让，大体皆为私德；所教人的修养方法，如知止慎独、存心养性，皆为增进私德之方法，这些中国古人的著作对于养成人的私德，相当完备。而在公德培养方面，他认为中国的传统文化却付诸阙如，这对近代国家的形成，非常不利。

因此他在《新民说》第一节"论新民为今日中国第一急务"中就说道：

公德者何？人群之所以为群，国家之所以为国，赖此德焉以成立者也。人也者，善群之动物也（此西儒亚里士多德之言）。人而不群，禽兽奚择？而非徒空言高论曰"群之，群之"，而遂能有功者也。必有一物焉贯注而联络之，然后群之实乃举。若此者谓之公德。[15]

梁启超强调公德是人类社群得以成立的根本，尤其是国家得以建立的根本。公德使个人与国家联结为一体成为可能。这就近于把公德看作国家得以成立的先在条件了。其实社会公德是与社群组织的形成壮大同行成长的。中国近代思想家往往把文化的近代化看作社会近代化的前提而加以鼓吹，成为一种文化决定论，在理论上往往是站不住脚的，但就实践来说，这些新观念的宣扬，确实会对社会进步起到一种促进的作用。

梁启超强调："我国民所最缺者，公德其一端也。"[16]他认为，中国文化中重私德、轻公德，这种情形必须改变，否则，中国在近代世界的衰落是无法挽救的。他说：

虽然，仅有私人之资格，遂足为完全人格乎？是固不能。今试以中国旧伦理与泰西新伦理相比较：旧伦理之分类，曰君臣，曰父子，曰兄弟，曰夫妇，曰朋友；新伦理之分类，曰家族伦理，曰社会（即人群）伦理，曰国家伦理。旧伦理所重者，则一私人对于一私人之事也（一私人之独善其身，固属于私德之范围，即一私人与他私人交涉之道义，仍属于私德之范围也。此可以法律上公法、私法之范围证明之）；新伦理所重者，则一私人对于一团体之事也（以新伦理之分类，归纳旧伦理，则关于家族伦理者三：父子也，兄弟也，夫妇也；关于社会伦理者一，朋友也；关于国家伦理者一，君臣也。然朋友一伦决不足以尽社会伦理，君臣一伦尤不足以尽国家伦理。

何也？凡人对于社会之义务，决不徒在相知之朋友而已，即绝迹不与人交者仍于社会上有不可不尽之责任。至国家者，尤非君臣所能专有。若仅言君臣之义，则使以礼、事以忠，全属两个私人感恩效力之事耳，于大体无关也。将所谓"逸民不事王侯"者，岂不在此伦范围之外乎？夫人必备此三伦理之义务，然后人格乃成。若中国之五伦，则唯于家族伦理稍为完整，至社会国家伦理不备滋多。此缺憾之必当补者也，皆由重私德、轻公德所生之结果也）。[17]

他指出，中国古代五伦为主的伦理，在家族伦理方面比较完整，但在社会伦理方面只讲朋友，在国家伦理方面只讲君臣，是很不完备的[18]。其之所以如此，乃是由中国文化看重一私人对他私人之事，不看重一私人对于一团体之事，是由中国文化重私德、轻公德的偏重所造成的。而团体意识以及个人对待团体的道德，是谓公德，是近代国家得以成立的关键。

要之，吾中国数千年来，束身寡过主义，实为德育之中心点。

范围即日缩日小，其间有言论行事，出此范围外，欲为本群本国之公利公益有所尽力者，彼曲士贱儒辄援"不在其位，不谋其政"等偏义，以非笑之，排挤之。谬种流传，习非胜是，而国民益不复知公德为何物。

今夫人之生息于一群也，安享其本群之权利，即有当尽于其本群之义务。苟不尔者，则直为群之蠹而已。彼持束身寡过主义者，以为吾虽无益于群，亦无害于群，庸讵知无益之即为害乎？何则？群有以益我，而我无以益群，是我逋群之负而不偿也。夫一私人与他私人交涉，而逋其所应偿之负，于私德必为罪矣，谓其害之将及于他人也；而逋群负者，乃反得冒善人之名，何也？

使一群之人，皆相率而逋焉，彼一群之血本，能有几何？而此无穷之债客，日夜蠹蚀之而瓜分之，有消耗，无增补，何可长也？然则其群必为逋负者所拽倒，与私人之受累者同一结果，此理势之所必然矣。今吾中国所以日即衰落者，岂有他哉？束身寡过之善士太多，享权利而不尽义务，人人视其所负于群者如无有焉。人虽多，曾不能为群之利，而反为群之累，夫安得不日蹙也？[19]

梁启超认为"束身寡过"即属私德，认为中国传统德育以养育私德为主，并且传统思想中有排斥公德发展之处，几乎成为习惯，于是人民不知何为公德，不知何为个人对群体的义务。其实，中国古代亦有公德，只是古代公德多系对于士大夫而言，对百姓并不提倡，而士大夫文化对民众也有影响，梁启超似未辩乎此。

当然，古时的公德与近代的公德仍有同异。他所强调的是，国民必须明确自己对于群体、国家所负担的义务，以求益群利群，不可只享受群体的好处而不承担责任。过于注重"身"的人难免对"群"有忽视。中国要从衰落转向振兴，一定要加强国民对"群"的责任意识，这个"群"不是指社会，而是指国家。

近代西方思想对个人和社会之道德的区分，始见于边沁对"私人伦理"与"公共伦理"的区分，此后密尔在其《论自由》中特别区分"个人道德"和"社会道德"[20]。日本受此影响，在明治二三十年代关注过公德讨论。梁启超戊戌运动后到日本，受到其影响。但梁启超以爱国的民族主义出发，把个人对群体的自觉义务看成公德的核心，这是与中国近代民族国家的受压迫而欲自强的时代要求——救亡图存密切相关的。

事实上，日本明治以后，也不断突出"公德"建设的意义，而就西洋近代所突出的公德，其意义主要指人在社会交往和公共生活中所循的道德，以及对公共财物所持的态度，对行政公务所承担的责任，对社会公益事业的关注，即突出社会公德，并不突出"国家"意识以及由此而来的政治性公德，即国家对公民的要求。

梁启超的公德说受到日本近代重视公德的影响，但更受加藤弘之等国家主义的影响，故其重点有所不同，是集中在公民道德即政治性公德上。由于日本明治维新后成功走入近代化，在欧化流行二十年之后，在社会建设方面有了反思，故日本的公德建设主要指向公共道德。而中国甲午战争之后，要唤起国民爱国利群，反抗列强对中国的侵逼，故梁启超呼吁的公德必然指向公民道德及其各种近代政治意识和公民意识，这是与日本不同的。

梁启超关于公德和私德的观点，也受到边沁的启发。梁启超在其《乐利主义泰斗边沁之学说》中谈道："边沁以为人生一切行谊其善恶标准于何定乎？曰：使人增长其幸福者谓之善，使人减障其幸福者谓之恶。此主义放诸四海而皆准，俟诸百世而不惑……其乐利关于一群之总员者谓之公德，关于群内各员之本身者谓之私德。"

就公德的条目而言，梁启超在《新民说》中特别立专节论述的，有国家意识、进取意识、权利思想、自由精神、自尊合群、义务思想等，其实，从伦理学上来说，这些大都不属于道德。梁启超以"公德"指称这些意识和价值，也造成了理论上的混淆，有些学者如李泽厚至今还受其影响。这里仅举其论自由与公德：

今世少年，莫不嚣嚣言自由矣。其言之者，固自谓有文明思想矣，曾不审夫泰西之所谓自由者，在前此之诸大问题，无一役非为团体公益计，而决非一私人之放恣桀骜者所可托以藏身也。今不用之向上以求宪法，不用之排外以伸国权，而徒耳食一二学说之半面，取便私图，破坏公德，自返于野蛮之野蛮。有规语之者，犹敢然抗说曰："吾自由！吾自由！"吾甚惧乎"自由"两字，不徒为专制党之口实，而实为中国前途之公敌也。[21]

在梁启超看来，自由是为了增益团体公益的公德，而绝不是私人放肆的条目。自由是指向宪政、指向国权的政治价值。这里警惕以自由为名而行私人放肆之实的立场，同他后来在《论私德》中的立场是一致的。

应该指出，梁启超在写作《论公德》时期，虽然着重推崇公德，但对私德并没有加以否定而是肯定了私德的意义，这是他后来可以在同一部书中写作"论私德"一节的基础。

三、刘师培的伦理思想

让我们来看看与梁启超《新民说》同时发行的刘师培的《伦理教科书》，以与梁启超作一比较。黄遵宪本来曾劝梁启超作一伦理教科书，梁启超未作，作了《德育鉴》，而刘师培为之。可见伦理道德的近代重建，在新时代通过新形式，特别是吸收日本教科书的形式进行伦理教育，在辛亥之前已经开始，这是近代性的一个方面。梁启超1905年作《德育鉴》，以宋明儒者修身之言为德育教材,延续了传统的修身形式,以为非如此不能在实践上亲切有味,与古代重视"行"的教育是一致的。

刘师培认为,过去的伦理教育不得其法,有行无知,知即是对伦理的起源与分类的知识性分析。这一观点便与梁启超不同。其《伦理教科书》分为两册,1906年出版,而其基本思想于1904年已形成。第一册是"己身之伦理",约相当于梁启超所说的私德。第二册为家族伦理与社会伦理,其社会伦理约相当于梁启超之公德,而家庭伦理在私、公之间。故两册的分法已经蕴含着伦理的公私人我之分。

先看第一册,刘师培凡例中言:"此册所言,不外振励国民之精神,使之奋发兴起。"这个出发点与梁启超等是一致的。他认为,就伦理而言,"当以己身为主体,以家族、社会、国家为客体,故伦理一科,首重修身"[22]。他认为,古代典籍之中,《尧典》所言"亲九族"属家族伦理,"平章百姓"属社会伦理,此皆"施于他人之伦理也";而《尧典》"直而温,宽而栗,刚而无虐,简而无傲"与《皋陶谟》"宽而栗,柔而立,愿而恭,乱而敬,扰而毅,直而温,简而廉,刚而塞,强而毅","此对于己身之伦理也"。这个分析方法与西方近代伦理"对于自己"和"对于他人"的分别一致。

他认为,秦汉以后的儒家伦理分为两派:"一曰自修学派,以明心践性为宗,以改过慎独为旨,倡正谊明道之说,而不欲谋利计功",属此者,如董仲舒、韩愈等;"一曰交利学派,以仁恕为心,以大同为想,以民胞物与为志,无复人我之见存",属此派者,如张载、王守仁等。他又说:"盖自修学派所言者,对于己身之伦理也;交利学派所言者,则施于他人之伦理也。合两派而兼取之,庶伦理之学,可以由致知而进于实践乎!"[23]

"'修身'者，所以欲人人成为完全无过之人也"，即修身的目标是达到完满的人格，然而他又说："然中国平昔之思想，以'身'为家族之身，不以'身'为社会之身，其所谓'修身'者，盖仅为实践家族伦理之基耳。"[24]其实家族伦理亦有非家族伦理之用，如国家、社会之用。故古人之求忠臣于孝子之家，即看出孝德并非只有家族道德的意义和功能。

他又指出，这个在历史上不尽如此，孔子的仁追求社会公益，超出修身，"盖以己身对社会，则社会为重，己身为轻。社会之事，皆己身也"。他举出张载的《西铭》为证，又举出"吴康斋亦曰：'男儿须挺然生世间。'是己身为世界之身，非家族所克私有之身也"，又举"罗念庵有言：'吾人当将此身，放在天地间公共地步'，'公共之地'，即西人所谓社会、国家也"。

他认为中国人多不明此理，己身之外，仅以家族为范围。"凡事于家族有利者，则经营唯恐其后；凡事于家族有害者，则退避不敢复撄，而一群公益，不暇兼营。此则中国伦理之一大失也"[25]。一群即社会、国家。其实罗念庵所言，在二程以来的理学中常见。总之，照刘师培此说，中国古代关于超出己身、家族之外的社会伦理亦复不少，不过他所引者多是指心胸和境界而言，并非社会伦理，但指出古人的眼界不限于己身，确属必要。

只关心己身，是"独善其身"，独善其身的自修学派，在他看来"乃不侵他人之权利，亦不为他人尽义务者也"。他说自修学派"一若舍修身以外，无权利之可求，亦无义务之可尽。夫只身孤立，与世奚裨？"[26]不过，此种批评只适合于佛、道之修行，但佛道主出世，所以"与世奚裨"自然不能切中他们的要害。最后他说："然己身不修，则与人交际，亦安能推行而无失哉？"[27]

《伦理教科书》第一册主乎心性修身之学，全部为古代心性修身观念之解析。第二册为家族伦理和社会伦理,此册的弁言说:"中国古籍,于家族伦理,失之于繁;于社会伦理,失之于简。"[28]其第二课云:"家族伦理,为实践伦理之基。特中国所行家族伦理,其弊有二。一曰所行伦理仅以家族为范围。中国人民自古代以来,仅有私德,无公德。以己身为家族之身,一若舍孝弟而外,别无道德;舍家族而外,别无义务。二曰又以社会、国家之伦理,皆由家族伦理而推。人人能尽其家族伦理,即为完全无缺之人,而一群之公益,不暇兼营。"

但他也承认,中国古代伦理亦有不以家族为范围者,如《公羊传》"不以家事辞王事",汉贾谊言"国而忘家,公而忘私"。王事即国家之事,国家与家族相比较,则家族为轻,国家为重,古代多有此说,如"昔大禹过门不入,霍去病言'匈奴未灭,何以家为'",此皆言国家之事重于家族之事。当然,刘师培已重视家族伦理之改良,尤其是"家族伦理之互相均平"[29]。五伦互为对待者当互尽其伦理,矫正不平者使之均平。

刘师培论父子之伦,一方面强调慈孝为父子互尽之伦,另一方面批评儒家在古代"以为父母若存,则为人子者,只当对父母尽伦理,不得对社会、国家尽伦理",有妨公德[30]。然而他也承认,即使是《孝经》也有言曰"立身行道,扬名于后世,乃孝之终",《礼记》乃言"事君不忠,非孝也;莅官不敬,非孝也;朋友不信,非孝也;战阵无勇,非孝也","则对于社会、国家尽伦理,亦为孝亲之一端"[31]。书中言道:"盖以国家较家族,国为重而家为轻。……若伍子胥因报父仇,引吴灭楚。夫所仇者仅君主一人,乃引异国覆祖国,则又一国之公敌矣。故公私之界不可不明也。"[32]他在家族伦理的结论部分指出:

使非改良家族伦理,则平等之制难期实行,而国民公共之观念，亦永无进步之期矣。不唯此也，中国社会、国家之伦理所以至今未发达者，则由家族思想为之阙隔也。[33]

以宗法系民，故家族伦理最为发达。又以社会之伦理，皆由家族伦理而推，而一群之公益不暇顾矣。吾观中国之臣民，私德为重，公德为轻。[34]

刘师培的教科书全面陈列了中国古代伦理的观念，间或从近代的立场上加以评论，而本文所注重者仍在其公德——私德之观念。

《伦理教科书》十八课为家族伦理部分之结论，十九课"论公私之界说"，始为社会伦理部分。在刘师培看来，家族伦理似属私德，只有社会伦理才属公德，而凡有公共观念必生公德，"吾试即中国古人之言'公'者考之，则孔子言'欲立''欲达'，墨子言'兼爱''交利''视人犹己'，曾子言'人非人不济'，汉儒言'相人偶为仁'，宋儒言'民胞物与'，孰非社会伦理之精言乎？特近世以来，中国人民公德不修，社会伦理知之者稀"[35]。

这就是说，中国文化亦有社会伦理，以己对人，以私对公，则这些伦理即是公德，"但明清以来因专制政体之进化而不修公德，对社会伦理知之亦少"。他指出："中国所谓公德者，皆指对于一家一姓者而言，非指对于国民团体者言也。以专制之祸，涣人民之群，此固国民轻公德之第一原因也。"[36]人民以公德为轻，故社会伦理无法实行。

在二十课"论中国社会伦理不发达之原因"中，他回顾了中国历代党祸，认为汉、宋、明尚能先公后私，晋、唐则倾轧纷争，"遂一己之私，而忘天下、国家之急者也。公德不修，莫此为甚"。认为中国词章家的思想多出于"为我"，与公德之说大相背驰。王维等诗，"以高隐自足，是独善而不能兼善也"，苏东坡诗"大抵以乐利为宗者也。以乐利为宗，是利己而不复利物也。此与边沁以一群之利乐为乐利者不同"[37]。

此课的最后,他说:"昔《礼记》有言:'并座不横肱。'古语有言:'食不毁器,荫不折枝。'所以存德也。今中国之民,与薄物细故之微,既无公共之观念,如污秽公共道路,损折公共之花木,乘舟车则争先,营贸易则作伪。此事虽小,可以喻大。故其谋一群之利害,亦互相诿避而莫敢居先。"[38]

什么是社会伦理?"社会伦理者,即个人对于一群之伦理也。"[39]"既有社会,则个人与社会交涉必,斯有社会之规则。夫规则何自昉乎?使个人之所为与他人无与,则不必谋于一群,而一群不得施其干涉,故有完全自主之权。然所行、所为不可不屈于社会者,必一己之外,利害有涉于他人。利害既涉于他人,则不得不受社会之节制。此社会规则所由起也。"[40]这样的说法与密尔论自由的思想完全一致,必然是受密尔《论自由》一书思想的影响所致。

此下释仁爱、释正义、释和睦、论义侠、论择交、论服从、释诚信、论洁身、对于师友之伦理、对于乡党之伦理。这显示出,刘师培是以仁义和礼属于社会伦理,也就是说,中国古代并非没有社会伦理,而是有许多关于社会伦理的资源。

第二册第三十六课为结论,是专对于社会伦理而言。他在结论中说,中国人在20世纪以前不知"社会伦理为何物",是因为此前中国没有完全的社会,"故欲人民有公德,仍自成立完全社会始"[41]。同时,他也指出,近代中国人为矫正此弊,在传统中亦寻其资源,如"人我相通"之伦理,如孔子大同思想"其人不独亲其亲,子其子",他认为哲学说法"非不深远",但不从社会改造开始,社会伦理便无法实行。

刘师培的伦理思想,在其《经学教科书》中也有论及:

《易·象传》所言之"君子",即言君子当法《易》道以作事耳。故所言之伦理,有对于个人者,有对于家族者,有对于社会者,有对于国家者。观于《易经》之《象传》,而伦理之学备乎此矣。[42]

他还在《经学教科书》中,分类详细列举了《象传》中的伦理观念:

个人伦理:《乾》之"自强不息",《蒙》之"果行育德",《小畜》"懿文德",《否》之"俭德避难",《大畜》"多识前言往行,以畜其德",《颐》之"慎言语,节饮食",《大过》"独立不惧,遁世无闷",《坎》之"常德行",《恒》"立不易方",《大壮》"非礼弗履",《晋》"自昭明德",《蹇》"反身修德",《损》"惩忿窒欲",《益》"迁善改过",《升》"顺德,积小高大",《困》"致命遂志",《鼎》"正位凝命",《震》"恐惧修省",《归妹》"永终知敝",《小过》"行过恭丧,哀用过俭"。

社会伦理:《坤》"厚德载物",《需》"饮食宴乐",《讼》"作事谋始",《同人》"类族辨物",《坎》"常德行,习教事",《咸》"以虚受人",《遁》"远小人,不恶而严",《睽》"以同而异",《渐》"居贤德善俗",《兑》"朋友讲习",《未济》"辨物居方"。

国家伦理:《屯》之"经纶",《师》"容民畜众",《履》"辨上下,定民志",《大有》"遏恶扬善",《蛊》"振民育德",《临》"教思无穷,保民无疆",《贲》"明庶政,无敢折狱",《明夷》"莅众,用晦而明",《解》"赦过宥罪",《萃》"除戎器",《困》"致命遂志",《井》"劳民劝相",《革》"治历明时",《鼎》"正位凝命",《丰》"折狱致刑"，《旅》"明慎用刑"，《巽》"申命行事"，《节》"制度数，议德行"，《中孚》"议狱缓死"，《既济》"思患预防"。

家族伦理：《随》"向晦入息"，《家人》"言有物，行有恒"。[43]

由以上可见，如《周易·系辞下》所说"利用安身以崇德"，则其关于个人伦理应有不少，但国家、社会伦理亦复不少。当然，所列国家伦理方面，不见得都属于"伦理"，但关于家庭者确乎不多。可见《周易》的样本并不见得最有代表性。

这种对待自己和对待他人伦理的分别，在亚里士多德已开其端，他在论公正德性的第五卷中说："公正自身是一种完全的德性，它不是未加划分的，而是对待他人的。正因为如此，在各种德性中，人们认为公正是最主要的……由于有了这种德性，就能以德性对待他人，而不只是对待自身……在各种德性之中，唯有公正是关心他人的善……而最善良的人，不但以德性对待自己，更要以德性对待他人。"[44]亚里士多德也说过，"公正还是一个公正的人在公正的选择中所遵循的一种行为原则"[45]，说明亚里士多德的美德公正同时也是行为的原则，而不是排斥行为的。

四、马君武论公德

最后我们来看1903年4月马君武发表的《论公德》[46]。比起梁启超《新民说》论公德，马君武此文仅晚一年。我们知道，19世纪末20世纪初，这一时期正是日本国内关注公德问题讨论的时期。故不仅梁启超受此影响，而关联到中国问题，马君武亦然。马君武（1881——1940）1901年考入日本京都帝国大学，学习化学，留日期间结识了梁启超等人，也为梁启超的《新民丛报》撰稿。他的论公德文，可以说是对梁启超公德论的回应，并借由此论申发其对中国古代社会的批判。

"私德者何？对于身家上之德义是也。公德者何？对于社会上之德义是也。"[47]可见马君武对公德私德的定义和理解与近代西方思想家略同。他接着说：

"论者动谓中国道德之发达，与公德虽阙如，而私德则颇完备，亦六（经）之所陈，百儒之所述，似于私德已发挥无余蕴矣。呜呼！中国之所谓私德者，以之养成驯厚谨愿之奴隶则有余，以之养成活泼进取之国民则不足。"[48]

这一段前面引梁启超《新民说》而反驳之，认为中国私德并非已经发挥无余蕴，而是只能养成奴隶制道德而已，不能养成国民的道德。按国民道德多就公德而言，故此处所驳梁启超私德说者，并不合理。观其大意，活泼进取是私德，亦属近代之私德，却为中国古代所无。从公德私德之分而言，他似认为，国民道德有公私之分，国民之私德应以活泼进取为主。他又说：

"夫私德者，公德之根也。公德不完之国民，其私德亦不能完，无可疑也。欧美公德之发达也，其原本全在私德之发达……故私德之与公德也，乃一物而二名也。私德不完，则公德必无从而发生。"[49]

表面看来，他的讲法与梁启超1903年秋回国后写的论私德的语句相似，但立意完全不同。在梁启超认为，虽然中国有私德而无公德，但养好私德，可推致公德。而马君武之意，认为中国公德之不立，不是梁启超所说只欠一推，而是中国的私德根本不发达。那么什么是马君武所说的私德呢？

"夫人必能爱名誉，而后立身涉世，乃有所忌惮，不敢失节坠行、寡廉鲜耻"，"夫人必能爱权利，而后能真自治"，"夫人必能爱自由，而后其人格乃尊，为一国中之主人，不为一国中之奴隶"。他认为中国私德不提倡爱名誉、爱权利、爱自由,所以公德无以立。故他总结说:"若徒指束身寡过、存心养性、戒慎恐惧诸小节为私德完全之证,是乃奴隶国之所谓私德,非自由国之所谓私德也(自由国亦不废存心养性诸节,而断不能赅私德之全)。"[50]

可见,他认为梁启超所说的私德皆为奴隶国之私德,非自由国之私德,而他倡导的私德乃是自由国之私德。此种讲法似是而非,爱权利、爱自由,如梁启超所言,近于公德,不属私德。本来,依梁启超之推理,中国文化并非没有公德,但缺乏近代社会之公德。

而照马君武所说,中国并近代之私德亦无,故应全面去旧图新,进行道德革命和改造。陈独秀后来所说伦理革命,即继此而来。那么,可否说私德亦有古代近代之分?公德亦有古代近代之分?应看到,即使近代有近代之私德,其与古代私德亦颇有连续性,而近代之公德则与古代大异。

但马君武自己并未如此区分,他认为:"盖吾国民之在古昔,固非无公德之国民也。史称:文王之囿,方七十里,与民同乐。又曰:文王之时,耕者让畔,行者让路,斑白者不提挈负载于道路。此数者皆与今日欧美之所谓公德者同。故吾国民公德之发达,以在周文王时为极盛。"这是说西周时公德发达,只是后来渐行退化。但此说不严谨,盖周文王时不可能有"国民公德",彼既封建,何来国民?但中国古代已有社会之超个人的公德,此是不争的事实。

马君武此文,文理逻辑不强,但重点似非集中于政治,不在奴隶之道德,如陈弱水所言,其重点乃社会公德,即公共道德[51]。如马君武在此文中列举:

"上海之例,道路侧不许便溺,公园之花草不许毁伤,公共之建筑不许污秽,是岂非公德之所当有事乎?而吾国人之干犯此等禁例,受其科罚者日有所闻也。

不观于欧美诸国乎？虽幼稚之童子，下等之愚夫，未有在道旁便溺者也，未有毁伤公园之花草者也，未有污秽公共建筑物者也。夫岂必时时有警察以守护乎？而人民既有公德，则自爱公共之乐利，守公共之禁戒而不敢犯。

欧美公德发达之原因，即欧美之人，不仅爱其一身一家之乐利，而爱公共乐利之故也。

欧美各国固莫不有其特别之国风，至其国民之品位及风格，则莫不优于高尚，而爱重公共之乐利。

兹略举数事，以为欧美平民公德发达之证。欧美各国之中，寻常通用者为电车马车，而乘用之客，皆重公德。车中有单，列明车价，有箧收纳之。乘客自按单纳价，不须营业者之请讨，而自不敢相欺。且乘降之时，井然有序，老弱者及妇女常居先，壮者后之。故人数虽众，而无逼塞不通之患。先至之壮者，见有后至之老弱者及妇女无坐（座）位，恒起立以让之。"[52]

五、章太炎论革命的道德

章太炎《革命之道德》刊于《民报》第8号（1906年10月8日，亦即他就任主编的次期）。该文首揭"种族革命"的大义，以为今日之"革命"，非简单的改朝换代，而是"光复"故国："光复中国之种族也，光复中国之州郡也，光复中国之政权也。"[53]此前之中国种族所以沦为满洲异族之统治，且久久不得"光复"，其根本原因不在宋学、汉学之为祸，而在道德的衰亡，"道德衰亡，诚亡国灭种之根极也"[54]。因此，今天的革命中人，必须讲求道德，否则将无以号召天下[55]。

章太炎认为，革命之道德，"不必甚深言之，但使确固坚厉，重然诺，轻死生，则可矣"。而所谓"大德""公德"之外，"小德""私德"绝不可忽视:"道德果有大小公私之异乎?于小且私者,苟有所出入矣;于大且公者,而欲其不逾闲,此乃迫于约束,非自然为之也。"如此缺乏道德的自觉,则必迎合时势而为,有机可乘,"则恣其情性,顺其意欲,一切破败而毁弃之,此必然之势也"。这就是说,革命道德即坚定勇敢、不畏牺牲,属于大德、公德。但在大德公德之外,小德私德也不能忽视,缺乏私德,就不可能有大德的自觉,私德是公德的基础。

他还认为,事实上道德不分大小,不分公私。"方今中国之所短者,不在智谋而在贞信,不在权术而在公廉。""尽天下而以诈相倾","其诈即亦归于无用";"人人皆不道德,则惟有道德者可以获胜";"今之革命,非为一己而为中国,中国为人人所共有,则战死亦为人人所当有",前仆后继,都为分内之事。"今人以自分之事而不肯为之死,吾于是知优于私德者亦必优于公德,薄于私德者亦必薄于公德,而无道德者之不能革命,较然明矣。"

章太炎很重视道德的作用,认为中国缺少的不是智谋,而是道德。关于公德和私德,他认为"优于私德者亦必优于公德,薄于私德者亦必薄于公德"[56],就是说,私德是基础,直接决定公德,一个人公德的厚薄取决于私德的厚薄。这些观点同梁启超《论私德》的观点颇为接近。

《革命之道德》一文另一颇引起后来研究者关注之处,是他以职业高下论道德的论述。他认为:

今之道德,大率从于职业而变。都计其业,则有十六种人:一曰农人,二曰工人,三曰裨贩,四曰坐贾,五曰学究,六曰艺士,七曰通人,八曰行伍,九曰胥徒,十曰幕客,十一曰职商,十二曰京朝官,十三曰方面官,十四曰军官,十五曰差除官,十六曰雇译人。其职业凡十六等,其道德之第次亦十六等。……故以此十六职业者，第次道德，则自艺士以下，率在道德之域；而通人以上，则多不道德者。九等人表，不足别其名；九品中正，不能尽其实。要之知识愈进，权位愈申，则离于道德也愈远。[57]

照此说，从事农工至艺士职业的人，都是道德的，而官商多不道德。特别是，他的结论是"知识愈进，权位愈申，则离于道德者也愈远"，知识越多越不道德，官位越高越不道德，这种民粹主义道德论不能不说与后来"文革"时代思想有相同之处，但他重视个人道德，则是事实。

今之革命党者，于此十六职业，将何所隶属耶？农、工、裨贩、坐贾、学究、艺士之伦，虽与其列，而提倡者多在通人，使通人而具道德，提倡之责，舍通人则谁与？然以成事验之，通人率多无行，而彼六者之有道德，又非简择而取之也，循化顺则不得不尔。[58]

通人率多无行，是批评知识人没有坚定的道德操守，这对鼓吹革命道德的人来说，也不奇怪。凡强调革命斗争和革命战争之道德的人，往往就会轻视知识人的道德。在他看来，农工之人的道德并不是出于道德选择，而是朴素自然地形成的。

六、徐特立论公德

1949年中华人民共和国成立后，公德的问题也立即受到最高领导人的注意。新的人民政府必然也要关注新的国家对公民的要求。1945年9月29日，毛泽东在《新华月报》创刊号题词：爱祖国、爱人民、爱劳动、爱护公共财产，为全体国民的公德。同月，由毛泽东起草并由中国人民政治协商会议全体会议通过的《共同纲领》之第四十二条："提倡爱祖国、爱人民、爱劳动、爱科学、爱护公共财物为中华人民共和国全体公民的公德。"说明新中国成立伊始，在和各方面的合作中，还是很重视现代国家建设和"国民公德"的问题。

在这"五爱"中，爱祖国即是爱国，这是近代以来一直被首要强调的公民道德，如1902年梁启超的新民说。爱护公共财物是近代以来欧美国家一直注重的公共道德。爱科学是"五四"以来社会文化的共识，而爱人民、爱劳动则是中国共产党自身意识形态所直接要求的。可见，这一"公德"体系实包含了多方面的内容，其中公共道德只占较轻的地位。

1950年，毛泽东的昔年老师徐特立写下了《论国民公德》一文，于1950年7月至9月分上、中、下发表于《人民教育》第1卷第3~5期。这显然是作为教育家的徐特立自觉接受的一项任务，即阐发毛泽东提出的"五爱"公德。文章的开始这样说：

首先有一个问题应该提出讨论的，就是政协纲领只决定全体国民的公德，而没有决定个人的私德，有什么历史事实根据和理论根据？[59]

他还提出：

毛泽东对于道德的认识不侧重个人的私德，而重视政治关系。[60]

他赞成毛泽东的这个认识，同时主张要重视那些影响到政治的私德，或影响公德的私德。这一观点应该也是从毛泽东而来的。

他的这一说明很重要，既阐明了毛泽东的道德思想重点，即在道德问题上重视政治意义；也说明了正是依据毛泽东的观点，政协的共同纲领只讲公民道德，不讲个人私德。应该说，毛泽东的这一主张深刻影响了后来几十年新中国的道德建设。

徐特立也提到，在清末甲午战争以后，清政府提出"尊君、尊孔、尚公、尚武、尚实"的道德标准，得到了社会的公认，集这五项道德成为清政府当时提出的"公德"。

但徐特立的文章并未真正回答共同纲领为何"只决定全体国民的公德，而没有决定个人的私德"？他只说毛泽东不重视个人的私德。此下，他的文章更多是讲人的道德是由社会发展所决定这一观点，这似乎含蕴着，个人的私德随着社会的改变而自然改变。社会改造好了，个人道德自然就好。他说：

从大革命、土地革命到抗日的民族革命，凡是改变了社会关系的地区，即实行了减租减息、平分土地以及发扬起广大人民民主的地区，于是社会习惯和个人道德也就来了历史上空前的大转变：犯法作乱的人，很少看见；烟赌盗贼，不禁自绝；以至夜不闭户，一切坏分子都变为劳动者。这些事实说明个人的好坏是由社会决定的。这些事实完全把马克思、恩格斯、毛泽东的道德思想，在中国革命过程中实现了，而且还继续发展到新解放区去。[61]

他所说的个人的好坏，就是指个人道德。他隐含的主张是，离开了社会的改造而论个人道德或个人修养，不仅是错误的，甚至"这完全是反动的"。[62]

此下徐特立对"五爱"分别作了解说，当然他的解说有自己的特点，如爱护公共财物，他的解说更多关注在厉行节约、反对浪费，这虽然是当时解决国家财经困难的一个方面，但与近代以来的公共道德所讲的爱护公共财物还不相同。在这个意义上，他确实并没有涉及公共道德。而他讲的爱科学，更多地强调人文科学理论的阶级性、时代性，要求人们认识马克思主义的社会科学，少犯错误。这与一般讲的爱科学的精神也不一样。

倒是他说"认识到毛主席古今中外法，列宁的批判地吸收人类一切遗产之重要"[63]，这一方面说明了毛主席的认识方法是古今中外法，不排斥任何一方，另一方面也说明了中共的文化政策受到列宁的重大影响，即"列宁的批判地吸收人类一切遗产"。关于爱人民，他说："人民政协《共同纲领》中规定的德目是新中国的新的道德标准，不是任何国家任何时期都适用的。"[64]

他又说：

由于中国过去是半殖民地，有些省份曾经一度沦为殖民地，所以我们政协《共同纲领》的德目中，就把爱祖国提到第一位；由于这个国家，是由人民大众出钱出力流血牺牲所创造出来的国家，所以德目中在爱祖国之后，接着就提到爱人民。[65]

其实，国家对于公民的要求是一般的逻辑，而并非看不同地区的特殊经历。爱国是民族国家对国民的一项基本要求，如果说因为一些地区曾经沦为殖民地才确定爱国，那就把爱国当成了一项施政的政策，而不是全体国民的道德。人民大众是无产阶级政党的基础，中国共产党是无产阶级先锋队，但其基本诉求是解放人民，人民当家作主，这是由其政策纲领内在决定的。最特别的是，公德应是人民大众对国家负责的道德，但在徐特立的讲法中，爱人民的公德成为政府的责任：

爱人民最基本的最一般的，即凡是人民，都要给以政权、财权、人权之保证。[66]

对于爱人民，我们可以具体说明如下：要为全国一切人民谋利益，全国人民都有人权、政权、财权，有事做，有书读，有饭吃，都要各得其所。[67]

这是解释新政府的政策导向，对土地关系、劳资关系，要保证使农民获得土地，工人有工作，公教人员有事做，私人企业有利可图，以有利于生产的发展。于是爱人民变成了政策的解说，而不是"在思想上提高为一种自觉自动的人们的公共道德"。这样，爱人民的公德不是公民个人的道德，而成为一项国家制度的价值，与今天的核心价值一样，而不是个人作为公民的道德了。

可见，徐特立的文章并没有从理论和实践上很好地论证"五爱"作为国民之公德的意义，但无论如何，很明显，新政权重视政治性公德，轻视个人的私德，主张道德是意识形态，强调道德的政治功能，这些都已显示出此后几十年在道德和公德问题上的基本导向和偏向。

七、建国以后对公德的基本认识

由于新中国建立以后，一切都在党和国家领导之下，所以此下我们不再通过个人的阐述，而经由国家宪法和党的文件来考察这个时代对公德私德问题的主张和理解。

1954年通过的《中华人民共和国宪法》第一百条规定：

中华人民共和国公民必须遵守宪法和法律，遵守劳动纪律，遵守公共秩序。尊重社会公德。

应当说这里所说的"社会公德"就是"五爱"公德。但"尊重社会公德"的提法似不妥，难道其他几项都是要"遵守"，而社会公德不应当"遵守"吗？无论如何，这可以说是在法律形式上确定了"五爱"为主要内容的"社会公德"，"五爱"作为国民公德具有了法律认可的地位。

但是"五爱"公德与这里所说的"社会公德"是同是异？在这里要求被尊重的社会公德应该不是"五爱"公德。这就有了两种不同的公德。"五爱"当属政治性公德，而所谓社会公德应当属于社会性公德。前者是公民道德，后者是公共道德。公共道德的地位和重要性远低于公民道德。在这里，作为公共道德的社会公德只是四个遵守的最后一项。

1982年，在将近三十年之后，新的中华人民共和国宪法出台，1982年宪法第二十四条：

国家通过普及理想教育、道德教育、文化教育、纪律和法制教育，通过在城乡不同范围的群众中制定和执行各种守则、公约，加强社会主义精神文明的建设。

国家提倡爱祖国、爱人民、爱劳动、爱科学、爱社会主义的公德，在人民中进行爱国主义、集体主义和国际主义、共产主义的教育，进行辩证唯物主义和历史唯物主义的教育，反对资本主义的、封建主义的和其他的腐朽思想。

这个表述直到2018年2月都没有变化，在1988年、1993年、1999年、2004年的宪法修正案中都没有对1982年宪法的这一条作出过任何改变。国家作为中华民族的民族国家，要进行爱国主义、集体主义、国际主义、共产主义的教育，以及辩证唯物主义和历史唯物主义的教育，却唯独没有中华文化和中华美德的教育。这里的问题难道还不是很明白的吗？

八二宪法其中也提到了"五爱"，但八二宪法的"五爱"公德对五四宪法有了调整，把五四宪法中的"爱护公共财物"，改为"爱社会主义"。新的"五爱"为"爱祖国，爱人民，爱劳动，爱科学，爱社会主义"。我们看到，原属于社会公德范畴的爱护公共财物没有了，再加上"在人民中进行爱国主义、集体主义和国际主义、共产主义的教育，进行辩证唯物主义和历史唯物主义的教育"，公德的政治性更为加强，而个人道德仍未见倡导。

就中国社会的情形而言，"五爱"虽然作为国民公德被规定，但其实际影响直接关联着青少年教育，由于面对社会公共生活的公共道德未见倡导，而用爱社会主义取代爱护公共财物，明显表现出政治性公德压倒社会性公德的倾向，更不要说，公德压倒私德，是1950年徐特立文章发表以后一直不变的导向。

其实，在五四宪法之后，1975年正式通过了第一次修改五四宪法的新宪法，但这部宪法中没有出现社会公德的规定。1978年在"文革"后又进行了宪法修改，七八宪法除了在"不劳动者不得食、各尽所能、按劳分配的社会主义原则下"，规定"劳动是一切有劳动能力的公民的光荣职责"外，其第五十七条：

公民必须爱护和保卫公共财产，遵守劳动纪律，遵守公共秩序，尊重社会公德，保守国家机密。

这就恢复了1954年宪法对"尊重社会公德"的讲法。而把原来作为公民公德的"爱护公共财产"移到此处，表明"爱护公共财产"与其他"五爱"（爱祖国，爱人民，爱劳动，爱科学，爱社会主义）不能平列，没有其他"五爱"更重要。社会性公德让位于政治性公德，甚为明显。五四宪法的"遵守公共秩序"消失了，应该是纳入了"遵守社会公德"。

八二宪法在第五十三条的规定与七八宪法差别不大，1988年、1993年、1999年、2004年的四次宪法修正案，都未涉及公民道德要求的改变，说明1978年以来的四十年来，在宪法的层面，在有关公民道德要求方面，我们恪守的还是1954年宪法的思想，没有按照社会生活的变化进行改进。

八二宪法没有提出要进行中华优秀文化和传统美德的教育，这在今天看来是一个明显的缺失。从今天来看，1982年宪法所说的反对封建主义的腐朽思想，更是一个内涵模糊的概念，反映了"文革"刚刚结束时人们的观念，应该说早已过时。尤其是，中共十八大以后对弘扬中华优秀文化的大力倡导，使得这类概念的使用必须加以检讨。

那么，是不是1982年以来的几十年间，党和政府对此毫无认识的进步呢？也不是，但它未体现在国家宪法修正案中，而是体现在中共的党的决议和文件上。事实上，在整个社会生活中，党的文件的作用往往超过了宪法法律的规定，承担着国家治理的功能。

1986年十二届六中全会通过了《中共中央关于社会主义精神文明建设的指导方针的决议》，这是改革开放后第一次具有纲领性的文件，提出以"四有"（有理想、有道德、有文化、有纪律的社会主义公民）为社会主义精神文明的根本任务，强调一切着眼于建设，把注意力集中到加强思想道德建设。这个看起来是一般性的论述，似乎把"四有"作为对公民的本质要求，近似于公德。

在这个意义上，"四有"的地位超过了"五爱"。当然，这个文件继续肯定了"五爱"，即爱祖国、爱人民、爱劳动、爱科学、爱社会主义，但不是作为公民的公德，而是作为"社会主义道德建设的基本要求"。无论如何，说明当时对道德的看法，是把公德作为道德建设的基本要求，来代替一切道德。这并不合理，也是十年后将此修改为三个领域（社会公德、职业道德、家庭美德）的原因。

"五爱"本属国民公德，在这个文件中，却提出要使"五爱"在社会生活各个方面体现出来，如军民关系、干群关系、干部之间、家庭内部和人与人之间。其实这是不可能的。社会公德的作用范围到底何在，这些问题都未得到清晰的界定。

有进步的是，这个决议开始提出了职业道德建设，还提出了"在社会公共生活中，要大力发扬社会主义人道主义精神"，但这样概括公共生活的道德也是不准确的。所以，这个文件中"树立和发扬社会主义的道德风尚"一节本来是要全面体现思想道德建设的宗旨和要求，而对公共生活的道德要求也过于片面，人道主义并不是公共生活的基本道德。

十年后，1996年十四届六中全会通过了《中共中央关于加强社会主义精神文明建设若干重要问题的决议》，决议中提出社会公德、职业道德、家庭美德三分的框架，但这三类道德之外，没有提及个人道德。文件明确把文明礼貌、助人为乐、爱护公物、保护环境、遵纪守法五个方面作为社会公德，兹引其第11节：

社会主义道德建设要以为人民服务为核心，以集体主义为原则，以爱祖国、爱人民、爱劳动、爱科学、爱社会主义为基本要求，开展社会公德、职业道德、家庭美德教育，在全社会形成团结互助、平等友爱、共同前进的人际关系。

为人民服务是社会主义道德的集中体现。在发展社会主义市场经济条件下，更要在全体人民中提倡为人民服务和集体主义的精神，提倡尊重人、关心人，热爱集体，热心公益，扶贫帮困，为人民为社会多做好事，反对和抵制拜金主义、享乐主义和个人主义。

在经济活动中，国家依法保护企业和个人利益，鼓励人们通过合法经营和诚实劳动获取正当经济利益；同时引导人们对社会负责，对人民负责，正确处理国家、集体和个人的关系，反对小团体主义、本位主义，反对损公肥私、损人利己，严格防止把经济活动中的商品交换原则引入党的政治生活和国家机关的政务活动。

全面加强社会主义道德建设，大力倡导文明礼貌、助人为乐、爱护公物、保护环境、遵纪守法的社会公德，大力倡导爱岗敬业、诚实守信、办事公道、服务群众、奉献社会的职业道德，大力倡导尊老爱幼、男女平等、夫妻和睦、勤俭持家、邻里团结的家庭美德。当前要以加强职业道德建设、纠正行业不正之风为重点。

提出五条德目作为社会公德，这比以前有所进步，但仍未能抓住公共道德的要点和根本特性。在加强青少年思想道德教育的第12节：

加强青少年思想道德教育，是关系国家命运的大事。要帮助青少年树立远大理想，培育优良品德。各级各类学校都要全面贯彻党的教育方针,坚持社会主义办学方向,加强德育工作,努力培养德智体等方面全面发展的社会主义建设者和接班人。

根据大、中、小学的不同特点,切实加强和改进思想品德课程、政治理论课程,把传授知识同陶冶情操、养成良好的行为习惯结合起来,把个人成才同国家前途、社会需要结合起来,形成爱党爱国、关心集体、尊敬师长、勤奋好学、团结互助、遵纪守法的风气。

积极组织学生参加生产劳动和社会实践,帮助他们认识社会,了解国情,增强建设祖国、振兴中华的责任感。充分发挥共青团、少先队团结和引导广大青少年进步的重要作用,深入开展"希望工程""青年志愿者"和"手拉手"等活动,发扬互相关心、助人为乐的精神。重视老同志在青少年教育中的积极作用。全党全社会都要十分关心青少年思想道德建设,学校、家庭、社会密切配合,为他们的健康成长创造良好环境。

这里的爱党爱国、关心集体、尊敬师长、勤奋好学、团结互助、遵纪守法应作为六项学生道德,但只作为"风气",尚欠理想,根本上还是为忽视个人道德的思路所影响。

相比起来,宪法的修改还不如党的文件。在宪法多年毫不改变对国民道德的要求的同时,党的文件不断提出新的改变,但这些改变并没有被及时反映到宪法修正案中去。

2001年中共中央印发了《公民道德建设实施纲要》(以下简称《纲要》),提出"通过公民道德建设的不断深化和拓展,逐步形成与发展社会主义市场经济相适应的社会主义道德体系"。这就几乎把公民道德等同于全部"社会主义道德"。《纲要》所理解的公民道德,其核心是"爱国主义、集体主义、社会主义"和"为人民服务精神",但在此前提之下,也开始提到"中华民族的传统美德",这是积极的。

"要继承中华民族几千年形成的传统美德,发扬我们党领导人民在长期革命斗争与建设实践中形成的优良传统道德,积极借鉴世界各国道德建设的成功经验和先进文明成果",这都是正确的。特别是,《纲要》提出"坚持尊重个人合法权益与承担社会责任相统一。

要保障公民依法享有政治、经济、文化、社会生活等各方面的民主权利,鼓励人们通过诚实劳动和合法经营获取正当物质利益。引导每个公民自觉履行宪法和法律规定的各项义务,积极承担自己应尽的社会责任。把权利与义务结合起来,树立把国家和人民利益放在首位而又充分尊重公民个人合法利益的社会主义义利观",这些在理论上也是没有疑义的。

在"指导思想和方针原则"的部分,《纲要》提出,在全社会大力倡导"爱国守法、明礼诚信、团结友善、勤俭自强、敬业奉献"的基本道德规范,努力提高公民道德素质,促进人的全面发展,培养一代又一代有理想、有道德、有文化、有纪律的社会主义公民。

关于公民道德建设的"主要内容",《纲要》指出:

11. 从我国历史和现实的国情出发,社会主义道德建设要坚持以为人民服务为核心,以集体主义为原则,以爱祖国、爱人民、爱劳动、爱科学、爱社会主义为基本要求,以社会公德、职业道德、家庭美德、个人品德为着力点。在公民道德建设中,应当把这些主要内容具体化、规范化,使之成为全体公民普遍认同和自觉遵守的行为准则。

比起十年前,在社会公德、职业道德、家庭美德之外,这里增加了"个人道德"(个人品德),这是很有意义的。可惜,与社会公德、职业道德、家庭美德不同，此下没有列出个人道德的德目，有关"个人道德"的提法在后来十几年中没有继续[68]。接下来：

14．爱祖国、爱人民、爱劳动、爱科学、爱社会主义作为公民道德建设的基本要求，是每个公民都应当承担的法律义务和道德责任。必须把这些基本要求与具体道德规范融为一体，贯穿公民道德建设的全过程。要引导人们发扬爱国主义精神，提高民族自尊心、自信心和自豪感，以热爱祖国、报效人民为最大光荣，以损害祖国利益、民族尊严为最大耻辱，提倡学习科学知识、科学思想、科学精神、科学方法，艰苦创业、勤奋工作，反对封建迷信、好逸恶劳，积极投身于建设有中国特色社会主义的伟大事业。

15．社会公德是全体公民在社会交往和公共生活中应该遵循的行为准则，涵盖了人与人、人与社会、人与自然之间的关系。在现代社会，公共生活领域不断扩大，人们相互交往日益频繁，社会公德在维护公众利益、公共秩序，保持社会稳定方面的作用更加突出，成为公民个人道德修养和社会文明程度的重要表现。要大力倡导以文明礼貌、助人为乐、爱护公物、保护环境、遵纪守法为主要内容的社会公德，鼓励人们在社会上做一个好公民。

16．职业道德是所有从业人员在职业活动中应该遵循的行为准则，涵盖了从业人员与服务对象、职业与职工、职业与职业之间的关系。随着现代社会分工的发展和专业化程度的增强，市场竞争日趋激烈，整个社会对从业人员职业观念、职业态度、职业技能、职业纪律和职业作风的要求越来越高。要大力倡导以爱岗敬业、诚实守信、办事公道、服务群众、奉献社会为主要内容的职业道德，鼓励人们在工作中做一个好建设者。

17．家庭美德是每个公民在家庭生活中应该遵循的行为准则，涵盖了夫妻、长幼、邻里之间的关系。家庭生活与社会生活有着密切的联系，正确对待和处理家庭问题，共同培养和发展夫妻爱情、长幼亲情、邻里友情，不仅关系到每个家庭的美满幸福，也有利于社会的安定和谐。要大力倡导以尊老爱幼、男女平等、夫妻和睦、勤俭持家、邻里团结为主要内容的家庭美德，鼓励人们在家庭里做一个好成员。

《纲要》在社会公德、职业道德、家庭美德的具体规范和德目的表述上，与1996年的决议一致，表示这方面思考已经成熟稳定[69]。保留"五爱"作为"基本要求"，与1996年的决议也是一致的，体现了党和政府希望在公德体系中保持连续性的一种努力。"基本要求"的提法，在规范与原则之间，更多的是作为基本原则，而不是公德德目。这与解放之初有所不同。

因此，真正与1996年不同而有所进展的地方，首先，是指导思想中提出的"爱国守法、明礼诚信、团结友善、勤俭自强、敬业奉献"的基本道德规范。这五项可谓"新五德"，但决议仍未能将之称为"德"，这也许可以理解为，写文件的人往往过于注重修辞的不重复，而没有把澄清概念放在第一位。这"新五德"，应该就是《纲要》所说的"个人道德"的内容，只是《纲要》自身并没有作这样的明确肯定。

其次，《纲要》第15节对"社会公德"作了理论上的定义和界说，特别提到社会公德是涵盖了人与人、人与社会、人与自然之间的关系，这个说法过于宽泛。与价值观不同，公德不可能涵盖所有人与人的关系，如家庭；也不可能涵盖人与社会的所有关系，如爱国；更不可能涵盖所有对自然的关系，如生态价值。所以不能说涵盖了三方面的关系，而只能说涉及三个向度。至于社会公德的具体内容，明确为文明礼貌、助人为乐、爱护公物、保护环境、遵纪守法五者，这明确说明社会公德的内涵是"公共道德"，而不包括公民道德。这种区分是妥当的。

然而,什么是"好公民"?好公民只是遵守公共道德,而不包括公民道德?或者反过来,好公民只是指遵守公民道德,而不包括公共道德?显然二者都不完全。值得注意的是,这一节中提到了公德是公民个人道德修养的重要表现,这既承认了公德与个人道德修养的关系,也无异于承认个人道德为社会公德提供了支撑,尤其是肯定了"个人道德修养"的观念,这是一个进步。遗憾的是,政府提倡的精神文明和道德文明中,始终没有明确确立"个人道德"的德目和"个人道德修养"的意义。这正是我们所要强调的。

就问题来看,在一个市场经济体系为主的社会,政府并没有必要制定职业道德,社会的每一个行业单位都会有自己的职场要求,适应其自己的需要。这似乎还是全民所有制留下的习惯思路。家庭美德更应该由文化传统来保障,而不是由政府来规定,政府制定家庭美德,这反映了长期以来忽视社会文化传统的习惯路径。

总结起来,"爱祖国、爱人民、爱劳动、爱科学、爱社会主义作为公民道德建设的基本要求",实际上是以"五爱"为"公民道德",是国家对公民要求的政治性公德。

"文明礼貌、助人为乐、爱护公物、保护环境、遵纪守法为主要内容的社会公德",这里的社会公德就是"公共道德",或社会性公德,不包括公民道德(政治性公德),明确这一点是有意义的。以往对公德概念的运用是比较混淆的,虽然我们在某种情况下为方便分析仍然可以运用这种笼统意义上的公德概念,但对严格的伦理学讨论来说,必须区分公共道德和公民道德。

那么,"爱国守法、明礼诚信、团结友善、勤俭自强、敬业奉献"的基本道德规范,属于什么道德呢?在逻辑上,应该属于个人基本道德,其中既有个人基本公德,也有个人基本私德。爱国守法、敬业奉献属于公德，明礼诚信、团结友善、勤俭自强属于私德。

《纲要》的体系逻辑应是以个人基本道德为核心，从中演绎或推化出社会公德、职业道德、家庭美德，形成完整的道德体系。但"个人基本道德"的观念始终不能出场，我们的道德体系中始终不能有"个人基本道德"的地位。而且，严格地说，爱国已经包含在"五爱"的公民道德当中，不一定要在基本道德中再次提出。

那么这"新五德"比起"老五常"仁、义、礼、智、信如何呢？一个社会的基本道德必须是能够落实到个人践行的，当然，个人践行的道德如仁义礼智信，在古代同时是政治价值、社会价值，这是"新五德"所不承担，也不能承担的。而私德不应该只是对于自己的道德，而应该是君子之德、善人之德，即个人的道德、品质、人格。"新五德"以爱国守法当先，以敬业奉献殿后，公德意识还是强过了善人品德，可见徐特立以来此种影响的深远。十八大以来社会主义核心价值的体系，也仍然存在这样的问题。

至于公共道德，也是现代社会生活的重要维度。在我看来，公共道德自然很重要，但相比于个人道德而言，公共道德的问题并不难解决，关键是政府和社会组织要像明治后期的日本一样，全力抓住这个问题，使之成为社会和媒体的关注焦点，持之以恒，必然有效。在这个问题上，陈弱水的著作阐发得很清楚。

我们从新中国成立以来的问题则是，政治性公德挤压了社会性公德，使社会公德始终很难成为社会的关注焦点，而政治公德和意识形态论题永远成为关注焦点。与陈弱水不同的是，他以台湾地区为主，强调要突出公德中的社会性公德；而我们以大陆为主，强调最重要的是加强私德中的个人基本道德，这不仅与我们对中国大陆道德生活史的判断有关，亦是由我们的儒家文化立场所决定的。

总之，本文基于伦理学和道德学的视角，以个人基本道德为核心，认为近代以来最大的问题是政治公德取代个人道德、压抑个人道德、取消个人道德，并相应地忽视社会公德，使得政治公德、社会公德和个人道德之间失去应有的平衡。因此，恢复个人道德的独立性和重要性，并大力倡导社会公德，是反思当代中国道德生活的关键。

注释

[1]廖申白：《公民伦理与儒家伦理》，《哲学研究》2011年第11期。

[2]吴潜涛主编《论公共伦理与公德》，湖北人民出版社，2008，第64页。

[3]梁启超：《新民说》，商务印书馆，2016，第19页。

[4]陈来：《古代宗教与伦理——儒家思想的根源》，生活·读书·新知三联书店，2009，第358—360页。

[5]陈来：《古代思想文化的世界—春秋时代的宗教、伦理与社会思想》，生活·读书·新知三联书店，2002，第344页。

[6]陈来：《"仁者人也"新解》，《道德与文明》2017年第1期。

[7]梁启超：《新民说》，商务印书馆，2016，第19页.

[8]陈弱水：《公共意识与中国文化》，新星出版社，2006，第67页.

[9]一般认为，梁启超的国家观直接受到的影响，来自波伦哈克（Konnad Bornhak）与伯伦知理（Johann K.Bluntschli），《清议报》第11号至31号刊有无译者署名的德国伯伦知理著《国家论》。

[10]梁启超：《新民说》，商务印书馆，2016，第19页。

[11]同上书，第20页。

[12]张灏指出："公德指的是那些促进群体凝聚力的道德价值观，私德是指有助于个人道德完善的那些道德价值观。"参见张灏《梁启超与中国思

想的过渡（1890—1907》，江苏人民出版社，1993，第107页。

[13][日]狭间直树：《新民说略论》，载《梁启超·明治日本·西方——日本京都大学人文科学研究所共同研究报告》，社会科学文献出版社，2001，第75—76页。

[14]梁启超：《新民说》，商务印书馆，2016，第19页。

[15]同上注。

[16]同上注。

[17]梁启超：《新民说》，商务印书馆，2016，第17—18页。

[18]梁启超此种认识亦受到日本文部省所发训令之影响，盖见训令中中学所教伦理道德之目有对于自己之伦理、对于家族之伦理、对于社会之伦理、对于国家之伦理等，因而认为中国伦理范围较狭。参见张灏《梁启超与中国思想的过渡（1890—1907）》，第109页；黄雅琦《救亡与启蒙：梁启超之儒学研究》，花木兰出版社，2009。当时日本学者多注意公德问题，如1902年10月东京高等师范学校校长嘉纳治五郎对湖南师范留学生谈话，即强调"凡教育之要旨，在养成国民之公德"。此说亦得时为学生的杨度赞同。另可参见陈弱水《公德观念的初步探讨——历史源流与理论建构》，载《公共意识与中国文化》，第335页。

[19]梁启超：《新民说》，商务印书馆，2016，第20—21页。

[20][英]约翰·密尔：《论自由》，许宝骙译，商务印书馆，2009，第90页。

[21]梁启超：《新民说》，商务印书馆，2016，第109页。

[22]刘师培：《经学教科书 伦理教科书》，广陵书社，2016，第128页。

[23]同上书，第132页。

[24]同上书，第136页。

[25]同上书，第137页。

[26]同上书，第138页。

[27]同上书,第139页。

[28]同上书,第202页。

[29]同上书,第205页。

[30]同上书,第209页。

[31]同上书,第209—210页。

[32]同上书,第210页。

[33]同上书,第237页。

[34]同上书,第237—238页。

[35]同上书,第239页。

[36]同上书,第240页。

[37]同上书,第241页。

[38]同上书,第242页。

[39]同上书,第243页。

[40]同上书,第244页。

[41]同上书,第276页。

[42]同上书,第106页。

[43]同上书,第106—107页。

[44][希腊]亚里士多德:《尼各马科伦理学》,苗力田译,载苗力田主编《亚里士多德全集(第八卷)》,中国人民大学出版社,1992,第96—97页。

[45]同上书,第106页。

[46]此文原刊于《政法学报》1903年第1期(1903年4月27日)。可参见曾德珪选编《马君武文选》,广西师范大学出版社,2000。

[47]马君武:《论公德》,载曾德珪选编《马君武文选》,广西师范大学出版社,2000,第189页。

[48]同上注。

[49]马君武:《论公德》,载曾德珪选编《马君武文选》,广西师范大学出版社,2000,第189—190页。

[50]同上书,第189—190页。

[51]陈弱水:《公共意识与中国文化》,第110页。

[52]马君武:《论公德》,载曾德珪选编《马君武文选》,广西师范大学出版社,2000,第192页。

[53]章炳麟:《革命之道德》,载汤志钧编《章太炎政论选集(上)》,中华书局,1977,第309—323页。

[54]同上书,第310页。

[55]张勇:《"道德"与"革命"——〈新民晚报〉与〈民报〉时期梁任公与章太炎的"道德"交涉》,《中国学术(总第三十三辑)》,商务印书馆,2013,第125页。

[56]章炳麟:《革命之道德》,载汤志钧编《章太炎政论选集(上)》,第311—313页。

[57]同上书,第314—318页。

[58]同上书,第318页。

[59]徐特立:《论国民公德》,载湖南省长沙师范学校编《徐特立文集》,湖南人民出版社,1980,第435页。

[60]同上书,第437页。

[61]同上书,第438页。

[62]同上注。

[63]同上书,第450页。

[64]同上书,第443页。

[65]同上注。

[66]同上书,第444页。

[67]同上书,第445页。

[68]十九大报告中提到了"推进社会公德、职业道德、家庭美德、个人品德建设",2018年两会上又提出"明大德、守公德、严私德",其中的私德即是个人道德。

[69]关于社会公德概念的辨析已有学者作了研究,如程立涛《社会公德及其相关概念辨析》,《保定学院学报》2009年第3期。

发现儒家法理：方法与范畴

□ 屠凯[①]

儒家法理，这一短语在现代中国法理学发轫之初就已经出现，但又于其后的百年间隐而不彰。在1904年的《中国法理学发达史论》中，梁启超说："既有法系，则必有法理以为之原。"他认为，春秋战国之间的诸家往往"设为若干条件以规律一般人之行为"，而"其所设条件，殆莫不有其理由，其理由之真不真适不适且勿论，要之谓非一种之法理焉不得也"。[1]儒家既为先秦诸家之一，谓其自有"法理"，想必可以得到梁任公的同意。然而，几乎就是从梁启超本人开始，儒家法理的研究范式内植了不利于其创造性转化的成见。梁启超当时认为，儒家总体上倾向于"礼治"而非（法家意义的）"法治"。如果"法治"乃是现代社会的必然要求，那么与其尊崇儒家，在当今世界倒不如重新发现法家的思想观念，或者完全皈依据信唯一能诞育现代法治社会的西方文明。这就是儒家法理研究长期面对的"现代性屏障"。而从方法和范畴两方

[①] 屠凯，清华大学法学院副教授。本文原刊于《法制与社会发展》2020年第3期。

面，尝试跨域这一屏障，正是本文的初衷。

要讨论"儒家的法理"，首先需界定本文所称的"儒家"。章太炎在20世纪初所作的《原儒》一文中将"儒"富有启发地分为三类。其后，胡适和郭沫若等人对于"儒"的起源和性质又有不同解说。[2]实际上，无论儒如何起源，对于他的任何理解，恐怕都离不开六经和孔子这两个关键因素。根据章太炎对于第三类所谓"私名之儒"的通行论断，不妨将"儒家"就解释为，以包括六经和孔门在内的儒学经典话语为论述基础的人，或者泛指所有自觉地使用儒学话语的人。自2017年张文显教授在《清华法学》发表《法理：法理学的中心主题和法学的共同关注》一文以来，"法理"已经成为中国法理学界极为重视的主要研究对象。[3]虽然"共识性'法理'概念尚未凝练出来"，但并不妨碍学者先对其最主要的内涵予以说明。比如，张文显教授在讨论古今"法理"概念的异同时就指出："从基本含义上来说，作为法律条文背后蕴含的观念、规律、价值追求及正当性依据，它们相差无几。"[4]陈景良教授在讨论宋代司法传统时也指出："'法理'一词，显然不是指法条，而是指法律条文所依据的价值观念，也就是法条之上的原规则。"[5]胡玉鸿教授通过总结民国时期法律学者们有关法理的论述指出："对法理的界定可以多种多样，但其根本则不脱于'法律基本原理'这一核心内涵。"[6]这些论断和梁启超所谓使规则成立的"理由"是一脉相承又有所发展的。由此可以说，以"儒家的"修饰限定的"法理"，也就是见之于儒家话语、儒家作品的法理。儒家先哲提出的有益观念、价值，特别是他们对于规律和规范的认识，仍然可以构成评价法律条文、规则的可贵"法理"。[7]换言之，本文所谓儒家的法理，即儒家据以评价法条的规律性或规范性认识。

一、以分析的方法发现儒家法理

儒家法理研究的百年沉寂有诸多原因。儒家被认为是前现代或反现代的学术、文化传统，当然是其中最主要的原因。就法学领域而言，清末的变法修律活动中产生所谓"法理派"和"礼教派"之争，其后，儒家思想被认为不利于现代"法理"观念的传播，儒家法理研究遭遇了"现代性屏障"。[8]长期以来，法理学这一学科在儒家法理研究领域尚未承担起应有责任，对儒家法理适应现代社会的创造性转化工作，还没有如火如荼地开展。

对儒家法理进行创造性转化的学术工作，核心在于找到一种路径、方法，将其中具有现代价值和实践意义的内容，以经得起理智检验的形式展现于世界面前。张文显教授指出："推动法学科学化和现代化是全面依法治国、建设法治中国的内在要求，是中国法学学术共同体的历史使命。"[9]针对中华法学传统概念，他提出："需要我们在认真研读古代法典和法学文献的基础上，结合中国古代的立法和司法实践，还原其本真意义；或者重新加以解读，剔除近代以来对它们的误读、误解，消除虚无主义对它们的曲解、贬损，以挖掘和传承中华法律文化精华，汲取营养、择善而用，推动传统法学思想创造性转化、创新性发展。"[10]也许可以这样说，科学化的关键正是解决好形式问题，现代化的关键则是处理好内容问题，而创造性转化的对象无疑是古代的法典和文献。申言之，所谓形式问题和内容问题，又在很大程度上是对象的文化特征所造成的。

要说明儒家法理研究对象的文化特征，我们可以与中国法理学最重要的"他者"——西方现代法理学做一比较。对古典、中世纪和现代早期西方法哲学、法理论的研究在现代西方法理学中不能说是主流。雷磊就提出，现代西方法理学中的"法理论"研究主要以基本法律概念和实定法为研究对象,充当法教义学的总论及与相邻学科的接口,这个学科的主流范式完全是19世纪末以来在欧洲逐步建立起来的。[11]的确,如果将"法理论"就限定为这些内容,那么在现代早期以前的西方学术文化传统中同样难于找寻,遑论中国了。[12]但是,正如西方法理学中自然法传统仍旧绵延不绝且蔚然大观这一现象所表明的,"法理论"的内容并不仅限于对法律体系、法律渊源等的探讨。以自然法传统为主体,现代早期以前西方学者关于法现象背后规律性和规范性的认识,通过类似于我们所说的"创造性转换"学术工作,在当代西方仍然得到很好地继承和发展。其中,最为典型的例证,就是菲尼斯以英文对托马斯·阿奎那拉丁文著作所进行的整理和阐发。[13]虽然这番整理跨域了语言和时代,却几乎无人质疑这种工作本身的合理性和可行性。在法学领域,新托马斯主义虽然受到挑战,正如一切法理论都将受到理智的挑战一样,但它并没有遭遇儒家在中国的这种厄运。这是为什么呢?

中西的不同之处恰恰在于,西方法理论的古今载体,并没有出现题材体裁和话语体系方面的根本变化。在西方,"旧瓶装新酒"是相对容易的。阿奎那和菲尼斯可以在几乎相同的标题下讨论同样的话题,他们虽然使用不同的语言,但在两个语言中,主要学术语汇仍有紧密的发生学关系,几乎可以一一对应。而这正是中国学术传统当前所不具备的条件。就题材体裁而言,中国古人从先秦时代起就习惯于依托前人的文本以解释者的姿态阐发自己的想法,他们留下的作品通常不是就某一论题展开的系统表述,往往是只言片语,并以题记、赠序、奏疏、书信等应用文体为主要形式。冯友兰早就认识到:"在中国哲学史中,精心结撰、首尾贯串之哲学书,比较少数。往往哲学家本人或其门人后学,杂凑平日书札语录,便以成书。"[14]不仅如此，中国古今话语体系也发生了巨变。舒国滢教授曾提出："由于古老的汉语（文字）本身（尽管有传统法律/律学语言的浸润）不是用词精准的法律科学语言、'法学家语言'，而更像士大夫用以表达思想洞见及文采、极富语义张力的'文史语言'（所谓讲究辞藻的'文言'）。"[15]不但如此，现代汉语还大量继受了新鲜的语汇，在学术词表上和古代也有极大不同。

要解决这一关键的"形式问题"，分析方法有用武之地。实际上，菲尼斯的阿奎那研究就使用了一种所谓"法学新古典主义"的分析方法。虽然是在自然法传统中取精用弘，但在方法上与分析法学一脉相承。根据麦考密克的概括，这一方法的核心就在于，赋予前人的法思想以现代的分析的形式。即使用现代的而非古代的语言、词汇，围绕当代学界关心的问题，将前人所作出的相关论述全面、系统地整理出来，形成可经理智检验，可为实践所用的新型表述。

尽管中国学术文化传统因为发生过题材体裁和话语体系方面的变化，应用法学新古典主义方法注定更加困难，但其合理性和可行性与西方的情况并无根本差别。实际上，在现代中国人文社会科学中起步较早的中国哲学史学科早已采用了类似的路径方法。这种方法，用胡适的话说，"便是把每一部书的内容要旨融会贯穿，寻出一个脉络条理，演成一家有头绪有条理的学说"。[16]用冯友兰的话说，"中国哲学家之哲学之形式上的系统，虽不如西洋哲学家；但实质上的系统，则同有也。讲哲学史之一要义，即是要在形式上无系统之哲学中，找出其实质的系统"。[17]张岱年也主张，"对于中国古典哲学作一种分析的研究，将中国哲学中所讨论的基本问题探寻出来，加以分类与综合"。[18]可见，采用分析方法整理古代材料这一路径，是西方现代法理学和中国哲学史两学科之主流范式的共识。

总体而言，在中国古代儒家文献中，最适宜用分析方法处理的材料是理学作品。如上所说，这条路径追求的目标是形成可经理智检验的全面、系统、新型表述。如果把儒家文献分为六经、孔门、理学等若干阶段，那么六经和孔门的材料都不完全适合分析地处理。六经因为产自上古，时代过于久远，文义难以通晓，必须加以训诂。这种做法的极弊就是过度引申而无比繁琐，所谓"秦近君能说《尧典》，篇目两字之说至十余万言，但说'曰若稽古'三万言"。[19]而孔子以下孟荀等先秦贤哲的作品，虽然文义上相对容易通晓，但是十分精要简略，需要多加注疏。对这些作品的注疏迄至清代已有很大的成绩，但这种做法的极弊就是以己度人而莫衷一是。坚持"六经皆我注脚"的姿态对于信仰领袖或者宗派导师来说本无可厚非，但现代学术要求对所得精神产品进行理智检验，如果无从否定，那也无从肯定。而宋代以来出现的理学作品则与上述二者很不同。第一，可能是受到佛教文学影响，理学家有大量使用中古口语的说理之作，这种语言和现代口语十分相似，很大程度上避免了学术词表置换所造成的问题。第二，由于印刷技术的发达，理学家也留下较之唐代以前远为丰富的材料，提供了足够多的原料以供学术上的提炼。第三，理学家对规律性和规范性问题的认识也达到了新的高度。黄宗羲判断："有明文章事功，皆不及前代，独于理学，前代之所不及也，牛毛茧丝，无不辨晰，真能发先儒之所未发"。[20]这是准确的。有趣的是，西方法理学界的同行也偏爱用中世纪晚期和现代早期这一时段的材料进行创造性转化的工作，这可能不是没有其内在因由的。

当然，本文所称的"理学"，外延是比较宽广的。一般所谓"理学"，均指包括"程朱陆王"在内的"宋明理学"。在新文化运动以后,这一学术传统是比较受到贬低的。钱穆坦承"自问薄有一得,莫匪宋明儒之所赐",却无奈地承认,在他的时代"苟有……持论稍稍近宋明,则侧目却步,指为非类,其不诋呵而揶揄之,为贤矣"![21]当然,这种风气后来也得到一定程度的矫正。苏亦工在《程朱理学辨诬》一文中提到,几位著名的现代哲学家经过一番心路历程,都认识到理学中存在积极内容。[22]实际上,除了"程朱陆王"及其后学之外,从北宋到明清之际的"反理学"人物和思想其实也可以纳入广义的"理学"范围加以讨论。理学思想和反理学思想在近代的马克思主义哲学家眼中固然有性质之别,但他们共享了同一套话语体系和论题,适应以同样的研究方法来处理。侯外庐指出:"我们研究'反理学'的发展过程,是为了从对立的方面更加深刻地阐明理学本身的思想特点及其演变的过程。"[23]诸如罗钦顺、王廷相、王夫之、颜元、戴震等人物都是侯外庐、蒙培元等人经典著作的重要研究对象。[24]而陈亮、叶适等的"经世之学"也可以此类推。[25]

二、分析取径和其他取径的比较

使用分析方法对儒家法理进行创造性转化的工作,百年来已经取得了一些重要成果。如果将"儒家法理"视为据以评价法条的规律性或规范性认识,那么直接从这个角度切入进行研究的法学家,在梁启超之后,当推吴经熊。在《法律的基本概念》一文中,吴经熊直接使用了"法理"二字作为关键词。他说:"法的标准却用个'理'字来代表他。"在吴经熊那里,法理是"人所用以察量短长,评判是非的利器;靠了那种利器,善恶真假即可一辨而知"。[26]在具体研究中,吴经熊指出:"抽象的理是天经地义,万劫不磨的。实质的理却是随时推移,随地变迁的。抽象的理可以求之于通常人的心中，比方我们已经提起过的格言'公共幸福为无上之法'，即使五尺童子，也可用了他的良知良能来断定这话是对的。"[27]这些关于抽象法理的说法，显然带有浓厚的儒家色彩。近年来，一些青年法学研究者所进行的工作更可谓渐有青出于蓝之感。比如，朱振区分了低次元的传统和高次元的传统，其中，高次元的传统是具有评价意义的哲学化的传统。在具体研究中，朱振一方面指出"亲亲相隐"中的"亲亲"观念承认了人类普遍情感的正当性，另一方面又提醒人们这种正当性是受到具体情景限定的。[28]又如，王凌皞从"每一种法律与政治理论都以对人性的根本看法为起点"这一正确的前提出发，提出"孟子的自然主义性善论提供了不同于'理性人'的人性学说"。在具体研究中，王凌皞认为，"由孟子自然主义人性论道德哲学中可尝试提炼儒家规范美德法理学主张"，从而去"寻找自由法理学和伦理自然法之外的第三条道路"。[29]而有趣的是，上述儒家法理研究，似乎都遵循了儒学内部的孟子——阳明学取径。

（一）法律思想史主流范式的取径

除了可采分析路径，其他研究路径也为发现儒家法理提供了丰富的"支援意识"。在法律思想史领域，最为相关的工作，是对以律例为主要研究对象的既有范式进行突围。诚如张文显教授所指出："在中华法学中，有许多内涵精神且丰富的概念或概念组合，既包括含义和功能不尽相同的各种法律形式的名称……，又有规定在《唐律疏议》《大明律》和《大清律》等著名成文法典之中无比丰富的法律术语……，又有承载着人文精神和法理意涵的概念。"[30]可见，对律例和律学固然有创造性转化的问题，但"承载着人文精神和法理意涵的"这部分抽象概念又并非律例、律学所能涵盖。[31]此中肯綮就在于,现代法学,特别是现代法理学之所谓"法"并不限于实定法。严复早已指出,西文"法"字在古代汉语中有"理、礼、法、制"等对应物,换言之,现代汉语中的"法"字内涵较之古代汉语中的"法"字为广。俞荣根、马小红、苏亦工等教授均已正确地指出了这一点,由此极大地拓展了人们的研究视野。[32]

将"礼"和"理"纳入研究对象后,中国法律史学科从儒家思想中提炼出若干颇具影响力的命题,包括:"礼法"相统一和"天理国法人情"相统一等。对于礼法合一这个命题,马小红说明:"用'礼法合治'描述中国古代法律并认为礼法合一是中国古代法的特征,是学界长期以来的通识。这种描述或归纳,是有充分依据并合乎历史客观的。"同时,她也指出,在礼和法二者之间,礼是法的价值和标准,"显然处于主导或主要的地位"。[33]但是,一方面,认为中国古代乃礼法合一是学界的共识;另一方面,认为礼和法在近代已经分离也是同样具有影响力的学说。张仁善说:"礼法合一是传统中国法律区别于近代法律的最显著特征。然而在清末,礼法合一的传统法律实现了向礼法分离的近代法律的过渡。"[34]而对于天理国法人情合一这个命题,张中秋曾经说:"理学使法的统一理论达到了顶峰,实现了哲理、法理与情理,天理、国法与人情的贯通与融合。"然而,与礼法合一的命运如出一辙,"晚清社会转型,使传统中国法的统一性解体"。[35]——礼法合一和情理法合一这两个命题既有关联,又各有侧重。礼法合一重在描述制度形态,而情理法合一则涉及司法过程和司法实践。[36]

毋庸置疑,中国法律思想史的研究者们始终秉持强烈的爱国主义观念,力求揭示古代法思想之中符合现代价值的"不同程度的积极的内容",作出了十分重要的贡献。[37]但又不得不指出,迄今为止，中国法律思想史研究的主流范式尚未完全突破前文所谓的"现代性屏障"。早在学科意义上的"中国法律思想史"复建之初，前人就注意到法律史研究和法哲学研究的区别。他们明确指出，法哲学乃是用"形而上学的方法抽象地研究法的一般原理、原则的学问"，而中国法律思想史"并不只是作抽象的研究"，还要探索各种原理原则的历史特质和实际作用。[38]可以说，在法律思想史的取径下，归根结底，研究所得的命题都是描述性而非规范性的，本质上都是事实而非法理！即便礼法合一或情理法合一在古代中国的条件下于法律实践中曾经发挥过非常积极的作用，这却并不能直接证明当代中国也应当恢复礼法合一或者情理法合一。

为了突破这堵"现代性屏障"，法律文化研究走出了一条不同于中国法律思想史主流范式的独特道路。与法律思想史相比，法律文化研究希望恰当地保持古代法思想、法观念和所在社会的合理距离，使之在不同的时空条件下发挥作用。[39] 20世纪90年代以来，法律文化研究引导我们发现了中国"习惯法""中国民族的传统法心理""古代中国民众的法律观念"（人情、清廉、平等、孝顺、节烈、侠义等）、作为"古代中国民众的法律观念、法律意识"之媒介的法律知识，以及中国文化对传统社会私法运作在意义和价值层面的影响和塑造等。[40]与中国法律思想史主流范式提出的命题不同，法律文化研究所发现的这些内容并没有在中国社会现代化的进程中中断、消亡，展现出了古今中国颇为明显的历史延续性，对于削弱"现代性屏障"十分有益。法律文化研究虽然并不直接提供"法理"，但他们所发现的内容仍是中国当代法律实践的重要组成部分，只要对这些内容稍加提炼总结，则法理自在其中矣。

（二）法律社会科学的取径

以社会科学的视角和方法提炼儒家人物之法理观念的研究也值得重视。在对海瑞的司法观念进行研究时，苏力提出："今天要真正理解海瑞的论述，就必须将之转化为一种更符合现代社会科学的抽象表达。"他说："用现代社会科学的语言来说，就是要努力从具体事物或个案分析达致'一般化'。"[41]在具体研究中，苏力依此路径方法提出两条"海瑞定理"："始终如一地依法公正裁判会减少机会型诉讼"；"在经济资产的两可案件中，无法明晰的产权应配置给经济资产缺乏的人；以及文化资产的两可案件中，无法明晰的产权应配置给文化资产丰裕的人"。[42]显而易见，这条路径是不受"现代性屏障"阻隔的，虽然并未采用分析方法，但其所得仍是一种新型的系统的表述。这是值得称道的。

这一条取径与"分析"取径的差别就在于，社会科学式研究所采用的视角大体是外部的而分析式研究是内部的，前者是宏观的而后者是微观的，前者是集体的而后者是个体的，因而前者本质上倾向于追求无远弗届的解释力，而后者虽然也追求普遍适用，但兼容多元论而包容多样性。桑本谦在承接苏力的研究中将"海瑞定理"拓展为古今通用的疑案判决原理，并辩称"即是海瑞当年确实没有意识到他的司法经验蕴含着如此深刻的经济学逻辑也无关紧要，本文的讨论不是考证性的，而是探索性的，目的不在于还原作者的真实意图，而是借助讨论海瑞的司法经验增进我们的指示和理解"。[43]尽管上述研究范式本身及其结论均极富魅力，但采分析路径的研究却没办法放弃尽可能贴近海瑞本人所言之表面意思的理论追求，也不认为任何形式的海瑞定理能够完全代表"儒家的"或者"中国的"法理观念。归根结底，海瑞和孔子都只能是儒家的或中国的法理观念提供者之一。

三、儒家法理的若干范畴

如果坚持采用分析方法，那么诚如前人所正确指出的，对于重要范畴的提炼将是创造性转化工作的关键。[44]於兴中提醒："中国学者，尤其是研究中国文化的学者和研究法律思想史的学者往往擅长研究历史，对开发哲学概念没有多大兴趣。然而，概念分析，这种并不是中国学者治学的最佳方法，却是法理学的建构必不可少的研究方法。"[45]

实际上，运用分析方法研究儒家法理并为概念赋予新意的工作，对于儒家，特别是理学家而言，并不完全陌生。他们甚至也曾有一定程度的方法论自觉。比如，明代中叶的罗钦顺自述他的工作过程就是"联比而贯通之，以究极其归趣"。[46]戴震则指出："一字之义，当贯群经，本六书，然后为定。"[47]在所有这类作品中，首推陈淳的《北溪字义》最具典型意义。[48]《北溪字义》的点校者这样介绍："这部书的做法有些像词典，它从《四书》中选取若干与理学思想体系关系密切的重要范畴，如性、命、诚、敬、仁义礼智信、忠信、忠恕、道、理、太极、中庸、经权、义利等……，一一加以疏释论述。"[49]而在《北溪字义》之外，戴震自己的《孟子字义疏证》自然也是一部杰作。[50]近代以来，以分析方法研究中国哲学传统概念的卓越著作是张岱年的《中国哲学大纲》。张岱年说："对于过去哲学中的根本概念之确切意谓，更须加以精密的解析"，"对于中国哲学之根本观念之意谓加以解析，这可以说是解析法（Analytic Method）在中国哲学上的应用"。[51]当然，具体到"儒家法理"的领域，"太极""理气"等范畴的形而上成分过多，和法律实践的关系有些迂远，不太紧密。[52]如果就在陈淳和戴震等人已经划定的范围中稍加遴选，可能仍有价值的范畴包括但不限于：忠恕、义利、正名、经权等。

（一）忠恕

"忠恕"这一范畴是用来推动法律人在认识规范和作出判断时实现主客观相统一的。《北溪字义》的"忠恕"词条说："伊川谓'尽己之谓忠，推己之谓恕'。忠是就心说，是尽己之心无不真实者。恕是就待人接物说，只是推己心之所真实者以及人物而已。字义中心为忠，是尽己之中心无不实，故为忠。如心为恕，是推己心以及人，要如己心之所欲者，便是恕。夫子谓'己所不欲，勿施于人'，只是就一边论。其实不只是勿施己所不欲者，凡己之所欲者，须要施于人方可。"[53]陈淳将忠恕之道的含义已经解释得十分清楚。今人则用现代法哲学的话语做了引申。比如，周欣宇认为忠恕之道建立了儒家的"个人道德修养体系"，促使人们认识到"尊重他人的利益，他人才能尊重我的利益；损害他人的利益，自己的利益也得不到保护"。[54]与此类似，贺海仁说："儒家从尽己出发，达致推己，以忠恕之道，赋予人规范的道德主体，申言为仁由己，找到了实现理想道德人格的实用方法。"[55]而陈云生将忠恕看作"一种利他主义的价值倾向"。他说："一个人如能为他人竭尽自己的职责和能力，又能将心比心，设身处地地为他人着想，这在儒家看来，就是具有完善的人格和高尚的道德"。[56]王志强也有类似的看法。他说："人情、忠恕、人理，并存于统一的观念之中。情理这一价值取向，代表的是一种全面考虑、兼顾无偏的思维方式；而在直觉思维中，其本身是一个浑然一体的综合概念，是一种和谐的状态。"[57]

近年来，也有学者将忠恕不但视为修养体系和价值取向，还认识到其作为抽象范畴的指导意义。邵方直言，忠恕之道乃是儒家提出的道德金律，"具有普世意义"："一方面，对人应尽心尽力，奉献自己的全部爱心；另一方面，要从自己不欲的方面设身处地地为他人着想，不损害别人的利益"。[58]喻中说："'己所不欲，勿施于人'作为一条具体的规范，已经蕴含了平等、独立、相互尊重等方面的要求，因而具有极大的普适性、普世性、普遍性。"[59]

在儒家传统中，忠恕之道又称为絜矩之道。而忠恕、絜矩之道和西方康德主义式绝对命令的区别就在于，它虽为至高的法则却始终贴合现象界的情感与事实。刘道纪正确地指出，人际关系中讲求忠恕之道，意味着承认"正当情感与诉求是人的最基本的自然属性之一"，而"法律应当顺应人的正当情感与诉求"。[60]霍存福则解释，忠恕在司法中还意味着"断狱以情"，"己情"与"案情"达到有机统一，即"'己情'在遇到具体、复杂、丰富的现实案件时，就衍出许多变化来，因而使'情'的将就依准于客观案件的具体情状，从而显出丰富性"。[61]可见，在儒家看来，最抽象的普遍要求和最具体的情感、情实并非不能协调，照顾到情感的主观性和情实的复杂性也并不意味着判断注定是偏颇的。戴震曾经极为卓越地指出："理也者，情之不爽失也。未有情不得而理得者也。凡有所施于人，反躬而静思之：人以此施于我，能受之乎？凡有所责于人，反躬而静思之：人以此责于我，能尽之乎？以我絜之人，则理明。天理云者，言乎自然之分理也。自然之分理，以我之情，絜人之情，而无不得其平，是也。"[62]也就是说，人们在做出行为或者判断时，应当设身处地体会行为对象或者当事人的感受；只有自己可以接受别人的行为可以给自己制造这种感受时或者接受别人对自己如此要求时，原行为和判断才是具有规范性的。[63]马荣春非常有启发地讲这种融合了主客观因素的判断主体和依据称为"关系理性"。[64]

（二）义利

"义利"这一范畴是用来推动道德直觉和物质需求相统一的。过去，法学界对于儒家的"义利"观念有比较简化的看法。比如，管华曾说：儒家"主张'天下为公'、强调'义利之辨'（用伦理道德消灭利益）这与西方将私欲正当化，并尽可能地在制度秩序中满足人的私欲的法律正义观恰好相反。"[65]甘超英说："儒家与墨家的首要区别在于把'义'和'利'作为对立的社会价值而绝对分开……；而其极致就是理学家们的'存天理，灭人欲'的教导。"[66]有趣的是，上述看法主要出自公法学者。

法律史学者的看法就不同。柴荣指出，宋元时期以后，"由于商品经济发展，土地买卖频繁，传统的义利观受到强力的冲击"。[67]陈景良也提出，随着"宋代社会各阶层个体意识与私有财产观念的觉醒"，士大夫的义利观已经出现裂变，但是，这种裂变"并没有突破儒家的伦理框架"。[68]实际上，这种社会经济条件造成的观念变化，延至明清时代而始终存在。[69]特别是在江南地区，哪怕是最为古板的理学家往往也持有一种兼顾义利的态度。被认为是理学传统殿军人物的刘宗周就说："须知功名富贵亦不是全然不好题目，只为私作一己看了，所以做成种种，是乱臣贼子家当；若通彼君父身上，又不成个忠臣孝子家当乎？"[70]又说："公私义利之辨，非格物致知之极，不足以语此"。[71]在他看来，义利不是不能结合，关键是要取公义公利，而不能只追逐一己私利。刘宗周之说在当代亦有回响。俞荣根阐释说："'义利之辨'确立权力与权利、君利与民利、公利与私利、群利与己利、大利与小利、远利与近利的合理性争议标准。"[72]李步云、张龑等也有这样的认识。[73]按照张文显教授的概括，就是"义利相兼、以义为先"。[74]相比于先秦儒家将道德规范神圣化的倾向和西方功利主义哲学家仅承认功利为善端的主张，上述那种未被简化的公私义利之辩，似乎更加符合中华民族的道德感。正是在这种道德感的指引下，妥当融合道德与功利以为法治提供正当性基础的主张，方兴未艾。[75]

（三）正名

"正名"这一范畴是用来推动概念分析和价值评价相统一的。接受分析方法的中国哲学家对于"名"这一概念和名学的偏爱其来有自。胡适言：孔子的"中心问题，只是要建设一种公认的是非真伪的标准。建设下手的方法便是'正名'。这是儒家公有的中心问题。"[76]如果说"名"就是这种"是非真伪的标准"，也就是规范的话，胡适认为孔子正名的方法有三种。第一是"正名字"，即"订正一切名字的意义。这是言语学、文法学的事业"，是一种概念分析；第二是"定名分"，"上一条是'别异同'，这一条是'辨上下'"，是一种身份界定；第三是"寓褒贬"，"把褒贬的判断寄托在记事之中"，是一种价值评判。[77]至冯友兰，他对于孔孟之"正名"是否为概念分析与胡适见解不同，但也认为至少到荀子的"正名论"，概念分析和价值评判已经融合为一体。冯友兰说："孔孟之正名，仅从道德着想，故其正名主义，仅有伦理的兴趣，而无逻辑的兴趣也。……荀子生当'辩者'正盛时代，故其所讲正名，逻辑的兴趣亦甚大。"[78]又说："荀子承儒家之传统的精神。故其所谓正名，除逻辑的意义外，尚有伦理的意义。"[79]胡适和冯友兰都认为，儒家的概念分析寓有价值评判在内，"正名"同时具有逻辑意义和伦理意义。此说值得重视。《北溪字义》中没有"名"字条目，但是在明清之际的顾炎武那里，"名"再次成为最核心的概念。众所周知，顾炎武的哲学宗旨是"博学于文，行己有耻"，而"名"正是连接两个短语的关键。"名"既是"博学于文"的对象，即所谓"名物（度数）"等具体概念和规范，又是"行己有耻"的标准，即所谓"名誉"。从爱惜名誉、重视社会评价的心理出发，在具体规范中择善而从，这就是顾炎武的主张。[80]

儒家并非不重视概念分析，而是始终坚持概念分析的过程自然包含了价值评断。徐忠明在认定对于儒家来说"'正名'的政治理论和法律思想，成为建构社会秩序的关键所在"后，特别提醒人们"名或者词的宰制力量非常"。[81]可见，儒家念兹在兹之处，未必就是前现代的空想。实际上，儒家的"正名"范畴和"正名"观念在当代的法治实践中仍然发挥着重要影响。张志铭和于浩指出，"正名法治"和"定义法治"（实际上也是概念分析层面的"正名"）是中国法治实践的三个主题环节之二。[82]在张志铭等看来，正因为"正名法治"逐步解决了法治之正当性的问题，而"定义法治"解决了什么是法治的问题，中国的法治实践才有可能顺利发展。联想到关于"刀制"还是"水治"的争论，就可知道，孔子"名不正，则言不顺；言不顺，则事不成；事不成，则礼乐不兴；礼乐不兴，则刑罚不中"的论断在今天的意义。

（四）经权

最后要讨论的范畴是"经权"。套用上述模板，可以说，"经权"这一范畴是用来推动依法裁判和个案裁量相统一的。《北溪字义》本身专门设置了"经权"词条。陈淳本人对这个范畴的解释是一种说法："经与权相对，经是日用常行道理，权也是正当道理，但非可以常行，与日用常行底异。《公羊》谓'反经而合道'，说误了。既是反经，焉能合道？权只是济经之所不及者也。"[83]

陈淳当然知道"权"字义是源于秤锤。他说:"权字乃就秤锤上取义。秤锤之为物,能权轻重以取平,故名之曰权。权者,变也。在衡有星两之不齐,权便移来移去,随物以取平。亦犹人之用权度揆度事物以取其中相似。"[84]概括而言,陈淳认为"权"在与"经"相对时,是权变的意思,也就是说,当掌"权"者(所谓"用权须是地位高方可")处于规则所适用的一般情形以外之特殊状态,可以采取任意措施,此种措施本身仍然是正当的。和陈淳相比,胡居仁的解释则显得更加高明。胡居仁也认为,情势变化,需要有经有权,遇事裁量。他说:"权与经本非二理。权者称锤之名,能知轻重而处不失当。经是常法,如两事同至,皆当依经而行。或不能兼尽,必有一轻一重,则当从其重者。如两事皆重,则当详审而并处之。"[85]但是,胡居仁论经与权,是以经统权。权指在经所建立的光谱上左右移动的幅度,而非对经的改造、变通。所谓"权所以济经,如一两是一两,如十两是十两,不失分铢,此正天理之精微处,非圣贤不能用。后世学不及此,有以苟且从俗为权者,以机变处事为权者,故权变、权术之学兴,此是背乎经,非所以济经也。"[86]

在当代,徐忠明似乎倾向于"权变"说。徐忠明认为在中国的司法实践中,起码就汪辉祖所记载的部分清代案件而言,既不是纯粹的"依法裁判"也不是全部按照"清理裁判"。具体而言,"用源于具体案件裁量的例条来解决无限多样的案件,事实上也是通过平衡案情的办法予以解决;但是,例条依然有限,同样不能涵括所有情罪;这时,就出现了新一轮权衡。据此,用'权'定案,乃是传统中国司法实践的必然后果。"[87]徐忠明总结,"'权'是'坚持原则而灵活运用'"。[88]不过,按照徐忠明的说法,在中国传统的司法实践中,规则就成了司法适用可以或缺的因素。有时适用规则，有时则不必。与此相对，也有学者对"权"在中国司法实践中的作用有不同理解。比如，顾元就认为，"权"与其说是"权变"不如说是"权衡"。顾元说："中国传统司法中的'衡平'，即指司法官在天理、国法、人情以及社会风习等支配和综合作用下……，反复权衡与最终确定的选择过程。一个成熟而合格的司法官不仅详究法律的文义，并且兼读例案，以了解法律的实际运用；更要旁通经史，以探询法律的理论基础；此外又须研读各种地方情事之书，以了解民情风俗。……这个结果……必须是'衡平'的，而不一定是合乎成文法律的。"[89]于此，规则就成了司法适用中需要考虑的一个因素。规则虽非决定性因素，但权衡不需要制造一个规则之外的特殊状态，裁量虽然不一定依据律例，但仍然符合更为抽象的意识形态或社会伦理规范。无论是陈淳所谓"权变"还是胡居仁所谓"权衡"，应当说，"经权"的范畴和观念长期以来非常决定性地塑造了中国的法律思维和司法过程。[90]这当然是值得人们慎思的。

（五）仁义礼智

由于篇幅所限，本文仅能以忠恕、义利、正名、经权为例，提供关于儒家法理范畴的简单思考，难免挂一漏万。不过，这四个范畴在某种程度上也正好体现了儒家所坚持的更为根本的一组价值：仁义礼智。先哲对于"仁义礼智"的解说汗牛充栋，言人人殊。其中，罗钦顺的一个说法最为有趣。他说："性之理，一而已矣。名其德，则有四焉。以其浑然无间也，名之曰仁；以其灿然有条也，名之曰礼；以其截然有止也，名之曰义；以其判然有别也，名之曰智。"[91]如此，则仁比较强调认识的普适，义比较强调行为的边界，礼比较强调制度的清晰，而智比较强调判断的精确。忠恕、义利、正名、经权这一组范畴恰恰要在思维活动中帮助人们实现这些价值追求。张中秋最近提出，中国传统法律的正义观念体系存在从"天理（天道）""道德"向"仁义""德礼""情理"，从而逐渐向现象界推衍并具体化形式化的层次结构。[92]如果此说成立，那么本文所提出的这一组范畴就构成了这一体系中更加贴近司法活动和法治实践的新层次。

陈金钊曾经说："在综合法理学形成过程中，有人认为儒家思想不在场。其实，这种看法是有问题的，因为在中国法理学形成过程中，儒家天人合一的整体思维以及义利观等发挥了非常重要的作用。只不过，儒学思想不是以概念、原理的方式带入中国法理学，而是在整体思维结构中填上西方法律的概念、原理和价值。"[93]这个判断是非常准确的。因此，如果中国法理学真的要完成中国化的历史使命，达到其理论目标的话，类似于忠恕、义利、正名、经权等能够在司法活动和法治实践的层面直接发挥作用的范畴，就显得尤为难得了。

四、结语

近代以来，为了使儒家哲学、儒家法理能够突破"现代性屏障"，以中国哲学史为主的各个学科曾经做出过很多努力。如果说，法律现代性是指现代法律及其理论表达所必须具备的一系列特征的话，那么一般认为其题中应有之义是，法律应当体现自由、平等、民主、法治等现代价值。当然，季卫东也谈到，"现代性"的深层隐藏悖论，"自由、平等、民主参与、权利诉求等重要的现代价值，也都存在如何保持适当的'度'和平衡感的问题"。[94]无论如何，为了使儒家传统能够在现代条件下继续生存，很多学者都力图证明这一传统中已有自由、民主、平等、法治等价值，或者至少可与这些价值相融贯。不管这些努力成功与否，但他们无法避免地还会面对於兴中所提到的另一个问题，即"到现在为止，我们仍然没有在文化上可以称为'中国的'法理学"。於兴中说："我们今天谈的权利、义务、正义、自由这些概念所构成的学问就是法理学。这个不仅是中国有，日本也有，德国也有。尽管它的发源地是西方，但是我们可以拿过来用它。但是，如果从文化的意义上来说，中国法理学应是中国特有的，而不是日本的、德国的或者英国的。……在这个意义上说，我们目前还没有可以被称为'中国的'法理学。"[95]

使用分析方法对儒家法理进行创造性转化，并提炼一组中层范畴的工作，也许就是构建文化意义上"中国的"法理学的一个初步尝试。实际上，忠恕、义利、正名、经权，甚至包括礼法、天理国法人情、仁义礼智等范畴和价值，与已经进入中国法律和中国法学的自由、平等、民主、法治等范畴和价值，不是相互排斥的。正如在个人和社会生活的方方面面，我们都经历了中西元素交流融会、碰撞冲突，最终发生化学反应结合一体的过程。上述种种范畴和价值在法律、法学和法治实践中，也注定会发生类似的化学反应，而在不同个体、不同层次、不同领域以不同比例长期共存。即便礼法合一、情理法合一等作为历史事实已经不复存在，它们未来能否重现于中国法律体系还在未定之天，"忠恕"范畴所代表的主客观相统一，"义利"范畴所代表的道德直觉和物质需求相统一，"正名"范畴所代表的概念分析和价值评判相统一，"经权"范畴所代表的依法裁判和个案裁量相统一等理念和追求，却并不受具体时空条件的限制。这些儒家法理范畴被当代司法活动和法治实践所接受，并没有什么不可逾越的障碍。

在现代中国，应当允许一定数量的法律人有时候不仅是严守内心的绝对命令或者服从外在的理性铁笼，而是设身处地考虑情感和事实因素，推己及人地认识规范和作出判断。应当允许一些人有时候不仅是信奉不可挑战的道德教条或者埋头无远弗届的功利计算，而是区别公利和私利，义利相兼，以义为先，尽量妥当地把道德和功利合冶为一炉。应当允许一些概念，并非毫无价值倾向，本身就包含了褒贬。也应当允许一些决定，既尊重规则的约束，也容纳权衡，甚至权变，更好地满足社会的需要。也许，这就是对儒家法理的发现，可能为中国法律文明作出的贡献。

注释

[1]梁启超：《中国法理学发达史论.饮冰室合集之十五》，中华书局，2015，第42页。

[2]赵吉惠：《现代学者关于"儒"的考释与定位》，《孔子研究》1995年第3期。

[3]《关于"法理"如何具备成为法理学研究对象和中心主题的理论基础》，参见瞿郑龙《如何理解"法理"— 法学理论角度的一个分析》，《法制与社会发展》2018年第6期。

[4]张文显：《法理：法理学的中心主题和法学的共同关注》，《清华法学》2017年第4期，第15页。

[5]陈景良：《宋代"法官""司法"和"法理"考略—兼论宋代司法传统及其历史转型》，载《法商研究》2006年第1期，第138页。

[6]胡玉鸿：《民国时期法律学者"法理"观管窥》，《法制与社会发展》2018年第5期.第5页。

[7]王奇才：《作为法律之内在根据的法理》，《法制与社会发展》2019年第5期，第5页。

[8]其实，沈家本恰恰以儒家传统为思想基础推动清末变法修律的，参见马作武《沈家本的局限与法律现代化的误区》，《法学家》1999年第4期，第

42页。

[9]张文显:《迈向科学化现代化的中国法学》,载《法制与社会发展》,2018年第6期,第5页。

[10]同上书,第15页。

[11]雷磊:《法理论及其对部门法学的意义》,载《中国法律评论》,2018第3期,第84—86页。

[12]冯友兰:《中国哲学史》,中华书局,2014,第19页。

[13]王凌皞:《论古代法律思想当代创造性转化的方法——以古典儒家法律思想为例》,载《人大法律评论》,2016年第1期,第31页。

[14]冯友兰:《中国哲学史》,中华书局,2014.第19页。

[15]舒国滢:《中国法学之问题——中国法律知识谱系的梳理》,《清华法学》2018年第3期,第16页。但是,马小红认为这恰恰是中国古代法律语言的优长。参见马小红《法不远人:中国古代如何寻找法的共识——中国古代"法言法语"的借鉴》,载《中共中央党校(国家行政学院)学报》,2019年第5期,第101页。

[16]胡适:《中国哲学史大纲》,商务印书馆,2015年重印版,第21页。

[17]冯友兰:《中国哲学史》,中华书局,2014,第22页。

[18]张岱年:《新序:对于过去中国哲学研究的自我批判》,《中国哲学大纲》,商务印书馆,2015,第6页。

[19](汉)桓谭:《新论》,上海人民出版社,1977,第35页。

[20](明)黄宗羲:《明儒学案发凡》,《明儒学案》,中华书局,2008.第14页。

[21]钱穆:《序.宋明理学概述》,联经出版公司,1998,第8页;钱穆:《自序.中国近三百年学术史》(上册),商务印书馆,1997,第4页。

[22]苏亦工:《程朱理学辨诬》,《东方法学》2012年第3期,第29页。

[23]侯外庐等:《宋明理学史》,人民出版社,2005,第15页。

[24]蒙培元:《理学的演变:从朱熹到王夫之戴震》,福建人民出版社,1984,第1页。

[25]任锋:《立国思想家与治体代兴》,中国社会科学出版社,2019。

[26]吴经熊：《法律的基本概念.法律哲学研究》，清华大学出版社，2006，第6页。

[27]同上书，第8—9页。

[28]朱振：《作为方法的法律传统— 以"亲亲相隐"的历史命运为例》，《国家检察官学院学报》2018年第4期。

[29]王凌皞：《孟子人性发展观及其法理意义》，《法学研究》2013第1期，第107页。

[30]张文显：《迈向科学化现代化的中国法学》，《法制与社会发展》2018年第6期，第15页。

[31]实际上，律例本身所蕴藏的法理也并非律学所能涵盖。参见蒋楠楠《传统法典中的法理及其现代价值— 以<唐律疏议>为研究中心》，《法制与社会发展》2018第5期。

[32]俞荣根：《儒家法思想通论》，商务印书馆，2018，第7页；马小红：《礼与法：法的历史连接》，北京大学出版社，2017，第57页；苏亦工：《明清律典与条例》，中国政法大学出版社，1999，第9页。

[33]马小红：《"软法"定义：从传统的"礼法合治"中寻求法的共识》，《政法论坛》2017年第1期，第24页。

[34]张仁善：《清末礼法分离的社会动因和文化动因新探索》，《南京大学学报》（哲学·人文·社会科学）1995年第4期，第90页。

[35]张中秋：《中国社会转型与法的统一性》，《法制与社会发展》2010年第4期，第3页。

[36]张晋藩：《中华法系特点再议》，《江西社会科学》2005年第8期，第50页；俞荣根：《天理、国法、人情的冲突与整合：儒家之法的内在精神及现代法治的传统资源》，《中华文化论坛》1998年第4期，第14—15页；王志强：《南宋司法裁判中的价值取向》，《中国社会科学》1998年第6期，第122页；张本顺：《法意、人情，实同一体：中国古代"情理法"整体性思维与一体化衡平艺术风格、成因及意义》，《甘肃政法学院学报》2018年第5期，第9页。

[37]张国华、饶鑫贤：《中国法律思想史纲（上）》，甘肃人民出版社，1984

年，第23页

[38]张国华、饶鑫贤：《中国法律思想史纲（上）·绪论》，甘肃人民出版社，1984年，第8页

[39]武树臣：《中国传统法律文化》，北京大学出版社，1994，第14页。

[40]梁治平：《清代习惯法：社会与国家》，中国政法大学出版社，1996，第166页；俞荣根：《儒家法思想通论（修订本）》，广西人民出版社，1998，第13页；马小红：《礼与法》经济管理出版社，1997版；尤陈俊：《法律知识的文字传播：明清日用类书与社会日常生活》，上海人民出版社，2013，第195—196页；徐忠明、杜金：《传播与阅读：明清法律知识史》，北京大学出版社，2012；王帅一：《明清时代的"中人"与契约秩序》，《政法论坛》2016年第3期，第181页。

[41]苏力：《"海瑞定理"的经济学解读》，《中国社会科学》2006年第6期，第117页。

[42]苏力：《"海瑞定理"的经济学解读》，《中国社会科学》，2006年第6期，第117—118页。

[43]桑本谦：《疑案判决的经济学原则分析》，《中国社会科学》2008年第4期，第109页。

[43]参见张文显：《迈向科学化现代化的中国法学》，《法制与社会发展》2018年第6期，第15页；邱本：《如何提炼法理？》，《法制与社会发展》2018年第1期，第5—7页；丰菲：《如何发现法理？》，《法制与社会发展》2018年第2期，第6—7页。

[44]於兴中：《法理学四十年》，《中国法律评论》2019年第2期，第4页。

[45]（明）罗钦顺：《困知记续》卷上，《困知记》，中华书局，2013，第61页。

[46]（清）戴震：《与是仲明论学书》，《戴震集》，上海古籍出版社，2009，第183页。

[47][美]陈荣捷：《新儒学的术语解释与翻译》，《深圳大学学报》（人文社会科学版）2013年第6期，第52页。

[48]陈淳：《北溪字义》，熊国祯、高流水点校，中华书局，1983，第1—2页

[49]石云孙:《两部特别的"字义"书》,《古籍研究》1997年第2期,第92页。

[50]张岱年:《自序》,《中国哲学大纲》,商务印书馆,2015,第19页。

[51]当然并非无关,"太极""理气"等范畴在法哲学领域涉及到规范的根本来源问题。参见舒国滢:《"法理":概念与词义辩证》,《中国政法大学学报》2019年第6期。实际上,受到过现代早期西方法哲学训练和影响的耶稣会士们对这些范畴和这一问题恰恰极为敏感。参见屠凯:《与中国相遇的现代早期西方法哲学:规范性、权威和国际秩序》,《中外法学》2017年第5期,第1164—1165页。

[52](宋)陈淳:《北溪字义》,中华书局,1983,第28页。

[53]周欣宇:《法学视角中的"己所不欲,勿施于人"》,《社会科学论坛》2009年第9期,第55页。

[54]贺海仁:《自我救济的权利》,《法学研究》2005年第4期,第72页。

[55]陈云生:《权利相对论——权利和(或)义务价值模式的历史建构及现代选择》,《比较法研究》1994年第3、4期,第240页。

[56]王志强:《南宋司法裁判中的价值取向》,《中国社会科学》1998年第6期,第123页。

[57]邵方:《儒家思想与礼制——兼议中国古代传统法律思想的礼法结合》,《中国法学》2004年第6期,第161—162页。

[58]喻中:《仁与礼:孔子的二元规范论》,《法律科学》2019年第5期,第4页。

[59]刘道纪:《法律内的天理人情》,《政法论坛》2011年第5期,第124页。

[60]霍存福:《中国传统法文化的文化性状与文化追寻——情理法的发生、发展及其命运》,《法制与社会发展》2001年第3期,第3页。参见张全民、郑克《法律思想初探》,《法制与社会发展》2004年第6期,第42页。

[61](清)戴震:《孟子字义疏证》,《戴震集》,上海古籍出版社,2009,第265—266页。

[62]屠凯:《戴东原的法哲学》,《清华法律评论》第7卷第1辑,第32页;李鼎楚:《法正当性"中国建构"的尝试:中国传统法理智慧的近代论说及其启示》,《法律科学》,2016年第3期,第21页。

[63]马荣春:《理性交往刑法观:"融合范式"的生成》,《法学家》2018年第2期,第47页。

[64]管华:《从权利到人权:或可期待的用语互换——基于我国宪法学基本范畴的思考》,《法学评论》2015年第2期,第37页。

[65]甘超英:《新中国宪法财产制度的历史回顾》,《中国法学》2010年第4期,第134页。

[66]柴荣:《中国古代先问亲邻制度考析》,《法学研究》2007第4期,第137页。

[67]陈景良:《宋代司法中的法理问题》,《公民与法》2009年第3期,第13页。

[68]周尚君:《国家建设视角下的地方法治试验》,《法商研究》2013年第1期,第7页;王涛:《中国法律早期现代化的保守性价值评析》;《现代法学》2003年第1期,第126页。

[69](明)刘宗周:《答祁生文》,《刘宗周全集》(第2册),浙江古籍出版社,2007,第307页。

[70](明)刘宗周:《学言》,《刘宗周全集》(第2册),浙江古籍出版社,2007,第452页。

[71]俞荣根:《儒学正义论与中华法系》,《法治研究》2014年第1期,第4页。

[72]陈佑武:《利益与道德:人权本质的二元统一——论李步云先生的人权本质观》;《法制与社会发展》2015年第2期,第71页;张龑:《论我国法律体系中的家与个体自由原则》,《中外法学》2013年第4期,第714页。

[73]张文显:《迈向科学化现代化的中国法学》,《法制与社会发展》2018年第6期,第10页。

[74]胡水君:《中国法治的人文道路》,《法学研究》2012第3期;黄宗智:《道德与法律:中国的过去和现在》,《开放时代》2015年第1期;单纯:《论人的道德权利与社会变革的合法性——反思孟子心性论的人文价值》,《法学家》2012年第1期;陈金钊:《对法治作为社会主义核心价值观的诠释》,《法律科学》2015年第1期,第10页。

[75]胡适:《中国哲学史大纲》,商务印书馆,2015年重印版,第77页。

[76]胡适:《中国哲学史大纲》,商务印书馆,2015年重印版,第83页。

[77]冯友兰:《中国哲学史》,中华书局,2014,第316页。

[78]冯友兰:《中国哲学史》,中华书局,2014,第319页。

[79]屠凯:《博文而有耻:顾炎武的法哲学》,《苏州大学学报》(法学版),2019年第3期,第52页。

[80]徐忠明:《中国法律史研究的可能前景:超越西方,回归本土》,《政法论坛》2006年第1期,第8页。

[81]张志铭、于浩:《共和国法治认识的逻辑展开》,《法学研究》2013年第3期。

[82](宋)陈淳:《北溪字义》,中华书局,1983,第51页。

[83]同上注。

[84](明)胡居仁:《居业录·卷八》,《胡居仁文集》,江西人民出版社,2013,第112页

[85]同上注。

[86]徐忠明:《清代中国司法裁判的形式化与实质化——以<病榻梦痕录>所载案件为中心的考察》,《政法论坛》2007年第2期,第72页。

[87]徐忠明:《清代中国司法裁判的形式化与实质化——以<病榻梦痕录>所载案件为中心的考察》,《政法论坛》2007年第2期,第73页。

[88]顾元:《中国衡平司法传统论纲》,《政法论坛》2004年第2期,第110页。

[89]王志强:《制定法在中国古代司法判决中的适用》,《法学研究》2006年第5期,第149页。

[91](明)罗钦顺:《困知记续》卷上,《困知记》,中华书局,2013,第92—93页。

[92]张中秋:《中国传统法本体研究》,《法制与社会发展》2020年第1期,第109页;张中秋:《中国传统法律正义观研究》,《清华法学》2018年第3期,第41页。

[93]陈金钊:《法理学对中国哲学社会科学体系构建的意义》,《学术月刊》2019年第4期,第109页。

[94]季卫东:《论法律意识形态》,《中国社会科学》2015年第11期,第130页。

[95]於兴中:《法理学四十年》,《中国法律评论》2019年第2期,第4页。

沟通传统与现代：以"仁"为本推动灵性社会工作的本土实践

□ 蔡鑫 仲婧然[①]

一、社会工作的本土化与灵性社会工作的理论探索

  社会工作已经成为今天西方国家社会福利制度的不可或缺的重要部分，其成功经验引发我国的高度重视和借鉴。当前大力推进社会工作事业是我国经济社会综合发展的内在要求，是提高国家福利水平和追求人民幸福这一根本发展目标的重要保障手段。现代社会工作起源于西方，与基督宗教的慈善济贫关系密切，社会工作在西方国家的发展显然和其基督教文化传统有关。中国社会工作要取得预期目的，需要将带有西方文明标签的社会工作真正本土化，以适应当今的中国社会及其文化传统。社会工作的理论与实务尤其强调"文化的敏感性"。社会工作的本土化，应该对来自西方的社会工

---

  ① 蔡鑫，首都师范大学社会学与社会工作系副教授；仲婧然，中国人民大学社会与人口学院博士研究生。本文原刊于《社会建设》2019年第3期。

作的理论、伦理与方法给予某种适应性改进，以本土的文化土壤培育社会工作之精神，使其可以在中国大地上生根发芽，开花结果并蔚然成林。从现在情况来看，由于中国大陆地区发展不均衡，社会工作实务领域的发展参差不齐，社会工作在一些地区、一些实务领域相对来说已然开始生根或者尚在萌芽，但总体上还是处在一个有待于生根发芽的阶段，当然距离蔚然成林还有相当距离。

什么是灵性社会工作？灵性社会工作和老年社会工作、儿童社会工作等不太一样。对于后者，我们可以叫清晰地了解老年社会工作与儿童社会工作服务的对象类型，但是对于灵性我们需要给予大量的说明和论证。围绕灵性的定义十分复杂。第二次世界大战以后，随着科学的进一步发展和实证精神的普及，西方国家人民去教堂的数量是显著下降的，即使人民还信仰基督教，但对神的创世和管理一切的全能恐怕已经很少全部信仰了。从那时候以来，spirituality或灵性这个词就有了逐步取代宗教性的趋势（也被很多人翻译为精神性）。到20世纪90年代，灵性概念开始引起西方社会工作界的理论关注。在西方社会工作世界中，灵性之所以被重视，有两个方面的原因。一是灵性和宗教紧密相关。威廉·詹姆士在《宗教经验之种种》中提到"有个大分界，将宗教的领域分成两部分。在这个分界的一边是制度的宗教（institutional religion）；在另一边是个人的宗教（individual religion）"。[1]西方自宗教革命以后，制度的宗教有所下降，个人的宗教就有显著上升，基督教认为信仰是自己与上帝之间的事，无须一个教会和神职人员的中介。时至今日，个人的宗教进一步发展，更多就表现为神性的下降，个人精神性的进一步上升。很多人有信仰而不从属宗教，信仰逐步转向精神性或者灵性。二是灵性关系到价值、意义的追求和超越的体验。韦伯认为，灵性研究在社会工作中的发展与个人主义的盛行、现代西方社会普遍存在的疏离感密不可分。[2]就个人而言，超越性是灵性的主要特征，超越世俗、超越荣辱、超越苦难、超越生死，这种超越背后是有一种价值意义方为可能。Carroll认为灵性有两个维度：一是作为本质的灵性，二是作为维度的灵性。作为本质的灵性是指灵性作为人的核心本质，能够为个体的自我实现和自我转换提供持续性的能量；而作为维度的灵性存在于一种关系中，尤其强调个体与最高实体（如上帝）的关系，通常是指个体的超越层面。作为本质的灵性属于内在的超越，作为维度的灵性属于外在的超越。[3]

在推进灵性社会工作理论与实务大发展过程中，国内学者中陈劲松和刘继同等最为着力。陈劲松将灵性视为人的一种能力即灵性能力，它和个体所具备的感性能力和理性能力一样，是人的一种基本能力。他认为，"灵性能力是人的一种本具、自有的能力，是任何人不能强加也不能剥夺的能力。它是人所具有的更为高级的超越于环境刺激或者超越于环境束缚而达于自由、幸福的能力。"从能力的角度来阐明灵性能力，是符合逻辑的，也是可以验证并对实务工作有真实的指导意义。依据个体成长的生物性和社会性特征，陈劲松还将个体的灵性能力发展分为五个发展阶段即三个高峰和两个低谷，试图为灵性社会工作的实务提供理论指导。[4]长期以来中国社会工作理论和实务界一直笼罩在弗洛伊德的力比多理论和埃里克森的生命发展周期理论的阴影之中。关于个体灵性发展的五个阶段的划分，在一定意义上确实可以避免西方社会工作理论的话语霸权，从而对于推动灵性社会工作的发展并造福人类社群具有最大现实意义。此处不详表。陈劲松对灵性社会工作做了如下定义，"灵性社会工作所主张的一套基本概念框架、理论假设和实践模式。同时，也是指专业社会工作者，运用灵性社会工作的理论、方法和技巧，提供的一种专业服务活动"。[5]

刘继同认为灵性泛指个体在人类社会生活意义世界中的相互关系、超越的观念、亲身体验、自觉过程、反思能力和主观知觉的总和，处于人类精神生活世界最高层次的水平。他总结了20世纪70年代以来美国有关灵性关怀的研究，尤其是灵性关怀社会工作服务体系建设，反映出美国社会工作服务重点是灵性关怀，社会工作服务体系达到注重人类灵性关怀服务、追寻生活意义建构和精神福祉的最高水平。刘继同认为，美国学术界与社会工作界的灵性概念包含三个层面的意义与构成要素：集中于对意义、目的、道德和幸福的追寻；关注当前有意义的问题；集中于一种超越感或超验性。灵性概念包含四个要素，分别是意义、嗜好、信仰和宗教。[6]这一观点值得商榷，在此不仔细讨论。

至今，西方社会工作中的灵性视角已得到普遍性的重视。虽然西方社会工作中灵性概念的起源与宗教有着密不可分的关系，但随着社会的发展，人们对宗教性的关注呈下降趋势，而逐步取而代之的是对精神性需求的重视。有如李向平所说，信仰但不归属[7]，或者如余英时所说，心理医生和躺椅取代了牧师和教堂[8]。以美国为例，超过50%的社会工作者的工作内容与mental health相关。由此灵性视角下的社会工作介入方式越来越多地受到重视。

在中国社会工作本土化的过程中，有一股初兴的力量在推动灵性社会工作的发展，它涉及灵性社会工作的理论与实务模式，涉及很多社会工作的实务领域，例如临终关怀、老人照护、残疾人康复、儿童养育、司法矫正、戒断治疗、精神健康等。灵性社会工作的声音目前虽然还比较弱小，但是个体的灵性需求已经被越来越多的有识之人以及社会学界和社会工作界认识到。刘继同的研究指出，建构中国本土精神健康与灵性关怀社会工作服务体系的时机已成熟，条件已具备，应该像美国学习借鉴其运用灵性社会工作服务于人民精神健康的经验。[9]

通过对东西方灵性社会工作对于灵性的理解的梳理，我们可以将灵性的内涵归结为以下几个方面：（1）灵性具有超越性；（2）灵性指某种对价值、意义和信仰的追求；（3）灵性具有沟通人的内心与世界的能力；（4）灵性是个体先天具有的，合乎人性与天性；（5）灵性是个体存在之不可分离的属性。社会工作在各国的发展过程中，非常强调文化的敏感性。灵性社会工作在中国社会工作界越来越受到重视。那它又是如何敏感于自己的文化传统的呢？灵性这一概念和中国传统文化中哪些核心观念或价值观念相通呢？我们认为，以上所述的关于灵性的五个方面的内涵与中国文化的最高准则——"仁"，具有高度的契合性。

二、中国文化中"仁"的内涵与灵性概念的契合性分析

仁在儒家的价值体系中居于最高地位，孔子以"仁"为最高的道德意识。在与弟子们谈论"仁"的时候，孔子的话似乎每次都有所不同，虽然不乏因材施教的原因，但也说明对孔子终其一生都是在不断体悟"仁"这一儒学最高道德境界。下面我们将对视为代表儒学最高意识的范畴"仁"的内涵与灵性社会工作所强调的"灵性"概念之间的契合性做一番探究。

（一）在超越性上，"仁"与灵性具有契合性

仁能超越自己爱他人。孔子说"仁者，爱人""泛爱众，而亲仁"所以孔子赋予"仁"一个重要含义就是"爱人"，而且是爱众人，不是只爱自己和爱自己人，这就体现出一种超越自我的博爱精神。人类有爱自己而超越自己及于他人的能力，这是"仁"的第一重超越性。孔子说，"夫仁者，己欲立而立人，己欲达而达

人"。不仅要爱人，还要推己及人，去努力成就他人，这是何等的胸襟。这一重超越性来自人类社会自古具有的团结与合作能力，使陌生人之间可以结为社群，进而构建复杂的社会组织。基督教的核心价值也是爱，爱所有人，因为人都是上帝所造，因此爱人就是爱上帝。基督教爱人观来自上帝这一明确说法，而儒家爱人观来自天道人性，是圣人之言，二者体现了中西方文化在逻辑和知识论上的差异，但从爱他人的角度讲又都是非常近似的，这是灵性所通具的特征。基督教话语背后的最高伦理是爱人，是基于都为上帝所创造的同类之爱，儒家话语不太习惯说爱人，但是其内涵包含在仁爱当中，基于天地和谐的天道和人类本性。爱的本质要求是社会工作核心伦理的根基，平等、包容、助人、正义无不是以爱为基础，一个不爱人不愿意接纳人，饱含偏见的人是无法成为一名真正社工的。

"仁"能超越自我范畴体察他人痛苦。孟子说："恻隐之心，仁也。"（《孟子·告子上》）孟子仔细阐述了仁、心、性三者的关系，指出仁是基本人性。恻隐之心，是对他人的痛苦的感同身受，这是人的一种特殊能力，虽然我们不能否认动物也有此种能力，但人类显著具有移情和他者立场的想象能力是人性的重要特征，孟子敏锐地把这一点恻隐之心作为了人类人性的最重要发端，确立了人性论的基础，也是仁的发端，这是十分了不起并且经受人类文明发展所经验的。人类有感知他人痛苦的精神能力，这是仁的第二重超越性。这一重超越性使得人类避免彼此残害，这一能力同样是对于人类社会群体维护所必不可少的。

"仁"能超越生死。孔子说："志士仁人，无求生以害仁，有杀身以成仁。"在孔子看来，"仁"的价值重于生命，"仁"因此是人的根本，"人而不仁，如礼何，人而不仁，如乐何？"没有"仁"为基础，其他礼乐都不足道了。这里体现出"仁"超越生死的属性，这是"仁"的第三重超越性。宗教信仰强调灵魂或者生命不死，对于超越生死有更明显的表达。而儒家思想有宗教之实而无宗教之形，对于生死相比其他宗教较少谈及，但是儒家强调孝道、祭祀，显然也认为灵魂不灭。灵魂不灭对于超越生死是重要依托，却非唯一依托。儒家"仁"的思想超越性有一个内在超越的特点，不需要假以外求，不用外求于天和上帝神灵，孔子曾说："为仁由己，而由人乎哉？"（《论语·颜渊》）又说："仁远乎哉？我欲仁，斯仁至矣。"（《论语·述而》）西方基督宗教的超越性是外向超越的，需要有上帝外力帮助才能得到超越。这里无意比较二者优胜，只是今天社会发展而宗教衰弱，中国文化不假外力而能实现求仁得仁的内在超越，体现出中国文化的现代适应性，是于我国灵性社会工作可以有深远发展的文化基因。

"仁"能超越现实际遇。"仁"的第四重超越是对个人现实际遇的超越。在《论语》中有很多地方记述了孔子的超越的人生态度。孔子说："贤哉，回也！一箪食，一瓢饮，在陋巷，人不堪其忧，回也不改其乐。贤哉，回也！"颜回是非常贫穷的，那样的物质条件下一般人受不了的，颜回却"不改其乐"，孔子评价颜回，"回也，其心三月不违仁，其馀则日月至焉而已矣"。颜回是孔子最为欣赏的学生，因为颜回可以"三月不违仁"，颜回正是"仁者不忧"的典型代表，他超越现实的机遇和生活甘苦，超越投资失败，而在精神上孜孜以求，其乐无穷。孔子自己也说："饭疏食饮水，曲肱而枕之，乐亦在其中矣。不义而富且贵，于我如浮云。"孔子的自我评价："其为人也，发愤忘食，乐以忘忧，不知老之将至也。"这是一幅仁者的典型形象，其洒脱的气质跃然纸上，可以说是充满灵性超越的智慧。现代社会对人的评价多受成功观的影响，成功的主要标准是"权力、地位、金钱"，由于这些资源的稀缺性使得符合"成功标准"的只能是少数人,很多人难以享受作为普通人的快乐,这是现代社会人们幸福度下降和精神病态高发的重要原因。社会工作立足"仁"本的一定超越性价值观,对于当代中国社会问题的解决具有重要价值。

"仁"能超越个人欲望。孔子说,"克己复礼,为仁"(《论语·颜渊》),这一名言尽人皆知。这是孔子对仁的一个著名论断。克己就是节制个人欲望,所以"仁"有超越个人欲望的一面。现当代心理学的研究表明,现代人欲望过多是不幸福和精神心理疾患的重要原因,所以幸福之道就是节制欲望,虽然对现代人来说清心寡欲已经不太现实了。佛教认为"贪"是"五毒"之首,是典型的使人陷于痛苦的执念,基督教强调施比得更重要,也反对贪婪的私欲。今天灵性社会工作的兴起很大程度上因为资本主义生产生活方式在物化方面给予人太多的刺激,从而不断促使人进行反思,资本主义一定程度上是人的欲望在推动运转。灵性社会工作对人精神修复功能应该说是显著的。

(二)在价值、意义和信仰的至高追求上,"仁"与灵性具有契合性

灵性具有价值、意义和信仰追求。"仁"是中国传统政治与个人道德的最高追求,可以说"仁"就是一种信仰,"仁"可以承载灵性所需的价值信仰。儒家信仰一套思想,没有成体系的组织化发展,所谓有宗教之实而无宗教之形,所以和其他几大宗教相比就显得不太像宗教。涂尔干认为宗教具有几个要素,分别是信仰、仪式与教会,如果按这个定义儒家就不属于一般宗教范畴。涂尔干观念影响很大,以至于今天大多数中国人都不会认为儒家是宗教。虽然从形式上来说儒家不像宗教,但是从功能角度讲儒家就是宗教,具

备一样的宗教功能，取的是文化代替宗教的途径，或者说文化太发达而没有必要走宗教组织化道路。儒家文化护佑中华文明两千年，达成这样的历史功能是离不开内在价值信仰的，简言之，就是个人层面的求仁，与国家层面的求仁政。

霍林斯（Hollins）认为"目前有一种普遍现象，即个人从某一种或者更多信仰中寻求某些元素迎合其特定需求和意愿，这就造成了信仰更大的易变性，因为人们会尝试很多宗教的不同方面，例如崇拜的形式、文化和信仰体系"。[10]这一观点容易通过经验观察而得到证实，信仰越来越成为个人私事，价值观有超越宗教的融合趋势。比如近年来巴哈依信仰在世界范围内的流行，西方普遍兴起的以禅修为代表的东方智慧灵性运动等。在论及灵性的价值与信仰内涵时，我们要充分认识到我国自有文化信仰资源的丰富性和现代普适性，不要过度以西方的信仰话语体系来解释和指导我国的相关实践，其实西方各国正不断汲取东方智慧。

孟子说，"君子所性，仁义礼智根于心"（《孟子·尽心上》），又说，"恻隐之心，人皆有之；羞恶之心，人皆有之；恭敬之心，人皆有之；是非之心，人皆有之。恻隐之心，仁也；羞恶之心，义也；恭敬之心，礼也；是非之心，智也。仁义礼智，非由外铄我也，我固有之也，弗思耳矣"（《孟子·告子上》）。"仁"居于仁义礼智之首位，所以"仁"其实就是善，性善论由孟子始。中国人是一个信仰善的民族，这是我们文化的宝贵精神财富。历史上，普通人民对高深的学术难窥其貌，但一个善字就尽可以概括，到今天随着中国经济社会发展，社会各界投入慈善事业又蔚为壮观，慈善实际上就是"仁"，就是基于恻隐之心，只是今天现代话语表达中直接说"仁"比较少。[11]

从孔子、孟子时代到今天，中国文化的儒家根本还在，虽然历经现代化转型与西方思想的多重冲击，饱经运动式批判，但儒家文化的先进性和经历史锻造的坚韧性，对人性的深切洞察，使得这一文明脉络不可能断绝，而今天更可以成为中国现代化国家建设的宝贵资源。

灵性社会工作以服务大众为载体，兼具有双重责任，一是以灵性方法理论服务大众，二是服务大众过程中进一步明晰本土文化价值，主动传承运用以"仁"为代表的传统价值信仰，做弘扬文化的使者，服务大众同时推动文化和信仰复兴。

（三）在沟通人的内心与世界的作用上，"仁"与灵性具有契合性

灵性沟通人的内心与世界。基督教以灵修静思来倾听上帝的话语，获得一种超验的体验；儒家心学以静坐来达到明心见性的效果。这是具体方法上的相似之处。但二者在沟通内心与外在世界上有很大的不同。西方哲学和思想有注重逻辑和知识论的一面，知其然还要知其所以然，一定要穷追世界的起源和人类社会的意义，这样就推导出必然具有一个全能的造物主。所以在基督教为主要特质的西方文化中，人最重要的与外在世界的关系是和神之间的关系。中国文化当中确实存有不太注重知识论的现象，知其然即可，不必穷追其所以然，所以孔子"不语怪、力、乱、神"，又说"不知生，焉知死"。孔子说："夏礼，吾能言之，杞不足征也。殷礼，吾能言之，宋不足征也。文献不足故也。足，则吾能征之。"这里表现了儒家的实证和经验主义精神，对于不能证实的形而上不如采取存而不论的态度。

所以，中国人最重要的与外在世界的关系自然不是神，而是社会关系或者人伦，要达到人与外在社会关系的和谐，不如向内求，

修心性与修身，内圣外王，由内而外，孔子说"为仁由己"，求仁得仁的道理，修行在自己，不必求神。孟子曰："尽其心者，知其性也，知其性则知天矣。"（《孟子·尽心上》）由于善心根植于心，"尽心"就可以发扬体认善，就是仁义礼智，而善受之于天，人性实际上也是天性，儒家认为来自天，来自天理，故而尽心，知性就知道了天道。所以明心见性就连通了外在至高的天理。

当今世界各国都面对传统文化的现代化调适问题，都需要不断思考如何延续传统文化应对现代性挑战。我国曾经有对西方文化激烈反对的阶段，过渡到一百年前事实上全面接受西方文化话语的阶段，到今天我们可以更加平和公允地看待这个问题。中国文化的"仁"，指明不必假求于外力，人可以通过自我内心的和谐而达到与外在世界的和谐。西方穷尽事理的精神有助于科学发展，但在神性衰落以后，西方文化面临的内在张力实际上是更大的。相比之下，中国文化也许可以更坦然适应现代性转型。

（四）在个体先天具有、合乎人性与天性的意义上，"仁"与灵性具有契合性

灵性是先天具有的，来自人性与天性。仁也是如此。孟子说："仁义礼智，非由外铄我也，我固有之也。"（《孟子·告子上》）王阳明进一步发挥人性本身具足的观点，尤其认为良知是人性中至善的部分，是人人可以成为圣人的依据。王阳明在《咏良知四首示诸生》这四首诗当中对此有清晰的阐述：[12]

"个个人心有仲尼，自将闻见苦遮迷。而今指与真头面，只是良知更莫疑。

问君何事日憧憧，烦恼场中错用功。莫道圣门无口诀，良知两字是参同。

人人自有定盘针，万化根源总在心。却笑从前颠倒见，枝枝叶叶外头寻。

无声无臭独知时，此是乾坤万有基。抛却自家无尽藏，沿门持钵效贫儿。"

前面两首指出致良知就是求圣贤，人人心中有良知，人人就是圣贤，这与孟子恻隐之心，人皆有之的观点一脉相承。后面两首提醒弟子们注意良知就在个人内心，不要去外头苦苦寻求，像一个乞丐一样而抛却了自己本身无尽宝藏。前文讲到儒家内在超越性而达到与世界的沟通，从而达到外在超越的一体。这几首诗更强调"仁"的先天具有，恻隐之心就是人人具有的良知，就是"仁"。人生而为人就在于具有人性良知。所以儒家文化所说的"仁"是符合今天灵性的先天具有观念的。以社会工作的理论观点来看，人本主义和优势理论这些基本理论都肯定人的基本人性，都强调人具有自己解决问题的能力，有自我发展的能力，这就是社会工作"助人自助"的观念，如果不相信人性本身的力量，不相信人可以凭借内在优势与力量自我成长或完善，"自助"就是不可能实现的，所以社会工作相信人的灵性本质。中国从孟子开始鲜明地提出性善论，不假神明也可以通过人自身努力达成善，因为善是天理，人就可以达存天理。人性善的天性不会改变。

虽然灵性是人与生俱来的，但并非不会被遮蔽或视而不见，如王阳明诗中所言，难免有人"抛却自家无尽藏"。内心自足的观点和内在超越性使人向内心求善，但是这就需要灵性力量的推动，有时候也需要外在力量的帮助，这个外在力量就是教育教化，孔子被称为"万世先师"，不仅仅因为教授学生知识，更主要的是给中国文化确立了求为圣贤的精神道德力量。

（五）在作为个体存在之不可分离的属性上，"仁"与灵性具有契合性

灵性是人类个体存在之不可分离，"仁"也是个体存在之不可分离。孔子说："富与贵，是人之所欲也。不以其道得之，不处也。贫与贱，是人之所恶也。不以其道得之，不去也。君子去仁，恶乎成名？君子无终食之间违仁，造次必于是，颠沛必于是。"（《论语·里仁》）孔子对君子的要求是任何时候都不违背"仁"，须臾不违仁也，这实在是一个很高的要求。对于普通人来说，也需要这样严格的要求吗？任何人都需要具备一定感性能力和理性能力，而灵性是推动人的感性能力与理性能力的基础，因此对于普通人来说，灵性也是不可或缺的。观察现代人的一些问题，与人类灵性能力被掩盖了有密切的关系。灵性社会工作致力于发扬人被掩盖的灵性与良善。从逻辑的角度思考，人类是逐渐进化而来，虽然灵性对于人类是基本人性，但是人性的发展也是经过漫长的时间发展积淀而来的，由于人类社会群体的塑造，人类灵性具有不同于动物的特点，如同语言一样，灵性能力具有先天存在性，这是难以否认的。由于现代生活的巨大变迁，人类依赖自身内在能力总体上呈下降趋势，更多受到科学与社会环境的影响，很多人难免困惑于灵性何在，但只要静心自问，对生命价值的问求始终存在。

以上从五个方面对儒家"仁"这一核心价值与人类最重要灵性能力之间做了比较，充分展示了二者之间的密切契合。表达灵性社会工作核心概念即"灵性"意义的自古自有，在社会工作大发展的今天，发扬本土自足的灵性精神力量，对于丰富我国社会工作理论，促进社会工作造福人民有很大价值，也是我国文化自信的应有之意。

三、以"仁"为本的灵性社会工作本土实践展望

（一）中国社会工作由技术导向到灵性导向的必要性

中国社会工作的发展时间还不长，作为一种新生事物，社会工作早期发展是以社会工作伦理和价值的传播为主，致力于让社会大众知道社会工作是什么。随着中国社会工作教育的发展与社会实际需求的增加，社会工作界必然开始提升解决问题的能力，由内在需要和外在环境助推，社会工作逐步开始向专业技术化方向发展。今天的社会工作界，言必称各种疗法理论，社会工作教育界和实务界奔波于各类方法培训。这与中国社会工作自身发展和职业化专业化是十分相关的。但笔者认为社会工作的专业化发展不能忽视灵性能力培养，以更好回应人类需求的当代议题和当代社会共性特点，并能够以灵性观点审视方法发展，方法应始终在提升人的自我能力，避免过度技术化和社会工作者的专家化，避免与案主关系的治疗化，如王阳明所说，"抛却自家无尽藏""枝枝叶叶外头寻"[13]。这就为社会工作向灵性导向的逻辑演变提供了现实基础，让社会工作在当代中国人的灵性实践中发挥引导作用，这是社会工作灵性导向的现实意义。

首先，社会工作灵性导向是对于人类灵性需求的有力回应。灵性具有先赋性，是人性中固有的组成部分，这意味着人类对于灵性有着天赋的需求。灵性贯穿个体生命的始终，受内外多种因素的影响，它的发展呈现曲线性的特征，个体需要灵性引导其日常生活以提升生命的福祉水平。灵性社会工作对于回应具有时代性的人的本质需要具有重要价值，它以人类的灵性需求为指引，帮助案主提高灵性能力、走出困境，这与当今社会以人为本的理念有着本质上的契合。

其次，社会工作灵性导向是促进人的全面发展的有效机制。马克思对资本主义批判的一个重要方面就是资本主义对人的异化，人不仅丧失了主体性，还成为异化的商品。马尔库塞、弗洛姆和哈贝马斯等人也都延续了这一传统，认为过度商业社会对人的异化是造成人不幸福的主要宏观和历史原因，成为西方"二战"以后的重要思潮。灵性社会工作强调个体的灵性能力建设是人的能力体系中最为重要的基础，对感性能力和理性能力具有引导作用。它通过促进个体基本能力的实现，以达到人的全面发展，对人的异化的反抗具有重要价值。

最后，社会工作灵性导向是构建社会主义和谐社会的强大助力。在当代社会中，社会转型催生了许多社会问题，犯罪青少年、离婚率提升、贫困问题、养老问题、失独家庭、群体冲突等。这些问题是社会稳定与和谐的威胁因素，亟须社会工作用专业化的力量去解决。和谐社会应该是一个充满灵性的社会，是个体幸福最大化、福祉水平最高化的社会。灵性社会工作正是在帮助案主解决问题的基础上，以构建和谐社会为宏观目标，将灵性能力注入社会建设的过程之中，促进人的全面发展的同时促进社会的稳定与进步。

（二）以"仁"为本的灵性社会工作实践展望

在当代中国的灵性实践领域中存在着三大误区，即儿童灵性成长过程中的"资本化"倾向、成人灵性实践的扭曲、老年灵性实践缺乏深度。[14]这三种灵性实践的误区表明，灵性是大众在日常生活中的普遍需求，而当代中国社会又面临着灵性资源的极度匮乏。通过上文的阐述可以看出，当代中国应该深入挖掘"仁"的文化内涵以作为人们在日常生活中的灵性资源。那么如何做到这一点呢？以"仁"为本的灵性社会工作可以提供最有效的途径。"仁"是基本的人性，灵性是先赋的能力。中国文化的"仁"，指明不必假求于外力，人可以通过自我内心的和谐而达到与外在世界的和谐，这与灵性社会工作的价值观高度契合。从孔子、孟子时代到今天，中国文化的儒家根本还在，今天更可以成为中国现代化国家建设的宝贵资源。把灵性社会工作伦理价值融入"仁"的价值体系，或者说用以"仁"为本的文化内涵诠释灵性社会工作。这一方面可以完成灵性社会工作的本土化发展，另一方面也可以使灵性社会工作真正深入人心，与此同时可以对中国优秀传统文化的复兴有所推动。

　　社会工作是关于人的工作，以利他主义情怀为价值底色；灵性社会工作是关于人的能力建设，以促进人类的灵性福祉为皈依。本文倡导在未来的社会工作实务中，以灵性社会工作理论为视角，以"仁"为社会工作本土化的主导力量，以灵性能力的复元为目标，促进社会工作逻辑从技术导向至灵性导向的演变。具体来说，也许可以从以下几方面做出努力：一是厘清灵性与"仁"的内涵的契合性，构建灵性社会工作本土理论的价值体系；二是致力于开发以"仁"为本的灵性资源，"仁"是儒家思想最重要的价值观，用于指导和调整人与人的关系、人与社会的关系，协助案主灵性能力的复元；三是运用灵性社会工作的专业技巧，正如"仁"必须纳入"行"之中，理论必须结合实践，知行合一才能更好地服务社会；四是跳出西方模式，实现中国传统文化与灵性内涵有机结合，避免社会工作重专业技术轻能力复元、重西方理论轻本国文化的局限性。

注释

[1][美]威廉·詹姆士：《宗教经验之种种》，唐钺译，商务印书馆，2002，

第26页。

[2]Stephen A.Webb.Social Work in Risk Society: Social and Political Perspectives.London: Palgrave Macmillan, 2003, p.73.

[3]Carroll.Social work's conceptualization of spirituality.In Edward R.Canda（Ed.）.Spirituality in Wocial Work: New Directions, Binghamton, New York: The Haworth Pastoral Press, 1998, p.1—13.

[4]陈劲松：《灵性社会工作及其在当代社会建设中的意义》，《社会建设》2014年第9期。

[5]陈劲松：《灵性社会工作的目标》，《新华文摘》2015年第4期。

[6]刘继同：《人类灵性概念框架范围内容、结构层次与中国本土灵性社会工作服务体系建构》，《人文杂志》2015年第2期。

[7]李向平：《"信仰但不归属"的佛教信仰形式》，《世界宗教研究》2004年第1期。

[8]余英时：《中国思想传统的现代诠释》，江苏人民出版社，2006，第27页。

[9]刘继同：《人类灵性概念框架范围内容、结构层次与中国本土灵性社会工作服务体系建构》，《人文杂志》2015年第2期。

[10]Hollins Susan.Spirituality and Religion: Exploring the Relationship.Nursing Management, 2005, 12（6）: p.6—22.

[11]我国很多地方的方言仍然包含了丰富的"仁"字，比如陕西方言就喜说"仁义"。

[12]王阳明：《王阳明全集》，江苏凤凰美术出版社，2016，第392页。

[13]同上注。

[14]陈劲松：《灵性实践的误区与社会工作的介入》，《学海》2013年第4期。

重振经学：在经典诠释中释放儒学的生命力

□ 景海峰[①]

经学一直在中国文化的发展过程中扮演着十分重要的角色。经学是围绕儒家经典的注释考证与思想阐发而展开的，以经典诠释为中心，形成了积蕴丰厚、内容复杂而形式多样的系统。在历史上，对这些经典的解释构成了儒家思想延续和发展的基本方式，而作为具有悠久历史传统的中华文明，它的成长和扩展也正是在一代代人对于经典的把握和传承之中才得以实现的。发达的解经传统造就了儒家经典体系的复杂性和厚重感，又使得在这种历史延续中逐层累加起来的内容变得无比丰富和精微。尽管我们今天早已走出了经学时代，但要想继承和激活这份宝贵的历史资产，或者在新的眼界下重启对经学的研究，返回儒家的经典当中去，都需要认真体悟和辩证。对于传承儒家的优良传统、发扬儒学的真精神而言，只有回到

[①] 景海峰，深圳大学国学院、哲学系教授。本文原刊于《中原文化研究》2020年第5期，原标题为《在经典诠释中释放儒学的生命力》。

其经典系统,才能真正领悟为什么儒家思想是历久弥新的。面对以经典注释为基本形式的儒学体系,抽丝剥茧的细微功夫显得尤为重要。所以,如何承续传统,在汗牛充栋的解经历史资料中披沙拣金,特别是疏解、提炼和呈现出这些材料的现实意义,并使之与当代中国文化的历史延续性与时代创造性融合在一起,是理解与解释这些经典的要义所在。当代儒学的发展离不开其历史根脉,尤其离不开对基本经典的现代诠释。只有在当下的语境中对之做出深刻的诠解,释放其所蕴含的意义,才能为儒学焕发生机提供源源不绝的养料。

一、重新认识作为儒学之主干的经学

经典诠释在中国文化中占有非常重要的地位。在《国语》中就有"昔正考父校商之名颂十二篇于周太师,以《那》为首"[1]的记载,正考父是周宣王时代的人,他对文本所做的整理,其中就包含了对之的理解与解释。周人所校,是整理传承远古之遗典,和后来明确的经之概念似有不同,因为称"经"的文献,最早并不是属于儒家的专利品。以"经"称之的著作,年代较早的有很多,此与"六经"并无关系。譬如《国语》中有"挟经秉枹",《墨子》中有《经》《经说》,直接以"经"名篇,《庄子·天下》谓:"南方之墨者……,俱诵《墨经》。"《管子》的前面九篇称为"经言"。这些较早称为"经"的作品,归属不是很清楚,系统来源也十分杂乱,但均与后世所言之"经"不同。后来人们所说的"经",或者名之为经学,都是专就儒家系统来讲的,一说到"经"自然会归类到儒家来。尽管汉末之后的释、道著作也大多以经称之,甚或百家杂书也套用"经"的名义,可是就系统的本源学说而言,我们往往还是以儒家的经学为大宗,称"经"之著,对于中华文明而言,实在是有着极其特殊的意义,只有儒家所承续的这条历史脉络,才能够和这样一种文本的本源性意义贯通起来。

春秋战国之世,儒家虽为诸子之一派,但其历史背景又极其特殊。从儒家的起源来说,它和周代的礼乐文化有着直接的关系,对三代文明有很强的吸纳性和传承性,在儒家与前代文化之间有着一条非常坚实的纽带,这便是儒者对于远古文献所做的全面整理和编纂工作。孔子所谓"述而不作",从诠释学的角度可以当成是他对先王典册的删削和阐发,实际上包含了理解和解释的前提,如果没有立场和观点,"述"从何谈起?孔子与"六经"的关系非常密切,其诠释的入路和层级也十分清楚,就是先由"治"入手,然后"论"而"明之",进而揭示出其意义和宗旨来。"六经"经过孔子之手后,才具有了完整的"文本"意义,儒家与远古文明的关系是由这些传承性的文献整理工作来体现的。当我们谈论起中国文化的经典时,便只能从孔子与"六经"来手,而儒家的经学也就成为探讨经典诠释问题的渊薮。

孔子整理"六经",可以看作"经"之解释史的开端,但这只能算是经学的萌发期或者"前经学"形态,因为系统的经学体系汉代才有。就连"经学"一名,也是在《汉书》中才开始出现的。《汉书·邹阳传》记载了邹阳与齐人王先生的对话,"阳曰:'邹、鲁守经学,齐、楚多辩知,韩、魏时有奇节,吾将历问之。'"[2]又,《汉书·兒宽传》曰:"及汤为御史大夫,以宽为掾,举侍御史。见上,语经学。上说之,从问《尚书》一篇。"[3]《汉书·儒林传》的开头也说:"及高皇帝诛项籍,引兵围鲁,鲁中诸儒尚讲诵习礼,弦歌之音不绝,岂非圣人遗化好学之国哉?于是诸儒始得修其经学,讲习大射乡饮之礼。"[4]到了汉武帝时代,罢黜百家,独尊儒术,因五经博士的建制化,而使得经学的形式更加系统，其权威性也大大地强化了，成为主导性的学术体系和表达国家权力意志的话语形式。自汉代以来，儒学的主干形态就是经学，经学更是成了所有学术的主脑，不管是谈思想义理的问题，还是讲学问的门径，都离不开经学这个根本。就历代学术的总况而言，一般学者所操之主业或者主攻之方向，包括典籍的划分和部类之流别，以及注解经典的后续效应等，如果离开了经学这个主体，传统的学问体系便散架了，经典诠释的问题也无从谈起。经典在不同的时代，其组成的序列是不同的，最早是汉代的"五经"，到后来扩展为宋代的"十三经"。在此过程中文本不只是数量上的增减，还有一系列解释效应等问题，即经、传的位移有拆分、有升格，以及重新排序等，由此所引带出来的问题是非常多样化的。就经学的流派而言，历史上有汉、宋之分，在汉学中又有今文、古文之别，构成了经学内部的双重系统；如果我们再单列出清代的学术，或者特别地表彰朱子学、乾嘉考据等，则经学的派别划分可能就更加复杂了。从传统形态考察经学、区划其流别的研究，所描绘出来的经学地图一定是阵形复杂，并且统绪多端，莫衷一是。

　　经学时代的图景是十分繁杂的，很难描摹出全景；而具有现代学术意义的经学史研究，则是在经学形态行将结束之际才开始的。自清末以来，学术界对于经学历史的认识和叙事基本上都是"回顾"式的，大家一般将章太炎作为古文经学的殿军，而康有为则是今文经学的绝响，他们的后学则多半被划入现代学者的行列中，属于史学家、文学家或者哲学家之类，而并非所谓的"经学家"。再者，即便是今天研究章、康两位，人们也基本上是从现代学术谱系着眼，尽量揭示他们身上具有的那些新学（西学）色彩。在这种情况下，大家都已经是"离场者"或"局外人"了，都是从外部来看待经学和研究经学的，而经学本身已经绝亡。在西学的冲击和现代意识的影响下，一般学者往往站在当下立场，经学史画卷也是在现代观念的影响与支配之下绘就的。职是之故，在晚清经学趋于瓦解的态势下，江藩的《汉学师承记》和《宋学渊源记》中还保留汉宋之争的深刻印迹。而皮锡瑞的《经学历史》虽被认为是"公允"的，并且被视为具有现代意义的中国经学史的开山之作；但是，它仍然摆脱不了今古文之争的干系。今天我们所熟悉的经学史图景和对于经学框架的基本理解与认识，大体是现代学术兴起之后确立起来的。而作为一般常识性的经学印象，也大多在现代观念的影响之下，或是在新的学术形态建构当中，得以零散保留下来并经过重构之后而成。

一百多年来，面对经学传统，学界对于经学资源处理的方式基本上是现代式的，即更多的是一种具体的学科进路。要么是从古文字、音韵学和训诂学等"小学"功夫来入手，这接近于一种语言学（语文学）的研究；要么从古籍整理和典籍校释的工作来展开，这便属于历史文献学的范畴；要么是走一条思想义理的阐发道路，这就与哲学的兴趣稍有些相像。而这些不同的路径和现代学科的划分方式是基本一致的，所以能够使得解体之后的经学残片容纳于其中，在现代学术里获得一席之地，但这已经是彻底碎片化了的。从时代的大环境来讲，经学已经走入历史，经学系统已不复存在。作为历史资源，与经学相关的那些材料只不过是需要整理的"国故"而已。所以，传统资源如果和现代科学理念与方法相符合，便能够得到转化，有腾挪的空间和存在的合理性；而与时代相抵触的，便无法存身，即便是暂被保留，也已经是改头换面的了。另外，学界对于经学资源的现代利用和处理，在惯性上与清末的学术余波是联系在一起的。乾嘉考据学的范式所拥有的强势历史记忆，以及在现代科学实证精神的加冕与护持之下所得以转化的身份，使其影响力在现代学术界得到了一定的延续。对于适应现代学术需求的所谓科学化、实证化的经学转换工作，乾嘉考据学提供了可以想象的范例，所以传统的小学功夫便得到了比较多的肯认，在现代学术中拥有了合法的身份，甚至被看作经学存活的一种象征和经学形态得以现代转化的一个表征。

这种既成的"事实"，实际上是对经学狭窄化之定位和偏颇化的理解。经学的这一形象，完全是在现代文化背景之下被逐步塑造出来的，在一定程度上，可以说是对经学形态的严重偏识与扭曲。经学的主要内容只能与现代学术中极为有限的部分相对应，比如说语言学（语文学）、文献学（古典学）等。假如从方法学上考虑，便只能对应以乾嘉考据为典范的小学。美国学者韩大伟在《中国经学史》中写道："严格地讲，经学是对经书的专门研究，包括统摄于小学之下的校勘、语法、古音、目录、注释等必要的分支学科——阐明文本所需的任何技巧或方法都隶属小学。尽管品鉴与阐发也是经学家的本色行当，然而似乎并不属于小学；按照现代的专业分科，把它们归在文学批评家、哲学家或思想史家的名下更自然。"[5]也就是说，经学即是小学，参照西方近代语文学史，或者西方古典学的研究范例，他的经学史写作是不涉及宋、元、明时期的。因为以"小学史"为主线的经学，在这一时段"被过度的形而上学思辨所淹没"。但是从历史的实际境况来看，经学绝对不能等同于小学，经学所涉及内容要比我们今天理解的这种狭义的"经学"宽广得多。即便是在最为排斥思想性、高标"朴学"的清代，人们对于经学的认识也不像今人理解得那么狭窄。现代学科的划分和知识高度专业化的形态，使得古典学术的完整性难以得到保持，经学的意义只能在有限的学科范围之内被理解与承认。所以，经学叙事的现代领地大幅收缩了，经学形象由此变得萎靡而矮小。

二、重振经学当以思想性阐释为主调

在经学时代结束之后，儒家经典的独尊身份和崇高地位已经一落千丈，和一般的古代典籍相较，其独特性显得并不十分突出。在现代学术研究的学科部类中，经学已无存身之地。受西学刺激和影响的经学史研究，大略可以划归到二级学科的专门史范围之中，基本上也是做一些材料的梳理工作，在学术界已经被极度边缘化了。除了经学史研究以外，与传统经学相关的主要是整理性工作，在古代历史和文献学的领域内会涉及多一些。但不管是分属于何种学科，这些经过切割之后的现代研究，基本上都是在处理古典资料，而与现实意义追寻的人生观与价值论等问题没有了联系，不属于精神科学的范围，只在研讨所谓"客观知识"而已。这样一来，经学材料不只是被碎片化了，而且这些资源的意义背景也被彻底虚化了，与传统经学的本质相差很远。在历史上，作为众多学术之主脑的经学，不但其本身包容甚广，而且是万法之源、知识之纲，主流的经学是探究大道的学问。所谓"经之至者，道也"，"凡学始乎离词，中乎辨言，终乎闻道"[6]，"凡经学，要识义理，非徒训诂考据而已"[7]。这一类的认识是古人对经学的根本理解，也是对于"经"的基本看法，因为经学若是没有了义理的维度，便成为了失魂的躯壳。讲求义理、明辨是非，这是古今学术的大道，若是没有义理上的追求，也就失去了学问的根本目的。所以，在做学问的具体方式上，训诂只是达道的津梁，是阐明义理的工具，训诂和义理并不排斥；如果训诂有违于基本的道理，当以义理为归，这才是经学的大义所在。

传统学术之求道，以经学的形式表现出来，显然不在小学之列，或者说这方面的特长并不属于训诂之类的学问。这一脉的经学资源，当从哲学形态来理解和把握。就传统方式而言，显然宋明理学的内容是最为相近的，或者说今天我们要想发掘儒家经典诠释方面的思想，就需要从理学的形态中多下功夫。近代以来，虽说儒家的经学解体了，但作为一种思想文化，儒学的生命力并没有终结。儒家思想的表达方式发生了根本性的变化，在形态上改弦易辙，用哲学的方式完成了其现代转型。在这一过程中，西哲东传所对接的是宋明理学，建构"中国哲学"就和宋明理学结下了不解之缘。早在20世纪初，"哲学"名目传入我国，在与中国本土学术相互比较时，首先联想到的便是宋代理学，这两者之间的相似度是最高的。王国维先生为"哲学"一名辩护说："今之欲废哲学者，实坐不知哲学为中国固有之学故。今姑舍诸子不论，独就六经与宋儒之说言之。夫六经与宋儒之说，非著于功令而当时所奉为正学者乎？周子'太极'之说，张子'正蒙'之论，邵子之《皇极经世》，皆深入哲学之问题。"[8]后来，冯友兰先生撰写《中国哲学史》，最为看重的内容就是宋代理学，他所谓的"接着讲"，便是接着理学讲，讲出了"新理学"。就中国学问的特点而言，其重视人自身，即人而言天，儒学在主旨上就是一套如何做人和如何成人的学问，所以经学的根本义理也就是围绕着人自身来展开的。冯友兰先生说："至于我，我所说的哲学，就是对于人生的有系统的反思的思想。"[9]而"新儒学可以说是关于'人'的学问。它所讨论的大概都是关于'人'的问题，例如，人在宇宙间的地位和任务，人和自然的关系，人与人之间的关系，人性和人的幸福。它的目的是要在人生的各种对立面中得到统一"[10]。如何从理学中来挖掘资源，将理学的现代意义阐发出来，就成为冯友兰先生建构"中国哲学"的重要工作。亦因为这个缘故，20世纪30年代以来，钟情于理学形态并着力发挥宋明时代思想义理的学者，就都成了所谓的"哲学家"，而不是一般的"历史学家",这是个很有趣的现象。说明哲学与理学的关系是最为密切的,讲"中国哲学"必然会倾心于宋明理学,所以才有人会把现代的新儒家称为"新宋明理学"[11]。

譬如作为现代新儒家的开山人物熊十力先生,学界一般是将其视为哲学家,他所开创的学派,也大多由哲学家所组成。熊十力先生在其所著《读经示要》《原儒》《论六经》中,明确提出回到经学的观点,通过重新阐释儒家的经典,以期来转化儒学,把现代的价值观念注入儒家思想体系当中。但他所说的经学,和传统意义上的不同,与今人的理解更是相去甚远。他不喜欢汉唐注疏之学,更厌恶清代考据,在情感上虽接近于宋明理学,但也不完全相同。对于传统的经学,熊十力先生贬汉崇宋,区分出"释经"和"宗经"两派。释经之儒重视注疏之业,虽有保存古典的功绩,但走到极端,便拘泥于考据功夫,于六经之全体大用毫无所窥,失去了经学的根本义旨,治经成为了"剥死体"的工作。而宗经之儒,能追求高明之学术,虽归依经旨,但能兼采异说,自有创发,成立一家之言。这样的经学形式便接近于其理想之中的哲学,熊十力先生认定此"经学"便是儒家的"哲学"。而他所讲的"经学"显然不是经学的本有之意,也不是纯粹的理学形态,更不是今天大多数学者所认可的那种现代式的"经学"或经学史研究。即便叫作"哲学",也非西方近代的形态,而是接近于儒家的理想。他是用这样的"经学"来对应西方的哲学,发挥思想义理,通过经典诠释以转化儒学资源,这和一般人所理解的考据式"经学"已完全不同。

熊十力先生开创的现代新儒家学派,在改造传统儒学之时坚守了义理的主导性,为儒家思想的现代转化提供了重要的理论维度,这与当代的哲学解释学在致思取向上有相当的可比性和默契感。20世纪以来的西方解释学,经历了从方法向本体的过渡,这恰恰是要从外部化的认知活动回到作为理解和解释境遇之中的人自身去。现代的科学逻辑为说明客观世界的存在状况提供了一种独断的方式，一切人文创造的意义只能在这套编码中才能证成其合理性，古典资源的价值说明亦不例外。所以，在此种普遍科学方法的导引下，现代经学研究只能做一些材料化的处理工作，方能与客观描述的历史图景融合。而其本身的义理面相，即作为"求道"与"见道"的人文学意义，则完全被遮蔽掉了。

如何保存传统经典的人文性，在经学向现代学术转换的过程中，彰显其思想义理的价值，是近百年来中国学者的苦苦追求。儒学的哲学化形态是西学刺激下的产物，在中国社会结构发生了巨大改变的情况下，作为经学的儒学已经难以为继，必须要寻找新的表达范式，而"中国哲学"就是在这一转型过程当中登场的。现代中国哲学在一定程度上吸纳了儒家的思想内容，并且创构出新的儒学形式，儒学的义理性也在这一哲学化的翻转之中得到了锻造与提升。儒学中的许多重要价值，转换成了现代的世界观、人生观及真理诸问题之表达。在新的叙事中，儒家的思想义理得到保存，并且化为现代人精神世界的养料。现代新儒家所致力的哲学化改造工作，将儒学纳入现代的学术系统当中，为儒家思想的现代拓展提供了可能性。这一现代转化工作，以经典诠释的方式，阐发新的义理，重在思想创造，均在哲学的范属之中展开探寻，为儒学的现代意义书写证词。

将经学解体之后的儒学重构向着哲学化的路径来引导，这在科学主义盛行的时代，往往是遭到抵制的，总认为其缺乏客观性，与追求实证的知识方法背道而驰。尤其是对于整理古代思想材料和进行经学史研究而言，一般认为小学才是硬功夫、硬道理，经学非哲学，义理学问和典籍研究的关系不大。为了扭转经学之学问日渐材料化的现代方式，徐复观曾提出过一种分治的方案："经学史应由两部分构成。一是经学的传承，二是经学在各不同时代中所发现所承认的意义。已有的经学史著作，有传承而无思想，等于有形骸而无血肉，已不足以窥见经学在历史中的意义。"[12]

所以，对于经学的理解和现代的经学史研究应该嵌入思想史的意义，大力恢复历史上经学作为中国古代文化之基础和中国人安身立命之根本的本来面貌。近些年来，除了治中国哲学的众多学者继续走经学哲学化的道路外，一些研究经学文献的历史学者，也尝试打通现代式的"汉宋之别"，以拓宽经学史研究的路径。比如姜广辉就提出"经学思想"的概念，试图把经学史和思想史写作结合起来，拿出一套不同于既有经学史的"经学思想史"来。他在多卷本的《中国经学思想史》之《前言》中说："我们的目标不是把经学当作一种古董知识来了解，而是通过经典诠释来透视其时代的精神和灵魂；不只是对经学演变的历史轨迹做跟踪式的记叙，而是对经学演变的历史原因做出解释；不只是流连那汗牛充栋的经注的书面意义，而是把它当作中国古代价值理想的思想脉动来理解。"[13]这些在既有凝固化了的经学概念，以及学术界模式化了的经学史研究中，为思想义理的应有价值大声疾呼的努力，不但扩展了经学研究的视野，也加强了义理之学本身在经学研究中的地位，这和哲学化的"经学"方式形成了强有力的呼应。

儒学的现代转换只能在新的学术格局中展开，这就要求重新阐释儒家经典，重构新的思想系统，而这一切均需要强化义理的维度。义理之学应该是这一新系统的核心内容，是其体系建构的重要目标。儒家思想的现代转化需要激活其经典中蕴含的巨大能量，而经典解释活动就是当代人将其特有的经验与"在场感"参与、渗透和融合到其中的一个过程。解释者在面对经典时，有自己所处时代的种种精神要素，也有转化历史传统的各式意向。而阅读和理解的过程，就是或隐或显地将这些内容融入经典所描述的意境中去的体验。只有接受者和经典的叙述发生真正的思想碰撞和观念交融之时，才能够形成顺应时代需求的新形态。所以，不管是经学重建的哲学化努力，还是经学史研究活动中的思想追求，都是想要通过重回经典的方式，发掘经典中包含的思想内容，活化其中的普遍价值，从而充分彰显出义理之学的意义来。

在今天强调义理之学的重要性，于"回到经典"的现实诉求而言，是别有一番含义的。这就是，所谓"回到经典"或者重构"新经学"，并不是为了提振现代式的经学史研究，更不是要回到历史的旧经学形态去，而是期待一套新的思路和方法，以实现新的建设目标。就经学的现代理解而言，"真正的经学绝非时下许多人宣称的，仅仅是可供驱遣的传统资源。经学是对经典视域的如实呈现，本身就是理解宇宙时空不可或缺的一种精神维度。只有在这个意义上，经学才是一个完整的知识体系"[14]。就重新发掘经学的资源，将中国传统的解经学和西方的解释学结合起来考察研究，以建构具有时代特色的中国经典解释系统来说，正像汤一介先生所言，这些努力"当然不是要求创建如西方的'前诠释学'或'古典诠释学'，而是希望能有和西方'当代诠释学'并驾齐驱的'中国诠释学'"[15]。所以，儒家经典诠释的新形态，必然是充满创造性的，也是充满想象力的，是在努力发扬一种新的时代精神和探索思想义理的艰苦过程之中，方能够呈现的。

三、经典诠释实为当代儒学的创构活动

作为古典学术形态的经学，其形式已经为现代学科所肢解和取代，更多的已化为了一种材料的身份和资源的意义，"经学的复

兴"或者经学史的研究也只能在这一现代境遇和条件下来理解和处理。儒家经典的现代诠释更需要的是如何打开视野，扩充经学的既有意涵。所以，除了挖掘宝藏、掘井及泉的材料整理功夫之外，新的研究方法和富有时代气息的阐释，未必不是在恢复一种传统的记忆和建设一种新的"经学"。义理价值的凸显和理论创造的时代性召唤，更使得这些设想与努力获得了一种定向，在传统与现代、中国与西方的交会性思考中，古老的儒家经典所蕴含的意义，在新的理解与阐发之中焕发出青春，成为新时代思想的源泉活水。以经典本身为中心的大集结，调动了各种可能的资源，其相互之间的融合只能在诠释的活动中来完成。清代杭世骏有言："诠释之学，较古昔作者为尤难。语必溯原，一也；事必数典，二也；学必贯三才而通七略，三也。……诠释之苦心与作者之微旨，若胶之粘而漆之灂也，若盐之入水而醍醐奶酪之相渗和也。"[16]这一水乳交融的情状和我中有你、你中有我的会通，正是今日所急需的，而这恰恰是经典解释活动的目标所在，也是建构新的儒学思想体系应该努力的方向。当传统与现代的互释互转，进入这样一种创造性融合的状态之中，一种新当代义理的生成也就成为了可能。

随着中华传统文化的复兴，历史上的儒学资源和我们现实生活的关系由过去的疏离而变得日渐紧密，人们对于儒家思想的关注也越来越多了。除了开启走向社会大众和生活化的新局面之外，儒学在理论探讨和现代阐释方面也出现了新的动向，各种新思潮、新学说和新观点层出不穷，时时搅动着社会的神经，也在学术界掀起了层层波澜。从路径选择上来看，这些年的儒学研究呈现多元化的状态，比过去的研究丰富多彩了许多，但也显得有点杂乱无章。各种新话题不断涌现，围绕一些新观念展开的讨论，出现了各种各样的声音，表达方式也不一样，而对儒学资源的调动和利用，其现实关怀和学术背景亦可能存在巨大差别。有些学者在讨论儒学时，重在其思想义理的发挥，比较接近于哲学的方式；而学术界对待儒学的主流态度，仍然以历史研究为基调，注重文献的考据和阐证；还有许多形式多样的艺文创作活动，或者对于儒家社会实践功能的发掘与倡导，表现出很强的现实性，同时具有普及效用和大众化色彩。这些不同的取向和路径，以及不同背景下致力各异的方式，所表现出来的儒家观点和呈现出来的儒学面貌可能差异性极大，甚至存在相互抵牾的情形。这些都表现为异中有同，在差别中有其共通性，即向经典进行靠拢和求援，都在向着经典回归。往往是从儒家的经书中寻找根据，试图以此为依凭，来证明自己的思想立场及价值诉求的合理性。这样，面向经典、回归经典就成为了潮流，经典诠释问题也就变成了一个焦点，选取不同的路径和采用不同方式的研究者都要关注经典如何来解释，这成为当代儒学发展的一个共有的基础。

儒学研究向经典的回归，经典诠释问题能够引起大家的广泛兴趣，这当然和西方哲学解释学的刺激与影响有关。但更为根本的是，这一路向的选择与我们文化自身的特点是联系在一起的，是一种历史记忆的唤起和文明传统的觉醒。中国文化的发展是建立在经典系统基础之上的，在漫长的历史发展中，这些经典起到了铸造民族魂魄、凝聚文化精神的巨大作用。以经典为纽带，形成了绵延数千年的文明史和文化史，正是在对这些经典不断进行解释的过程中，中国文化的内涵得到了扩展与深化，并且代代相传延续下来。如果没有这些经典，离开了经典诠释的丰富形式，儒家思想和儒学发展的历程就无法想象，也不能得到很好说明。所以，中华文化的复兴就是要不断地激活历史记忆，对自身的历史传统有重新体认。将经典的思想内容与当下历史境遇和社会实践活动融合起来，这是当代文化建设的重要使命之一。从中国文化的历史境况和延续方式来看，儒家经典扮演了重要角色，它是这一文化传统最为深刻的记忆，是其核心价值理念的重要载体，也是各民族各地域之多元文化不断融合的黏合剂。

一部中华文化的发展史就是这些经典不断积累并代代传衍的历史，没有了这些经典，我们的历史记忆将变得无比浅薄与苍白。因而，我们要想进入这一"历史"境况，要想深刻理解和把握它，就必须面对这些经典。按照诠释学的看法，可以理解的历史就是语言文字，只能透过对典籍——这些历史流传物的不断认识和创造性承接，才能够完成文化意义的理解。已经过去的和未来将会呈现的记忆，汇聚成为人类历史的意义，它集中体现在对于经典的不断解释之中。保罗·利科说："相对于记忆而言，历史在认识论上的自主性是在解释/理解的层次上得到最有力的确认的。事实上，历史编纂活动的这一新环节是同前面的环节密切相关的，因为没有不带着问题的文献，也没有不需要解释的问题。正是通过解释，文献成为了证据。"[17]不断形成的文献在扩大着解释的范围，也在深化着解释的内容，而解释的记录所形成的一个个文本，犹如文化延续的印迹和历史行走的脚步，后人接踵前进。既是在一遍遍重温这些经历，也是在不断步入新的境地及探索新的意义。

就当下而言，人们对于儒家经典的认识和理解是与儒学的现代时运联系在一起的，随着中华传统文化走向复兴，儒学的命运发生了根本扭转，作为整体性的儒家经典观念开始浮出水面，也才有了一种活的形态之理解及解释的可能性。而在这一翻转出现之后，作为历史研究文献的儒家典籍和作为具有现实意义的儒家经典之间，也出现了一些微妙的冲兑和变化。现在我们讲儒家经典，除了正面的意义和整体的背景之外，更为重要的是大家对其活性的肯定和现实的寄望正在日益增强。更为重要的是，如何通过诠释呈现经典的现实意义。在新的社会条件下，如何把文本内容与时代精神结合，使之成为社会实践的思想动力，这是今日提倡"回到经典"的根本意义之所在。近些年来，上者谈治国理政，大量诠解儒家经典的义理；下者欲改良社会风气、扭转世道人心，也往往注意引介儒家经典以行教化之功。社会各界人士通过各种渠道，都或多或少地接触一些儒家经典的内容，并且在日常的生活实践中，用身体力行的方式践履。就学术界来说，只是将儒学作为历史陈迹来看待或将儒学作为历史材料来研究的积习也正在发生着改变。有更多的学者试图将儒学和当代的社会实践结合起来，将儒家思想和我们时代的境遇及其所面临的问题结合起来。这种现代转换与活化经典的意识正在日渐生长，基于这种立场的思考和创作活动也已取得了不俗的成绩。

面对同样的文本，不同的态度和不同的策略能够释读出来的意义及效果完全不同。以诠释学的视野看待历史，解读这些历史的留存物——经典，那么蕴含其中活的历史意义就会——呈现，生命活动的记录和鲜活思想的凝聚就蕴藏在这些特殊的文字符码之中。后人在面对这些经典时，就需要不断叩问并努力"打开"，而要想深刻理解它，更离不开当代人"精神的当下或在场"（伽达默尔语）。也就是说，阅读经典不只是拆解文义，而是一种生命浸润的过程，只有不断体会这些历史传承物，通过与之精神相遇，使生命个体与历史情景发生契合，才能将"我"融贯于人类命运共同体之中。正因为如此，一种有深度的历史研究就不再是简单地陈述历史事件，也不是只对历史文献进行白描式展示，而是要通过种种"迹象"来发现历史，揭示其可能蕴含的意义。面对浩瀚的历史材料，需要鉴别和拣择，这依赖于极强的辨识力。而要捕捉到更为深刻的含义,就离不开诠释学的效用了。所以,阅读经典不是为了勾画僵固的图式及寻求简单的确定性,而是要不断发掘新的意义,在创造性的释读活动中,关照与默会我们当下的精神状态。

作为一个文化系统之精神活动的凝聚物,经典所蕴含的能量需要在深刻的理解当中聚集,也需要在连续的解释之中释放,一切变化均因诠释活动而生成。伽达默尔说:"真正的历史对象根本就不是对象,而是自己和他者的统一体,或一种关系,在这种关系中同时存在着历史的实在以及历史理解的实在。一种名副其实的诠释学必须在理解本身中显示历史的实在性。因此我就把所需要的这样一种东西称为'效果历史。'"[18]"效果历史"是一种精神活动相互激荡而呈现的过程,它不是物化的存在,也不是僵死的材料。在诠释性的理解中,历史不仅是一堆可供解释的资料,或者可构成一系列叙事对象的事件,而且是一个不断被发现和被重构的过程。并没有一种既定的历史,历史不是凝固物。也就是说,历史是在理解中被不断建构的,同样作为历史的儒家思想之活的意义,不因为历史的流变而成为过去,在后人理解与解释的不断"唤醒"之中,它时时都会走入当下。

经典往往是思想博弈的产物,在历史的流变过程中,它凝聚了文化传统的最大共识,也储藏了文明延续的隐秘符码,儒家经典对于中华文明来说,正是扮演了这样的角色。我们要继承和发扬中华优秀传统文化,就离不开对于儒家经典的理解与解释。而作为可以诠释的儒学,能够准确地把握其中内涵的基本中介物,便是历代儒家人物所存留下来的著作。在经典诠释的活动中,通过对文字的阅读和体会,通过对思想义理的涵泳和把握,我们才能够进入经典构筑的意义世界当中。而这个过程,除了自身的理解与体悟之外,也需要解释史所提供的力量。因为经典的本质在于积累,只有借助一代代人不断理解和阐释的通道，我们才能够"穿越"历史，与古人的心灵发生交融。在经典诠释的活动中，文字记录需要反复阅读，其表达的意旨也需要反复叩问，只有在经过艰苦的思想劳作之后，才能够真正地"打开"文本，经典所蕴含的深刻意义也才能呈现出来。

正因为如此，我们每一个当下的理解，对于凝固的文字来说，都是一次发掘的过程。而文本释读的意义，就在于不断挑战与突破既有形式。当代儒学研究在面对经典之时，需要摆脱掉机械历史观的阻隔，而重新来理解历史的意义。于文本阅读而言，重在个人体悟，关注儒学的活性意义，尽量揭示其与当下存有的关联性。对于历史上的经典，除了做文献的疏解和阐证之外，更应该重视其心理层面的意义挖掘，把它当作可以交谈的心灵之友。通过对经典的阅读，通过对文本之间的对话，特别是通过对经典中思想义理的察识，寻求人类精神持续绵延的意义，体悟和印证当下的实存感受。儒学之所以延续了两千多年，尽管在历史上时起时伏，命运坎坷，但一脉相延，不绝如缕，就是因为它的经典系统从未断绝。正是在不断阐释和发掘中，儒家的经典才得以保存，其生命力才表现得如此之强韧。通过对这些经典的诠释，儒家思想不断因应了时代变化，与时偕行，历久弥新。而这种诠释活动，充满了"再叙事"与重构之意味。正是通过经典诠释，为儒家思想的不断转化释放出了强大能量，为之迈向新的理论创造，拓展出可能的空间。

注释

[1] 邬国义等：《国语译注》，上海古籍出版社，1994。

[2]《汉书》第8册，中华书局，1962。

[3]《汉书》第9册，中华书局，1962。

[4]《汉书》第11册，中华书局，1962。

[5]韩大伟：《中国经学史·周代卷》，唐光荣译，社会科学文献出版社，2018。

[6]（清）戴震：《戴震文集》，上海古籍出版社，1980。

[7]黄国声主编《陈澧集》第1册，上海古籍出版社，2008。

[8]佛雏校辑《王国维哲学美学论文辑佚》，华东师范大学出版社，1993。

[9]冯友兰：《中国哲学简史》，涂又光译.北京大学出版社，1985。

[10]冯友兰：《中国哲学史新编》，第5册，人民出版社，1988。

[11]李泽厚的观点最具代表性，在《何谓"现代新儒家"》一文中，他明确用"现代宋明理学"来定义现代新儒学，见《世纪新梦》安徽文艺出版社，1998，第109—110页；又在《说儒学四期》一文中，对此做了认真辨析，见《己卯五说》，中国电影出版社，1999，第3—12页。

[12]徐复观：《中国经学史的基础》，台湾学生书局，1982。

[13]姜广辉：《中国经学思想史》第1卷，中国社会科学出版社，2003。

[14]邓秉元：《新经学》第1辑，上海人民出版社，2017。

[15]汤一介：《思考中国哲学》，《汤一介集》第6册，中国人民大学出版社，2016。

[16]杭世骏：《道古堂文集》，《续修四库全书》，上海古籍出版社，2002。

[17][法]保罗·利科：《记忆，历史，遗忘》，李彦岑等译，华东师范大学出版社，2018。

[18][德]伽达默尔：《真理与方法》，洪汉鼎译，上海译文出版社，1999。

经世论道

儒家政治：当代中国政治的理想原型

□ 姚洋[①]

随着新型冠状病毒发展为全球性大流行，中国的政治体制越发成为西方新闻、社交媒体的讨论焦点。最初阶段，中国政府在确认武汉新冠肺炎疫情上的犹豫被西方视作专制政体倾向于歌功颂德、掩盖负面消息的证据，而中国政府随后采取的严格管控措施也被认为是其残酷性的证明。作为一名北京居民，笔者亲身感受到了这些强势防控措施带来的诸多不便。然而，事后证明，这些措施是必要和有效的，西方社会最终也采取了相同的措施，说明这些措施在对抗疫情扩散方面具有普适性。本文的目的不是讨论这些管控措施在医学上的优缺点，而是溯源而上，将当代中国政治体制与儒家政治相比较，为中国政治体制提供一种哲学解释。儒家政治是建立在儒家学说基础上的一种理想政治形态，它与自由主义思想有所不同，但它与中国的悠久历史传统相通，并构成了普通中国人文化心理的

[①] 姚洋，北京大学国家发展研究院院长暨中国经济研究中心教授、主任。本文原刊于儒家网2020年7月22日。

底层结构。笔者认为，这种比较将有助于西方世界和国人对当代中国的政治制度做出更客观的评价，同时也大胆希望，这种比较能够使得西方世界和国人更深入地理解自由民主制度的优缺点。

一、儒家的世界

自由主义民主是当代世界范围内各类民主政治实践的理想原型。其理论渊源可追溯至托马斯·霍布斯和约翰·洛克的契约理论。霍布斯的理论从自然状态开始。自然状态下每个人都具有一系列自然权利，其中保护自己是最重要、最不可剥夺的权利。同时，人是自利的，每个人都希望占有更多物质，因而，在没有约束的情况下，自然状态就会成为一个人与人之间互相争斗的世界。为了维护和平，人们签订社会契约，把自己的部分自然权利让渡给一个无所不能的政府，这就是利维坦。洛克修改了霍布斯的自然状态，认为每个人在自然状态下都受到自然法的约束。自然法允许私人拥有财产，但也限制了其界限——个人所拥有的财产不可超过其生存所需。自然状态下的唯一不确定性，是个人无法确信其他人也会遵守自然法则。因此，人们组成公民社会，并一致同意建立一个权力受到限制的政府。霍布斯理论中的专制政府被洛克所排除，因为洛克认识到，专制比自然状态下的无政府状态更糟糕。对洛克而言，建立一个专制政府，就好比说"人们为了避免几只野猫或狐狸可能给他们带来的困扰而甘愿被狮子吞噬，并且还认为这是安全的"一样。总而言之，自由主义民主政治是由自利人构建起的社会契约。

儒家政治的理论起点则非常不同。孔子（公元前551年—479年）认为，人生而具有差异。有些人聪明，有些人愚钝；"唯上知与下愚不移"，即最聪明之人和最愚钝之人无法被改变。但孔子还认为，"中人可教"，即智力中等的人是可以被教化的。最终，社会中既有君子，也有小人。君子道德高尚，关心自身之外的他人福祉，而小人只在乎私利。换句话说，孔子其实是认为，人性是既有自利倾向也有利他倾向的复杂综合体。这种看法，符合对黑猩猩和倭黑猩猩的科学观察，它们是智人的近亲，弗朗斯·德瓦尔（Frans de Waal）在其著名的《黑猩猩的政治》中对此作了生动的描述。在直觉上，这种看法也与我们在日常生活中的体会相一致。

孔子的人性论来源于对现实的观察，因此他认为人性是复杂的。而在霍布斯和洛克那里，人性是一种构建，仅仅由个人理性来定义的。这种差异，对于我们认识儒家政治及其与自由主义民主的不同具有重大意义。

首先，自由主义民主认为人生而平等，儒家政治则不认同。对于许多人而言，儒家对平等的否认可能会难以接受。但事实上，人生而平等只是一个规范性的口号，而非对现实的正面描述，儒家的否认只是承认了现实。但这并不意味着儒家必然否定对平等的追求。实际上，许多现代儒家坚决捍卫平等与个人自由。为此，儒家坚持一种积极的现实主义——承认世界并不完美，但立誓要使世界变得更好。

其次，儒家政治认为，社会需要层级制度来组织，进入一个层级需要一定的资质相对应。这种观点并非儒家所独有，美国的开国者们也有类似的想法。在著名的《联邦党人文集》中，汉密尔顿直言不讳地指出，美利坚合众国的总统必须是一个才能卓越、品德高尚之人。不仅如此，不是所有的公民都应该拥有选举总统的权利。美国宪法将选举总统的权利赋予给了选举人，他们由地方社区推选出的精英组成。当代儒家学者丹尼尔·贝尔（Daniel Bell）区分了好的层级制与坏的层级制。坏的层级制（如种姓制度）加深社会鸿沟，是压迫性的。好的层级制度则允许向上层的流动，鼓励人们自我提升。这也就是说，儒家承认，人生而不同，但鼓励人们通过自我约束和自觉学习来塑造自我。科举制就是个很好的例子，它的存在使得古代中国社会成为阶级流动性程度最高的古代社会之一。

最后，儒家政治以贤能原则选拔领导人，而不依赖政党或相关的政党竞争程序。儒家认为，政治家的最高理想是"仁"；"仁者，爱人"，爱护民众是其最终追求。这一目标的实现，和自由主义民主中强调的"问责制"（accountability）不同，后者强调制度交代官员要为人民做什么，不强调官员的主动性，而儒家的"仁治"更多取决于政治家本人的贤能程度。如何施仁政？儒家的回答是，修行，或者说学习。自汉武帝（公元前156年至87年，汉朝的第七任帝王）"独尊儒术"之后，所有皇帝都必须终身学习儒学。皇帝年幼时会由专人授课，学习儒学，登基之后必须定期参加儒家学者讲经论史的课堂（宋代称为"经筵"）。学习不仅限于皇帝，朝廷官员也需要通过学习儒家学说来提升自我，科举制度也借此选拔出有才华的年轻儒生入朝为官。在明朝（公元1368年至1644年）之前，皇帝是国家的象征，丞相是政府的首脑，他们之间的分工，用宋代大儒程颐的话来说就是，"天下治乱系宰相，君德成就责经筵"。

总而言之，在儒家的世界里，贤能是一切的基础。中国人早就意识到，他们只能依靠自身、而非政府，来获得更好的生活。这就是为什么马云、马化腾这两名白手起家的顶级商业富豪成为中国年轻人偶像的原因。中国人并不像西方所认为的那样天然地具有集体主义，而是把私人领域和公共领域分开，在私人领域遵从个人主义，在公共领域则把工作交予政府来做，并在这些方面服从政府。后者可能是西方把集体主义看作中国文化内核的原因。作为回馈，政府需要在公共领域发挥积极作用，改善人民福利，实现美好生活。基于主动性和晋升激励去为民众做事的责任（responsibility），而非问责（accountability），是中国政府机关积极做事的真正驱动力。

二、儒家国家

在儒家的世界里，国家是由以贤能为标准选拔出来的官员治理的。那么，谁有资格来选举这些官员呢？在民主国家，官员选拔是由普选投票完成的。其潜在假设是，每个公民的选票加总起来，就可以得出正确无误的集体智慧。汉密尔顿否定了这一假设，他认为，选民很容易受到投机主义政客的操纵。儒家在类似的基础上拒绝这一假设：在成"仁"之路上，人们所能达到的贤能程度各有不同，有些人较旁人更擅长做出正确的决断，因此，选拔官员的任务应由兼具美德和能力之人来承担。在古代中国，高级官员和皇帝亲自承担这项任务。在今日中国，中国共产党则担负起这个责任。换句话说，儒家政治需要一个中央权威机关来选贤任能，挑选政府官员。

这种集中式的选拔体系利弊兼备。其最大优势是使得官员选拔免受大众喜好和短期需求的摆布；在很多情况下，民众的需求是短视的。此外，在中国这样的大国里，中央机构也必须拥有强大的权力，才可以控制地方。秦始皇（公元前259年至210年）实现大一统之后，中央政府的权力得到确认，但同时也需要给予地方相当大的自主权，以维持国家的运转。为了防止地方官员建立地方政治集团，中央政府每隔几年就会将官员重新调配到不同的地方，这种做法一直延续至今。借助控制官员的"乌纱帽"，中央政府对地方实现了有效控制。但权力的集中也带来了问题。每个官员都需要等待中央的命令，故这个系统很容易趋于僵化。通往权力中心的道路太过漫长,以至于经过多轮甄选后,官员在各方面都容易趋于同质化。此外,尽管官员在晋升途中可以获得培训,从而逐渐提升素质与能力,但这种选拔制度可能会错过处于在体系之外的、能够解决某些燃眉之急的高素质人才。

  儒家政治所面临的最严峻挑战是中央政府缺乏问责制,后者是自由主义民主的内在构成部分。是否可以基于儒家理论来建构问责制呢?笔者认为,答案是肯定的。从学理角度来看,现代儒家可以从两个方面来支撑这个肯定的答案。首先,儒家政治的最终目标是实现"仁",因此,统治者(中央权威机关)没有理由不让人民掌握对其政策进行最终评判的权利,因为他相信自己的所作所为对人民是有益的。其次,即便绝大多数统治者都是好的,人民也不能排除出现坏的统治者的概率,而统治者不能仅凭口头承诺就消除人民的疑虑。通过与人民分享权力,统治者可以和人民实现相互的保证:人民确保统治者施行仁政,统治者则确保人民不会推翻他。因此,现代形式的儒家政治,应该让人民享有主权,实行问责制。

三、中国当代政治体系的表现

  1978年以来,中国经济增长成就斐然。实现这个成绩的一个必要条件是,中共在政治上回归以儒家政治为核心的中国政治传统。从纯粹的经济学角度来看,中国的经济成就没有超出新古典经济学给出的政策建议,如高储蓄、高资本积累和人力资本进步。然而,对于一名政治经济学者而言,更具魅力的问题是,为什么中国政府能够采用新古典经济学的政策。在1978年前,阶级斗争是中共的主要任务,这也是马克思给出药方,是建立无阶级社会的必要步骤。"十月革命一声炮响,给中国送来了马克思列宁主义"。中国共产党是20世纪初马克思主义传播至中国的产物,也是"五四"运动的产物。在1978年以前，中共始终旗帜鲜明地反对中国传统，认为它是反动和守旧的。1978年，邓小平停止了阶级斗争，依并以他作为中国人的务实和敏锐的直觉，引领党在政治上重新回归中国传统。在他的领导下，党开启了"中国化"转向。其中，两项变革最为重要。

第一个变革是用中国务实主义哲学取代马克思主义教条。中国没有本土宗教，长久以来，世俗生活一直是中华文明的关注焦点。自西周起，欢愉、爱、痛苦、苦难等情感，以及人们在现世生活中的经历，就成为中国诗歌、词章和民谣的恒久主题。中国人因此成为世界上最为务实的民族。在今天的版本里，中国务实主义哲学具有两个鲜明的特征。一个特征是没有永恒的真理，每一个有关于真理的主张都必须由实践来检验。如果没有这种务实主义哲学，中共就不可能进行任何与苏式马克思主义相背离的改革。另一个特征是手段的合法性可以用目的的合意性来得到合理的证明。用邓小平的话来说就是，"不管白猫黑猫，捉到老鼠就是好猫"。在这句话中，"老鼠"是中国的伟大复兴，"猫"则是可以实现这一目标的任何手段。例如，因为市场比计划更有效地分配资源，中国就应该采用市场机制，即便这是资本主义制度的产物。

第二个变革是重新将政治贤能主义纳入党内。邓小平制定了退休制度，为年轻人在党内的发展扫清了道路。20世纪80年代初期，他提出了干部四化标准：革命化、年轻化、知识化和专业化。赵紫阳的提拔就是一个很好的案例，因为带头进行农村改革，他从四川省委书记被直接提拔为总理。邓小平之后，这种以政绩为基础的选拔传统被保留下来，被历任党的中央领导沿用。20世纪90年代和21世纪的前十年，官员晋升的重要指标则变成了当地经济表现。

然而，理论层面的变革要落后于实践。在20世纪80年代和90

年代，党的领导人越来越意识到，仅用马克思主义无法全面描述党所采取的政策和经济改革，因为，很显然，改革否定了诸如计划经济和全面公有制等苏式马克思主义教条。但在书面上，马克思主义仍旧是官方的正统意识形态，因为这涉及党在意识形态上的合法性问题。"三个代表"是解决党的实践和理论之间差距的一个成功的理论尝试。党不仅代表工人阶级，也代表其他阶层的人群。这样一来，党就成为一个中性的中央权力机构，在政治上不再捍卫某些特定阶层的利益。国际比较来看，这使中国避免了困扰其他发展中国家的政治俘获问题，在资源配置方面减少偏向某些群体的资源错配，从而有利于长期经济增长。这是中国经济成就背后的政治经济学本质。

国际上的主流话语将中国的政治—经济体系描述为一个封闭的、由国家掌控的体系。实际上，将当代中国体制视为与西方的自由市场和民主制度截然相反的一种制度，已经成为西方的标准做法。但这是对中国体制的一种过度简化和误读。

首先，中共不是一个封闭的政治实体。它向所有相信、并有能力为中国的伟大复兴做出贡献的人开放。加入中国共产党，意味着要遵守党的纪律，这种成本使得党得以筛选机会主义者。在儒家政治中，党相当于中央权威的角色，即党肩负着为选拔官员的职责。各级官员都参与到晋升锦标赛中。尽管无法排除家世背景和人际关系的作用，但实证研究表明，绩效是晋升选拔的关键性因素。西方对中国政治体系的"封闭"印象，很大程度是因为西方是从选举民主的视角来看待当代中国体制——因为没有与共产党竞争的其他政党，所以中国的体系就是封闭的。但中共并非西方意义上的政党，它实际上是儒家政治里的中央权威机关。

其次，在经济方面，中国经济并非由国有部门主导。中国经济里,私营部门的贡献可以简洁地概括为"56789":私营部门贡献了税收的50%、GDP的60%、创新的70%、就业的80%以及企业数量的90%。中国经济成功的关键不是国家资本主义,而是私营部门的扩张和增长。国家资本主义本身也只是个迷思。尽管政府的确影响市场,但如果由此就认定中国政府控制着中国经济中的一切,却是很牵强的。严肃的学者必须意识到,把中国的经济模式等同于国家资本主义,很可能是某些人抹黑中国经济成就的策略。

最后,在社会方面,党的控制也被夸大了。可以肯定的是,中国存在审查制度,但中国的体制与"1984"中的想象相去甚远。以社会信用体系为例。西方评论家把它视作中国实施数字专制的证据,但这种观点忽略了以下事实:欺诈对中国的商业运作和民众的日常生活构成了严重威胁,而中国是一个正在从传统熟人社会向现代陌生人社会转变的国家,社会规范尚在建设之中。社会信用体系旨在惩罚欺诈,奖励诚信。它的确给诚信的人带来了不便,但这可能是中国快速过渡到以规则为基础的现代社会必须付出的代价。

中国对抗新冠病毒的隔离措施也被西方评论家和媒体视作中国专制主义的证据,一些人甚至呼吁本国不采取隔离措施,因为他们想避免步中国"专制措施"的后尘。但是,这种判断忽视了一个事实,即东亚其他国家或地区同样也施行了严格的隔离措施,有些地方还为了控制病毒传播采取了电子追踪措施。东亚国家(地区)可以做到这些,不是因为它们和中国有着相同的制度,而是因为它们和中国一样,拥有相同的相信权威的集体主义文化。

四、在中国政治体系中引入权力分割与制衡

可以肯定的是,与儒家政治相比,中国的政治体系尚不完美。但这并不奇怪,因为毕竟,当今世界的民主制度也没有能够达到其

理想模式——自由主义民主——所设定的标准。每种政治体系都处于走向完美的途中。

中国政治体系与儒家政治之间的最大差距是中央权威机关缺乏问责制。为了弥补这一缺憾，笔者的建议不是引入选举竞争，而是在现有政治体系中引入制衡。国家治理的核心是分权与制衡，这不是自由主义民主所独有的特征，任何理性的政体都应该分割权力，因为否则的话，在以复杂性为标志性特征的现代社会中，我们就不可能实行理性的政治。遗憾的是，权力分割和制衡虽然本身只是一种国家治理技术，但在东、西方都被加载了过多的意识形态重担，以至于对它们的讨论都被框定在政治制度之内。对于西方人来说，中国的体制下不可能有权力分割和制衡；对于中国人来说，中国的体制也不需要权力分割和制衡。

当中国共产党是社会上的唯一政治力量时，有可能在中国引入制衡吗？在这方面，北宋（960—1127年）宋太祖给后代立下的誓碑或许能提供一些启示。史料显示，宋太祖竖立了一块题有誓言的秘密石碑，要求未来的皇帝"不得杀士大夫及上书言事人"，"子孙有渝此誓者，天必殛之。"每个新上任的皇帝都必须秘密地宣读这个誓言，北宋也真的没有皇帝违背它（南宋也只有宋高宗违背过）。因此，权力的自我约束或许可以带来政治力量不对称的群体之间持久的协议，背后是对儒家学说的普遍认同与信仰。中共致力于中华民族的伟大复兴，这是全体中国人民的共同事业。因此，前述关于儒家政治实行问责制和主权在民的两个论点，也适用于中国当前的政治体制。

有很多原因导致中国没有完全实行权力制衡，但最重要的原因是，中国人对儒家政治是中国国家治理的理想原型这件事缺乏共识。中共还没有准备好去完成其中国化的进程，而公众又被西方民主叙事所支配。结果是,中国政治中充满了双重焦虑带来的紧张——公众、特别是知识分子,急切地希望中国过渡到民主制度,而正因为此,中共对其权力的稳固产生焦虑。言论审查在很大程度上是因为这种焦虑才出现的。

中国共产党应该带头打破这种焦虑,而完成中国化是其唯一的出路。马克思主义无法解释1978年以来中共施行的改革和经济政策,也无法与中国普通民众的世界观相融合。如果承认儒家政治是中国治理的理想原型,中国的政治体系就将拥有坚实的哲学基础,而且也与普通中国人的心理倾向达到一致。除此之外,这样做也将对中国与西方打交道有很大的裨益。自由主义蕴含着宝贵的人类价值观,但它并非没有缺点,特别是在涉及个人主义和抽象平等的领域,更是如此,而这些领域已经成为民粹主义的温床。儒家政治推崇贤能主义,在这些领域可以成为对抗民粹主义的有力武器。此外,中庸思想孕育着和平相处的思想,而"己所不欲,勿施于人"更是让儒家在一定程度上接续上自由主义的价值观。所有这些,都支持中国的世界多元性主张。

创造性构建中国新价值体系

□ 姚中秋[①]

21世纪第二个十年开始,"中国时刻"的概念被中国知识界所重视。"中国时刻"由中国大陆新儒家的代表人物姚中秋以及法学家高全喜在2012年率先提出,及后经过多年讨论,渐渐成为海内外思想界关注的命题。

姚中秋现任中国人民大学历史政治学研究中心主任,他在2019年12月由海南出版社出版的《世界历史的中国时刻》一书中,阐述中国硬实力达到引发了"中国时刻",并提出中国传统价值体系应不断焕发新机,并融摄西方既有的人文、社科知识,建立新的价值体系,以作为中国建立新的世界伦理、治理秩序的依据。

亚洲周刊为此专访了姚中秋教授,阐述他的"中国时刻"理论和新价值体系愿景。

01 "中国时刻"这个名词大概是在2012年被您提出,为什么到了那个时候,您认为需要建构"中国时刻"的论述。时至2020年,

---

[①] 本文原刊于《亚洲周刊》2020年第50期(2020/12/14—2020/12/20),受访者姚中秋,采访记者为黄宇翔。

面对世界疫情,您也在五月份左右撰文,认为世界秩序在重组之中,"中国时刻"由提出到现在,在内涵方面有哪些调整、充实?在疫变之后,中国更应该强调哪些价值,面对变动中的世界?

姚中秋:2012年提出"世界历史的中国时刻"命题的背景是:此前一两年,中国的制造业总值超过美国,中国GDP超过日本,跃居世界第二位。从经济上看,中国已居世界第二位。由此,中国深刻地改变了世界格局。可以推测,保持经济高速增长的中国,必将进一步改变世界格局。中国也更为自觉地积极有为,提出"一带一路"倡议,提出人类命运共同体理念,在亚太地区逐渐恢复领导地位。所有这些事实证明,世界历史确实处在中国时刻之中。

这场突如其来的全球性疫情显然加速了"中国时刻"的进程。首先,中国用很短的时间控制住了疫情,而所谓发达国家的感染率和死亡率远超中国,两者的国际形象此升彼降,必然会有更多国家认同中国;其次,中国已全面复工复产,美国还在疫情高峰中挣扎,经济增长率必定此升彼降,相应地,综合国力将会此升彼降。这场疫情加快了世界格局的调整,美国已向全世界证明其"德不配位",中国地位将进一步提升。

当然必须承认,当初提出这个命题时没有料到美国对中国的打压是如此冷酷、坚决。据此,"中国时刻"的内涵也得做一点调整:中国既要思考如何引领世界走向更好秩序,更要认真思考如何打败美国,但又不至于走向热战。

我以为国家要在三方面努力:第一,"止戈为武",快速强化军力,在亚太地区对美取得优势,以打消其进行军事冒险的企图;第二,建立广泛的国际统一战线,断其左膀右臂;第三,集中力量推动战略性科技产业超常规发展,保持经济中高速增长,以实现GDP尽快超过美国,迫其认输。因此,未来十年将是中国最吃紧的阶段，必须保持强有力的政治领导、紧密的国家团结和有效的战略实施能力。若能如此，则可不战而胜，实现世界秩序的和平重建。

十年后，世界将是另一番景象，世界历史的中国时刻也就差不多结束了，这个历史分期概念就是指中国改变世界格局的阶段，始于2010年，止于2030年或略晚一些的2035年，差不多一代人时间。这是中国乃至世界数千年历史上最重要的关节点。能够经历这一历史阶段，我们是很幸运的，当然责任也十分重大。

02当前的世界"自由主义"意识形态面对重大危机，前有极右民粹主义，后有"黑命攸关"（Black Lives Matter）为首的左翼历史修正主义，使欧美自由主义处于二元撕裂当中。在这个价值矛盾对决之中，中国价值、儒家价值可以提供哪些思想出路？

姚中秋：当前美国种族矛盾大暴发，迫使我们重返美国建国时刻及其发展历程，从中不能不得出如下结论：这个国家立国不正，其国家价值和制度有严重缺陷。美国的国家基础是征服、殖民和种族等级制，当然还有财产等级制；其所谓自由或法治，乃至于其三权分立与制衡的政体，均奠定于这个根基之上。

类似地，英国转向自由市场、自由贸易，认可民主、开放选举权，均发生在19世纪30年代。此时，英国率先完成工业化，凭借其绝对技术、军事优势，武装征服中国、印度等欧亚大陆上古老国家。对外征服与其自由民主同步，事实上，前者就是后者的前提。听起来非常美好的价值，从一开始就伴有残酷的黑暗面——当代世界最杰出的社会学家迈克尔·曼的《民主的阴暗面：解释种族清洗》，对此有所论述。

可以说，美国这个国家的成立是以黑人、印第安人为代价的，它欠下了巨额的人道债；现在黑人要求白人还债；白人不甘心，还之以白人清教种族主义，特朗普的思想导师班农就是其鼓吹者。此所谓冤冤相报,永不能了。可以预料,两者的斗争将日益激化,而以种族为标签的斗争注定了是永远无解的死结。

作为旁观者,我们只能建议说,解决黑人问题或其他种族问题,必须跳出种族视野,把所有人当人看,敬之、爱之、立之、达之,解决其贫困问题,打开其上升通道。这就需要全面改革基础教育,建立扶贫机制,完善基层治理。但要做到这些,就需要一个中国式负责任而积极有为的政府,需要废除资本主义制度。然而美国能做到吗?难,我们就只好隔岸观火了。

03 美国日籍学者福山曾经指出,在世界历史早已展现过"中国时刻",即中国秩序曾经输出成为世界秩序,例如唐朝的"天可汗体系",元、明、清的朝贡体系,这些历史上曾经出现的"中国时刻",对今天中国有哪些启示?

姚中秋:不错,福山是位很有趣的学者,他在20世纪90年代提出了"历史终结论",断言历史已终结于西式自由民主制,但其心智还算开放,因而尚能认真对待中国复兴的事实。据此事实,返回中国历史,重新发现中国,承认历史上中国最早构建现代国家、并维护世界体系的成就。这是很了不起的,直到今天,大多数中国学者还不承认这些成就呢!我在书中对中国的这些历史成就均有所论述。

这方面的成就告诉我们:第一,中国必将发挥世界领导作用;第二,中国也有这方面的经验和智慧,比如"礼闻来学、不闻往教"和"修文德以来之"的基本理念,明太祖提出的天下人"共享太平之福"的政策。其实,这些已经体现在"一带一路"倡议、人类命运共同体的理念中了。由此所形成的新天下秩序必定优于英国、美国先后主导的世界秩序。

04 在2020年,您的新作《世界历史的中国时刻》中,您提到

"我们要正常化,当然要建立宪政、民主等制度",您怎么看中国国家"正常化"这个概念,时至今日,宪政、民主等名词已在中国经历"祛魅",在中国语境里有新的意涵,您怎么看待宪政、民主对当今中国的意义?

姚中秋:我印象中,《世界历史的中国时刻》中没有"我们要正常化"之类的表述。从这次疫情可以看出,其实,中国才是正常国家,那些所谓发达国家太不正常了,尤其是美国,其人民连最基本的纪律都没有,其政府连最基本的责任感都没有,死了那么多人,没一个人出来负责,老百姓好像也无所谓。

我相信,恐怕全世界所有人都在疑惑,美国人所标榜的公民社会在哪儿?其所谓宪政、民主起什么作用了?这些西式价值和制度都一度被神化了,很多人以为,我们只要建立了这样的制度,就可以进入天堂。然而,越来越多的事实已经为其祛魅,现在可以得出如下结论了:以政党竞争为中心的大众投票式民主制算不上好制度,美式分权制衡制也算不上好制度。

因此,我们今天为中国、为人类寻求善治之道,没必要花费太多时间在西式宪政、民主的理论和制度上,当然还是要做研究的,但恐怕要保持反思、批判的态度;相反,现在应该更认真地对待中国自身的传统和现实,从中抽绎出普遍的价值,发展出理论,重新想象并推动建设良好经济政治制度。

05 您被视为中国"新儒家"的代表人物,"新儒家"在"中国时刻"论述、价值实践上,以及能在价值、行动上提供怎样的指引方向?

姚中秋:在20世纪全盘性反传统的整体氛围中,新儒家延续了儒家思想的血脉,这是我们应该感念的。不过,新儒家于1949年转入港台之后走上歧途,专心发展心性之学,而以西式民主政治作为其政治方案,自然成为自由主义的同路人。由此也就可以理解如下怪象:港台新儒家大师的弟子、再传弟子们中间,同情甚至支持台独、港独者居多。港台新儒学回流大陆,其主体也与自由主义合流。这样的新儒学其实是半吊子儒学,打心眼里看不起儒家,看不起中国文明,当然不能为中国时刻提供什么引领作用。

因此,"中国时刻"的儒学需要重构。首先要摆脱对西方思想的依赖,顶天立地做主体。大陆的政治儒学在这方面迈出了一步,但其复古倾向是不可取的。其次要有天下视野而不可局限于中国:中国今天即便仍存在问题,也必须在世界框架中解决,而诸多世界性问题也需要中国方案来解决。

基于这些考虑,近些年来我主张,应该超越儒学,回到五经,创造性构建全球时代的经学,也即以五经大义的基础,涵摄西方既有的人文、社会科学知识,建立一套关于人与秩序的普遍知识体系。《世界历史的中国时刻》下卷《化成天下的中国之道》的论述初步体现了这方面的成果,当然还需要更为广泛、深入的研究。

06 在书中第二章,您以"超大规模"作为中国"特殊性"的一个主要代表,与前年施展《枢纽》一书颇有相互借镜的意味?然而,这种中国"特殊性"产生的体制、价值观,是否意味着不具有"普适性"?又或者,中国模式、价值的从"特殊性"走到"普适性",需要有哪些过程、价值作为衔接?

姚中秋:中国始终维持了共同体的超大规模,在世界历史中固然是一个显著的例外;但这恰恰展示了人类通往普遍秩序之道。考古学把一群人建立"国家"这样的组织,视为其走出野蛮、进入文明的根本标志。那么,文明进步的标尺就是国家组织的深化和规模的扩大,几千年来,中国在这方面的成绩最为出众。也就是说,中国为人类探索了建立、持续扩大、并永久维持普遍的人类合作秩序之大道。因此或许可以有点夸张地说，世界的前景就是中国化，当然，这是一个极为漫长，以百年、千年为计时单位的历史过程。

中国可以教给世界的最重要的价值是人道或者说人文主义。考察世界历史即可发现，神教经常造成政治上的分裂，这是人类走向普遍秩序的最大障碍。中国之所以能有如此大规模，就是因为我们的文明不以神教为中心，而是以敬天为根本，讲"道不远人""观乎人文，以化成天下"，书中对此有所讨论。由此我们建立了世俗国家，以人文教作为教化机制，以改善人民生活作为国家的唯一目标，这些恐怕正是今日世界切实需要的。

比如，当今美国就亟须一场人文主义运动。在发达国家中，美国人的信仰最虔诚，且信奉原教旨主义色彩最浓的清教，其结果是，大量美国人抗拒科学常识，"选民"观念助长其严重的种族主义偏见；在国际上，美国的帝国主义也基于意识形态狂热，把普适价值喊得震天响。

然而，这套价值却制造了最深刻的分裂：先是冷战，世界分为两个阵营；后冷战时代则是"人权战争"，划分"邪恶帝国"，"美国治下的和平"（Pax America）一点也不和平；现在又把中国视为"大国竞争"对手，搅乱香港，拿台湾做文章。这种意识形态帝国主义源于其狂热的一神教信仰，搞得全世界不安宁。所以，美国人需要接受人文教化，走出神教偏执，才能成为正常国家。

07在书中，您抓住儒家的"仁"作为儒家最重要的价值展开，劳思光曾经归纳中国儒家思想三层结构是"摄礼归义""摄义归仁"，"仁""义"作为价值可以历久常新，但外在于仁义的"礼"，在21世纪的今天要如何焕发新的力量？

姚中秋：在仁、义、礼之中，仁是根本；今日世界最为欠缺的也正是仁。如果我们把礼宽泛地理解为规则，那么可以说，西方所谓法治就是以礼治世。而孔子说过："人而不仁，如礼何？"这句话正适合于评论源于西方的法治。近些年来，美国常年有两百多万人被关在监狱，占人口的比例是全球最高的。同样，西方塑造和维护的世界体系，也差不多是"丛林状态"，弱肉强食。这就是单讲规则的后果。

这个有规则而无秩序的世界迫切需要仁：一方面是"己所不欲，勿施于人"，也即尊重别人；另一方面是"己欲立而立人，己欲达而达人"，也即爱人助人。以仁打底子，规则的治理才不至于变成苛政、暴政。西方文明总体上是偏于规则之治而欠缺人际互爱互敬的维度的，中国思想可以矫正、补充这种偏失，让国家、国际有人情味。而要培养人们的仁爱之情，就要保护"亲亲"，要维护家庭制度，要珍惜和保护熟人社会，要创造各种条件，让陌生人成为熟人，使天下为一家。

08 中国传统儒家价值所依附的宗族社会、科举体制已然崩溃，海外新儒家唐君毅等在一九六三年就曾撰文《花果飘零及灵根自植》，今时今日，又应当如何建立儒家的生活方式，以至影响海外的亿万斯民？

姚中秋：儒家式生活方式首先是儒家式政治制度，因为儒家本来就以治国平天下为中心。但港台新儒家走上歧途，把政治完全交给西式民主。台湾倒是建立了民主制度，然而，台湾人民得到了什么？因此，建立儒家式生活方式，首先得建立儒家式政治制度，当然还有儒家式经济体系，书中对此有所讨论。以香港为例，解决问题的长远之道就是结束自由放任资本主义，转向"厚生主义"：抑制地产、金融豪强，对其征重税；多建廉价住房，发展实体经济。总之，要给底层、给青年创造发展的机会和通道。

当然，儒家式生活方式也有社会和宗教维度。过儒家式生活，必然反对个人主义，亲亲而孝悌；辟神教而敬天；重视婚姻，多生孩子，爱家收族。生活在任何国家，都可以做到这些。同时也可以推动所在地政府"作民父母"，塑造和维护有情谊的人际关系和社会秩序。应该说，随着西方的持续衰败，个人主义、自由主义及相应的西式生活方式必定在全球退潮，这正是重建儒家式生活方式的好时机。

09"中国时刻"这个论述显然容易受到国内自由派、海外的警惕，例如张千帆就说"只要中国人不灭亡，中国人生活的时刻注定是中国时刻"；葛兆光在《历史中国的内与外》也提到："既然二十一世纪是中国的世纪，就应当由中国主导世界新秩序，按照他们的说法，就是重建古代中国'天下'"。您对于自由派的担心有哪些看法？新儒家在"中国时刻"论述当中应当如何与自由派对话，以至寻求共识？

姚中秋：我自己也曾经是自由主义者，做过一点介绍哈耶克思想的工作，所以与很多自由派人士是朋友。现在很愿意送上八个字给这些老朋友们：解放思想，实事求是。近些年来自由派特别喜欢搬出邓小平来说事儿，但他们恰恰忘了邓小平的八字精髓，而把自己封闭在意识形态牢笼之中。他们静等着历史的终结，拒绝一切多样和新的可能。香港、台湾很多知识分子同样陷入民主的意识形态牢笼之中。牢笼中人难免闭目塞听，罔顾现实，自说自话，自欺欺人。

当今世界最大的现实是中国的国力已经坐二望一，这就需要新的世界观、历史观、战略观。这些学者却反复念叨邓小平在90年代初特定时期提出的"韬光养晦"。我们设想一下，邓小平复生，他会如此刻舟求剑吗？社交媒体中现在提到自由派"公知"，通常加上"古墓派"三个字，因为他们的言论已经重复了二三十年甚至一百年了，好比孔乙己进了咸亨酒店，引发青年们一片哄笑。大化流行，时不再来，历史不会停下来等你，要么你跟上，要么你被抛弃。大体可以断定，自由主义在中国思想场域中已经边缘化了。

实际上，自由主义正在全世界边缘化。略微考察一下历史更可发现，任何正常国家都不会以自由主义为主流价值，因为它是批判性理论、消解性力量，而社会的根本议题从来都是如何促成普遍的善、维护秩序。美国人为了对抗苏联，制造自由的意识形态；冷战结束后，又以自由主义作为消解他国秩序、构造帝国秩序的工具。

欺人太久者，难免自欺，对外策略反噬其内部，美国秩序同样遭到消解，其结果就是，这次面对疫情，其人民、国家完全无力组织起来。但特朗普的当选表明，部分美国统治者已决定放弃自由主义，自由主义已开始在全球退潮。只是过去几年，美国内部还有斗争。疫情失败、帝国崩解压力则会驱使美国统治者全面放弃自由主义。丧失了美国的支持，自由主义在全球将迅速边缘化。

10 众所周知，中国思想版图，主要由自由派、新左派以及新儒家三分天下。著名历史学者许纪霖因此提出"新天下主义"，以至于2019年在香港出版了著作《中国时刻——从富强到文明崛起的历史逻辑》，试图调和三家的矛盾，您怎么看许纪霖的尝试？

姚中秋：自由主义、新左派、新儒家三足鼎立的说法，最早提出于20世纪90年代末。但今天，这一分析框架恐怕已经过时了：自由主义已经边缘化；新左派恐怕没有什么人提了；儒学圈子看起来热闹，实际上在古董中打转，缺乏思想创造力。

这三家面对中国时刻都陷入迷茫、失语状态，拿不出像样的理论来描述、解释现实，更不要说引领历史变化。因为三家患有差不多同样的病：迷信书本，罔顾现实；迷信西方，轻视中国。所以，这三派是什么关系，已经无关紧要。

换言之，当下中国正处在思想的真空期中，处在混沌状态。其实，整个世界都处在这种状态，看看今天美国、西方，哪有思想家啊？看看西方著名思想人物针对这次全球疫情发表的议论，可谓江郎才尽，更不乏愚昧，堪比于清末的腐儒。

这倒也不难理解，历史变化速度太快了，思想难以跟上节奏。但细加观察也可发现，新的思想学术体系或许正在酝酿之中，比如张祥龙、孙向晨、吴飞等学者，还有我本人，重视家、孝的根本含义，据此或许可以发展出全新的生命、社会理论；政治学界一批学者提出发展"历史政治学"，我们人民大学政治学系已成立了历史政治学研究中心。至少就方法而言，历史政治学是全新的，还没有西方学者提出过；运用这一方法，深入中国历史，重思人类历史，反思西方现代政治，完全有可能发展出回应人类这次巨大转变的政治思想体系。

总之，今天，主导世界两百年的欧美思想体系、过去百年以弱者姿态思考的中国思想范式，均告失灵。立足中国，创造新的普遍性理论，以使人类"各正性命、保合太和"，这是身处中国时刻的中国学者不可推卸的责任。

"天下一家"：中国古典文明的政教理想

❏ 陈赟[①]

马克斯·韦伯将传统中国视为有着统一文化的家产官僚制国家，这一家产官僚制"是个强固且持续成长的核心"，也是"（中国）这个大国形成的基础"。[1]本来，家产制与官僚制是两种不同的支配类型，但传统中国的情况是二者的综合。其中的家产制支配取向，使得整个国家被视为皇帝的个人家产、私产，而以俸禄制而供职于国家官僚系统的官员则被视为皇帝的家臣，国家的老百姓则被视为皇帝的子民；而在地方的官僚系统中，地方官本身又被视为父母官，而他治下的基层百姓则是其子民。"家产制支配者都企图迫使非家产制的子民、像家产制子民一样无条件地服从于其权力之下，将所有权力皆视为他个人的财产，就像家权力与家产一样，这是家产制支配的内在倾向。支配者能否成功做到这一点，乃是个权力关系的问题。"[2]但在中国的政制又超出了纯正的家产制，甚至

---

① 陈赟，华东师范大学中国现代思想文化研究所暨哲学系教授。本文原刊于《信睿周报》第34期。

是与纯正家产制的决裂,"从一形式的观点而言,这可说是官僚制即事化可能性之最彻底的实现,因此也是与典型的家产制官吏——官职之持有乃是有赖于君主个人之恩惠与宠信——之最彻底的决裂。"[3]

在韦伯看来,中国的官僚制之所以无法走向作为现代性基础的理性化道路,乃是因为它始终受限于其家产制向度。"中国司法行政的无理性并非神权统治因素,而是家产制因素所致。"[4]沿着韦伯的进路进行思考,也就意味着中国的政制系统无法在家与国的不同构造及其基础进行形式化区分,从而将家内因素(传统、习俗等)带进了国的系统。由此而导致了公私分化无法在观念与制度性上呈现,这才有将整个国家乃至人民视为皇帝个人的财产的观念,这是韦伯对传统中国"家天下"政治的文明论理解,它被用来刻画普遍历史叙事中的中国文明的定位。家内因素延伸到了国家层面,这使得家成了国家构造的秩序基础。黑格尔也强调:"这是一种建立在家庭关系基础上的一个国家的人为组织。对于这个国家的性质可以进一步这样规定:它是道德的。这个形态的基本要素就是:它是一种宗法关系、家庭关系。"韦伯所发现的没有权限划分的意识,在黑格尔那里其实曾被表述过,皇帝"被视为父亲、族长,并且拥有不受限制的权力。……政府权力没有任何限制。……由皇帝本人行使最高、最彻底、掌控一切的权力,存在着他依此行使统治的法律,但这些法律不是与皇帝意志相左的,而是要使全体民众都遵照他的意志来保持秩序。政府拥有一种完全像父亲那样的声望。"黑格尔的这种理解,与他将中国归入由自由理念刻画的世界历史的开端时刻,即一个人自由因而也就是没有真正自由的历史纪元相关。黑格尔对统治者的父亲化想象可与韦伯的如下表述相应:"'君父'(Landesvater)乃家产制国家的理想。因此,家父长制乃成为特殊的'社会政策'的担纲者,而当它在充分理由必须要确保子民大对其保有好感时,它实际上也经常推行社会福利政策。"皇帝本人将天下人视为其子民,爱民如子,视民如伤,这种意识的体制化结果就是家产官僚制——这就是黑格尔与韦伯对"家天下"的理解。

上述理解的确注意到了"家天下"体制的某些性相,特别是与其近代理性化形式的紧张,不能不说有其一定的合理性,甚至不无深刻性,但它远非充分,远未呈现从中国思想自身出发达成的理解。"秦、汉以降,封建易而郡县壹,万方统于一人,利病定于一言,臣民之上达难矣。"[5]这样的情况下,才出现将天下视为皇帝一家之财产的观念,如在刘邦那里曾经发生的那样,然而这样一种观念绝不是对"家天下"之的解,以这样的解释为基础根本无法解释传统中国数千年的绵延性持存,毕竟在16世纪之前的中国,就其文明的影响力而言,乃是作为世界历史的最大化区域中心而存在的。更何况,在本质上,任何一种政治体都不可能建立在"私天下"的基础上,以"私天下"解释"家天下"其实是一种严重的误解。黑格尔与韦伯在中国政制理解方面的问题在于,不是从中国思想的内在理路出发,而是从文化层面上"普遍历史"的西方时刻的自我理解的处境出发,给出一个在欧洲主导的世界历史叙事中居于边缘位置的中国文明的图像,在这个图像中,"家天下"首先别降格为成就皇帝一个人的任意自由的"私天下"体制,或者用韦伯的话来说,成就不违背传统条件下的统治阶层的任意性的体制。

回到"家天下"的主题,《礼记·礼运》给出了从中国思想传统出发的理解进路。《礼运》将大同与小康分别视为"天下为公""天下为家"的理念安排。"天下为公"被视为大道之行的表现,而道在中国思想又具有无以尚之的崇高位置,可以说,天下为公就是中国政治的理念。当郑玄将"天下为公"与五帝时代对应，而将"天下为家"与三代对应时，二者被以一种历史叙事的方式展开在中国的文明论记忆中，但这种历史叙事绝非线性化叙事，"天下为家"并非"天下为公"的替代之物，二者只是大道发生作用的显和隐的不同机制；"天下为家"亦非"天下为公"的对立之物，并非天下不为"公"，即为"家"，或一旦"天下为家"则不能"天下为公"，在历代的主流解释中，从五帝之"天下为公"到三王之"天下为家"，乃是时势不得不然，此中有出于天而不系于人的因素为之主导，而不是五帝与三王自觉选择创制的结果。循此线索，"天下为家"并非大道之"无"，而是大道之"隐"，大道仍然以隐性方式发生作用，"天下为家"本身作为一种理念之所以具有独立的意义，正在于它刻画了大道显现的另类可能性，即以隐性的方式显现。

从亲亲到仁民，从仁民到爱物，这是大道所蕴含的伦理内核。由此可以扩展为一种对西方文明视野极为陌生的"民胞物与"观念，根据这一观念，天下的每个人都是我的同胞，每一物都是我的伙伴。这种"民胞物与"的思想在儒家关于仁者人格的构想中得到了体现，程颢以为其实质是"仁者浑然与物同体"的体验。然而，正是这种浑然与物为体的思想，不但不能通过黑格尔哲学给出，亦且为其哲学所不许。这是因为家骨子里还是被限制在自然性的血缘的层面，而不能进入更广更大更高的宇宙论层面。这也是何以基于血缘的家庭被视为"私有之域"而不可能是"共有之域"的深刻根源。而在张载的《西铭》中，我们可以看到一种超出了血缘关系的"民胞物与"："乾称父，坤称母；予兹藐焉，乃混然中处。故天地之塞，吾其体；天地之帅，吾其性。民吾同胞，物吾与也。"张载将宇宙理解为一个大家庭，而天地则是生养所有人物的父母；对于作为天地之子的个人而言，充盈于天地之间的气就是我的形色身体，而统率天地成其变化的就是我的本性。这里的关键在于人与万物在生物性层面就是一体的，这不是基于血缘论，只要局限于血缘论，即便是人类成员之间也无法成为一个大家庭的成员，更何况人与物呢？张载突出的是宇宙之家的气缘论基础，而血缘不过是气缘的局部性的特殊例证或有限区域，在"通天下一气"的前提下，一气贯通连接着所有的存在者，他人、它物皆与我一气流通、痛痒相关、彼此互感，只要扩充自己的意识，便能意识到万物本来一体："大其心则能体天下之物，物有未体，则心为有外。"

从罗洪先的《答蒋道林》中，不难看到这一点："是故感于亲而亲焉，吾无分于亲也，有分于吾与亲斯不亲矣。感于民而仁焉，吾无分于民也，有分于吾与民斯不仁矣。感于物而爱焉，吾无分于物也，有分于吾与物斯不爱矣。是乃得之于天者，固然如是，而后可以配天也。故'仁者浑然与物同体'。同体也者，谓在我者亦即在物，合吾与物而同为一体，则前所谓中虚而能旁通，浑上下四方、往古来今、内外动静而一者也。故曰'视不见、听不闻，而体物不遗'。体之不遗也者，与之为一体故也。"事实上，康有为也明确地将天下一家与万物一体关联在一起："万物一体，天下一家，太平之世，远近大小若一。"[6]

值得注意的是，当《西铭》说"大君者，吾父母宗子；其大臣，宗子之家相也。……凡天下疲癃残疾、惸独鳏寡，皆吾兄弟之颠连而无告者也"时，张载并没有如同黑格尔、韦伯对中国政制的概括，君主并没有以"君父"（Landesvater）的形象出现，而"君父"则是韦伯、黑格尔的中国图景中支配者的唯一肖像。在宇宙论大家庭中，君主如同其他人一样，都是天地之子，而天下人作为同样的天地之子，则是君主的兄弟。君主作为统治者，乃是以宗子或元子（嫡长子）的身份带领作为他的兄弟的天下人一起侍奉天地这个宇宙论父母。张载的这一思想极大地颠覆了黑格尔与韦伯的中国君主想象，而且，这一图像有着悠久的思想传承，在《尚书·泰誓》中就可以看到这一思想的表述："惟天地，万物父母；惟人，万物之灵。亶聪明，作元后。元后作民父母。"张载《西铭》不过是对这一思想的解释，而朱熹在解释《西铭》时，再度回到了这一思想："乾父坤母而人生其中，则凡天下之人，皆天地之子矣。然继承天地，统理人物，则大君而已，故为父母之宗子；辅佐大君、纲纪众事，则大臣而已，故为宗子之家相。"[7]

"天下一家"的思想在先秦有明确的表达：一方面，子夏所传述的古老箴言"四海之内皆兄弟"，就是将天下的每个人都视为兄弟，这种兄弟之情既超越了血缘，同时也超越了政治礼法为达成秩序而设定的等级，默享了某种宇宙论前提的原初体验；另一方面则是与《庄子》所表达的每个人都是天子（一切个人与君主皆为天之所子）的思想。这里可以看到一种完全不同于韦伯与黑格尔的关于中国文明中人与支配者关系的新图像，另外，自《尚书》以来就存在的王者乃天之元子的思想，也使得黑格尔与韦伯意义上的君主的任意成为不可能，因为它突出的是王者作为天之元子以统率天之众多庶子以事天的思想，而作为统治者的元子与作为被统治者的庶子就不再是父子关系，而是宇宙论父母之下的兄弟关系。而那种家产制的中国政治图像背景深处显现了一种与中国思想有着很大差异的法权性眼光，在罗马法系统中，对于家父主而言，他与子女的关系只有所有者与所有物的关系，子女是其财产，而此后的封建领主在其领地则可以支配领地的一切，所有这些都渗透着一种法权观念，人之所以不能与物浑然一体，其中的一个内在原因便在于物只是法权主体的所有物（res），仅仅具有被支配者的角色，与此相联系的观念是,"人只有作为财产所有者才是自由的。财产是外在的事物。"

"天下一家",在三代乃至在传统中国时代,由于历史的时势使然,而不得不采用一家之治意义上的"家天下"方式。但《礼运》通过"天下为公"的大同理想,则从理念上实现"天下一家"与"家天下"(这里指的是一家之治)的解绑,"天下为公"超出了一家之治,不再以家族内部的世及制度作为社会基础,相反,通过选贤举能的机制,以天下之人治理天下,而"天下为公"的内涵正指向天下作为天下人而非一人一家一姓之天下。这个意义上的天下,虽然在制度上不再支持一家之治的制度安排,但在理念上仍然支持"天下一家",即将天下之人整合为一个宇宙大家庭的理想。故而《礼运》强调:"故圣人耐以天下为一家,以中国为一人者,非意之也。"这里的"天下为一家"即"以天下为家",即是对礼运"天下为家"的内涵的理解,"天下为家"被视为极高的政教成就,无论是三代的六君子,还是这里所谓的"圣人",都意味着《礼运》中与"大道既隐"关联着的"天下为家",仍然是《礼运》作者的崇高政教理想,而绝不能简单地理解为以一家一姓为主体进行的专制独裁之"家天下"。

这样,"家天下",作为政教理解,它意味着将关联着万物一体论、天下一家论作为政治秩序的基础性理念,"君父论"必须被视为"家天下"思想的畸变形式。马克斯·韦伯追随黑格尔,从上述畸变出发,以"君父论"思想出发去解读中国的政治,这就使得他必然认定《礼运》以"大同"(天下为公)与"小康"(天下为家)的理念,完全外在于中国的政教结构与儒家思想的经验,"此一无政府主义式的社会理想的描述,远超出儒教经验性的社会思想架构之外,并且特别是如此地与所有儒教伦理之基础的孝道无法兼容。"[8]

注释

[1][德]马克斯·韦伯:《韦伯作品集Ⅴ:中国的宗教 宗教与世界》,康乐、简惠美译,广西师范大学出版社,2004,第96页。

[2][德]马克斯·韦伯:《韦伯作品集Ⅲ:支配社会学》,康乐、简惠美译,广西师范大学出版社,2004,第118页。

[3]同上书,第161页。

[4][德]马克斯·韦伯:《经济与社会(第二卷 上册)》,阎克文译,上海人民出版社,2010,第1153页。

[5]王夫之:《尚书引义》卷5《立政周官》,载《船山全书(第二册)》,岳麓书社,2011,第401页。

[6]康有为:《论语注》卷9《子罕》,载《康有为全集(第六集)》,中国人民大学出版社,2007,第448页。

[7](南宋)朱熹:《西铭解》,载朱杰人等主编《朱子全书(第13册)》,上海古籍出版社,安徽教育出版社,2002,第142页。

[8][德]马克斯·韦伯:《韦伯作品集Ⅴ:中国的宗教 宗教与世界》,第291页。

家国结构与"孝"的公共性

□ 陈壁生[①]

中国文明的古今之变，在社会结构上最为典型的表现是"家"与"国"的分离。传统的家国架构有不同的理论模式和现实模式，但是，以家的存在为国的基础，以立家之德为立国之本，则是共同的。但是，中国的现代国家转型之后，国家建立的基本原则，不再以家庭为基础，这种家国结构的变化，直接导致伦理道德的改变，家庭成为私人领域，父子之伦成为私人伦理，"孝"也成为"私德"。

这一古今之变带来的问题，是在现代学术中，对儒学的理解有一种强烈的个体道德化倾向，而对儒家重要德目"孝"的理解，也完全"私德"化。但是，如果从文明的连贯性来理解儒学，理解中国，必须重新认识"孝"的公共性问题。

[①] 作者陈壁生，中国人民大学国学院教授。本文原刊于《信睿周报》第34期。

一

"孝"在中国传统中的核心地位,自"五四"以来,便成为批判者的共识。1917年2月,吴虞在《新青年》发表《家族制度为专制主义之根据论》一文中,说道:

> 详考孔氏之学说,既认孝为百行之本,故其立教,莫不以孝为起点,所以"教"字从孝。凡人未仕在家,则以事亲为孝;出仕在朝,则以事君为孝。……"孝乎惟孝,是亦为政",家与国无分也;"求忠臣必于孝子之门",君与父无异也。……盖孝之范围,无所不包。家族制度之与专制政治,遂胶固而不可分析。…而儒家以孝弟二字为二千年来专制政治、家族制度联结之根干,贯彻始终而不可动摇。使宗法社会牵制军国社会,不克完全发达,其流毒诚不减于洪水猛兽矣。[1]

中国传统政治是"专制政治",这不是传统中国人对自身政治形态的理解,而是晚清之后,在西方文明的"自由""平等"等观念的观照下,中国人对自身政治传统的重新认识。而第一次发现这种"专制主义"的基础,是"孝"。

但是,吴虞的批判,并非真正的创见,其背后是杨度。在晚清刑律改革的争论中,杨度面对一个新的、西式的现代国家兴起,便通过"家族主义"与"国家主义"的区分,论证必须破"家族主义"。杨度认为:"故封建制度与家族制度,皆宗法社会之物,非二者尽破之,则国家社会不能发达。西洋家族先破而封建后破,且家族破后封建反盛,至今而二者俱破,故国以强盛。中国封建先破而家族未破,封建破后家族反盛,至今而一已破一未破,故国已萎败。此二者之所以异,而亦世界得失之林也。"[2] 按照杨度的理解,在一个新的民族国家建立过程中,必须破"家族主义",才能彰显

"国家主义",如果人为家人,则不能为国民,德主孝悌,则不能忠于国家。因此,国家主义与家族主义是绝不相容的两种立法精神,取其一必舍其一。事实上,正是杨度的论述,开启了其后一系列的批判家族、批判忠孝的思想运动,而且后来的批判,在深刻性上从来没有超过杨度。

对于"孝"的核心地位,日本学者也有认识。在1936年,日本学者狩野直喜发表了一篇《孝治杂谈》,同样认为中国政治的核心是"孝治",他说:"把德治、礼治落到实处,就是孝治。"[3]并认为:"一切行为皆可以孝为衡量标准,故以'孝治'名之。以孝治国当然不只是一个口号,它具体落实在各种制度上。"[4]其后,狩野直喜列举了孝治在制度、法律上的表现。但是,他并没有将此推向"专制主义",而是认为:"重视忠孝,并将二者视为一体,实为我国国体之精华。我以为理应发扬光大,使其能够在制度、法律的层面上具体地体现出来。"[5]

后来徐复观在《中国孝道思想的形成、演变,及其在历史中的诸问题》一文中,对"孝"的现代命运进行考察,并评价吴虞,认为:"孝⋯是中国的重大文化现象之一。它的功过,可以说是中国文化的功过。在五四运动时代,如吴虞的'家族制度为专制主义根据论'及'吃人与礼教'这类的议论,直接从孝道及与孝道密切相关的文化现象来彻底否定中国的文化,这才算是接触到中国文化的核心,迫攻到中国文化的牙城,而真正和陈独秀、鲁迅们成为五四运动时代的代表人物。胡适先生推崇吴虞是'只手打孔家店的老英雄',这要算是他的知人论世的特识。"[6]

可以说,在20世纪对中国传统的认识中,不管是肯定还是否定中国传统,都看到了"孝"在传统文化中的重要地位。而从杨度到吴虞到徐复观,他们对"家族主义"与"孝"的问题的理解,基础是一致的，即中国经历文明的古今之变，要建立新的现代国家，必须把"家""孝"问题，与"国"的问题彻底分开，使"家"成为一个私人领域，"孝"成为一种私人道德。

但是，如果换一种视角，问题远非如此简单。

二

在中国的经典叙述以及经典所塑造的政治社会中，"孝"不只是一种个人道德，而且更是整个中国文明的核心内容。"孝"是中国文明的内核，从文明的意义来理解孝，是一个特别合适的角度。我们今天讲孝，既是一种道德，也是一种情感，还是一种文化。但是，从文明来理解之所以更加合适，原因在于，文化经常与政治、经济相对应，如果说孝是一种文化，背后的预设便是认为孝无关于政治、经济，不在政治、经济领域。但从文明的角度，更偏向于认为孝是一个文明的整体性结构中的一部分。在此意义上，把孝理解为中国文明的内核，更加符合中国文明的基本特征。

但是，从文明的角度理解"孝"，会遇到一系列的困难。现代中国是中国文明遭遇西方的产物，因此，在现代中国内部，充满了古与今、中与西的角力与纠缠。如果按照传统中孝的定义，便很难理解今天已经西化或者说现代化了的社会。但是，如果回到中国文明自身的脉络之中，"孝"构成传统中国的文明核心内容，却早已不再是现代中国国家构建的核心内容。

孝的古今之辨，背后是中国的政治结构的古今之别。因此，理解孝便不能单从道德的角度去理解，而是要在家国结构、人伦关系、道德之中理解孝。

在社会结构上，我们经常讲中国古代是家国同构，但这样的概括太简单化了。在经典中描述的周代宗法制中，确实有家国同构的成分，但是，无论是汉代还是宋明时期，家国关系并不"同构"。但如果从社会结构上看，家和国这两个纬度构成中国文明基本结构，这是没有问题的。

建立在中国传统家国结构基础之上的人伦关系，最核心的是父子和君臣。这两对人伦关系，衍生出具体的道德，主要是忠、孝，是孝和父子联系在一起，忠和君臣联系在一起的。这一社会结构以及人伦道德共同构成的基本模式，在晚清之后遭遇了巨大的冲击，并进行了全面的转化。"国"不再是传统意义的国，而变成一个民族主权国家。这一转变的过程，最大的问题就是出现了一个公、私的分界，把传统"家"的问题变成私领域的问题，国的问题变成公领域的问题。从1902年到1907年，从梁启超到杨度，他们在讲到公、私问题的时候，通常把公德理解为国家道德，私德理解为个人道德。但是在中国传统中，本来没有这样的区分。中国传统有"公""私"之别，但都是相对性的。而传统道德则没有公私之别，私德与公德一样，都是现代的产物。

三

在对"孝"的理解上，如果要避免用公德和私德基本区分标准来理解孝的话，有一个很重要的维度，就是必须理解孝的公共性的本身。

孝的产生，最基本的基础就是父子关系，父子关系是古今、中西所共通的。但是，孝之所以在中国文明中有根本性地位，是因为它不只关系父子关系，而且涉及政治建构。

孝与政治建构的关系，比较典型的是《孝经》中《圣治章》所说的："周公郊祀后稷以配天，宗祀文王于明堂以配上帝。"如果把《孝经》看作讲孝的道德的书，这句话一点都不重要，但是在经学中,在历史中,这句话非常重要,它涉及三个人物、两种制度。三个人物,是周公、后稷和文王,两种制度,是郊祀礼和明堂礼。郊祀与明堂,是经学中几乎最重要的礼仪。郊祀礼就是南郊祭天,而明堂礼,经学内部对明堂的具体情况有不同意见,总体上说,明堂是天子会见诸侯、布政施教的地方。

从今天的角度概括这句话的内涵,它解释出家天下的时代政治的双重合法性,一是天道的合法性,二是道德的合法性。根据《诗经》等经典的描述,后稷是周的始祖,而后稷不是人生的,而是天生的,后稷在尧舜时期,做了大臣,这一脉一直延续下来,到了商代之末,就是周文王、武王一族。在这个过程中,我们可以看到郊祀的序列是"天—感生帝(始祖)—天子"。而明堂礼中的文王,是周的受命王。《诗经·大雅》的《文王有声》里面讲道:"文王受命,有此武功。既伐于崇,作邑于丰。"文王受了天命,才能够三分天下有其二。而武王接承了文王的天命,讨伐纣王,终于取得了天命,做了天子。在明堂中祭祀文王配天,其序列是"天—受命王—天子"。

这样,构成了一个基本礼制格局,天子在郊祀礼中祭祀感生帝以配天,在明堂礼中祭祀受命王以配天。祭天的时候以感生帝配享,说明了这个家族是神圣的家族,这个家族有天道的合法性。而明堂礼以受命王配享,则在于证明,这个家族是得天受命的。对构建政治合法性而言,感生帝与受命王是两个最重要的人物,他们都是现在天子的祖先。当"周公郊祀后稷以配天"的时候,周公既是作为后稷的子孙在进行祭祀,也是一个有天意合法性的圣人的子孙的角色在进行祭祀。在这一意义上,孝和政治合法性是结合在一起的。我们看《汉书·祭祀志》到《后汉书·礼乐志》,一直到晋、宋、梁诸朝代的正史礼乐志,讲到郊祀礼,基本上都会引用《孝经》的这段话。可以说，这句话确立了政治的双重合法性；第一重是天子作为人间的代表通过祭天，与天直接交流的世俗合法性，第二重是天子作为神圣家族的后代，祭祀感天而生的始祖，报本反始的神圣合法性。这两重合法性都是因为有孝才能够统一起来。

从古代法律的角度上看，孝的公共性也非常典型。中国传统法律体系的核心是《唐律》，在《唐律》中，"十恶"前三恶是针对朝廷的，包括谋反、谋大逆、谋叛，接下来，四曰恶逆。指的是："殴及谋杀祖父母、父母，杀伯叔父母、姑、兄姊、外祖父母、夫、夫之祖父母、父母。"七曰不孝，指的是："告言、诅詈祖父母父母，及祖父母父母在，别籍、异财，若供养有阙；居父母丧，身自嫁娶，若作乐，释服从吉；闻祖父母父母丧，匿不举哀，诈称祖父母父母死。"在传统法理思想中，法律的功能并不只是惩治犯罪，更在于确定是非，维护社会良善风俗与社会道德。正因如此，法律必然以人伦为中心，并起到保护人伦的作用。而父子一伦正是所有伦理的核心，由此，不孝的行为，不只是忤逆父祖本人，更是对构成家国共同体的公共道德的破坏。因此，对其惩罚，也不只是对具体的不孝行为的惩罚，而且是对破坏共同体道德的惩罚。

在具体的制度上，也充分体现了孝的公共性。比如说从先秦汉唐的宗庙到宋明的祠堂，都与一国、一村的公共生活联系在一起，先秦的宗法制度、宋明以后的家礼，都体现了孝的精神，而且这种精神的意义是建构家国。

从中国传统的角度来看，古代孝的公共性，表现在这一思想观念对整个中国文明，整个传统社会的覆盖性意义，它不只是文化的因素，而且是文明的核心，也是中国传统政教的核心内容。到了现代社会，孝遭遇的最大问题就是，社会结构的变化导致了父子一伦、孝这种道德，都变成了私人性的人伦、道德。我们今天如果仅仅把孝理解为私人性道德的话，不仅没办法理解中国传统，也没办法更好地在新的社会生活中重新弘扬孝的精神。所以在这个意义上，我觉得现在真正要弘扬孝，就必须重建对孝的理解。

现代社会对孝的认识，普遍将孝理解为私德。举例来说，现在教孝流行《弟子规》，通过让孩子背诵一些关于孝的行为规范，教他们怎么对待父母，这就是非常典型的私德化理解。如果从更具公共性的和更具力量的方式来理解，我觉得孝有两个维度是比较重要的。

第一个维度，是理解中国传统文明及其现代表现。从文明的角度，今天仍然可以看到中国文明和西方文明在孝、家等问题上，分界仍然是非常清晰的。比如对家庭的重视，我们现在还可以看到每年春运，上亿的中国人奔走在回家的路上，就是为了过一个我们今天觉得没有多少年味的节日。即便是中国已经如此现代化，但中国人的精神生活本身，仍然顽固地以中国传统伦理道德为核心构建起来，只不过这样的一种伦理还处在变化之中。

第二个维度，是更加要重视中国制度的建设，有关孝的制度的建设。也就是说，如果现代社会仍然要保有孝的精神的话，不一定是通过人对人的教育实现，更重要的是要有一些具体的制度建设，保护或弘扬这种伦理道德。例如现代祠堂制度。本来，随着整个社会的现代化，人越来越成为个体，而团体的构建，尤其是血源性团体的构建应该越来越失去基础。但是在过去二十年中，东南沿海许多城乡的祠堂，纷纷重新修葺，重新恢复其传统功能。而其最重要的功能，就是祖先祭祀。许多祠堂现代化的方式就是不只祭祀始祖，而且每个族人都可以把自己祖先牌位放到祠堂中祭祀。这是祠堂面向现代生活而发展出来的一种既传统又现代的新功能。[7]

而在具体的法制建设上，应该更强调法律对家庭，对人伦亲情的保护作用。比如前些年郭齐勇教授倡导的"亲亲相隐"进入法律，亲亲相隐是出自《论语》《春秋》的传统观念，落实在《唐律》中是"同居相为容隐"的规定，如果落实在现代法律体系中，主要是亲属拒证权等权利。即一个人的亲属，尤其是直系亲属犯罪，他可以免予被司法机关强制要求提供不利于自己亲属的证词。这种规定，便是对孝的保护，也是对家庭的保护。如果不转化成这样一些非常具体的法度，如果仅仅把孝理解为私人道德的话，在现代社会中很难真正弘扬孝的精神。

可以说，从公共性的角度理解孝的全体大用，使孝的意义不只可以理解中国古典文明，而且可以在现代生活中发挥其不可替代的意义。

注释

[1] 吴虞：《家族制度为专制主义之根据论》，《中国近代人物文集丛书·吴虞集》，中华书局，2013，第8—9页。

[2] 杨度：《杨度集》，湖南人民出版社，2009，第257—258页。

[3] [日] 狩野直喜：《孝治杂谈》，载狩野直喜《中国学文薮》，周先民译，中华书局，2011，第211页。

[4] 同上注。

[5] [日] 狩野直喜：《孝治杂谈》，载狩野直喜《中国学文薮》，周先民译，中华书局，2011，第216页。

[6] 徐复观：《中国思想史论集》，上海书店出版社，2004，第168页。

[7] 陈壁生：《礼在古今之间——"城市祠堂"祭祀的复兴》，《开放时代》2014年第6期。

道治时代与法持时代

❏ 唐文明[①]

申言要回到儒教传统中固有的历史意识来看现代，在目前后启蒙主义的思想氛围中，仍然是个令人惊骇乃至可能引起精神恐慌的想法。但鉴于思想的重要性与紧迫性，这一步必须迈出。从破的一面来说，无法破除作为现代性意识形态之一的历史哲学的迷思，也就无法破除现代性的迷思；从立的一面来说，无法回到儒教传统中固有的历史意识，也就无法依据儒教经典以及其中的核心义理确立起一个正面的分析框架。

儒教传统中固有的历史意识正是以圣王为中心的历史意识，故可称为"圣王史识"。[1]虽然此处不及详论，但我们还是能够概括性地断言，这种圣王史识贯穿于现代以前的儒教历史，而在宋儒那里获得了高度分化、相当清晰的思想形态。程颢说："先王之世，以道治天下，后世只是以法把持天下。"站在他所处的宋代，程颢这个讲法就把以往的历史分为两段了：三代以上是道治时代，三代以

---

① 唐文明，清华大学哲学系教授。本文原刊于《信睿周报》第34期。

下是法持时代。道治时代尚德，以仁义为本，因而是公天下；法持时代尚力，以利欲为本，因而是私天下。正是将这两个时代截然区别开来的意识，构成了儒教传统中最根本的历史意识。

　　道治时代又可根据制度与理念的不同类型划分为两个时段：帝制时代与王制时代。尧舜皆行禅让，皆是能以大同之道治理天下的圣帝，此所谓帝制时代；夏商周三代皆行世袭，而以革命开新局的三代之创立者，皆是能以小康之道治理天下的明王，此所谓王制时代。道治时代以德为本，所以禅让、革命与世袭都关联于德的转移。具体来说，禅让意味着以德传德，配天保民而毫无间断，革命意味着大德受命，顺天应民而改正易朔，世袭意味着缵续祖德，敬天爱民而继体守位。在某种往往被归为道家的视角下，从帝制时代到王制时代被认为是一种堕落或者说"德衰"，但孟子提出异议，认为这两种不同的德性政治模式全出于天意，并引用孔子的话来说明。[2]另外，随着德性因素从帝道到王道的变化，礼的重要性突显出来，所以三代王制以兴礼乐为要义，但王道的根本仍是在尧舜时代就已被显明了的仁义之政。以后世所区分出来的政教关系而言，帝制时代的特点是政教不二，王制时代的特点是教统于政，二者共同构成具有典范意义的帝、王时代。

　　礼坏乐崩而有孔子出。孔子作为集大成者，正在于其对帝、王之道的总结与综合，所谓"祖述尧舜，宪章文武"。但孔子有德无位，定六经而立教统，虽"贤于尧舜"而有获麟之伤，宜乎被尊为至圣素王。至于春秋之霸道，则是一个过渡类型：就其尊王攘夷而言则有功于世，故孔子《春秋》警世，但不微管仲；就其以力假仁而言则存心非诚，故仲尼之门，五尺童子，羞称五伯。至秦以武力征服六国，以一姓一国而占据天下，公天下遂彻底沦为私天下，法持时代自此开始。

法持时代尚力，以私利私欲为基础建构政治秩序，从原来的德性政治转而变为利益政治，此亦出于理势之必然。历代儒者对此并无异议，而多聚焦于对秦政的控诉，很少对之做出解释。以天命之性与气质之性的区别与关联而言，帝、王之制的人性论基础是民所禀赋的天命之性尚未被昏浊的气质所彻底遮蔽，因而可以行帝、王之道，可以道治天下；如果民所禀赋的天命之性被昏浊的气质所彻底遮蔽，则必有秦政出而以法把持天下。

对于这个历史性堕落的开端，历代儒者在保持其批判意识的同时，仍内在于各自的处境而力图挽狂澜于既倒。在政教联结的制度建构上，法持时代最可称述者为董仲舒。"罢黜百家，表彰六经"的历史性事件，意味着在私天下的历史处境中开出了政教相维的新局面。法持时代君主制的正当性论述，虽然也挪用古老的宇宙论神话，如秦始皇将"皇"与"帝"捏合在一起而新创"皇帝"一名，但在汉以来逐渐转由儒教经学来阐发。虽然历史的演变极其复杂，呈现出来的形态也极其多样，但我们仍可以绝对君主制为其类型之名，而相对于尧舜帝制之为神选君主制。[3]这种绝对君主制下的帝国，就其以一家一姓而占据天下而言，其私天下特性是根本的，但就其与三代王制的结构性类似而言，也有达致小康的可能，正如朱子在与陈亮的辩论中所说，汉唐偶尔能够"驯致小康"。

汉制与三代王制的结构性类似，主要在君主制上。我们可以从两个方面来分析其要义。一方面，君主统治的正当性基础必然归于至上之天，而这一点就能够将绝对君主制与神选君主制勾连起来。具体来说，当秦始皇意义上的以宇宙中至上权力拥有者为主要意涵的天被汉儒置换为一个有生生之大德的天，绝对君主制就至少在话语层面得到了合理的规范。就此而言，董仲舒提出"屈民而伸君，屈君而伸天"，其最重要的意义，并不在于确立至上之天为君主统治的正当性基础，而在于将作为君主统治之正当性基础的至上之天确立为呈现于儒教经典中的那个有生生之大德的天。政治正当性基础从天地不仁转换到天地之大德曰生，意味着以董仲舒为代表的汉代儒者，基于新的政治现实建构了一种新的神权政治，而这种新的神权政治，奠定了汉代到现代以前之中国的政教架构。另一方面，由于世袭是君主制中君位继承的基本原则，因此，君主制与家庭伦常，特别是父子之伦就具有密切的关联。这一点就能够将绝对君主制和儒教经典特别重视的人伦观念勾连起来。具体来说，在一家一姓之私利私欲与孝的观念之间，存在着一种可能的对应，尽管出于前者肯定不可能达到对孝的正确认识。或者说，以家庭私利主义来理解儒教经典中的孝诚然是一种错误认知，但重视家庭是二者的共同点。汉儒所做的努力就是将孝确立为公德，而且可能是最重要的公德。将孝确立为最重要的公德，是汉代政治最重要的特征之一，从后来的历史看，这一特征也以其巨大的影响形塑了中国文明。

有德之天与孝的观念进入政治领域，为转化秦政提供了可能。无论是以"儒法互补"，还是以更具批判性的"儒表法里"来刻画汉代以来的政治架构，无法否认的是，汉儒基于孔子为至圣素王这一核心观念而建构起来的新的政治观念，在中国历史上发挥了极其重要的作用，直到辛亥之变导致君主制覆灭。

如果说法持时代从秦汉一直延续到清，那么，在全面遭遇西方而经历古今变革的现代，是像现代性的拥趸所认为的那样，是在法持时代之外又开启了一个新时代或新纪元，还是法持时代的另一种延续呢？这是内在于我们自身处境应当提出的首要问题。

首先必须强调的是，绝对民主制时代是以对绝对君主制时代的反抗形式，并作为对绝对君主制时代的彻底脱离而出现的。随着被奉为"至圣素王"的孔子以及由他确立的经典嵌入政治体内部，汉代的统治者逐渐以"霸王道杂之"为其自觉的政治意识，以"三纲五常"为规导和维系社会秩序的基本理念。德性因素的这种制度性介入，使得原本的利益政治能够在很多方面得到补力，从而形成德法互补的治理模式。既然在实际的处境中任德与任法都会带来问题，那么，德法互补的混合政治模式就是现实中最值得期待的。而处在介于德法之间的位置上的礼，仍具有不可轻忽的重要价值。

就实际的治理状况而言，这种混合了德性因素的利益政治存在善与恶两种可能的开展方向。就其有趋于善治的一面而言，"驯致小康"亦不是不可能；就其有流于恶制的一面而言，则尊卑之等级甚或沦为彻底的奴役形式。由此不难想到，在钱穆与张君劢等人关于秦汉以后的中国社会是否为专制的争论中，双方各执一词，但都持之有故、言之成理，其实就是因为双方分别把握到了这种混合了德性因素的利益政治的两个相反的可能面向。也就是说，对这一争论做出类型学的断言可能是武断的，而就实际的历史解释来说，只能根据具体的情况得出具体的断言，才能不失立论的恰当分寸。

其实，将秦汉以来的政治厘定为君主专制，是现代以来的一个主流看法。这一具有明显批判意味的历史判断，一方面来自西方现代政治哲学对于"专制"的界定，另一方面也与中国自身传统对于秦政的批判性理解有关。[4]就此而言，提倡民主共和，反对君主专制，就是中国现代政治意识的基本表达，在实际历史过程中这一主张也构成了革命的正当性理由。现代儒家既然公开标榜拥护现代性，那么，这一主张自然也是现代儒家的政治底线。现代儒家仅仅被认定为文化上的保守主义者，而非政治上的保守主义者，其原因也在于此。现代儒家也因此从未想过要肯定古代，只是认为来自古代的文化资源在中国的现代化过程中能够起到一定的助力作用，至于其背后所隐含的历史哲学信念，则不言而喻。

绝对君主制以一家一姓之私利私欲为建构政治秩序的基础，这一点使其更靠近君主专制是很清楚的。因此我们看到，对绝对君主制之恶的批判蔓延于现代以前的中国历史，同样也构成了晚清士大夫阶层转向民主共和的一个重要的思想动力。就此而言，即使不依赖于某种来自基督教传统的启示录式的封闭性历史哲学，我们也应当承认，从绝对君主制一转而变为绝对民主制，包含着一种真实的进步因素。

有鉴于尊卑观念可能带来令人不满的不平等，以及三纲可能沦为彻底的奴役形式，作为反抗形式的绝对民主制试图以自由平等的个人权利为基本理念来建构新的政治秩序。这一巨大变革中的进步因素应当得到承认，且在实际情况中也的确得到了承认，然而正是被放置在各种启示录式的封闭性历史哲学框架内得到承认的。这些历史哲学框架虽然有多种不同的论述形式和表现形态，但仍可以根据它们对历史终点的不同看法划分为两类，一类是以自由为历史的终点，另一类则是以平等为历史的终点，而民主皆是其所能接受的唯一的政治形式。无疑，在现代性已然延续了几个世纪的当下，这两类历史终结论都已破产，且从某种跨越古今的较长视野来看，它们其实是一齐破产的。

根本的问题在于，自由平等的个人权利仍属于私利私欲的范围。也就是说，绝对君主制基于一家一姓之私利私欲而建构了一个尊卑分明的等级秩序，而作为其反抗形式的绝对民主制只不过是将这种私利私欲的逻辑扩大，试图建构一个基于一己之私利私欲的、自由平等的逐利体系。所谓现代政治秩序，无非就是这样一个基于一己之私利私欲的、自由平等的逐利体系。由此我们可以理解，从绝对君主制到绝对民主制的那种进步因素，其实就是从一种以家为单元的、不平等的逐利体系转变到一种以个体为单元的、平等的逐利体系的那种进步。另外，在从绝对君主制走向绝对民主制的过程中，作为德性政治之第一典范的大同屡屡被挪用来为之背书，以至于常常有人禁不住认为，正是在现代，过去难以实现的大同理想才有可能实现。这种乌托邦幻觉正是我们极力反对的。

不过，在某种意义上，我们把现代以来的绝对民主制看作大同时代的神选君主制的变种似乎有其合理性，因为禅让与选贤具有不难想到的语义关联。但根本性的差异更应当被指出：绝对民主制与绝对君主制一样是祛神的，都是基于私利私欲的利益政治，而非以顺天敬德为政治正当性根据的德性政治。类似的情况也见于三代之制与秦汉以来的绝对君主制之间的关联。因其结构上的类似性，后者似乎能够被看作是前者的变种，但差异仍是根本的。前者是以仁义为本的德性政治，后者则是以利欲为本的利益政治。有人出于某种特别的敏锐注意到，大同之治与小康之治，其实现的关键特别在于施政者的德性，但如果因此而忽略制度上的根本差异，仍是认识上的一大盲点。

结论其实已经呼之欲出了：被大多数人认为是一场历史性大解放、开启了启蒙之新纪元的绝对民主制时代，其实仍是法持时代的一种继续。新的政治主体仍是利欲主体，甚或是更为彻底的利欲主体。因此可以说，就实际情况而言，绝对民主制因绝对君主制之恶而被建立，是将时间中的进步因素与面向永恒实在的堕落因素结合在一起的一种政治类型。基调仍是堕落的政治形式，但在堕落中包含着一种进步，这是我们对绝对民主制所能做出的最大肯定。而历史终结的神话，以及建基于历史终结论之上的各种现代政治神话，无论是呈现为自由主义形态还是平等主义形态，其实都是绝对民主制为了自我正名而构造出来的虚幻的意识形态。

如果要将现代以来的绝对民主制与汉儒通过经典诠释所建构的

君主制做一对比，那么，非常明显的差异至少有两点，也正对应于我们前面所讨论过的汉儒建构君主制的两个要点。首先是天下国家变成了民族国家。[5]顾名思义，天下国家是天下之国，本质上是呈现为一种神权政治形态的普世帝国，因为其普世性诉求必然以有生生之大德的至上之天作为正当性基础，而民族国家则是由一个民族所构建的国家，[6]是基于世俗化的权利观念和相应的民主观念所建构起来的，也就是说，其正当性基础不再诉诸有生生之大德的至上之天。其次是家国变成了民国，或者说是百家之国变成了众民之国。如前所述，在汉儒所建构的君主制国家中，孝被确立为最重要的公德，这样的国家显然是基于父子之伦建构起来的。但现代以来的民主制国家从个体权利出发，是基于原子式的个人而结合起来的，在这样的国家建构中，孝最多是作为私德被承认，从而完全失去了其原来所具有的公共意义。

超越性维度的丧失与人伦观念被清除出政治领域，使得政治儒学不再可能。就其祛神性和废人伦而言，绝对民主制有比秦政更坏的方面，而深知其缺陷但仍出于形势的考量而维护这种制度的思想者，会考虑以迂回的手段来挽救之。换言之，在批判的要害点出之后，就要考虑如何在实际生活处境中针对绝对民主制时代特有的缺陷而加以制度性救助的问题了。

从前面的分析可以看到，基于圣王史识这个儒教传统固有的历史意识，面对不同时代的制度特点和可能缺陷，制度性救助的关键在于敷教方式。尧舜时代政教不二，夏商周三代教统于政，政教结合的这两大典范在后世堕落的历史时代已不可求，所以才有汉代公羊家以至圣素王说将早已分离的政教以新的方式联结在一起，从而开启了在后世两千年一直发挥着重要作用的政教相维模式，绝对君主制时代因而也就成为儒教中国历史上的素王时代。

在晚清民初的变局中，康有为等人试图继续发挥公羊家的素王说，为民主共和保驾护航，但民主制最终以其绝对性拒斥了这一缺乏纯粹性的混合主义建构，使政教相维的民主共和时代不再成为可预期的。[7]张灏指出，彻底的政教分立在宋儒思想中已是一个"伏流"，但在宋以后一直到当下的历史中最终并未成为现实。[8]从这一视角来前瞻性地观察，在经历了上百年之久的游魂状态之后，直面绝对民主制时代的启蒙与后启蒙的精神氛围，作为制度性救助的儒教重建必将顺着宋儒早已拓展至深的方向而选择教统独立的敷教方式，也就是说，真正扎根于民间社会，迂回地影响政治。

从某种意义上来说，教统独立并非出自儒门的主动选择，而是在绝对民主制对政治实在的意识形态背离处境中不得不做出的被动选择。但不管是出于被动还是出于主动，只要充分考虑到，绝对民主制时代实际上是一个连素王也要被拒斥的彻底的无王时代，那么，这一选择总是理性的。而素王之义，仍基于政治儒学的不可能性与合理性高悬于中国的上空。至于政治理念上如何促使其朝向仁义之德转化，目前来看，也只能有限度地寄希望于民主时代伦理生活的重建了。

以上基于儒教传统中固有的圣王史识建立了一个批判性的分析框架，并在这个分析框架下刻画了作为绝对民主制时代的现代的基本特征。需要说明的是，建立这种分析框架在根本上不同于那些在启蒙主义精神氛围中面对历史为了舒缓乃至消除"一个无法直面实在之奥秘的人所感受到的焦虑"所做出的封闭式历史哲学建构。[9]若以张灏的语汇来说，基于圣王史识而来的对历史的认知，在根本上正是反乌托邦主义的。另外，我所提供的这些针对历史的认知仍是类型学上的，并非是对真实历史的具体认知。我将这些类型学上的历史认知绘成一个表格，作为本文的结束，而鉴于表的封闭性，或许需要再次提醒，这并非对历史的封闭性理解，既然基于我们的参与式体验，未来永远是开放的。

- 圣王史识表

道治时代		法持时代	
尚德		尚力	
仁义		利欲	
公天下		私天下	
德性政治		利益政治	
帝制	王制	绝对君主制	绝对民主制
尧舜	三代	秦汉	现代
大同	小康	纲常	权利
禅让	革命与世袭	更迭与世袭	更迭与选举
政教不二	教统于政	政教相维	教统独立
圣帝时代	明王时代	素王时代	无王时代

注释

[1] "圣王史识"中的"圣王"其实包括圣帝明王，关于帝与王之不同，见下文。

[2]《孟子·万章上》："万章问曰：'人有言：至于禹而德衰，不传于贤，而传于子，有诸？'孟子曰：'否，不然也。天与贤，则与贤；天与子，则与子。'……孔子曰：'唐虞禅，夏后殷周继，其义一也。'"

[3] 绝对君主制作为"祛神"的君主制，其实质是以一家一姓之私利私欲为本。

[4] 唐文明：《摆脱秦政：走向共和的内在理由》，《文史哲》2018年第4期。

[5] 最近使用"天下国家"的说法来描述汉代以后现代以前的中国的著作是

许倬云《说中国》，广西师范大学出版社，2015，第91页。

[6]此处当然是指中华民族，尽管到现在"中华民族"一词仍未被正式写进中国的宪法。

[7]唐文明：《敷教在宽：康有为孔教思想申论》，中国人民大学出版社，2012。

[8]张灏：《政教一元还是政教二元？——传统儒家思想中的政教关系》，载《转型时代与幽暗意识》，上海人民出版社，2018，第125页。张灏指出这一点无疑是正确的，但在该文中他又从《中庸章句序》与《皇极辨》的差异来说明朱子晚年从政教二元转向政教一元，已遭到文献上和思想上的双重反驳，参见吴震《近代中国转型时代的政教关系问题——以反思康有为孔教运动为核心》，《现代儒学·第三辑：多元视角下的康有为问题》，生活·新知·读书三联书店，2018。

[9]对历史哲学的反思是沃格林《秩序与历史》前三卷出版后的思想转向的最重要方面，引文见埃里克·沃格林《天下时代：秩序与历史 卷四》，叶颖译，译林出版社，2018，第441页。

儒家思想在现代社会的建设性意义

❑ 白彤东[①]

近年来，随着西方国家在政治和社会层面乱象丛生，越来越多的中外学者探讨起了西方的民主制度究竟出了什么问题，以及该如何解决，其中就包括复旦大学的哲学系教授白彤东先生。他的英文新作《反对政治平等：儒家的案例》（*Against Political Equality: The Confucian Case*）于2019年12月24日由普林斯顿大学出版社出版。

在这本书中，白彤东教授指出了西方"一人一票"选举制度存在的问题，比如可能会忽略后代以及其他国家的利益等。在他看来，儒家的"贤能政治"与"民主"的混合政体将会更有效地处理现代社会中存在的问题。另外，在国际政治层面，他还讨论了为何儒家的"新天下体系"（Confuian New Tian Xia Model）比如今世界上主流的"民族国家"模式（Nation-State Model）更为理想。

[①] 本文源于观察者网，原标题为《儒家思想根源上是一套政治哲学，它在现代社会仍然有建设性的意义》，受访者为复旦大学哲学学院教授白彤东，采访者观察者网记者徐俊。全文分两部分先后刊出，分别标题为《专访白彤东：儒家和基督教都提倡要爱别人，有什么不一样？》（2020-07-29）和《只靠宪法和"普世价值"凝聚起来的国家是不稳定的》（2020-08-18）。

以下为观察者网对白彤东教授的专访,白教授就书中内容详谈了他对于儒家思想和民主政治的看法。

观察者网:您在《反对政治平等:儒家的案例》中谈到,儒家的公民教育比民主的公民教育更合适现代社会,因为民主的希望取决于一种"公民友谊"(civil friendship),如果人口庞大的话就无法达成了,而儒家提倡对陌生人也要关心。那基督教也提倡要爱别人,是否和儒家的教育一样适合呢?

白彤东:人类进入了青铜时代以后,有两类社会政治形态,一类是小国寡民的共和政体,或者像周代那样通过分封把一个很大的帝国分成一个个小的政体。这两种政体有相通的地方,都是小群体。而小群体有小群体的办法,就是通过家族关系,比如五伦或者宗法,或者像古罗马以及古希腊那样通过"公民友谊"来进行凝聚。

但无论是家族纽带还是公民间的友谊都有"上限",就是说人口超过一定程度后就无法维持下去了。当代学者也提出了"邓巴数"(Dunbar's number)的概念,说的是一个人能维持的朋友数量也就150个左右。到了中国的战国时代和欧洲的现代化早期,"小团体"模式就被打破了,人们不可避免地要面对许多陌生人。在这样的情况下应该怎么凝聚起来?我觉得儒家的"推己及人"是一种方式,法家的"赏罚二柄"是一种方式,马克思的"阶级斗争"是一种方式,当代的"民族国家"也是一种方式。

基督教诞生于罗马帝国时期,它的"泛爱"理论有意无意地回应了当时凝聚陌生人的情况。罗马帝国崩溃以后欧洲走向了类似中国的封建制度,所以"陌生人"的问题就不那么明显了,基督教的"泛爱"特征也随之被忽视。到了欧洲现代化早期,这一条又重新"发扬光大",因为"陌生人世界"又出现了。

而基督教的"泛爱"思想和后来出现的"世界主义"（cosmopolitanism）有些类似，就是不去区分民族和国家地爱别人。但是从儒家的立场来看，基督教的"博爱"思想和"世界主义"的问题在于取意过高会适得其反，因为这并不是人自然的状态。在自己的孩子和一个陌生人之间一般人会选择在谁身上花钱去接受更好的教育？肯定是自己的孩子。

当然，儒家一开始并不知道基督教，但是儒家知道墨家，而墨家就是讲不分差等的"兼爱"。在儒家看来，墨家的"兼爱"和杨朱的绝对自私其实是一回事，因为"兼爱"是维持不了的，一旦崩溃，人就会退向"狭隘自我"。孟子讲的"逃墨必归于杨"就是这个意思。现在的某种对欧盟的想象其实也是一个例子。一开始默克尔说要开放边界去接纳难民，这是一种具有"世界主义"的博爱情怀，但其实人不可能把一切都照顾得面面俱到，所以后来出现了一系列问题之后就开始反弹，帮助了右翼势力的崛起。

儒家意识到"极端自私"很危险，而"彻底的大公无私"虽然很好，但是无法长久维持。坚持一方就会出现两极摇摆的情况。因此，儒家希望我们的社会不要那么自私，但是也不要逼着人去做一些做不了的事。儒家采取的是一种"差序"的做法。

观察者网：所以您在书中批评了费孝通对于"差序格局"造成中国落后的观点。

白彤东：对。不过我认为费孝通的一些观察还是很有意思的。比如说，城里人觉得农村来的人比较笨，也不识字。但是费孝通说，在农村不需要写字，有事情直接和别人说就行了，也不用说普通话，乡音大家都听得懂。文字和普通话只有在和陌生人交流的时候才需要。农民的所谓"笨"其实是因为不需要，人都是适应着周边环境的。在我们现代社会，大量的农民进城务工，那自然是需要学说普通话和识字的。

我认为中国落后于西方不是"前现代"对"现代"的落后，而是"现代的第一期"对"现代的第二期"的落后。中国在战国时代其实已经进入了类似于欧洲现代化早期的情况，当时思想家们对于社会问题的反思对我们现在仍有借鉴意义。我觉得他们的思想可以和霍布斯、洛克这些人放在一个平面上比较，看谁给的解决方法更好一些。欧洲在1500年到1800年做的很多事情，其实中国在战国时期都已经做过了，比如土地私有化和全民战争。贵族制度逐渐瓦解之后，战争就不再是贵族的特权了，民众也可以参加；土地在一定程度上也可以自由买卖。但是1820年工业革命以后中国被西方迅速地甩开。本来中国的GDP是世界第一的，但是工业化以后经济增长模式跟前工业化时期是完全不一样的。中国缺的其实是这个。本来中国应该从"现代的第一期"，就是有人口的自由流动和自由市场，进入"现代的第二期"，变成工业化的国家。但是当时病急乱投医，以为中国要从"前现代"进入"现代"，做了很多并不一定有利于发展的事。

再说回费孝通的"差序格局"。其实费孝通对于"差序格局"的观察并不是完全错误的。他所说的"差序"就像小石头投进水里，涟漪一点一点扩展，这样到最后就会很弱，不足以维护团体的凝聚力。这种说法是对的，但是儒家提倡的并不是一点一点地扩散，去关心陌生人的时候先想着要关心父母，再关心邻居这样一步一步来，而是直接通过类比来进行沟通。此外，他还说中国缺乏一种大的连接，这其实是因为他所观察的是民国社会。那时候因为战乱，国家内部的流通被打乱，退回到小村落的内部流通，因此他的观察是有局限性的。不过他的洞见的确对儒家是一次很好的质疑。

观察者网： 您在书的开头说您讨论的"儒家"以儒家的四书为

主。虽然"四书"的说法是宋朝才定下来的,但都属于先秦典籍。请问您是否认为儒家的发展在孟子之后就"走歪"了呢?如果是的话,"走歪"的原因是什么呢?

白彤东:儒家是一个有两千多年历史的传统,其内部有各种不同的流派,所以我觉得直接说儒家怎么样是不太恰当的。当然,有些人会说儒家有共同的精神,不过做出这个结论之前必须把每一种儒家都看过才行。很多人说儒家怎么样的时候其实缺乏这样的考察。

有两位老师对我影响最大,一个是施特劳斯(Strauss)的学生斯坦利·罗森(Stanley Rosen),另一个是蒯因(Quine)的学生伯顿·德雷本(Burton Dreben)。这两人研究方向不同,一个是分析哲学,另一个有点反分析哲学,但是他们对文本都非常尊重。所以我非常不习惯说像"康德主义者(Kantians)会怎么想"这样的话,我觉得还是要落实到具体的文本。有的文本可能比较有争议,所以我要选择一些比较公认的、属于儒家体系的文本。另外,我觉得要集中一些,太旁征博引的话看似能互相支持,但实际上文本之间是互相冲突的。

因此,我以《论语》为出发点。但是《论语》言简意赅,对于很多问题并没有展开,光用这本书的话很可能会把自己的话塞到孔子口中去。孟子和荀子像是孔子的助教,把老师讲的话给展开分析了。但是这两者有很大不同,总得选择一个。我完全可以选择《荀子》,但最终还是选择了《孟子》。这其中有我个人经历的原因,我当年在北大旁听课程的时候我的老师是冯友兰和张岱年的学生,他们仍是按照"四书"的道路授课的。所以,我并不认为儒家就是以"四书"为基准,其实完全可以从董仲舒的思想做出一套儒家的政治哲学出来。但是不论用什么儒家文本,我觉得做研究总要提出一些别人没提出过的、有建设性和批评性的想法出来。海外新儒家也重视《孟子》乃至四书，但是他们在政治与器物层面所提出的似乎之时给民主科学站台，这样的话，至少在政治与器物层面，就没有读儒家思想的意义了。

当然，作为一个有两千年的传统，儒家一直在发展。如果从一个流派的角度来看另一个流派，是会觉得对方的路子走歪了。但我不觉得，在我看来，儒家能在两千年里一直有生命力就是因为它有着不断进行自我更新的能力。不同的人会有不同的倾向，我个人对宋明时期谈的"心性"没太大兴趣，这可能来自我对多元主义的认同。每个人活着都要有一套安身立命的思想，对天地、世界和生死的一套认识。这一套思想每个人都不一样，可每个人都需要，因为这是每个人生命中最重要的一套思想。但同时，个体之间其实很难说服对方接受自己的一套思想，因此在安身立命层面，人的思想是注定多元的。宋明理学，根据主流的说法，是很关心这一套思想的，所以很能呼应一部分人的需要，但也仅限于一部分人，并不具备普世性。

而我认为政治问题更具普遍性。不管你是基督徒还是穆斯林，都会希望生活在一个具有"共同底线"的社会中，比如说，无缘无故伤害别人要受到惩罚，想过自己宗教的节日可以不用被警察抓起来。因此，我认为政治处理的都是很"薄"的问题，但就是因为"薄"，反而是大家能够共享的，那些"厚重"的东西反而会互相抵触，很难有兼容性。

所以，我并不认为宋明理学走歪了，只是它缺乏普世性。我更喜欢先秦与汉代的儒学，因为那时候更多的还是从政治的角度来理解儒家的。而我选择先秦儒家的原因是当时的思想家直面着周秦之际巨大的社会变革，他们的问题意识应该更强一些，而且是直接面对着问题说话。后代的很多儒家经常是通过先圣先贤的话来发言，缺乏直接性。西方也一样，后代的许多学者其实是通过评论柏拉图和亚里士多德的观点来抒发自己的意见，而不是直接去面对问题说话，等于隔了一层。先秦时期的人们面对的是政治大变局，思想也是被政治激发出来的。先秦诸子想的都是怎么恢复秩序，他们虽然也谈做人和安身立命，比如如何做一个好君主，但这些都只是为了解决政治问题而诞生的副产品。而宋明时期的儒学突出了"内圣"，而把政治问题当成个人伦理的副产品。

观察者网：您刚才提到儒家在两千年中一直在发展，不同流派互相之间可能认为对方并非正统，不过他们都对孔孟思想进行了解读、做注解，后代的学者也都一直在学。那我们应该如何了解孔孟真正的想法呢？

白彤东：我在这本书的开头谈到了冯友兰的观点，就是"照着讲"和"接着讲"。前者是按照原意去讲，后者是按照孔孟的精神来应对当代的政治和伦理问题。我采取的是"接着讲"这个方法，不过我在注解里也提到，这两者其实都是相对的说法。就算是"接着讲"，如果罔顾孔孟原来怎么讲，只是借用孔孟的一些话来讲自己的观点，那就变成"借着讲"了。"接着讲"必须有"照着讲"的成分，必须对于文本有一定了解。当然，《论语》这样的文本中很多字都有歧义，不过只要采取一种比较能站得住脚的解释我觉得就能够接受。

至于"照着讲"，我的老师伯顿·德雷本在谈到关于分析哲学奠基人弗雷格（Frege）一些想法的不同解释之间的争论时说道："即使弗雷格复活，进了这间教室，也无法解决这一争论。"因为我们无法保证这个弗雷格是否会说真话，是否真的理解了他当时提出的想法。我原来研究量子力学哲学，量子力学的一个重大发展是薛定谔方程的发现。对这个方程的意义的解释有争议，而其发现者薛定谔本人所持的解释最终被物理学家的主流所拒斥。在这场争论中，有人就说过："薛定谔方程可能要比薛定谔聪明。"因为薛定谔很可能自己并不完全理解他发现的方程的真正含义。所以，即使孔孟复活，有些关于他们思想的"原意"争论，还是无法解决。

其实所谓的"原意"是柏拉图洞穴之喻的内在化。这个比喻是说，我们生活在一个虚假的洞穴中，洞穴之上才是充满阳光的真实世界。强调原意、强调绝对的"照着讲"，相当于说，孔孟脑子相当于阳光下的真实世界，只有我们去接触他们脑子里那些想法之后才会明白什么是他们的原意。但这是不可能的。其实，他们自己是怎么去"看到"他们脑子里那个"阳光世界"的呢？绝对真实的原意其实是形而上学的幻想。

我在做研究的过程中觉得自己要尽量不违背对文本的最基本的理解，我有新的理解时也会去找相对可靠的根据。不过我更关心在具备一些对孔孟思想基本的理解之后应该怎么面对现代的问题。

观察者网：您在书中说哲学家的伟大并不取决于他们来到这世界上的早晚，而在于他们思想的深度。请问如何去鉴定一个哲学家思想的"深度"？

白彤东：哲学家面对的问题是我们活着都需要面对的、却在可预见的未来无法找出一个大家都公认的解决方法的问题。所以，对于这些问题提出的解决方法未必会随着时代的进步而进步。不像科学问题，比如说制造内燃机，一定会随着时间的推移找出更好的方法，并且能找到一个标准去评判。成为一个伟大的物理学家，也不需要去读亚里士多德的《物理学》或者牛顿的原著。但是，"当代哲学家的研究一定比之前的研究要好""两千年前的思想已经过时了"的想法，却未必成立。

两千年流传下来的文本是经过了两千年的淘汰的，有无数聪明的脑袋曾经研究过，甚至挑战过。当然，可能有人会说因为印刷术不发达，所以有些文本就失传了。可反过来想想，即使在印刷术不发达的时代，《论语》这样的文本还是流传下来了，不正是说明了它们经过了两千年的考验吗？而最近二十年流行的东西只经过了二十年的考验。从常识上判断，哪种文本更可能带给你更深刻的观察？当然是两千年流传下来的经典。不过，这只是常识上的判断，做研究的话还是得去读，看看能否读出一些深刻的想法。因此，最终还是得靠读者去把"微言大义"找出来，只是通过读经典能读出"微言大义"的概率我认为更高一些。

观察者网：您在书中提到，汉族作为中国人的主体，应该承担起保护中国文化的责任。请问应该有什么样具体的举措？您觉得我们应该穿汉服、学写古诗吗？

白彤东：我不反对穿汉服。我去日本和韩国的时候觉得我们自己挺悲哀的，那里的人们会在一些特定的节日穿他们的传统服装（其实都是传统中国传过去的），那是他们生活的一部分。所以如果我们能在服装上有一定的恢复我是很赞成的。不过，我觉得这不是根本。在我看来，更重要的是教育。我认为在中小学阶段加强文言文教育，提高经典的占比。对于孩子可能不需要讲很多深刻的道理，但是古代也有一些童蒙的教材，比如一些音韵的读本也是可以用的。而在大学里应该将其他公共课压缩，留出一门以广义的中华经典为基础的公共课。这门公共课可以设定几个选修方向（如中国佛教），学生可以根据自己兴趣选某一个方向的课程。这些都是制度性的改变，因为我对政治上的问题更关心。

现在我们哲学系最受欢迎的是马哲，因为学生毕业了以后可以去大学里做公共课的老师。在美国,哲学系毕业生也很难找工作,一个出路也是去做通识课的老师。现在我们国家一些学校也在搞国学,但如果没有政治、经济和社会的支撑,最终是走不下去的。因此,在中小学和大学加强经典和国家认同教育会对大学里国学院或者中国哲学系的发展起到正循环的作用,会有更多的人去学习,毕业了之后有出路,本科或者硕士毕业可以去中学教文言文,博士毕业可以去大学上公共课。

在社会层面,我觉得我们可以恢复家谱和牌位。在传统社会,有关于"庙祭"和"墓祭"的争论,就是祭祖应该在家庙还是墓地进行?现在这社会流动性很强,很多人都在外工作,而且碰上疫情这样的事情的时候也很难赶回去进行墓祭。"庙祭"相对要灵活很多,虽然现在可能大部分人已经没有属于自己宗族的"家庙"了,但是在小家庭中在一个小台子上放上祖宗牌位,下面放一本家谱也是可以的。儒家讲究"慎终追远,民德归厚"就是要通过家族把个人与古今和他者联系起来,这样他的决定就不是为自己当前的短期利益所做。做决定的时候会想着不仅要光宗耀祖,还要对得起子孙。这样能抑制人的自私、短视的冲动。

这样的哲学理念需要通过制度来落实。比如说,可以办一些帮助别人做牌位和家谱的企业。这样的制度设计我觉得要比穿汉服重要得多,也更为根本。

观察者网:说到利益,您在书中提到国家应该最关注自己的利益,但也要考虑别国的利益。在自己利益能保护的情况下也要帮助外国。那美国现在一些政客所提倡的"美国优先"原则是不是会让国际社会越来越自私,从而导致更多冲突?

白彤东:对,确实如此。我在书中的政治主张有两大块,国内

方面是贤能政治和民主政治的混合体，国际方面我希望解决一个根本困难，即超越国家的国际行动承担者恰恰还是国家。全球市场和世界正义的维护还是得靠国家去做，而世界性机构，比如联合国，其实并没有什么实力。所以在现阶段，我认为如果负责任的大国联合起来当世界警察来维护秩序是比较好的。

在儒家的"天下"体系中世界是分等级的，有实力和有责任感的国家应该处在领导者的地位上。具体来说，如果中国和美国这两个最有力量的国家能共同担负起全球责任，比如共同开发疫苗，才是解决全球性问题的方法。遗憾的是，现实恰恰与这个想法是脱节的。美国已经明确放弃所有的国际责任。我希望的是中国、美国、甚至欧盟都能担负起国际责任。其实国际警察不一定只能一个国家来做，欧洲国家可以组成一个联盟，美国和加拿大可以组成一个联盟，中日韩可以组成一个联盟，大家互相竞争，在竞争中可以总结出一套合格的国际警察规则来。

观察者网：您在书中提到，自由民主主义国家（liberal democracies）的人们要么觉得他们的制度是最好的，因为遇到不满意的执政者可以把他选下去；要么虽然承认这种制度有弊端，但找不到更好的制度了。我们应该如何向外推广中国经验还有您所说的儒家与民主的混合政体？

白彤东：西方那套制度出毛病了我们才能推广自己的经验，如果不出毛病的话他们不会怀疑自己。2016年我去哈佛访问，当时正好是特朗普当选之后。那边的一位美国学者对我说："现在我觉得你和贝淡宁的观点没那么疯狂了。"所以我觉得现在对于推广新的政治模式的环境是有的，连提出"历史终结论"的福山都在修正自己的说法。实际上近年来我受邀去欧洲和美国的机会越来越多了，听我讲的人也越来越多了。

观察者网：在"新天下模式"有关的章节中，您提到在现在的世界，"文明"不再是中国人的专利，而要达到"文明"，一个国家需要一些价值观，比如说以仁政为理想的目标等。请问如果大家对于这些价值观的解读不同该怎么办呢？

白彤东：这就要回到我之前讲的"共同底线"问题，我认为国家应该为人民服务，首先是要为自己国家的人民服务，在行有余力的时候也要照顾到其他地方人民的利益。我所讲的都是很"薄"的层面。与此相对，比如以"人权"这样的概念为底线，就不容易达成共识。比如，有些人可能会说违反言论自由就是违反人权，但是"言论自由"也是非常宽泛的概念。现在推特把特朗普的一些话标成谣言，这算不算违反言论自由和人权？很难讲清楚。但是我想大家都会认为让老百姓忍饥挨饿，或者把河的源头截断不让别的国家的人使用并不是文明国家应该做的事情。因此，"仁义"是可以直接表达出来的，老百姓也能够普遍接受。

因此，我对于文明国家的标准并不高，但是具体"为人民服务"的机制应该怎么去执行没有一个标准答案。所以我认为，就是我刚才所讲的，也许我们需要几个文明国家联盟，大家来竞争。每一个都可以有自己的标准，我对其中一个不满意就可以加入另一个。

观察者网：除了政治哲学之外，儒家也提倡修身。请问您对我们现代社会中的修身有什么建议吗？

白彤东：我觉得每个人都需要修身，在这一点上我是鼓励多元的。但是有些也是共同的价值，只是在共同的层面就应该由国家去鼓励了。比如家庭稳定、儿童的教育这样的可以通过政策去实现。新加坡就有一条规矩：如果儿女的房子和父母买在同一个小区能得到减税。政府通过这样的方法来鼓励人们重视家庭的纽带。

孔子讲的"三年之丧"有"慎终追远"的意味,我们国家现在也可以对父母的丧假延长一些,比如可以延长到一个月,并且所有企业要遵从,让失去父母的人回去好好想一想。有一个学者说"三年之丧"是"中年危机"的解决方法。因为一般来说失去父母的时候就是一个人中年的时候,出现危机的原因之一是曾经自己想拥有的已经拥有了,一些重要目标已经实现了。到这时候就不知道自己应该怎么办,所以买保时捷,养情妇的情况就出现了。父母的过世给所有人一个机会好好想一想自己是怎么来的以及当年父母对我们有什么样的希望。思考这些问题可能会帮助我们恢复对人生的目标。政府应该出台相关的政策来扶持。

观察者网:您说政府应该出台相关政策来引导人民的行为,但是西方国家,尤其是美国是很反对这种情况的。那他们会接受我们这一套思想吗?

白彤东:我觉得我们只要做得好,成为了榜样,别人就会愿意学。其实这一点也补充了我之前的一个回答。之前我说别人出了毛病才会去找方法,另一方面其实他们也需要一座灯塔。只要我们中国做得好,自然西方会相信我们,向我们学习的。

中国精神、中国价值和中华民族：基于文明论的理解

☐ 陈明[①]

某种意义上可以说精神是一种文化气质，价值是一种生活方式，生活方式又是出自环境与政治—文化的共同塑造；中华民族则是具有中国精神、认同中国价值的政治共同体。近年这些概念被作为问题提出来，成为学界和民间的关注热点，是因作为主词的"中国"在意义内涵上变得不再如从前那样不言而喻，而需要重新加以体认和阐释——后冷战时代世界秩序、国际关系尤其是中国自身变化深刻，原有的思维方式和知识范型已不足以容纳定位，很难提供令人信服接受的历史描述、现实解释和未来承诺。

过去的中国只是从属于某个意识形态或知识范式的具体事例或普通个案，其意义是被纳入普遍化的叙事体系里而规定赋予的。简单说，在革命叙事里"苏联的今天是我们的明天"，在启蒙叙事

[①] 陈明，《原道》主编、湘潭大学碧泉书院教授。本文原刊于《中央社会主义学院学报》2020年第4期。

里"美国的今天是我们的明天";至于历史,要么是东方专制主义,要么是偏离常态的"亚细亚生产方式"。二者虽然政治对立,构成冷战的双方,但西方中心的单线进化论方法和西方经验的普遍性预设的本质一脉相通。由于救亡急迫,五四时期它们被作为洋务运动的"变技"、戊戌变法的"变制"之后的终极方案引入中国,改变我们的文化以救亡图存被奉为信条,陈独秀谓之"吾人最后之觉悟"。病急投医虽然效果上可能有所收获,如历史的狡计,但深层的矛盾仍然需要反思清理,那就是手段与目的或目标的矛盾或背离:启蒙叙事是以个体为中心,革命叙事是以阶级为中心,但由鸦片战争、甲午战争失败而前赴后继的救亡运动,是以国家、民族为主体和中心。可以说,十六大党章修改增加中国共产党为中华民族先锋队的补充定义,习近平将中华民族伟大复兴作为中国梦的主要内容,将文化自信作为道路自信、理论自信和制度自信的基础,不仅意味着意识形态上的理论创新,也是对中国共产党与中华民族关系的再确认,对近代救亡史或主题的重新连接;不仅标志着中国共产党党建理论的成熟,也标志着中国文明发展的新阶段。

从救亡到复兴,虽然意义内涵不可同日而语,但历史和逻辑的衔接贯通无可置疑。从政治学的角度说,都统属在国家建构和国族建构的目标下。救亡是因为在西方冲击下旧有的政治组织系统无法进行有效动员应对内外挑战,仁人志士起而思有以为之;复兴则是中华民族在克服救亡危机后建立制度整合社会,自觉赓续传统再造辉煌。

但是,中华民族这个近代才提出的概念本身不是自明的。费孝通从民族学角度认为,中华民族作为自觉的民族实体是近百年来中国和西方列强对抗中出现的,但作为自在的民族实体则是在几千年历史过程所形成。顾颉刚从民族政治学角度指出,从秦始皇统一中国开始,"中华民族是一个"即已萌芽。如果说费孝通那里的民族是 ethnic 即族群,顾颉刚处则是 nation 即国族。官方表述主要是描述性的,认为中华民族就是中国境内所有民族的总称,也就是将它理解为集合概念。需要追问的是,"增强中华民族共同体意识"究竟意味着什么?共同体意识增强的目标方向和本质显然只能是中华民族共同体本身,中华民族共同体则只能是在政治、法律和文化之确立、认可和共享基础上以五十六个族群为成员的国族。是的,这就是顾颉刚所说的,"中华民族是一个"!

族是人的群体,氏族是因姓氏以成族,基础是血缘;国族则是因国家以成族,基础是政治、法律和文化——在政治、法律基础上整合成型的国族必然也会有其文化的维度。先有法兰西共和国,然后才有法兰西民族;先有美利坚合众国,然后才有美利坚民族。意大利政治家阿泽利奥说,我们已经创造了意大利国,接下来应该开始创造意大利人了。换言之,民族虽是建国的推动者,但民族问题的解决、国族的真正建构又是在国家政治架构稳立后才真正开始。因为一方面,国家的形成意味着政府"对业已划定边界的领土实施行政垄断"(安东尼·吉登斯),意味着"国家对于社会权力的强化"(查尔斯·梯利)。而另一方面,"国家建设的中心文化跟地方的大众在种族、语言和宗教上的冲突"被政治学家李普塞特视为政治学四大矛盾冲突之首。因此,我们今天应该确立这样的观念,所谓民族问题并不是民族的问题,而是国家的问题。这不仅因为推动这一进程的正当性和必然性在于同质性建构为国家稳定、社会发展、经济繁荣所必需,是国家义不容辞的责任;也因为社会作为有机组织亦自有其内在结构和历史连续性,其中的族群更堪称社会系统中的"硬核""土围子",在这一过程中释放呈现的政治意义十分复杂。其中"少数族群"因在语言、文化和历史以及区位等方面与主流社会的差异性，在这一国家—社会的互动过程中表现出矛盾性。由此触发的边界和认同意识，可能成为极端主义和分离主义滋生的土壤，对一些具有政教合一色彩和记忆的宗教和地区来说尤其如此。那种民族既是建国力量也是裂解因素的说法，原因盖即在此。

对于广土众民的中国来说，这一点尤其明显。欧洲的现代国家建构以威斯特伐利亚体系的确立为起点，表现为诸民族地区从神圣罗马帝国、哈布斯堡王朝的支配下脱离出来获得自己的主权，成为现代国家之别名的民族国家由此揭开篇章。即使在东方，由于族群构成相对简单，日本在被美国佩里号军舰敲开大门后，社会的应对是地方倒幕"大政奉还"于天皇，族群国族迅速无缝转换。但中国的情况与此完全不同。广土众民，社会多元，加之湘军淮军的崛起导致中央权力弱化，满汉畛域更使得行政效率下降，这是戊戌变法无法获得明治维新一样成功的根本原因。天佑中华！奥匈帝国、奥斯曼帝国均在随后的第一次世界大战中分崩离析，我们却幸运地跻身战胜国之列，帝国遗产得以完整保留，成为今天进行现代国家国族建构的基础和起点。但清帝逊位诏书中"合满、汉、蒙、回、藏五族完全领土，为一大中华民国"中之"合"只是政治和法律上的，其现实的落实，经济、文化等各种同质性建设、认同感塑造则未完成。由此角度可以启发我们打开国家国族建设的思维窗口——既然西方经验无法照搬，那就把历史的挑战当作文明再造的契机，天命所在，唯有斯文自任，继往开来。

民族国家之所以被称为现代国家是因为它的契约理论：原子化的个体经由契约建立政府以保护自己的生命权和财产权，进行个体和民族的自我治理。革命叙事里的国家论则以阶级为基础，通过斗争和专政建立起社会和国家的秩序。这两种同质性想象理论逻辑严密，批判有力，却与现实脱节，并非放之四海皆准。韦伯说，"想以组织行动的目的来定义包含国家在内的政治性组织，是不可能的。……要去定义一个组织的政治性特点，唯有从手段的角度来考虑：亦即对暴力的使用。"自由主义那种以个体为基础的国家论述本质上是一种分离与对立的世界观和方法论，闪现着基督教一神论和末世论的影子。且不说前苏联、东欧政治自由化后的各种分离，亨廷顿文明冲突论的预言其实在西欧和美国这些所谓标准的现代国家内部也几乎在逐步验证中。BLM 运动如火如荼，哥伦布、华盛顿这些极具政治和文化象征意义的雕像被斩首拉倒坠地，一方面当然可以说是政治正确极端化或种族冲突的表现，另一方面是不是也可以说是《五月花号公约》奠基的民族国家之制度设计与帝国性多元族群之社会构成的无法兼容？果如是，则诉诸勒庞式的民粹主义或亨廷顿式文明冲突论显然只会导致矛盾的激化而不是问题的解决。君不见川普总统对黑人抗议者行为的回应：推倒雕像并不能从历史中抹掉奴隶时代，如果不能吸取教训你们可能再次沦为奴隶……

国内一些学者不满民族国家论述，理由可能有反对西方中心论的方法论与自由主义价值观。另一些学者坚持民族国家论述，确实有普遍主义信仰与现代性价值坚持。但其实从自由主义的思想谱系看，到约翰·密尔之时，由于社会问题已经不再是与君主专制对抗，而是要解决大英帝国结构上的异质多元问题，他只能以"最大多数人之最大幸福"这个整体性目标替代契约论的个体本位立场。功利主义卑之无甚高论，却解决了洛克等早期自由主义话语"分"而难"合"的问题。如果说今天国内的自由主义者尚未意识到这一转换的意义，表现出右派幼稚病，那么文明国家论似乎只注意到了民族国家论的不足，而没有从历史与国情及文明目标出发动态地处理中国由族群到国族的整合建构问题。这一描述和定位，存在将族群的多元性本身加以固化的问题，而忽略了二者之间的张力，忽视了国家特定的政治内涵与必然要求。至于那种将民族问题化约为阶级问题、把文化认同归结为意识形态的思维，则对文化之政治属性及其特殊性的认知造成遮蔽，对民族问题的真正解决十分有害。

由秦灭六国建立起大一统的中央集权政府开始中国就称帝国。"合"必有所以"统"。顾炎武说："封建之失，其专在下；郡县之失，其专在上。"三代行封建，最后以战国的诸侯力征作结；秦立郡县，二世而亡。到汉承秦制而接受董仲舒"罢黜百家，独尊儒术"的建议，终于成就起"霸王道杂之"的政治—文化结构。至此，郡县制的中央集权维持整体的政治秩序与稳定，儒家思想则作为社会价值表达、作为社会精英纵向流通依凭、作为主流文化象征体系，政教相维，刚柔并济，二千年文明从此绵延不绝。在处理各有其性的五方之民的问题上，早在《礼记·王制》中即有"修其教不易其俗，齐其政不易其宜"的原则。这里的"教"是社会主流价值（道统，或曰公民宗教、核心价值观），"俗"是地方习俗；"政"是国家权力组织，"宜"是地方行事方式。需要指出的是，"教"与"俗""政"与"宜"是一种有着位格层次的结构关系，"教"高于或先于"俗"，"政"高于或先于"宜"。这与现代社会国家认同先于文化认同、公民身份先于族群身份颇相契合。效率与秩序的稳定平衡、国家社会的良性互动，是所有执政者都重视追求的。中华政治文化文明这样一种整体性智慧及其优势，相对于左右两种分别以个体和阶级为中心的叙事可以看得更加清楚。

中华文明又称礼乐文明。借用现代政治学的概念，可以说礼代表秩序、理性，乐代表和谐、情感。"礼者天地之序，乐者天地之和"。它的背后则是乾父坤母、民胞物与、和谐共生、生生不息的宇宙观和人生观。

以此为基础讨论中国、中国精神、中国价值和中华民族，或许我们会得出许多不同的观点和结论。

思想评述

"历代政治得失"的微言隐义

❏ 任锋[①]

2020年的世界读书日,坊间推荐政治学阅读书目。二十本名著间,国人作品唯有钱穆先生的《中国历代政治得失》(以下简称《历代得失》)。余学也晚,最早是20世纪90年代中期在南开大学读国史期间,闻导师推荐而知此书,同列者尚有黄仁宇《万历十五年》、梁任公《中国历史研究法》。近年来,流连于先生著述,又以教研政治学之故,常常讲授此书。中年再读,时势转殊,视野心境大不同弱冠之期。庚子恰逢宾四先生逝世30年,世运巨变,回首书中论列,微言隐义或可与读者分飨。

一

讲演《历代得失》之际,钱穆已离开内地三年,创办新亚于香港,为维续教育事业奔走于港台两地。玄黄再变,国家在他警诫的崇美尚苏两条大路间陷入大分裂,现代共和立国的激进风潮尤未见

[①] 任锋,中国人民大学政治学系教授。本文原刊于《读书》2020年10月刊。

证极点。他的故国之论,鹤鸣九皋,声闻于野,虽聚焦于传统政制检讨,也应当在远大的立国意识和宪制思维上把握其忧惧。政学、史学,不为两橛,阐新命于传统。

政治传统包涵广袤,大体有理想、人物和政制三者。《历代得失》讲演,以政制为中心。这个优先排序,至其晚年《晚学盲言》讨论政治社会,仍一以贯之。为什么政治制度对于探讨传统得失如此重要?

1951年3月钱穆的《主义与制度》一文已显示一年后讲演的关切取向。他指出,主义与制度相互配合,有主义无制度是落空,有制度无主义是盲目。二者各有特性,即主义不求人人信服理解,而制度需要人人去遵行,孔子的"民可使由之,不可使知之"分别针对制度和主义来说,孙中山"知易行难"犹如此。中国政治传统的一个杰出成就,在钱穆看来,是不奢谈主义,而能将主义落实在可行性的制度上,且行之久远。透过对比柏拉图《理想国》和《周官》《通典》,观察中西思想与政治制度的互动,可有体会。现代中国革命注重主义动员,若求政权稳定,出路在于政治的制度化。

中国传统以政治制度为优长,这个论点在《中国历史研究法》(1961)的"如何研究政治史"有系统深入的强调。钱穆认为,政治以制度为重,是一个国家"立国的规模与其传世共守的制度"。国史发达,一类记载政事,可编年通贯,可断代划分;另一类专讲政治制度,重"通",如"三通""九通",不囿于断代。其中缘由,就在于中国历史上的政治制度有内在的一贯性,注重因革损益,行之久远。"此即中国历史传统一种不可推翻的力量与价值之具体表现。"中国人以政治活动尤其是创制立法为胜场,"能创建优良的政治制度来完成其大一统之局面,且能维持此大一统之局面历数千年之久而不败。直到今天,我们得拥有这样一个广土众民的大国家，举世莫匹，这是中国历史之结晶品，是中国历史之无上成绩"。为自信心跌落到谷底的现代国人重温传统传灯递引，此即讲授"历代得失"的宗旨。由此思考革命中国走向政治制度化的长治久安，也是共和再造时刻应有的远瞻。

《历代得失》择取汉唐宋明清，聚焦各朝代政府组织、选举制度、经济制度和军事国防，钩玄提要，以史驭论。在"前言"部分，作者专门就制度研究提出七点看法，说明史论宗旨。这"七条"，尤能帮助我们理解在现代中国重视政制的时代缘由。它们应对的是国人在巨变潮流中形成的制度崇拜。这个制度崇拜可称为"神圣政制论"。质言之，人们相信制度对于现代转型最为关键，制度解决是政治变迁的根本解决；世界上存在最好最优的制度，其利远大于弊，甚或有利无弊，社会由此实现至治。对于现代中国人，解药是由西洋舶来的政体制度，尤其是民主政制。引进移植民主政制，意味着与专制传统一刀两断，意味着政治秩序由此有一新开端，这也是革命运动的理想方向。

"七条"聚焦其所谓"政制法理"，重彰中国政学传统精义，似可对称为"历史政制论"概言之，强调制度的人事性、精神性、时地性与文化性：

第一，注重制度与人事的关系（第一、二、三条）。政治分人事和制度，制度又可归为人事活动中比较稳定的部分。要理解一代制度，必先精熟一代人事，否则制度理解易陷入成文法条论。"制度虽像勒定为成文，其实还是跟着人事随时有变动"，否则不能在历史上有真实影响。人事所指，即人物、事件、个体群体的生命活动及其社会文化蕴涵。讲演中，制度关怀无疑是中心，人事无法展开讲。但细心的读者应留意作者具体论述中的处理。如论宋初君相关系，尊王是针对五代乱世元首和政府始终无法确立稳定权威形成的纠治方法，相权也由此抑损。这部分取决于开国政治家的素质。当时大臣"是晚唐五代进士轻薄传下的一辈小家样的读书人"，如果是"西汉初年一辈朴讷无文来自田间的人"或唐代"由门第传统出头的人"处此局面，宰相站立不坐的制度未必形成。人事所关政治主体，传统所谓"治人"者，是制度演变的基本要素。钱穆批评革命以来过于关注制度，轻视人物，尤其是政治家的作用，在《政学私言》中《政治家与政治风度》专论这一问题，聚焦治人主体来解释从风度到制度的政治演进逻辑。同样在论宋初君相时，作者称道赵普到底还有宰相大臣传统的风度，虽非地道读书人，由太祖告诫读书而开半部《论语》治天下之局。这里又可见人事背后传统历史习惯的潜力运持。

人事变动不居，制度变动如影随形。钱穆在"如何研究政治史"中提醒，历史记载制度，往往只显示制度的"标准段落"。其实制度永远在变动中，不配合史事就易忽略变动性，视其为僵化不变。

第二，与人事紧密相关的，是制度的精神性。制度开创和发展，必定有当时的人事需要，必定被时人赋予种种内在用意（第四、五条）。了解制度的外在需要和内在用意，需要注重当世人关于其实施的"历史意见"，不能单凭异代人主观意见和悬空推论（"时代意见"）。根据制度实施时的历史意见，才可能评判制度利弊得失。后代人依据自身环境和需要提出时代意见，但不应漠视历史意见。作者以君主制为例，指出民主政治的时代批判君主制，不应该僭越这个制度在实施期的历史意见。这个举例十分紧要，因为现代国人依据民主政体论将传统政制归结为君主专制，对于其中各项制度的解释往往忽视具体演化中的历史意见，一律衡之以反专制的时代意见。这一非历史化的政制思维折射现代人的当前激情，无益于了解传统真相。

这一点在书中的一个活证，就是作者与徐复观围绕明代张居正"权臣""大臣"而起的争论。作者强调从明代政制法理去评价张居正，后者以内阁学士自居相体，不能改变太祖旧法，而是在当时制度下曲折谋事功。时人依据当朝法理抨击其为权臣，这点历史意见在当朝法度中有其合理性，不能站在今人反专制立场上无视历史法理。钱穆认为徐复观"似乎有些像是站在近代欧美民主政治的时代意见之大理论之下来衡评全部中国的政治史"，谈理论谈时代，并非谈历史。法治在每个政治体都有其具体表现，不能依据现代理想超越历史条件一律衡评。好比今人论宋代台谏，引入分权制衡说，却忽视历史法理下台谏专权形成的政制失衡。钱穆并非肯定明太祖废相，而是强调要在当时政制法理中理解人物处境，着眼点不单纯依据居心和事业，"正为阐明制度如何牵制着人事，而明代此项制度之要不得，也就即此更可论定了"。

历史意见显出制度的思想性，换言之，制度背后实有丰富的思想和理论。比如汉代兵役从二十三岁开始，是立制者考虑到壮丁二十受田，"三年耕，有一年之蓄"，可顾及家庭负担。政府中人出身农村，知道民间疾苦，才订出这个法规。再如唐代租庸调制度，广土大国的长期调查、登记和改校，不能疏忽模糊，需要一种精神力量来维持，"必待有一种与之相当的道德意志与服务忠诚之贯注。否则徒法不能以自行，纵是法良意美，终是徒然"。太平强盛，人事松懈，制度容易瓦解。唐代府兵制度亦如此。"中国绝不是一个无制度的国家，而每一制度之后面，也必有其所以然的理论和思想，哪可轻轻用'专制黑暗'等字面来一笔抹杀呢？"

钱穆认为，中国历代伟大学人，多半表现为实践政治家，思想理论多已见诸实际行动。西方的政治思想家，未必亲身参与实际政治，往往突出著书立说来发挥理想和抱负。比较起来，中国似乎没有专门性的政治思想著作。其实最能体现国人创制立法实践能力的政治制度史，在中国就是政治思想史的具体材料。中国政治的思想史藏在政制史中。

第三，围绕制度特殊性，应认识到与时代、地理的紧密关联（第六条）。制度在具体时地环境中生成，随时地而适应，不能推之四海而皆准，也不能行之百世而无弊。制度的普世性有其界限，应该注重其地域性、国别性。周汉以来国家广土众民，与希腊罗马的城邦政治，规模大不相同。这是理解君主世袭制度的一个基本条件。秦始皇统一天下，国家规模大扩展，戍边制度没有及时调整，遂引起社会大骚动，汉代乃以钱免戍。钱穆论宋代立国形势，历代中最处劣势，整体政制迁就这个形势，造就了制度的散和弱。中国自古以战斗攻势立国，秦建长城，汉代开塞出击，均是主动以攻为守。他批评元代行省制度为便于军事控制，人为割碎区域联结，扼杀地方活力，遗患无穷。钱穆强调制度的属地性，概因各地民情风物习俗有别，这是理解制度起源和变化的基本条件。人类"建国于大地之上"，政治理论首要面对的是大地上的人民万物，在多样差别中寻求联结彼此的经世秩序纽带。

第四，是制度的文化性（第七条）。政制乃是文化的一部分，后者在一定地理环境中经过长期演进形成了独特体系和文化精神。钱穆特别强调群体内部精神的积累性力量，中国政制背后就有这种力量需辨识体认。制度变迁，"所贵的是要在变动中寻出它不变的本源，这便是所谓历史传统。传统愈久，应该此大本大原之可靠性愈大。换言之，即是其生命力愈强"。文化精神可挽扶政制之缺。如钱穆论政统，宋弱于汉唐，道统学统却光明正大，与《中国近三百年学术史》合观可见。"历代政治得失"指点文化性，笔法隐微，读者可参考其《中国文化史导论》。如讲演由秦汉起，实则中国文化体系在三代就形成了大型农业国的基本形态，周代已有封建式统一。中国文化"同体"转化，而非西式"异体"变动。秦汉之际只是大国文化内部的政制转化，由封建到郡县，统一的性质和功能完善稳固。在文化传统上，三代周礼是理解秦以下政制演进的本原。类似文化结构要素，除了大一统，还包括天人合一、政学关系、尊尊亲亲、贤能共治等。

二

"神圣政制论"的制度崇拜铸造了多种变革型意识形态，把外来制度作为本土政治发展的不二标准，努力改造所处社会的现实人事以迁就理论主张，再配合以终结论意义上的乌托邦想象。《历代得失》讲演政制史，理论表达较为节制，但应对制度崇拜的意图不难辨识。现代政治固然要吸收西方精华，却不必也不能与自身传统一刀两断。积累四五千年的文化——政制传统，对于现实当下的影响往往远大于今人估量。适合现代中国的政制形态，不会从天而降，而是要真能扎根于这片大地。

"历史政制论"背后也接续了传统政学精义。此书附录的《答徐君书》，为了解其学思渊源和特质提供了珍贵线索。这封信辨析政制思维中的历史意见与时代意见，同时结合近世学术思想传统予以申辩。钱穆自陈关于政治传统的看法与徐复观有根本不同。

朱子、陈亮之辩是近千年来思想史的大事件，恰恰代表了近世政治思维的两个路向，即理学与经制事功学。钱穆在理论上欣赏理学，史学上认可后者。以《历代得失》反复提及的黄宗羲为透视点，可以领会其立场之微妙。

第一个视角是政治史观。朱陈之辩的分歧围绕"法三代"与

"法祖"展开。朱子高度肯定三代,激烈抨击后世政治,经制事功学认为这样的二元史观不能贯通历史演变,"法三代"不必否定"法祖",汉祖唐宗代表的现实政治自有其理义精神。以古非今,不如古今相维。钱穆审视"神圣政制论",敏锐指出对于西方理想政制的崇拜其实是理学三代政制崇拜的现代版,不过以西代古(三代在英美)而已。二者通病在于对现实政治的虚无化理解。黄梨洲《明夷待访录》在近世与现代之间是关键连接点,现代启蒙将其视为"中国的卢梭",从"原君""学校"等篇阐发民主和议会理念。钱穆以《历代得失》为准,几番称许《明夷待访录》优胜于卢梭《民约论》,就在其依据实际政制立论,不玄思空谈。然而,钱穆的称许在中西对比上或许成立,在古今相维上则相去甚远。毋宁说,《中国历代政治得失》在政制史观上是《明夷待访录》的抗议,这一层在书中隐而不露。前者对秦汉以后政制的解释恰恰是要辨析其制度合理性,反思那种以道义激情解构历史政制的理学逻辑。作者在《政学私言》中就曾经批评梨洲"三代之前有法,三代之后无法"的原法论,属于儒者激论,与实不符。《政学私言》论元首制度、论中国尚法,与"历代得失"经史交错,依据的是经制事功学的历史政制逻辑。这一逻辑,在《明夷待访录》论各代制度部分实则仍潜在运行,显示梨洲对浙东学脉的暗接。另外,钱穆对于《明夷待访录》的学校论评价极高,着眼于道统高于治统之义,从文化精神和政制演进的综合立意将其视为近世政学结晶,对现代立国宪制有精神奠基之重。他依据公私之别辨析制度与法术,批评明清政治专制化。对理学道义的致敬,可以说内嵌于历史政制论中。

钱穆屡次称引梨洲治法重于治人的论点。这又涉及朱陈之辩的第二个视角——治体论。治体论自汉初贾谊至明清"经世文编",

经历千百年演进，从治道、治法和治人三类型要素的复合关系去理解政治秩序构建。近世宋学见证了它的成熟，由理学和经制事功学发展出以心性与治法为各自本位的思维模式。陈亮为汉唐政治辩护，主要依据是治法即纪纲法度与三代理想之间的延续性。《明夷待访录》对于治法的推重接续的是这一传统。《历代得失》虽以现代专门史学呈现为制度史，其制度理解激活的却是治体论传统。凸显制度的人事性、精神性和时地性，是将制度等同于治法（礼律、习惯、法术），在与治道（文化、精神）和治人（人事）的系统视野中理解其合理性。这个思路，在《政学私言》论法治数篇已有体现。治人与治法的张力是作者阐释法治新说的中心关怀，《历代得失》总论仍落脚在此（"创新法，运新才"），并反复强调在平铺散漫的中国社会重建"共尊共信"的中心点，事关现代立国的精神根基（治道）。治体论的激活推进了对于西学政体论的反思，检讨其权力逻辑的单一性不足以解释历史政制系统演化。政体论自有其解释力，但应贞定其范围。钱穆在四五十年代受政体法治论牵制仍大，到80年代《晚学盲言》思想成型，以礼治法治对举，依据礼治精神解释中国政治，充分揭示出治体论的思维特质（如政民一体论、职分论、流品论）。

朱陈之辩还代表了变革思维与立国思维的张力，继承了北宋大变法中经术——史学的思维角力，在《明夷待访录》有综合提炼。变革思维依据某种经义确立理想，谋求大幅度改变现实政治；立国思维以现实政治为本，考辨其本末源流的合理性。经制事功学以治法为中心，对祖宗法代表的政制变迁尤为看重其国本创制价值，在起始条件下审慎考虑变革。钱穆平生最后一次授课，念念不忘反省现代政治一味求变，脱离故道，忽视政制变革的起始条件。其一生学述，自《国史大纲》起，就不断致意于立国形势、立国规模、立国精神和立国理想的历史政制阐述。《历代得失》的一大主旨，就是探讨历代政制不断变迁，中国何以能绵延传承。罗马之后已无罗马，汉唐逝去中国不亡，工商富强而注重农本的大国怎样更新其大一统而不堕入帝国形态，为人类提供现代秩序的新思路，在他看来是最堪研讨的大题目。

革命立国这个综合变革与立国的现代挑战，促使钱穆思考中国的"旧制度与大革命"。他认可梁启超所说的传统中国缺乏真正的革命，《历代得失》显示，在"中国不亡"的意义上这未必是一个缺憾。他在《中国知识分子的责任》（一九七一）一文提出现代共和的甲子之祭，反省立国时刻政体论导入的乌托邦主义激情，不断重申立国之道"依自不依他"。在变革精神支配现代心灵的时潮中，这种清醒冷静的立国远视尤显宝贵。没有在保王党意义上为君主制招魂，他是在共和宪制中思考安顿政权开放与权能治理。革命有其限度和转化，最终应回向人民，回向大地，在传统新生中证成其荣光，在长治久安中炙养其生机。《历代得失》因此不仅是大革命的稳压器、扳道夫，也蕴藏着宪制重构的未解译码。

梁漱溟儒教观的宗教学解读：以道德代宗教论为中心

□ 樊兵策[①]

清季以来的儒家学者，为回应礼崩乐坏之挑战，业已形成了不同的学术路径，康有为提出孔教论，引发了孔教与反孔教思潮。梁漱溟承认孔子有"一副自己的宗教"，也不否认自己是个儒教徒，但又坚持"以道德代宗教"。儒家是不是宗教，如果是又是怎样的宗教，早在明清之际，以利玛窦为代表的传教士与欧洲宗教界即有争论，至今中外学界仍然聚讼不已，但大部分学者承认儒家有宗教性，亦可表述为儒教[1]。

儒教之争，既有古今之异，也有中西之别。道德和宗教作为两个学术或学科概念是西学东渐以后产生的，儒家是不是宗教在中国固有经史传统里是一个伪命题，儒释道三教共存千年之久也并不存在"代不代"的问题。欧洲自18世纪以来就有反宗教与反传统倾向，以启蒙运动为鼎盛，后来发展为现代性意识。新文化运动的

---

① 樊兵策，北京人文研修学院教师。本文原刊于《宗教学研究》2020年第3期。

知识分子受西方启蒙思想影响，尤其以尼采、达尔文、马克思、孔德等反宗教思想为甚。自洋务运动至新文化运动以后，中国学术范式已经改变，讨论热点由变法、革命转向建设一个什么样的中国，需要什么样的现代化。在儒教制度与观念解体后，如何重建国家社会，如何认识宗教成为关键问题之一，"代"宗教的产生在于解决中国问题的需要。

在五四时期主要有四种"代宗教"学说。[2]第一个以《新青年》刊物为理论阵地所提出，陈独秀在1917年1月二卷五号《再论孔教问题》提出"科学代宗教"，接着下半年8月蔡元培在三卷六号"北京神州学会"演讲稿中提出"美育代宗教"。冯友兰的"哲学代宗教"与梁漱溟的"道德代宗教"相对晚，梁氏提出时间在1945年前后。这四种代宗教说无论哪一种在当时都是一种口号，并无进一步系统论证。相对其他三种代宗教方案，梁漱溟比较准确地把握了中国问题，意识到中国历史有自己的发展逻辑，把理论建构与政治实践相结合。他所期望的是"老树发新芽"，重新发挥儒教的教化功能，克服近现代社会可能出现的道德危机。四种代宗教理论，只有梁漱溟坚持时间最长，其思考收录在晚年完成的《人心与人生》。

一、儒教道德的来源与形成

柏格森指出："全部道德，无论是压力（pression）还是抱负（aspiration），在本质上都是生物学的。"[3]他认为道德来源于自然，更进一步说萌发于社会习俗。道德的诞生早于宗教[4]。道德的形成和成熟是宗教产生的土壤。这种观点同样适用于分析梁漱溟早期的道德与宗教观念来源。他出生在传统的儒教家庭，道德观念形成受父亲梁济影响，梁济是维新派儒官，宣导他做个学以致用的人——其实是一种强烈的救世情怀。儒教的家庭教育和社会习俗形成是梁漱溟道德直接来源。特别是父亲梁济之死是个重要事件；对于他而言，儒教的衰微与强烈的救世观使他的生命找不到出路；压力增加与抱负无法伸展几乎要自杀，几次自杀未遂，在佛教中找到精神的勖勉与超绝。至于梁漱溟自己的问题意识，如他说一个是中国现实问题，一个是超现实的人生问题："这两个问题不一样，一个让我为社会、为国事而奔走，一个又让离开。"[5]这种自我分裂式的思考，是个人道德意识与社会现实冲突造成，在处理冲突问题方法上产生了道德与宗教的理论纠结。

　　古典儒教制度的解体在中国历史上是一个大事件，比孔子春秋之时"礼崩乐坏"还要严重。换言之，现代政教制度从经济基础到上层建筑跟传统中国完全不同。一个人道德的形成必受社会习俗的"压力"，对于把己事与国事融为一体的梁漱溟尤为典型。他道德观的形成不是通过儒教经典，而是来自家庭教育和社会习俗。父亲梁济乃一代儒官，对儿子的道德塑造有至关重要的作用。梁漱溟对父亲的教导也亦步亦趋，因此十七岁时父亲为他取字"肖吾"。据林毓生研究"梁济底儒家道德与宗教的心灵的核心奠立在一个坚定的信念上，即道德的资源（或动力）和判断力是人性本有的……陆王学派的形上学则确认道德判断力之天赋来源而强化了这个信念……相信这一信念的儒者自然热切地期望自己能在社会中实现并广大自己的道德本性，这不只是为了个体人格的完成，同时也是为了使社会能有秩序"。[6]梁漱溟一生基本上也是这个路径，期望以道德解决社会问题。

　　梁济在六十大寿时自沉于净业湖，这在笔者看来是一种儒教式的殉道。如遗书云："吾固身值清朝之末，故云殉清。其实非以清朝为本位，而以幼年所学为本位。吾国数千年，先圣以诗礼纲常，吾家先祖先父先母之遗传与教训，幼年所闻，以对世道有责任为主义。此主义深印于吾脑中，即以此主义为本位，故不容不殉。"[7]这段遗言说得非常清楚，他殉的主要是中国数千年之诗礼纲常，其次是祖先父母之遗训，其实是以儒教道德价值为本位。从梁济之死，我们可以看出几个古典儒教特征，第一是衣冠，衣冠服饰不仅活着一种儒教礼仪象征，死者更衣也是重要仪式。子路死都要正衣冠。儒教向来重视衣冠，梁济投水之前穿了清朝服饰，九年后自沉昆明湖的王国维也有类似行为。第二是祖先父母遗训，如《中庸》所言"孝者，善继人之志，善述人之事者也"。梁济回忆他决心自杀是嫡母对其道德教育的结果。殉道前第一次起誓[8]，他祭拜了自己的祖先。因为梁氏祖籍广西，梁济团拜场所可能是宗族在外地聚会的会馆，兼有祠堂功能，供奉有祖先牌位以及关帝、文昌及"天地君亲师"牌位等，关帝在民间信仰是保护神、武财神化身，有主持正义、免灾发财的功能，文昌则主要管文运。虽然关帝、文昌供奉在粤西同乡会馆，梁济祭祀的重点显然是祖先牌位。六年之后，中间亦有几次自杀冲动，最后他才实践。

清末民初，"普遍王权"政治秩序的解体不可避免地破坏了传统社会、文化、道德秩序，梁济企图以他的道德拯救社会，唤醒国人。梁济之死不是一个体的道德悲剧，而是那一代儒教知识分子的信仰危机。他强调人心归正与官吏廉洁是政治的基础，主张借道德思想以解决政治问题。这种思路影响了梁漱溟一生。

二、儒教的现代转型：重建道德伦理及美育

梁漱溟出生在一个传统儒教家庭，父亲梁济是个典型的儒教徒，尤其死亡的方式。梁漱溟正是因为儒教的道德困境而转向了佛教，但总体上延续了父亲对他的教导。比起孔教，梁漱溟更愿意接受儒教的概念，"我自己承认是个佛教徒，如果说我是个儒教徒我

也不否认。"[9]他认为孔子之教不是宗教,但是又绕不开宗教来讨论,这跟他接受的宗教范式有关。在《东西方文化及其哲学》中,他认为"一般宗教所有的一二条件,在孔子又不具有,本不宜唤作宗教;因为我们见他与其他宗教对于人生有同样伟大作用,所以姑且这样说。我们可以把他分作两条:一是孝弟的提倡,二是礼乐的实施,二者合起来就是他的宗教。"[10]在这种意义上梁氏认同了孔子的宗教。同时又提出"儒家似宗教非宗教,非艺术亦艺术",儒家也非哲学,而是一种文化样式或"仁的生活"。

梁漱溟认识到了现代儒教重建必要性,提出了一套自己的方案。他的儒教意识是从批判康有为开始的。康氏孔教追孔子为教主,梁氏却认为孔子是"宗教强敌",甚至批评康氏"数十年来冒孔子之名,而将孔子精神丧失干净!"他对其弟子陈焕章办孔教会教堂募捐立功德碑、塑像等行为也非常不齿,竟说"我看了只有呕吐,说不上话。哀哉!人之不仁也!"[11]这里有他的"道德"标准,同时情绪上也表达了对孔教和孔教会的厌恶。新文化运动提出"提倡新道德,反对旧道德",梁漱溟也受到时代风气的影响。在早期,他把道德看作一种社会本能,倾向直觉;在中期,突出道德理性;在晚期,则强调道德自觉。在道德实践层面,提倡道德生活艺术化,终极在于"至善"与宇宙本体的合一。宋明儒者言人与天地万物一体,梁氏在此基础上融合了生物学、进化论,认为所有生命是由低等生物到高等动物不断演变的过程,人类生命是从宇宙大生命从低级发展出来的,只有人类进化出道德。[12]此融进了西方科学精神,非从孟子到陆王纯然的道德本体。这种不知其所以然的宇宙本性,其实具有动物本能成分,只是人追求从动物本能中解放出来,成为宇宙间生命本性的唯一代表者。正是在这个意义上,最能彰显人之万灵尊长的高贵。其背后推动力量便是他所言的道德。

他还提出生物进化上的依据,从生物进化史看,只有人类从动物四肢着地向上进化为直立行走,争取灵活自由,"层层上进不稍停歇",成为宇宙生命本性的佼佼者,生命进化的关键就在这种向上力量"不歇""不懈",歇止就意味着生命停止进化。[13]进一步而言,歇止、松懈以及懒惰是违背生命本性的,人性的恶都由此而来。梁漱溟相信人具有先天之善,发扬了儒家克己复礼、克念作圣的道德修养功夫,强调体认廓然大公的道德,行和止之间于自己内在有自觉。[14]"善本乎通,恶起于局。盖生命本性是趋向于通的。"这里把"通"作为非常重要的一个环节,如果局限于一家一国仍然是私,不道德,那么"通"就是倾向至高无上的善,整个形而上的宇宙。冯友兰把道德境界排在第三位,最后一位是天地境界,梁氏的道德境界就是天地境界,也是人类生命的终极关怀。

梁漱溟不是道德理想主义者,他认为道德发展有不同阶段,强调理想与道德实践适当调整,道德当随着社会发展而变化。从人类发展史来看,从远古到近现代社会都处于幼稚期,大部分民族都借助宗教形成社会需要的道德,如西方文化宗教为重,集团权利过强,才产生了个人本位的权利观念。在他看来这都不是真正的道德,只有中国文化早熟、理性早启出现了道德,形成了伦理本位的社会,以人生的义务观为主,不重视人的权利。此为人类进入未来后半期社会本位预示了"一点影子"。社会主义取代资本主义就是社会发展史上的转折点,人心从以往自发转入自觉的阶段。正因为人心的觉醒,"在社会主义文化上道德将代宗教而兴"[15]。

如何重建现代家庭与组织社会?根据梁漱溟的理解,家庭人伦有情感勖勉作用,即宗教功能,现代家庭应继续发挥这一功能。儒教重视家庭生活,具有一种自我牺牲精神,以家庭生活为人生价值的最终归宿。家庭能代替宗教在于"融合人我泯忘躯壳,虽不离现实而拓远一步，使人从较大处寻取人生意义。"[16]传统的中国家庭确实有宗教之用，而现代家庭则功能较弱。在伦理关系方面，他仍相信以儒教伦理为基础，向四面八方扩张，整个社会一律家庭化，最后便"天下为一家"。他理解的天下并不限于中国，而是整个人类世界，乃至延伸为一种全球伦理。梁漱溟《乡村建设理论》中，总结出到了伦理本位的社会与西洋个人本位的或苏联社会本位的社会不同。在《中国文化要义》中，梁氏领悟到社会结构是文化的骨干，而中国文化之特殊正须从其社会是伦理本位的社会来认识。[17]他由此提出"道德代宗教"。为什么不提伦理代宗教呢？这跟梁氏对宗教与伦理的理解相关，宗教终极是生命个体的自由解放，而伦理则是涉及两个人以上的群体。

通过大半生的实践与思考，梁漱溟发现宗教对于勖勉人的情感有难以替代的作用；以道德代宗教偏于理性，尽管他赋予理性以情理的意涵，还是无法妥善解决人的"情"的问题。所以他晚年在《人心与人生》中又提出美育代宗教，以艺术解决理性无法解决的道德情感问题。艺术的本质与道德相通，恰好解决人的情感。如蔡元培认为"专尚陶养感情之术，则莫如舍宗教而易以纯粹之美育"[18]。换言之，以审美超越道德与宗教，融入本体世界。[19]李泽厚据此也提出了"情本体"处理宗教性道德。哲学重在理性思辨，不断地解构重建，容易压抑人的情感；宗教重在信仰超越性，但亦使人产生依赖；唯有艺术重在创造，蕴含着人生美好的价值与意义，通于生生之德。所以，梁漱溟的结论是"不有以美育代宗教乎？于古中国盖尝见之，亦是今后社会文化趋向所在，无疑也！"[20]

三、道德何以代宗教

1945年，梁漱溟在《中国文化要义》中正式提出道德代宗教，其论证共分五步：

第一步：调整对宗教的定义。对宗教的定义的调整，在《东西文化及其哲学》中，把超绝放在第一，强调宗教神秘性，此处把情感的勖勉放在第一位。"宗教必以对于人的情志方面之安慰勖勉为其事务"[21]宗教即是为了人类情志不安而来。这就与以前大大不同，以便与道德更好的接榫。并引用费尔巴哈《宗教之本质》"依赖感乃是宗教的根源"证明之。

第二步：对周孔教化非宗教的论证。周孔教化代表了数千年中国风教文化。判定周孔教化是否为宗教，首先要认清孔子为人及孔门学风。他引用美国桑戴克《世界文化史》、何炳松《中古欧洲史》、王治心《中古思想史大纲》中的某些话语为例，认为儒家和道家都接不受天的宗教观念，只有墨家强调天的信仰，还举出一个亨利八世迷信宗教的反例。笔者认为老子否认天，孔子不是，这在《论语》中随处可见，"畏天命""获罪于天无所祷也""天何言哉，四时生焉、百物生焉"，天有神格，其宗教观念显而易见。梁漱溟判定孔子是"宗教强敌"，孔子"相信人都有理性"，专门"启发人类的理性"[22]。并且，他认为孟子继承孔子精神，孟子之后还有王阳明，也启发人的理性。梁漱溟从孟子跳到王阳明，董仲舒、韩愈、二程、朱熹等略而不论，可见其学术路径，极力剔除儒教道德中的宗教性。

第三步，提出道德代宗教。梁漱溟认为古代中国实现道德代宗教的两个条件：伦理组织社会与礼乐涵养性情。但现代中国传统政教制度已经瓦解，儒教越来越被边缘化，这是他思考未及之处。

梁氏认为，在人类文化史上，东西方分水岭在宗教[23]。中国文化提前达到了是人类文化的早熟，文化早熟所以道德发达，不再需要宗教，他不像柏格森那样认为道德发源于社会习俗，而是沿袭了传统说法道德产生于宗教或比宗教产生晚。"道德为理性之事，存在于个人自觉自律。宗教为信仰之事，寄于教徒恪守教诫。中国自有孔子以来，便受其影响，走上以道德代宗教之路。"[24]他忽略了儒教的天道信仰与礼乐祭祀。

中国自秦汉以来两千余年，逐步形成了儒释道互补的局面，甚至五教合一，在理论上中国人没有西方式的一神教，但是中国宗教的特点有分散性或"弥散性"（diffused）[25]，包括梁漱溟本人实际上都是这种宗教的信仰者和实践者。梁氏认为中西文化分水岭在宗教，中国文化以道德代宗教，近三千年的中国缺乏宗教，过着"几乎没有宗教的人生"。他抓住中国文化主干，遮蔽了道教、佛教以及民间信仰，对宗教功能的理解也有偏颇。把基督教与周孔教化对举，得出"宗教问题实为中西文化分水岭"，也有不当之处。从中国先秦宗教史而言，周孔实是从自然宗教到人文宗教的转换。从人类文化史上看，西方文化的源头是两希文明。众所周知，古希腊崇尚理性，以哲学思辨闻名；而希伯来崇尚信仰，以宗教神学发达，二者的融合造就了西方文化。两希文明真正是东西文化的融合，本质上是理性与信仰的交融。古希腊有自己的宗教神话传统，并且在古希腊哲学内部也存在着宗教神学，如晚期斯多亚主义和新柏拉图主义。[26]中国先秦有人文的觉醒，但宗教信仰一直没有断绝，没有出现一神独尊的教派，而以一种迥异于西方的多元化生态存在。

第四步，中国上古宗教蜕化为礼乐，道德代宗教源于周公制礼作乐。梁氏首先指出道德、宗教都是现代学术概念，以前尚无区别，即使孔子也没有提出以道德代宗教。只是从中西文化比较来看，中国历史上有这样的情况。孔子想以道德教化实现一个生活理性化的社会，而道德理性虽然从哲学思想发展出来，在实践运用领域未免抽象，所以要赋予礼乐制度。梁漱溟重点考察了礼乐精神对人的身体和心理作用，目的在于启发理性，而不是礼乐的制度礼仪形式。儒家对古礼的转化，他认为冯友兰"见之最明，言之甚早"，认同冯氏说儒家把"宗教变而为诗"，更进一步说将祭祀礼仪抽象成一种艺术。[27]引用荀子《礼论篇》、《天论篇》两段话，如"君子以为文，百姓以为神"论证。冯友兰提出"哲学代宗教"，而梁漱溟"道德代宗教"受其影响，在此可作为根据之一。

第五步，以伦理组织社会。古宗教演变为礼乐，周公以及前人贡献较多。至于伦理名分，多出于孔子之手。梁漱溟举《论语》正名，《春秋》为例，"春秋"以道名分。名分演变为实体的社会结构，再变为抽象的文化主干，伦理社会形成。梁氏所谓的伦理社会是前现代的中国家庭，试图从旧中国为起点建构他心目中未来的中国社会；所谓中国文化是调和的折中的，同时为人类开启一种新的文明模式。他把社会看作一社会生命体，伦理有一种妙用。西洋人过去集体势力过强，所以导致以人权自由的反抗，形成近代以来的个体本位。个体过强，又引起法西斯纳粹种族、国家至上的反动，重集体而轻个体。无论是集体还是个体，都是各自站在自己的立场看问题，不能达到天地万物一体。从伦理之义的集体与个体孰轻孰重没有固定的原则。例如作为国家的集体在处于危难，则个体为轻；如果国家稳定繁荣，则个体为重。总之，要根据一时一事的环境条件，灵活看待。情理随人所处地位不同而有所不同。梁氏因此提出伦理的"相对论"[28]，并预言将来的社会一定大有用途。

1949年以后，中国社会性质也变为苏联式的社会本位，经历一系列政治运动与社会改造，"文革"以后中国家庭伦理已经完全被破坏，使得道德伦理重建困难重重。他又尝试把伦理本位与社会本位结合，建构儒教式的社会主义。

四、现代儒教的核心：道德的理性与自觉

"道德必然导致宗教"（Die Moral führt unausbleiblich zur Religion）是康德宗教哲学的一个基本命题。[29]梁漱溟似乎就是力图要消解这种必然性，他的儒教转型涉及道德、伦理、美育。其中最核心的要素是"道德自觉"。其实，这样的道德并不是指历史和现实中已有的，恰恰相反，它近似"道德宗教"或者"理性宗教"的一种理论建构。宗教信仰以"天""佛"或"上帝"作为最高的存在，而梁漱溟要求人们以"道德自觉"取而代之，完全靠自己得到自由、解脱或救赎。在这样的意义上，道德其实和宗教只是形式不同而实质无异。

梁漱溟试图以"理性"为道德立法，要人执行一种道德命令，"道德为理性之事，存在于个人自觉自律"。他强调道德之真要存乎人的自觉自律，而非外力的依赖；自觉自律不仅是个体的，而且还应包含群体的伦理他律。整体而言，梁漱溟的道德论述范围包括了个体与群体，但重点在个体。他强调道德之真在于人的自觉自律[30]，人心的向上和堕落在于人自觉与否，从乎身体欲望还是理性。另外，他把理智当作心之用，把理性当作心之体，以体用不二诠释。理性是人心的美德。[31]理性是道德之本。[32]总之，在梁氏晚年道德自觉与道德理性是非常重要的两个概念。《东方学术概论》更强调了自觉对于理性的重要性，"人类的特征在理性；理性则以自觉不昧awareness为其内核。东方学术的根本实在此。孔颜为学要归于自觉自知、自主自如"。[33]同时，实现了理性到自觉的转换。

首先，《人心与人生》中说"在人类生命深处宗教与道德同其

根源是已。此根源即人心之深静的自觉。"这种"深静的自觉"带有本体的作用。他将人心作为道德本能的依据[34]，以自觉描述为人心的主要功能，提出凡"自觉之所在即心之所在"。[35]植物性神经没有自觉，动物也没有自觉，唯有人类生命有自觉的能力，并且以道家功夫"收视反听"为例说明人的身体内部运动可以自由支配。自觉在人心内部作用，而意识则对外作用，又认为意识的英文一词源于consciousness，原是自觉之义。人的任何成就都靠"自觉之力"，如宗教、道德、艺术等真善美领域的事业。人类因为有"无私的感情"才从动植物中脱颖而出，而"无私的感情"赖于人心的道德自觉。梁漱溟有把"自觉"贯彻到《人心与人生》整本书中的想法[36]，可见自觉概念之重要。

道德虽然不需要宗教，但为了保证能够取代宗教，还必须有终极性的支撑存在，梁漱溟又提出了"宇宙本体论"。他以陆王心学为基本框架，又容纳了西方哲学和佛学本体说。譬如他早年曾说"我用人心二字仿佛是阳明先生的'良知'，象山先生的'本心'的意思一样。人心指着'自然'说。"[37]他的心学与陆王最大不同在于融进本能欲望看作人心的基本构成，人欲与天理并非水火不容。有时他也用佛理论证，"佛家所说真如、法性，如我领会即是宇宙本体"。[38]有时他又似乎用柏格森生命哲学说"宇宙大生命者，是说生命通乎宇宙万有而为一体也"。生命本性是通而不隔的，与宇宙万物浑然一体，通向无限的时间和空间，"吾人生命直与宇宙同体，时间空间俱都无限。"[39]他还引用爱因斯坦把时空看成一体的观点、孔子"逝者如斯夫"证明人与宇宙一体的精神。陈来认为，梁漱溟的人心和自觉都是宇宙本体，尽管与熊十力、马一浮本体论还有些差异，已经"接近"近代心学看法，即："这种本体论实是精神、生命本性为宇宙本体"。[40]总而言之，梁漱溟有自己独特的心学本体论，把人的生命看成与宇宙生命万有为通而不隔的浑然一体，这种境界需要人心主体的道德自觉。

鉴于马列主义在中国社会改造中的巨大作用，梁漱溟将道德的创生和自觉能动性结合起来。他深入研究发现，马列虽然不谈道德而道德自在其中，"阶级斗争"作为一种伦理学观点而实践。[41] 又如《论持久战》突出了人的主观能动性，譬如用兵打仗、调动群众积极性等方面，而道德也是人的生命更伟大更可贵的创造表现。他思考道德与社会主义、共产主义，引用宋儒陆象山"宇宙分内事乃己分内事"与"无产阶级负担着解放全人类的使命"证明生命之一体。从人类道德发展史看，由社会主义到共产主义，人的道德自觉性会大大提高，但是仍处在道德的成长期。当人的道德自觉与政治自觉达到一定高度，法律、国家等一切意识形态机器都不起作用了，道德代宗教可以和共产主义一起实现。

梁漱溟晚年有意识地总结自己一生的学问，对道德代宗教与艺术代宗教也进行了会通，达到真善美的统一。人的任何成就都靠"自觉之力"[42]，如宗教、道德、艺术等真善美领域的事业。从生命的起点到终点，艺术审美的感通并没有中西古今的差别，它穿越时空存在，人类都能共享的精神境界。梁氏根据现代社会发展之状况，在道德实践基础上提出了道德生活艺术化。他所言艺术主要指孔教礼乐和文学艺术之属，以艺术代替礼乐。同时，他主观上已经贯通了宗教与道德，把二者消融或融合了，较高级的道德即宗教，或言"道德宗教"。艺术创造类似道德的生生，也许正是在这一点可以贯通。在笔者看来，美育代宗教不是独立一系，而是附属于道德代宗教，或者为道德代宗教的一种补充，最终梁漱溟导向的是道德自觉。

五、余论

梁漱溟儒教观的形成主要源于中国传统社会——天道信仰与王道政治正在瓦解之时。他生活的年代横跨清末、民国及中华人民共和国初期三个历史阶段，政教制度反复更迭。面临三千年未有之大变局，儒教也面临着由古典到现代的艰难转型。梁氏的道德观念最初源自儒教家庭教育与社会习俗，成年后通过批判康有为孔教论自己提出了"道德代宗教"，其实质类似一种道德宗教。在某种角度而言，他仍难免在西方话语体系下思考中国问题。正如康德所说："一种仅仅按照纯粹道德的法则来规定的上帝的意志的概念，使我们如同只能设想一个神一样，也只能设想一种宗教，这种宗教就是纯粹道德的。"[43]儒教传统中的上帝即是"天"，俗话说"老天爷"。在现代社会，随着现代化和全球化的推进，中国传统伦理道德被渐渐解构或异化。梁氏一方面拒绝信仰为道德法则提供支撑，另一方面又力图使道德法则具有神圣性。没有政教制度和经典文本的依托，主要以抽象的理性、自觉为生命的情感勖勉与向上奋进的力量诠释道德反而会加剧道德的消解。

梁漱溟的道德概念在不同时期侧重点不同。在早期把道德看作一种社会本能，倾向直觉。在中期，突出道德理性，以理性为心之体，以理智为心之用，体用不二。晚期，为其思想圆熟之时，强调道德自觉，自觉成为道德的核心概念。在道德实践层面，道德生活艺术化。突出人心的"向上奋进"和"通为一体"，完成自我与本体的贯通，达到所谓宇宙大生命的境界。其"道德"实证意义的，只有当深入实践才能够实现代宗教的功能，尽管他自己也未必能完全做到。梁氏不从宗教信仰角度，而是以人的自我实现方面代替宗教，这有利于个体自由独立，但对宗教作为现代国家社会塑造功能认识不够。梁漱溟晚年美育代宗教，为解决道德理性过强带来的情感矛盾，道德作为抽象的理性不能解决情感问题，而艺术审美恰恰与道德相通，直达本体。美育是道德代宗教融会贯通的一种境界，即道德、宗教、艺术相交融的终极自由状态。

道德代宗教的内在逻辑是梁漱溟自我超越的需要，为解决道德理性与佛教信仰的矛盾，达到对立而统一。在新儒家内部唐君毅、钱穆、牟宗三、余英时、杜维明等基本同意儒教是一种人文宗教，因为他们自身没有严格的宗教信仰，也不存在道德代宗教问题，而梁漱溟在信仰宗教问题上存在理论的纠结。他承认自己是佛教徒，同时也认为自己是儒教徒，甚至也不排斥自己是道家。这合乎自宋明以来三教合一的趋势，其实质是中国人的多元文化认同。

综上所述，以道德代宗教，梁氏最终看重的是实现生命个体的独立自由。在儒释道传统里，这更接近道家，而老子更善于言道德。其实，儒教之人主要是伦理中人。梁漱溟的道德代宗教理论抓住了"道德"作为中国文化的核心要义，赋予道德以新的内涵，但由于过度强调理性而屏蔽了信仰。把信仰与理性对立，实际上也就是把儒教进一步逼向边缘，更加使现代人陷入虚无之中。一味强调社会从低级到高级的发展，相信所谓科学、进化论，陷入线性史观，也有其时代局限性所在。"儒教作为中国文明系统的内在支撑架构，必然是天道、地道、人道三才皆备的有机系统。"[44]梁氏的儒教观中只有人道，而且最大缺失为没有经典地位，在儒教传统制度解体以后，四书五经或十三经的经典体系成为主要依托，舍此以外就是纯哲学的理论建构。即使他否认儒家非哲学，仍然难免陷入哲学囹圄的尴尬境地。

也许在遥远的未来，道德代宗教和共产主义一起实现，可惜的是梁先生没有看到苏联解体，更没有预见当今时势之严峻。正如唐文明指出:"在后革命时期的中国社会中,由于儒教这个与中国人生活方式最密切的教化传统的缺位,唯物主义和基督教所燃起的独特的双生火焰正在使汉族在世俗化与异教化的时代宿命中走向沦落与变质。"[45]不仅仅是汉族,宗教问题一直是左右社会稳定、民族团结、国家统一的重要因素,并非短时间内所能消灭或代替的。站在前人肩膀上,必须重新考虑秦汉以来的中国历史传统,为解决当今国家政教结构与社会多元化之间的矛盾探索新的方案。简言之,现代儒教重建首先是天道信仰,其次为经典谱系的重构与阐释,最后是政教制度的转化,如公民宗教。

注释

[1]此处儒教以宗教学视域而言,陈明先生称之为儒教的古典形态。参见陈明著《儒教与公民社会》,陈先生的儒教概念也不是以信仰为特征的,融入了现代政治、法律制度因素。本文儒教侧重整全的概念,兼顾历史与现实,既有传统儒释道并列的传统儒教含义,也有现代儒教因素。

[2]张志刚:《四种取代宗教说反思》,《北京大学学报》(哲学社会科学版)2012年第4期。

[3][法]亨利·柏格森:《道德与宗教的两个来源》,贵州人民出版社,2000,第3页。

[4]此处宗教主要指一神教。

[5]梁漱溟、艾恺:《梁漱溟晚年口述:这个世界会好吗?》,生活·读书·新知三联书店,2015,第30页。

[6]林毓生:《中国传统的创造性转化》,生活·读书·新知三联书店,1988,第212页。

[7]梁济:《梁巨川遗书》,华东师范大学出版社,2008。

[8]林毓生:《中国传统的创造性转化》,生活·读书·新知三联书店,

2011，第210页。又参梁济《梁巨川遗书》，华东师范大学出版社，2008，第11页："一九一二年二月十二日清帝逊位后几天，为覆亡的前朝自尽的意念即已盘踞在他底心中。是年六月十六日，他参加粤西老倌同乡团拜，在关帝、文昌两殿及先贤位前行礼，他秘密地告誓神明及乃父之灵，重新肯定其殉清之志：'必将死义，以救末俗'"。

[9]梁漱溟、艾恺：《梁漱溟晚年口述：这个世界会好吗？》，生活·读书·新知三联书店，2015，第27页。

[10]梁漱溟：《东西文化及其哲学》，上海人民出版社，2015，第113页。

[11]同上书，第121页。

[12]梁漱溟：《梁漱溟全集（第三卷）》，山东人民出版社，1990，第733页。"凡过去发展中那些生物以至高等动物最接近人类者既莫不各自止于其所达之度，陷于盘旋不进，其犹在发展前进不已者今唯人类耳。如吾前文书之所云'生命本性就是莫知其所以然的向上奋进，不断翻新'，人在生活中能实践乎此生命本性便是道德。德者，得也；有合乎道，是谓道德；而道，则正指宇宙生命本性而说。"

[13]同上书，第735页。"何为有歇止有不歇止？歇止这在个体图存种族繁衍两大问题之得解决上自安自足，从而亡失其向上不断争取自由争取灵活之生命本性也。不歇止者反之，不自安足于向前的存活传种，从乎生命本性赓续奋进也。问题只在一则懈一则不懈。一息之懈便失道而不德。在人生实践上，其理犹是生物进化史上所见之理也。"

[14]同上书，第736页。"在生命自然向上之外，在争取自由灵活之外，他无所为也。体认道德，必当体认'廓然大公'，体认'无私的感情'实得。"

[15]同上书，第758页。

[16]同上书，第89页。

[17]同上书，第115页。"最后方晓得孔子特别着眼于此，而下了一番功夫在。这就是我以前所不了然的'名分'与正名。假如不经过这一手，历史亦许轻轻滑过，而伦理本位的社会未必能形成。"

[18]蔡元培：《精神与人格：蔡元培美学文选》，安徽文艺出版社，2015，

第70页。

[19]李泽厚：《华夏美学·美学四讲》，生活·读书·新知三联书店，2008，第218页。"以美育代宗教，以审美超道德，从而合天人为一体，超越有限的物欲、情思、希望、恐怖、人我、利害……以达到融入真实的本体世界。"

[20]梁漱溟：《梁漱溟全集（第三卷）》，山东人民出版社，1990，第763页。

[21]同上书，第99页。

[22]同上书，第107页。孟子、王阳明启发理性之说见第108—109页。

[23]同上书，第96页。"西方之路，基督教实开之，中国之路则打从周孔教化而来的，宗教问题实为中西文化分水岭。"

[24]同上书，第108页。

[25]杨庆堃：《中国社会中的宗教》，上海人民出版社，2007，第270页。

[26]田薇：《信仰与理性：中世纪基督教文化的兴衰》，河北大学出版社，2001，第23页。

[27]梁漱溟：《梁漱溟全集（第三卷）》，山东人民出版社，1990，第113页。

[28]同上书，第737页。"以对方为重的伦理思想就是一相对论，今后必将通行于大小集体与各成员之间。处在平时自能得其均衡，不偏一方，而遇有必要时，却又能随有轩轾，自动伸缩适合情况。"

[29]李秋零主编《康德著作全集：第6卷》，中国人民大学出版社，2007，第7页。

[30]梁漱溟：《梁漱溟全集（第三卷）》，山东人民出版社，1990，第730页。

[31]同上书，第614页。

[32]同上书，第768页。

[33]同上书，第398页。

[34]梁漱溟：《东西文化及其哲学》，商务印书馆，2009，第270页。"为什么人们发乎冲动的行事亦竟然有时合乎理性？在生物进化之中并没有

发展出一种道德本能呀？我们可以回答说：作为生活方法手段的那样的道德本能确乎没有的。但从方法手段性质的本能（动物式本能）解放出来的人心，却不期而透露出道德作根据的无私感情。"

[35]梁漱溟：《梁漱溟全集（第三卷）》，山东人民出版社，1990，第588页。

[36]同上书，第593页。"人心特征在自觉之一义，方将此更有所发挥阐明，用以贯彻吾全书"。

[37]同上书，第1021页。

[38]同上书，第726页。

[39]同上书，第583页。"生命本性要通而不隔，事实上本来亦一切浑然为一体而非二。吾人生命直与宇宙同体，时间空间俱都无限。古人'天地万物一体'之观念，盖本于其亲切体认及此而来。"

[40]陈来：《现代中国哲学的追寻》，生活·读书·新知三联书店，2010，第233页。"梁漱溟认为，人心的自觉便是宇宙本体，人心之体即宇宙本体，这已经是一种本体论了。这种本体论实是精神、生命本性为宇宙本体，这与熊十力、马一浮'把心说为本体'的思想距离未远，可以说在本体论上相当接近近代'心学'的看法"。

[41]梁漱溟：《梁漱溟全集（第三卷）》，山东人民出版社，1990，第733页。"因为在理论方面，它使'伦理学的观点'从属于'因果性的原则'；在实践方面，它把伦理学的观点归结为阶级斗争"。

[42]同上书，第589页。

[43]李秋零主编《康德著作全集：第6卷》，中国人民大学出版社，2007，第104页。

[44]陈明：《大陆新儒学：他们关注的是古今问题》，《新京报》2018年9月22日第B07版。

[45]唐文明：《政治自觉、教化自觉与中华民族的现代建构》，载干春松、陈壁生主编《经学与建国（经学研究第2辑）》，中国人民大学出版社，2013。

寻绎儒学现代开展的一条流脉

——以贺麟纪念唐君毅文为线索

□ 白欲晓①

1983年10月至11月，贺麟先生赴香港中文大学讲学，其间应唐君毅先生夫人谢廷光女士邀请，瞻仰了唐君毅的遗物并获赠唐著《生命存在与心灵境界》。此后，贺麟撰写了《唐君毅先生早期哲学思想》之纪念文章。在这篇文章的末尾，贺麟有如下表述：

我在一九四七年出版了《文化与人生》一书，书中的第一篇就是我在昆明西南联大一九四二年所作公开讲演的原稿，题目是"儒家思想的新开展"，贯穿在其中的核心也是新儒家的思想。我在该书中还指出儒家思想中的仁与诚的本体论和世界观的意义，并对儒者下了定义，并指出作新儒者的方法和措施，也是上继承孔孟之道，下求朱陆相同之点（见该书"宋儒的新评价""陆象山与王安

---

① 白欲晓，南京大学哲学系教授。本文原刊于《东南大学学报（哲学社会科学版）》2020年第4期。

石"两文。)与唐先生"独尊孔孟""同存朱陆"也是有方向相同之处[1]。

通过这篇文章,学界对贺麟早期的新儒学思想与唐君毅新儒学思想的契合之处已有讨论[2]。本文由这篇纪念文引发,尝试回到曾经的思想与历史语境,寻绎贺、唐两位先生思想的不同路向,以之了解儒学现代开展的复杂性,提示在可归为理性主义(理想主义)的新儒学的总体开展中存在不同的理论与实践谱系,特别是由时代思潮之"边缘"到"中心"开展的复杂面向,值得关注和考量。

一、从《学衡》到《国风》与《思想与时代》:一条思想流脉的探寻

贺麟在纪念文中所提到的《儒家思想的新开展》一文,发表于1941年8月出版的《思想与时代》杂志第1期。从思想史的视角看,这篇文章以其"新儒家"概念之揭橥以及"儒家思想新开展"途径之规划,在儒家思想的现代开展中有着重要意义。依据这篇文章以及共同结集于《文化与人生》(1947)中的"抗战八年来在昆明西南联大任教期间所写的关于文化问题和人生问题的一些文字"[3],贺麟毫无疑问地具有"现代新儒家"的思想定位。笔者曾著《贺麟〈儒家思想的新开展〉考论》[4]一文对贺麟儒家思想新开展的理论特质加以专门考述,指出《儒家思想的新开展》作为贺麟新儒学思想的重要思想文献,与时代思潮有着复杂关联,体现了寻求与孙中山"三民主义"相结合以实现儒家思想的现代开展的思想特征。在下面的讨论中,本文首先由《思想与时代》这个刊物回溯一条由学衡派而来的儒学思想踪迹,以揭示在儒家思想的现代开展中存在着一脉伏流。

1941年8月,《思想与时代》创刊于西迁贵阳的浙江大学文学

院。《思想与时代》与此前的《学衡》《国风》两个刊物"在人事关系以及思想精神气脉上存在着重要关联"[5]，皆贯穿了"昌明国故，融化新知"的原则立场，但《思想与时代》并非简单照搬《学衡》，"《思想与时代》丝毫也不掩饰自己对于时代思想之关注兴趣，同样毫不掩饰自己将时代思想文化批评建设与民族复兴之宏大使命结合起来的目标"[6]。关于《学衡》（1922—1933）、《国风》（1932—1936）与《思想与时代》（1941—1948）三个刊物办刊的历史关联、组织变迁及作者群的相继与相续，沈卫威在《"学衡派"谱系：历史与叙述》中有极为详细的考证和说明。"《学衡》社最初成员除刘伯明去世外（《国风》的"刘伯明先生纪念号"上还刊登了刘原在《学衡》上发的文章），吴宓、梅光迪、胡先骕、柳诒徵、汤用彤等人都给《国风》写稿"，"相对于《学衡》的《国风》，新作者有章太炎、朱希祖、钱锺书、胡光炜、范存忠、唐圭璋、卢前、任中敏、唐君毅、贺昌群、钱南扬、滕固、谢国桢、萧一山、萧公权、陈诒绂、李源澄、朱偰等。这些人多数为中央大学的教授"[7]。关于《思想与时代》：

《国风》是《学衡》的后继，《思想与时代》又是《国风》的后继。原《学衡》作者有多人为《思想与时代》写文章。

从《思想与时代》的作者队伍看，张其昀、张荫麟、景昌极、梅光迪、郭斌龢、楼光来、唐君毅、徐近之、吴宓、刘永济、朱炳海、翁文灏、王焕镳、缪凤林、陈训慈、胡先骕、缪钺、竺可桢、卢于道、谢家荣、贺麟、贺昌群、范存忠、任美锷、方豪、钱宝琮等都是原《国风》的作者。新进作者主要有钱穆、冯友兰、熊十力、朱光潜、谢幼伟，且集中在人文学科。当时，在浙大的张荫麟、谢幼伟分别负责史学和哲学的稿件。成为《思想与时代》主要作者的贺麟，分别是张荫麟清华的同学和谢幼伟哈佛大学哲学系的同学[8]。

说"《国风》是《学衡》的后继,《思想与时代》又是《国风》的后继",当然不能从简单的作者考索加以论定,还需说明其精神传统在继承中的损益发展。对于三个刊物之精神传统,特别是对儒家及孔子之立场的相承和发展,我们先作一个基本的考察与说明。

《学衡》的思想谱系非常复杂,就整体来看,可视为20世纪10年代后期至20世纪20年代前期蔚为时代潮流的新文学—新文化运动的"反动"。《学衡》第3期卷首刊有吴宓撰写的《学衡杂志简章》:"论究学术,阐求真理,昌明国粹,融化新知。以中正之眼光,行批评之职事。无偏无党,不激不随。"客观言之,《学衡》虽声言"无偏无党,不激不随",但实际上是有所"激"并有所"随"的。其所"激"在于受到新文学—新文化运动之全面反传统的刺激,其所"随"乃是服膺于白璧德(Irving Babbitt,1865—1933)所倡导的"人文主义"(Humanism)。《学衡》最引人注目的文化行动便是对"文学革命"和白话文运动的批判,而批评新文化运动的旗帜在《学衡》第1期中也同时树起。在该期中,梅光迪发表了《评提倡新文化者》,将提倡新文化者说成是"诡辩家""模仿家""功名之士""政客",以致胡适将《学衡》讽刺为《学骂》。虽然在该文中梅光迪主张对固有文化的改造和对他人文化的吸收"皆须先有彻底研究,加以至明确之评判,副以至精当之手续"[9],今日看来并非偏至之言,但在当日新文学—新文化潮流之"革命""进步"的波光映射下,益显"保守"和"落后"。1922年鲁迅对之加以嘲讽,称其为"实不过聚在'聚宝之门'左近的几个假古董所放的假毫光"[10],《学衡》的保守、复古形象便深入人心。这一形象很大程度上也使得其所引入的白璧德"人文主义"没有像其他的"拿来主义"那样，发挥激动人心与改造社会的作用。

关于学衡派对白璧德的"人文主义"的译介和改造，学界已有较深入的研究[11]。我们这里所要说明的是学衡派对孔子的态度及儒家的立场。简单地说，从《学衡》所刊登的文章看，尊孔和肯定儒家的历史文化意义（以"孔教"或"礼教"名之）是学衡派的基本主张，不过这种主张非国粹派或孔教派之简单地或宗教化地尊孔，而是通过吸纳白璧德新人文主义等在"融化新知"的意义上尊孔和发扬孔教。学衡派之领袖人物柳诒徵便明确指出："盖中国最大之病根，非奉行孔子之教，实在不行孔子之教。"[12]胡先骕以《白璧德中西人文教育谈》为题翻译白璧德1921年9月于美国东部中国学生年会的演讲于《学衡》第3期发表。白氏在演讲中，根据其一贯的主张反对近世以来结合培根为代表的"注重功利"与卢梭为代表的"注重感情之扩张"而言的所谓"人道主义"，而主张讲求"节制""责任"的"人文主义"。他说："上所言之人文主义，中国古时以一种教育系统维持之"，"吾每谓孔子之道有优于吾西方之人道主义者，则因其能认明中庸之道，必先之以克己和知命也"，"吾所希望者，此运动若能发轫于西方，则在中国必将有一新孔教之运动，摆脱昔日一切学究虚文之积习，而为精神之建设。"[13]学衡派主将吴宓也通过翻译白璧德《民治与领袖》一书之第五章《论欧亚两洲文化》以肯定孔子之教的意义[14]，此前他特别写作《论新文化运动》以孔子"必也正名乎"的态度，于新旧文化、新旧文学之"新"与"旧"加以辩说，其持论颇能代表学衡派的立场："则今欲造成中国之新文化，自当兼取中西文明之精华，而熔铸之，贯通之。……中国之文化，以孔教为中枢，以佛教为辅翼，西洋之文化，以希腊罗马之文章哲理与耶教融合孕育而成，今欲造成新文化，则当先通知旧有之文化。"[15]学衡的尊孔与发扬孔教的主张，因其依傍白璧德的新人文主义以及多就文化、文学和教育等观念领域用力，虽然影响到一批知识分子，但在实际的社会和政治层面没有发挥重大作用。他们的尊孔主张在时代的激进风潮中以无力申辩的保守标签而影响有限。

在思想与文化立场上，《国风》仍有一以贯之的宗旨坚持。不过在1931年日本侵华的时代条件下，这个立场与《学衡》时代表现得又有不同，主要体现在"救国"与民族意识的强化。在传统的文史研究和旧体诗词作品的登载外，边疆史地考察、国防研究宣传、科学门类介绍、日本国情研究翻译、英美制度比较等在刊物上陆续发表，体现了《国风》关注民族存亡之现实的取向。关于孔子与儒家思想，除了延续《学衡》的立场，如柳诒徵《孔学管见》、梅光迪《孔子之风度》等，更有从民族性与民族意识方面的讨论。如景昌极的《孔子的真面目》说："我们试把世界各民族的历史文化，做比较的研究，便可以知道，一个民族的伟人是民族性的结晶，同时也是陶铸民族性的要素。又可知孔子实是中华民族的代表人物。……孔子仍然值得中华民族的崇拜，并且值得20世纪受过科学洗礼的人去崇拜。"[16]此外还有孔学在欧洲传播的考察，如范存忠的《孔子与西洋文化》。还可注意的是两篇将孔子与西方哲人相比较的文章——郭斌龢的《孔子与亚里士多德》和唐君毅的《孔子与歌德》。前一篇主要是从"中庸"和"中道"等方面说明"其伦理学说，故出一辙"，其相异之处"大多由于种族习性与历史之不同而起"[17]。唐君毅的这篇文章这里仅稍作提示。虽然唐文中也有"我们便可以孔子来象征中国人，以歌德来象征西洋人"[18]的表述，但这并非出于民族性的考量，而是就其伟大所表现出的形态特征而说的，体现了唐君毅的特别之处。还值得一提的是，贺麟1933年在《国风》发表过题为《鲁一士"黑格尔学述"译序》的文章，是一篇专门的哲学文字。客观言之,《国风》之尊孔已有更多的现实性的考量,与时代意识有明确的呼应,体现出儒学发扬之新的趋势。

作为《国风》的后继,《思想与时代》这个刊物与现实的关系已从思想文化领域涉入政治领域,也使从《学衡》而来的尊孔与儒学发扬这条思想脉络与意识形态直接结合在一起。

与《学衡》《国风》作为学术同人刊物不同,《思想与时代》得到了官方的支持。《思想与时代》的创刊号没有发刊词,但其《征稿启事》的第二项"本刊欢迎下列文字"第1条为"建国时期主义与国策之理论研究"。这里的"主义"乃是指"三民主义"。竺可桢日记(1941年6月11日)记载:"晓峰(张琪昀字晓峰——引者注)来谈《思想与时代》社之组织。……其目的在于根据三民主义以讨论有关之学术与思想。基本社员六人,即钱宾四(穆)、朱光潜、贺麟、张荫麟、郭恰周、张晓峰六人。"[19]《思想与时代》的创刊号所发表的七篇专论分别为《科学之方法与精神》(竺可桢)、《我国宪法草案之重要思想》(张其昀)、《儒家思想的新开展》(贺麟)、《现代生活与希腊理想》(郭斌龢)、《伯格森》(张荫麟)、《两种人生观之交替与中和》(钱穆)、《时代观念之认识》(张其昀),从内容上看,与"在建国时期从事于思想上的建设"的宗旨是一致的。其中,与"建国时期主义与国策之理论研究"相关的是贺麟讨论"儒家思想的新开展"的这篇文章。笔者认为,这篇文章代表了学衡派一脉而来的儒学思想直接涉入现实政治并试图在意识形态领域发挥影响的努力。

二、贺麟与唐君毅:1940年前后时代情景中的一个观察

上文我们说到,贺麟因《儒家思想的新开展》及《文化与人

生》（1947）中从儒家立场对文化问题和人生问题的论述，无疑有着"现代新儒家"的思想定位。不过在学术史学者的眼光中，贺麟似乎还有另一个身份——"学衡派"第二代。沈卫威指出："贺麟是'学衡派'第二代，同时也是受到'五四'新文化运动影响的一代。"[20]这个表述中的第一个定位在何种意义上成立？论断者仅举出贺麟关于"五伦"观念加以重新肯定的"新检讨"与学衡派第一代"文化脉动是相通的"来做说明[21]。如此，这个论据多少显得虚弱。当然，我们还可以贺麟与学衡派成员的交往以及他与学衡派领袖吴宓的师生之谊来作补充，但也无法说明贺麟的学衡派身份[22]。

客观言之，将贺麟"儒家思想新开展"主张放入从《学衡》《国风》至《思想与时代》之尊孔与发扬儒教（儒学）的发展脉络中来观察，贺麟或可当"学衡派第二代"的思想定位。这个发展脉络便是儒学从"边缘"向"中心"的努力。所谓的"边缘"与"中心"，是就涉入时代思潮而言。在《学衡》阶段，这一系的儒家思想不过是一种以白璧德"新人文主义"为奥援的文化话语，以对抗"五四"以来的"新文化"潮流但最终为后者所淹没。在《国风》的时代，这个脉络的儒家思想乃表现为以"民族精神"为旗帜来回应民族危亡问题的现实性话语。在《思想与时代》的阶段则发展出与"主义"结合的论说。贺麟的"儒家思想新开展"思想正是这个方向的代表。在贺麟这里，"学衡派第二代"与"现代新儒家"两种身份或许并不冲突。在时代风云的迅疾变化及特殊的政治文化情景中，原本便较为松散的学衡派不断分化且有多元取向是历史的实情，而"现代新儒家"事实上也可有多种或多重面相。

笔者在《贺麟〈儒家思想的新开展〉考论》中曾详细考述《儒家思想的新开展》一文与现实政治与时代思潮的复杂关联。基本结论是：《儒家思想的新开展》写作时间大致在1941年初，其背后有着复杂的时代因素；贺麟一方面从理论上论述儒家传统可以融会西方的理性主义传统与民主法治思想，论证其"合理性"；另一方面则以契合孙中山"三民主义"来说明新儒家的文化与政治实践能够满足"合时代"的需要[23]。客观言之，试图将儒学与"三民主义"相结合，在现代中国并不乏其例。如20世纪20年代末出现的"戴季陶主义"，便是三民主义儒学化的意识形态代表，这种取向在台湾时期曾有继续，以至于有"作为台湾意识形态影子的儒家学说"的评说[24]。贺麟所代表的儒学现代开展的一脉，某些面向看似与这样的思想谱系相类，但在根本上不能归属其中，原因在于其"合时代"的主张始终是建立在"合理性"的基础之上。也即是说，贺麟的儒家思想与孙中山"三民主义"相结合的主张，立足于理性的反省和哲学的探索。在"合时代"的意义上，我们当能够理解贺麟"儒家思想新开展"寻求与孙中山"三民主义"相结合的思想史事实。这正是从《学衡》经由《国风》而来的儒学发扬，在涉入时代思潮时由"边缘"向"中心"的努力。这个努力仍然体现出传统儒学之经世致用的实践取向。1949年之后，贺麟转向了马克思主义信仰，在哲学上接受辩证的与历史的唯物论[25]。

20世纪40年代，唐君毅也曾面对同样的历史与文化情景。但唐君毅据守在道德理性与儒家人文主义的营垒，而没有在政治和意识形态方面表现出"合时代"的主动选择。不喜政治，与意识形态保持距离，从学生时代便是唐君毅的态度。他在1974年《忆南京中央大学》文中曾回顾学衡派大本营于20世纪30年代的风气变迁，称1925年前南京东南大学期间刘伯明、柳诒徵树立西方科学与东方人文并重的教育思想不同于本科学精神以怀疑中国历史文化之价值的风气，又称"不过东大变为中大以后——即我在中大读书的时期——似乎此教育宗旨已逐渐模糊。因中大在政治中心的南京，若干教师与同学，亦染些政治习气"，因而"今要说中大之传统精神，还是要追溯到南京东大的时代"[26]，观此可知唐先生对当时的政治习气是不以为然的。不过，要说20世纪30年代至20世纪40年代的唐君毅对"时代"问题缺乏关注，也不符合事实。笔者认为，唐君毅1937年发表的《抗战之意义》便有所体现。

1937年七七事变后，民族危亡的问题迫在眉睫。1938年5月，贺麟发表《抗建与学术》于《云南日报》，同年12月，唐君毅则发表《抗战之意义》于《重光》杂志创刊号。贺麟以西方历史的经验说明对外抗战实为建立自由、独立、统一的近代国家的必经途径，是"历史的命运"和"民族复兴的契机"，主张"抗战建国"与"学术建国"并进，"抗战不忘学术"，"学术不忘抗战"。与贺麟强烈的"国家"意识相比较，唐君毅的《抗战之意义》则在"意义"的层面做抉发，特别强调"民族精神"及"文化意义"。唐君毅对"民族精神"的强调，体现在"求民族之生存""使中国民族表现其潜伏的刚而为最富积极创造精神的民族"以及"引发整个民族精神的自觉"等方面。肯定抗战的"文化意义"则有如下表述："我们还应当认识中国是世界唯一存在的文明古国。……我们这一个民族就其本身所具的客观价值上说，是应当生存于世界，应当继续发扬其文化，绵延于无穷的"；"中国文化中最宝贵的王道、儒教思想、佛教思想，完全被这侵略者残暴的野心所亵渎，这是中国民族所绝对不能忍的。我们为保存中国文化的真实抗战之意义性，绝不能让这卑污的盗窃者以赝乱真"；"所以中国现在必须为保存中国文化的真实性而抗战，求中国民族的生存，即所以求真实的中国文化精神之发扬光大。求真实的中国文化之发扬光大，即所以建树世界之和平。中国存在而后世界和平、而后人类存在，这并不是一句浮夸的话"[27]。唐君毅这里所强调的抗战的"文化意义"，充塞着昂扬的文化意识。所谓"文化"不是中国一民族之文化,更是世界之文化,所谓"意义"不仅是一个民族的救亡图存,而是求人类之全体的存在。毋宁说,唐君毅的"合理性"是合人之为人的"道德理性"和"人文理性",其"合时代"乃是建基于对人文宇宙精神的文化悲怀之上。由此可见,即使是观察最为切近的时代巨变和问题,唐君毅仍然是从人类普遍的人文理性与历史理性视角观照之。

对于贺麟与唐君毅1940年前后思想的上述观察,并非以简单比较为目的,而是希望对儒学的现代开展的精神历程和复杂面向作一具体的观照。这些历程及面向自有其思想史的价值与意义。对此,我们回到贺麟纪念唐君毅文再作思考。

三、回到贺麟纪念唐君毅文再作思考

前面我们指出,只有将贺麟"儒家思想新开展的"的主张放入从《学衡》《国风》至《思想与时代》之尊孔与发扬儒教(儒学)的发展脉络中来观察,贺麟或可当"学衡派第二代"的思想定位,并且贺麟代表了这一系思想从"边缘"向"中心"即儒学涉入时代思潮的努力。如果贺麟20世纪40年代的思想具有"新儒家思想"的定位,这个定位便面临着一个重要问题:这种"新儒家思想"与主要以文化特别是哲学形态呈现的狭义的新儒家思想关系如何?具体到本文的讨论,贺麟与唐君毅的新儒学思想,除了贺麟所肯定的"独尊孔孟""同存朱陆"之根本宗旨外,在具体的哲学思考和取向上有怎样的差异性?第一个问题过于宏大,非本文能够处理。这里我们或可借贺麟对于唐君毅早期哲学的评价而对第二个问题进行分析。

贺麟的纪念文主要介绍了唐君毅早期的哲学思想,说明自己过去的思想与唐君毅思想的相同与相异。在1945年写成的《当代中国哲学》（1947年出版）一书中，贺麟曾把唐君毅与谢幼伟、施友忠、牟宗三并列为中国哲学界提倡"唯心论"的代表。在纪念文中，贺麟几乎全文转述了该书对于唐君毅哲学的评价，如"唐君毅先生不仅唯心论色彩浓厚，而他的著作有时且富于诗意"；他的"人生之路"的巨著，"确是为中国唯心论哲学的发展，增加了一股新力量"等。在相关评论中，贺麟的两段评价在我看来别有意义：

他讨论自我生长之途程，多少有似黑格尔《精神现象学》的方法，将自我发展分成十大阶段。……最后归到中国式儒者的襟怀，他称为"悲悯之情的流露与重返人间"。足见他所向往的境界了。

在"道德自我之建立"里，他首先指出道德生活之本质为自觉的自己支配自己，以超越现实自我。继进而追溯道德自我在宇宙中的地位。他指出心之本体之存在及其真实至善即是道德自我的根源，且说明心之本体即现实世界之本体。最后，讨论精神或心之本体之表现于生活文化的各方面，以明人性之善及一切生活皆可含有神圣之意义。可以说是代表一种最富于玄学意味的理想主义的道德思想[28]。

熟悉唐君毅思想的自可发现，贺麟20世纪40年代对唐氏唯心论的上述两段说明，揭示了唐君毅哲学最重要的两个方面：一是借鉴黑格尔绝对精神的辩证开展以说明心之本体的辩证开显，二是将"心之本体"作为道德自我的根源并强调其本体宇宙论意义。关于后者，贺麟评价为"一种最富于玄学意味的理想主义的道德思想"。

我们知道，贺麟精通黑格尔的辩证法，也接受儒家"心即理"传统主张并发展出一套自己的"新心学"。不过，贺麟对"唯心论"有着独特的理解，对辩证法在客观历史过程中的复杂表现也有深入的体认。这两个方面皆体现出贺麟哲学思想的独特性，也影响到贺麟将哲学落实于社会的实践取向。

贺麟早在1934年便在所撰写的《近代唯心论简释》中对自己所理解的"唯心论"做过重要说明，他说："心有二义：（1）心理意义的心；（2）逻辑意义的心。逻辑的心即理，所谓'心即理也'。"[29]贺麟所说的"心"之第二义，即"逻辑意义的心"，其形上地位便等同于儒家传统心学"心即理"之"心"。贺麟说：

而心即理也的心，乃是"主乎身，一而不二，为主不为客，命物而不命于物"（朱熹语）的主体。换言之，逻辑意义的心……乃一理想的超经验的精神原则，但为经验、行为、知识以及评价之主体。此心乃经验的统摄者，行为的主宰者，知识的组织者，价值的评判者。自然与人生之可以理解，之所以有意义、条理与价值皆出于此心即理之心。故唯心论又尝称为精神哲学，所谓精神哲学，即注重心与理一，心负荷真理，理自觉于心的哲学[30]。

贺麟的"逻辑意义的心"，与唐君毅20世纪40年代所言的"心之本体"处于同一层次。不过，唐君毅此时所言"心之本体"，更重其"道德自我的根源"意义。贺麟言"心"，一方面具有会同传统朱陆（理学与心学）的意义，另一方面则引入西方的"精神哲学"，而成就一套富有现代意义的"唯心"论说，这在20世纪40年代的中国思想界别具特色。贺麟的"唯心论"有综合的特征和融通的特质。他说："唯心论又名理想论或理想主义。就知识之起源与限度言，为唯心论，就认识之对象与自我发展的本则言，为唯性论，就行为之指针与归宿言，为理想主义。"[31]所谓综合，便是将"心"作为为统摄经验、主宰行为、组织知识、评判价值的"主体"；所谓融合便是试图打通彼此之间的隔离或分际而以"心"为统摄。

这里最可注意的是将"唯心论"称为"唯性论"的说法。这个说法是贺麟"唯心论"以"唯性"融通心、物,乃至将人性、民族性以及社会性统摄于"心"的根据,也是贺麟"新心学"落实于经验世界的依据。贺麟指出:"性(essence)为物之精华。凡物有性则存,无性则亡。故研究一物,贵探讨其性。"[32]就物来说,"性是代表一物之所以然及其所当然的本质";就人来说,"理性为人之本性",因而"唯心论在道德方面持尽性主义或自我实现主义",在政治方面,"则注重民族性之研究、认识与发展"[33]。贺麟的"唯心论"论说当时便引起反响,最具代表性的乃是谢幼伟的评论、商榷以及贺麟的回应[34],其中重要的问题乃是"心物关系"之哲学的辩证。谢幼伟指出:

贺君一方面认为心物永远平行,而为一体之两面,另一方面又认心为主宰,物为工具,心为体,物为用,心为本质,物为表现,此其平行论与主从论,或体用论,能否调合,作者对之亦有所疑[35]。

谢幼伟的确抓住了贺麟"唯心论即是唯性论"在"心物关系"方面可能存在的问题,概所谓"性"乃"物之精华"即"物之性",那么"唯心"与"唯性"之间的关系究竟是平行还是主从便需要说明。贺麟在回应中指出,关于心物关系,"心物交感"乃一般人的常识看法,可作为心理学研究的对象,"心物平行"说应视为科学研究的前提,而"心物一体说","心体物用,心主物从说,乃唯心哲学的真正看法"。贺麟引斯宾诺莎的"心物平行论"和黑格尔的"实体必须是主体"说做进一步说明:

我认心物间无交互影响及因果关系,乃欲保持斯宾诺莎之识度,而只认心物间为体用关系。心逻辑上先于物,决定物,构成物之所以为物的本质,则思归入黑格尔"实体必须是主体"、主客统一的唯心论。而斯氏之说,固足为黑氏哲学导夫先路者。我这种综合,困难很多,也许尚未成功,而方向却大概如此。用主宰与工具来比拟体用关系,自欠严密,但体实含有主宰意,用亦含有工具意。谓心物为逻辑上的主宰与工具关系,似亦未必不可如此说[36]。

我们可以说,贺麟与新儒家其他各家在"心"之"理性主义"或"理想主义"的论断上有着基本的共识,其独特的贡献则是以"唯性"来说明"唯心"而在心物关系方面做出新的探索,这种探索既有西方精神哲学传统的引导,更受到中国传统体用哲学的影响。相对于现代新儒学熊十力系及其他主要以道德的理想主义或知识的理性主义言"心",贺麟的思想更为复杂,其体用论的说法也试图开辟一条通往或落实于经验世界的道路。当贺麟评价唐君毅的唯心论"最富于玄学意味的理想主义的道德思想"时,实际也隐含了对彼此思想分际的判断。于此,我们或者可以对贺麟与唐君毅所代表的两种新儒学路向在实践方式上的差异,获得一个哲学方面的曲折说明。

在纪念唐君毅的文中,贺麟还提及二人的船山哲学研究,其中牵涉黑格尔的辩证法以及黑氏历史哲学中所言的"理性的狡狯"问题。贺麟指出,唐君毅发表于1947年的《王船山性与天道论通释》,对船山关于道器、道气、道为太极等思想有系统的说明,使人认识到"船山的整个思想都是充满了对立统一的全","都是贯穿着辩证法的"[37]。贺麟又指出唐君毅的早期研究没有涉及船山的历史哲学,而自己曾关注过船山历史哲学。"黑格尔的哲学最重要创新的'理性的机巧'(一般译作"理性的狡狯")之说,却早经船山提出,用以表示天道或天意真实不爽,矛盾发展且具有理性的目的"[38]。贺麟说:

黑格尔举出古希腊的亚历山大、罗马的恺撒、当时的拿破仑一类的英雄人物,作为体现理性机巧的例证。而船山于提示"理性的机巧"一观念时，都是举出秦皇汉武、武则天、宋太祖一类黑格尔所谓具有大欲（masterpassion）的或权力意志的英雄，以作例证。简言之，所谓"理性的机巧"就是假个人的私心以济天下的大公，假英雄的情欲，以达到理性的目的[39]。

  我读贺麟先生纪念唐君毅先生文，至此停顿思考何以这里要插上很长的篇幅来讨论彼此的船山研究。是为了说明他自己和唐君毅于20世纪40年代皆研究过船山哲学且所关注问题有所不同这个思想事实，还是别有其他的意义？笔者的理解偏向于后者。特别是注意到贺麟20世纪40年代主张以"合理性"与"合时代"相配合来推动儒家思想的现代开展并诉诸实践时，这个认识便越发肯定。精通辩证法的贺麟不会对理性辩证开展中的紧张、矛盾乃至机巧缺乏认识和体会。或许在他将儒家思想放入时代政治之洪流与意识形态之风云中寻求其现代开展时，便对其历史运会有着清楚的认识。

  贺麟在《唐君毅先生的早期思想》这篇纪念文中，明确地表示自己20世纪40年代关于"儒家思想的新开展"的论述"贯穿在其中的核心也是新儒家思想"。在这篇文章写作的当时，即20世纪80年代前期，海外对于现代新儒学的论述"多不及贺麟"[40]，而现代新儒家的相关研究在大陆还未真正开展。贺麟的表述表明对曾经的"新儒家思想"和"新儒家"身份的自我定位，有其重要意义。

  客观言之，贺麟所代表的儒学现代开展的这一流脉的确具有不同于新儒学其他各派之思想的与实践的面向。贺麟对于儒家"心学"的哲学开拓，可以被看作儒家之道的现代分疏，其重回时代思想"中心"的努力仿佛一股伏脉，才经流出便已终结。这里留下了儒家之道如何落实于现代社会的思想线索及实践教训，仍然值得我们反思和考量。

注释

[1] 贺麟：《哲学与哲学史论文集》，商务印书馆，1990，第209页。

[2] 陈少明：《黑格尔哲学与现代新儒家》，《哲学研究》1992年第2期；彭华：《贺麟与唐君毅：人生经历、社会交往与学术思想》，《宜宾学院学报》2006年第8期；何仁富：《贺麟与唐君毅研究的比较视野—从贺麟"唐君毅先生的早期哲学思想"说起》，《宜宾学院学报》2010年第7期。

[3] 贺麟：《文化与人生·序言》，载《民国丛书（第二编·43）》上海书店，1990，第1页。该丛书所收为1947年上海商务印书馆的影印版，下引该书标注为"《文化与人生》（1947）"。

[4] 白欲晓：《贺麟〈儒家思想的新开展〉考论》，《哲学与文化》2018年第6期。

[5] 段怀清：《导读：曾经的思想与时代》，载段怀清编《传统与现代性：〈思想与时代〉文选》，浙江大学出版社，2007，第2页。

[6] 段怀清编《传统与现代性：〈思想与时代〉文选》，浙江大学出版社，2007，第5页。

[7] 沈卫威：《"学衡派"谱系：历史与叙事》，南京大学出版社，2015，第133页。

[8] 同上书，第156页。

[9] 梅光迪：《评提倡新文化者》，《学衡》1922年第1期。

[10] 鲁迅：《估〈学衡〉》，载《鲁迅全集》（第一卷），人民文学出版社，2005，第397页。关于"聚宝之门"，《鲁迅全集》的编者有注：聚宝门是南京城门之一。"学衡派"主要成员多在当时的南京东南大学教书，所以文中说"聚在'聚宝之门'左近"。"聚宝之门"，是鲁迅故意模仿"学衡派"的"乌托之邦""无病之呻"等不通的古文笔调，用以讽刺他们的。

[11]沈卫威：《回眸学衡派——文化保守主义的现代命运》，人民文学出版社，1999；张源：《从"人文主义"到"保守主义"——〈学衡〉中的白璧德》，生活·读书·新知三联书店，2009。

[12]柳诒徵：《论中国近世之病原》，《学衡》1922年第3期。

[13]胡先骕：《白璧德中西人文教育谈》，《学衡》1922年第3期。本文在译介过程中有学衡派出于自我立场的概念和观念上的翻译选择，但这个问题不影响本文的讨论。相关问题参见张源《从"人文主义"到"保守主义"——〈学衡〉中的白璧德》第3章《"人文主义"的本土化（中国化）》。

[14]吴宓：《白璧德论欧亚两洲文化》，《学衡》1925年第38期。

[15]同上注。

[16]景昌极：《孔子的真面目》，《国风》1932年第3期。

[17]范存忠：《孔子与西洋文化》，《国风》1932年第3期。

[18]唐君毅：《孔子与歌德》，《国风》1932年第3期。

[19]沈卫威：《"学衡派"谱系：历史与叙事》，南京大学出版社，2015，第153页。

[20]同上书，第31页。

[21]同上书，第31—32页。

[22]贺麟《唐君毅先生早期的哲学思想》文中有过这样的记载："一九三二年夏，我过南京时，曾与柳诒徵、郭斌龢、范存忠、缪培林、景昌极诸先生餐叙。"这里提及的皆为学衡派的重要人物，说明贺麟与学衡派诸前辈有直接的交往，但无法作为贺麟之学派立场的证明。对于《思想与时代》刊物的出版，贺麟与吴宓因师生之谊也有过交流。据黄克武考证，1941年9月20日，贺麟恩师吴宓阅读了刚出版的《思想与时代》第1期后，觉得"甚欣佩，且感奋"。两天之后，贺麟前往谒见吴宓，报告刊物建立情况。参见黄克武《蒋介石与贺麟》，载中华民国台湾《中央研究院近代史研究所集刊》第67期。

[23]白欲晓：《贺麟〈儒家思想的新开展〉考论》。贺麟指出："合理性即

所谓'俟诸天理而顺',合时代就是审时度势、因应得宜"。所谓的"合时代","包含有'时中'之意,有'权变'之意,亦有合理之意"。参见贺麟《文化与人生》(1947),第8页。

[24]张文彪:《第三章 三民主义哲学与传统儒家思想》,载《儒学与当代台湾》,福建人民出版社,2010。

[25]关于这个思想转型,笔者不赞成我国台湾学者诉诸于政治压力的简单归因,而认为贺麟对马克思主义的接受仍然是其"合理性"之哲学思考的结果。参见白欲晓《贺麟〈儒家思想的新开展〉考论》一文之"由'合理性'与'合时代'看贺麟的思想转变"。

[26]唐君毅:《中华人文与当今世界补编》,广西师范大学出版社,2005,第405页。

[27]唐君毅:《抗战之意义》,《重光》1938年第1期。

[28]贺麟:《哲学与哲学史论文集》,商务印书馆,1990,第202页。

[29]贺麟:《近代唯心论简释》,上海人民出版社,2009,第3页。

[30]同上书,第3—4页。

[31]同上书,第6页。

[32]同上书,第5页。

[33]同上书,第6页。

[34]谢幼伟:《何谓"唯心论"——兼评贺麟著〈近代唯心论简释〉》.及该文所附贺麟《答谢幼伟兄批评三点》。二文见贺麟《近代唯心论简释·附录三》。

[35]贺麟:《近代唯心论简释》,上海人民出版社,2009,第293页,也参见第287页的具体分析。

[36]同上书,第298页。

[37]贺麟:《哲学与哲学史论文集》,商务印书馆,1990,第203页。

[38]同上书,第204页。

[39]同上书,第202页。

[40]张学智:《贺麟思想研究·初版自序》,人民出版社,2016。

历史政治学视野下中国思想史研究路径的省思

□ 秦际明[①]

中国现代化进行了一百多年，取得了极大成果。但中国所走过的现代化道路是独特的，既不同于西方先发展的国家，也不同于其他后发展的国家。在西方道路成为世界普遍话语的情形下，中国背负着一种特殊性的压力。如何理解中国，如何理解中国文明与现代世界的关系？这是中国思想史研究必须回答的问题。20世纪中国思想史研究的总体框架是以西方秩序为标准对中国思想进行自我审查，自我改造，以求融入以西方话语为主导的世界历史叙事。在这样的自我审查中，"中国是什么"变得晦暗不明。在世界秩序竞争全方位展开的今天，省思现代中国思想史研究的视角与方法问题就显得尤为必要。

[①] 秦际明，中山大学哲学系（珠海）副教授。本文原刊于《学海》2020年第4期。

一、中国思想史研究的现代化取向

自近代以来，中国社会随处可见中西文化之争。其根源就在于中国作为一个巨大的文明体在近代遭遇了失败，在与西方文明的比较中何去何从就成了一个问题。正如苏国勋所云："中国社会目前处于传统与现代之交、东西方文化交会点上，经济的市场化以及全球化带来的历史挑战目不暇接，侧身其间真使人有时空压缩之感。"[1]中国的现代化是在数十年内走完西方数百年的历程，置身其中孰能无惑？

晚清士人在中日甲午战争之前虽亦颇有主张向西方学习者，大体以"中体西用"为纲，不失中国之为文明的自信。甲午战败之后，舆论为之一变，国人的自我反省拓展至文化与伦理精神的自我贬抑。时至今日，中国复兴可期，国人的生存焦虑大为缓解，但百年前的问题的答案仍然晦暗不明，即中国为何会从世界领先的位置走向近代以来的失败？传统中国作为一种文明的形态，与现代文明是什么关系？应当是什么关系？

也许这些问题太宏大了，严谨的学者可能会反对关于这些宏大问题的任何整体性判断。问题在于，我们一百余年来的哲学社科话语建构显然是以某种特定的答案为基础的。一个社会中诸多要素的相互关系构成特定的社会结果，中西方社会诸要素的叠加则构成更复杂的关系。近代中国社会选取了文化影响制度、制度影响经济与科技这样的线性因果关系。简化的思维固然有利于理解与传播，但未必是中西社会的真实反映，以此为基本所形成的理论存在逻辑缺陷，其实践后果就体现为中国在20世纪的现代化过程中不断试错。

正是基于文化、制度、经济、科技之间的线性关系，形成了中国思想史研究的总体框架。其要点在于，对于传统的中国思想，先要进行审查与筛选,与现代价值理念相悖者,必须予以批判、改造;与现代价值理念相近者,经过重新诠释与创造性转换之后可以保留,作为中国传统社会与现代社会的衔接与过渡。中国传统自身的价值观念不再作为评价标准,须经现代可接受的观念重新诠释之后方能生效,由此形成了中国思想诠释的现代传统。这样的诠释带有非历史的倾向,不甚注重中国思想生成的历史脉络,对其评价并不着眼于历史情境的条件,而是着眼于何者有利于当代中国的现代化事业。

这样,中国思想史就呈现出由古代转向现代的总体要求。在转向现代之前,谓之封建专制时代,谓之前启蒙的愚昧时代;古代中国经由现代启蒙而迈入现代社会。对古代中国的一切评价视现代需要而定。这幅现代图景能否成立取决于一个关键的概念,即何谓现代?如若现代的概念模糊不清,那么中国思想史研究的价值诉求意义何在?

马克斯·韦伯对现代与传统的区分具有一般性的社会科学范式意义,古今之间的关键变量是理性。韦伯所理解的理性表现在经济、政治、社会、文化等各个领域。前现代的传统社会以神祇信仰及其神秘主义为特征,现代化即是对前现代的"祛魅",这"并不意味着人对生存条件的一般知识也随之增加。但这里含有另一层意义,即这样的知识或信念:只要人们想知道,他任何时候都能够知道;从原则上说,再也没有什么神秘莫测无法计算的力量在起作用,人们可以通过计算掌握一切。"[2]在韦伯看来,理性化作为现代社会的主要特征源自西方的宗教与哲学文化,中国的儒家虽然也是一种理性,但是,"清教的理性主义意指理性地支配世界;儒教的理性主义意指理性地适应世界"[3]。其结果是西方宗教因其神圣与世俗的张力而具有批判与支配世界的功能,儒教只是塑造了因循守旧的保守性，中国的这种理性实属负资产。

韦伯的论述带有明显的结果导向，现代社会是从西方发生的，因而西方文化的土壤就具有了正面的合理性，中国未能产生这种现代性，因而中国的宗教与文化必然存在某种缺陷。韦伯以西方社会文化的范式来理解中国，从而造成对中国社会文化贴标签式地曲解，这一点当代学者已有自觉的认知。[4]但无论今天我们对韦伯的局限理解得多么深刻，都无法改变一个事实，百年来数代中国人的文化认知是韦伯式的，从现代之果倒责文化之因，将现代中国之未果归因于中国文化与现代性之间的矛盾。至为重要的问题在于我们如何理解现代与传统？中国之古今关系与西方的古今关系相类否？

孙向晨认为，无论中西，现代价值诸要素是普遍的，现代性虽然出自西方，但它成为普世价值之后就不再是西方的了。西方有现代与西方传统之"表里"结构，同样，中国之现代亦当与中国传统构成完整社会。[5]在他看来，现代价值的核心是个体主义，但个体主义本身有其弊端，西方有其宗教传统与共和主义、社群主义传统与之对治，中国则需要儒家亲亲之传统与之对治，方为善策。此论极有理，但是，个体主义构成现代性的核心要素吗？

若古今之间不存在传统与现代之截然二分，西方传统、中国传统与现代的关系并不相类，那么传统、现代二分的思想图景也就不应当成为中国思想研究的纲领。白彤东认为中国早在春秋战国之际就开始了现代化的进程，"我们这里的一个判断是中国在春秋战国时期所经历的可能是西方现代化的一个预演。这个判断预设了对现代性的一种理解，即'古代'到'现代'之变化的实质是（或部分地是）建立在血缘继承基础上的、在每一层级上都是高度同质的小国寡民的熟人共同体的封建等级制的瓦解与异质的广土众民的陌生人社会的出现"[6]。尤其是在白彤东看来，市场经济、平等、自由、权力合法性等这些现代社会特有的观念中国的春秋战国之际早已有所体现，儒家"有教无类"的思想与西方的启蒙观念有内在一致性。福山亦认为秦汉是最早的现代国家。[7]这样一来，中国的古今之变早在春秋战国即已开始，那么，我们如何理解东周至晚清这一长段历史的社会文化性质？

基于西方社会经验及其历史变迁的传统—现代二分法也许并不适用于中国。遗憾的是，长期以来，中国思想史的研究是以这种传统—现代二分法为前提的，似乎已然成为哲学社科的学术规范。中国思想史的研究有定向的政治任务，即现代化。为了与现代化的总体任务相适应，中国思想史上的哲学观、历史观、伦理观、政治观必须与现代价值目标相适应。

二、中国思想自我贬抑的内在逻辑

甲午战败之后国人对中国故有之物作了彻底的反省，其核心在于视儒家纲常为中国数千年社会困顿之根源。谭嗣同及早年的严复、梁启超对中国传统伦理作了激烈的批判。与梁启超倡议新道德相应，蔡元培先生倡议新伦理精神，他对学生说："青年们呀！现在已经是20世纪的新时代了！这个时代的特征就是'快'。你看布满了各国大陆的铁道，浮遍了各国海洋的船舰，肉眼可看见的有线电的电线，不可见的无线电的电浪……"[8]他对现代学生提出的要求是："狮子样的体力，猴子样的敏捷，骆驼样的精神（学术上的责任、对国家的责任、对社会的责任），再加以崇好美术的素养，和自爱、爱人的美德。"[9]在那样的时代，国家的独立与富强是第一要务，伦理精神必须让步于国家的现代化，这就是李泽厚先生所云"救亡压倒启蒙"。而这个问题的要害在于，救亡固是急务，而启蒙才是根本。

基于启蒙的政治与文化诉求，近代以来国人积极地接纳西方的文化观念，用以审视自身的文化特征，思想范畴与说理方式发生了根本的变化，这就是孙向晨所说的各种古代文化传统要进入现代社会都需要经过理性化的阶段。所谓理性化，其实就是思想范畴与价值观念的西方化—现代化。因为，如若西方的概念是清晰自明的理性，那么与之迥异的中国概念显然就不再清晰自明了；如果认识世界普遍有效的范畴是本体与现象、存在与实体、形式与质料，那么天理、道器、体用、阴阳就是地方性知识，变得晦暗不明，须要转化为普遍性的哲学概念才得获得其合理性；如果自由、平等、博爱是人类价值的标准，那么忠、孝、仁、义就将因其不平等、不自由而变得可憎起来；如若现代所能接受的政治规范必须表达为民主、法治与公民权利，那么君臣之礼、朝廷典制就必须在民主政治的法庭面前自证清白。

现代社会为西方文明所主导，西方历史成了普遍的世界历史，中国学术则是地方性知识，中国必须汇入世界历史。西方大学所编订的哲学、伦理学、政治学教科书不需要加上西方这个限定语，其他文化需要通过这些西方的术语体系才能获得现代表达，需要加上表明其地方特色的限定语。例如，不能将论述儒家与道家的思想著作直接称为哲学史，须加上中国一词，以标明这是普遍的哲学观念在中国的回响。

20世纪中国哲学学科之建立即寓于这种政治革命与文化革命之需要。胡适之《中国哲学史大纲》虽然重在论述学术方法，其中蕴含着一种特别的政治与学术之关系。他认为先秦中国哲学的繁荣出自对周代政治的反动，"政治那样黑暗，社会那样纷乱，贫富那样不均，民生那样痛苦。有了这种时势，自然会生出种种思想的反动。……到了这时代，思想界中已种下了革命的种子了。这些革命种子发生出来，便成了老子孔子的时代。"[10]针对章太炎、柳诒徵等人所持《汉书》诸子出王官之说，胡适力辩其非，认为"诸子之学，不但决不能出于王官，果使能与王官并世，亦定不为所容而必为所焚烧坑杀耳。……是故教会之失败，欧洲学术之大幸也；王官之废绝，保氏之失守，先秦学术之大幸也。"[11]在胡适这里，欧洲教会与学术的关系就成了普遍的范式，中国之王官学不再具有独立的人类历史经验意义，而必须通过欧洲的经验加以解释和校正。

以西方哲学范畴来解释中国思想的本质即是以西方人的世界观与历史经验来替代中国固有的世界观与历史经验。这样做原因在于西方文明到了现代成为了普遍历史，中国作为一种前现代文明必须接受现代普遍文明的审判。西方的世界观不同于中国世界观，西方的历史经验亦不同于中国，只要西方文化尚不能完全占领中国，那么中国思想与中国经验必将发出自己的声音。21世纪之初中国哲学学科合法性之讨论即表明中国思想要求自我主张，不能为西方思想所替代。[12]

诚如学者们所提出的，西方哲学范畴与中国思想范畴不可通约，阴阳二气不可等同于物质，上天亦不可解释为西方的唯一神。本土文化失去了义理自证的能力，须待外来文化的解释，此为20世纪中国无奈之事。其实，自20世纪90年代以来，中国哲学作为一个学科就有了明显的变化，学者们有了自觉的转向，中国哲学不再仅仅是依附于哲学（实质上是西方哲学）下的一个二级学科，中国哲学的研究趋于多元化。儒家、道家及中国古代经学史、思想史、文献史的研究的多数内容其实跟哲学或西方哲学关系不大，也就是说，中国哲学只是研究中国古代思想及其文献的一个独立学科，是否要成为一种哲学，如胡适、冯友兰、牟宗三所设想的那样，这已经不再是关键性问题了。

有人会提出，西方思想成为普遍历史已经成为事实，中国思想为什么要声称其特殊性而自外于世界历史的潮流？任何文明类型都有其地方性的起源，"希腊哲学在现代人心目中无疑拥有世界性的价值，很少有人会因为这种哲学冠有'希腊'二字而径直认为它只是地方性的。然而，古希腊哲学确实是一种'地方性思想'，具有各种'地方性'特征。……而在希腊哲学跨文化、跨地域的传播过程中，希腊哲学的'地方性'逐渐消退，其'世界性'逐渐增强，具备了诸多'世界性'的价值。"[13]中西文明亦有其普遍性指向，"每一个世界都是特殊的，同时对人类又都具有普遍意义。"西方文明先于中国成为世界性的现代文明，文明的影响力构成所谓普适价值的实质。这里有一个问题需要辨明，现代区别于古代的本质是什么？是属于现代专有的现代价值观念吗？如果仅仅从价值观念的角度来说，民主与权利的观念亦存在于西方的古代，中国古代的仁义观念的价值意涵较之于现代的自由、博爱同样难以比较。如若以马克斯·韦伯的理性观念为传统与现代的分界标准，正如白彤东所示，中国自春秋战国时代就形成了理性化的组织原则与多元的道德观念。现代社会之文明程度之所以超出所有的古代文明，其根本在于技术进步所带来的物质繁荣，并因此带来社会组织方式与组织原则与伦理观念的变迁。

孙向晨先生认为古今之别的关键在于是否尊重个体的权利，但对于儒家来说，这与其说是一个观念问题，不如说是一个技术问题。古代社会生产力落后，人群为生存竞争所迫，集体先于个人的道德取向是生存竞争的结果。《汉书·刑法志》："古人有言：'满堂而饮酒，有一人乡隅而悲泣，则一堂皆为之不乐。'王者之于天下，譬犹一堂之上也，故一人不得其平，为之凄怆于心。"[14]朱熹云："不可使有一夫之不获。"[15]儒家自有其民胞物与、天地万物一体同仁的理想,《礼记·礼运》篇叙大同理想云:"大道之行也,天下为公。选贤与能,讲信修睦。故人不独亲其亲,不独子其子,使老有所终,壮有所用,幼有所长,矜、寡、孤、独、废疾者皆有所养,男有分,女有归。"可见儒家其于个人权利,并非没有这样的理想,而是受限于历史条件,故制礼为治。如若天下太平,经济繁荣,礼乐自当为之一变。

由此我们可以看到,何谓现代的问题,可以从思想观念、组织方式与技术条件等多个角度来刻画。但它们的形态与关系如何,何者是自变量,何者是因变量,还是互为因果?这恐怕不易回答。我们的思想史研究预设了一种回答,即是现代有其特定的思想观念与组织方式,是思想观念决定组织方式。中国的现代化走向何方,中国古代社会的性质如何理解,这些问题在20世纪中国现代化的指引下就有了明确的答案。首先,现代文明的核心是民主与科学,这就是新文化运动所树的德先生与赛先生这两面大旗,也是中国现代化最重要的两个方向;其次,民主与科学需要思想文化基础,这基础就是以西方哲学和现代社会科学为核心的思想学术体系,20世纪中国现代诸学科的建立即是全面模仿西方学术思想的组织方式及其概念系统、价值观念;最后,以现代学术思想为指归重新理解中国思想史,由此呈现出人类历史上最为壮观的文化革命。"新启蒙主义政治学认定,中国的历史传统无助于国家的现代转型,主要发挥了阻碍和破坏的消极作用。至多,在现代转型方案中,它们属于边缘性的、配料性的因素,主要贡献在于促动引进西方现代模式的价值、理念和制度。"[16]

这可能是人类历史上规模最大的文化自我放逐。如若我们判断中国的未来在于某种现代理想社会,以及所当采取的某种特定的现代化方式,那么,为了迎接一种全新的文化样式与社会价值,文化自毁就成了现代化的先决条件。未来社会之理想是一个难以定义的问题，对价值观念与社会理想的谈论需要以历史实践的深刻把握为基础。没有实践基础的价值观念不仅无益，可能反而有害。因此，值得深入理解问题就是文化观念、价值观念与社会实践的关系是什么？

三、历史政治学对于中国思想史研究的方法论意义

较之于自然科学的普适性，在人类文化与人类实践领域，其存在类型复杂得多。正是在这个问题上，我们要对20世纪中国哲学、社会、政治、伦理等各个领域的中国思想史研究提出反思。这些研究领域按照现代西方学术理论的框架对中国历史社会作了种种定性判断，为中国历史社会的演进方向给出了明确的指引。问题在于，现代西方学术理论有西方的历史经验，将西方历史经验普遍化，以此规范中国的经验，并以此决定中国的道路是否合适？何种学术与思想可以研究和判定这其间的是与非？

既然已有的中国哲学史、中国伦理学史和中国政治思想史等学科领域是以某种西方现代学术规范为圭臬，不能以此自我评价，而西方之学术思想既有其特定的历史与文化经验，其理论在中国的适用需要本土化。这就需要一门学科，在诸种文化与实践方式之间进行跨越式理解与汇通。最近国内学界兴起的历史政治学正在这些方面作出努力。

历史政治学的提出受到了历史社会学的启发。赵鼎新认为："历史学家按时间序列叙事讲故事，社会学家追寻着结构/机制叙事找规律，而历史社会学的真谛就在于对这两种叙事进行整合。"[17]这样做的必要性在于，社会学理论所揭示的结构/机制本应与时间中的社会经验对象相对应，但理论生成之后常常走上了独立的演进之

路,其应用也常常超出其经验范围,甚至其理论本来就源自理论建构,而非历史经验,这都会造成理论与人类经验的脱离。历史社会学的意义就在于矫正理论的生成机制与适用范围,使社会学真正具有发现理论、反映人类历史实践的功能。

与之相类,历史政治学首要功能就是要回答政治理论的知识来源问题。[18]杨光斌对现代政治理论的"理性人"假设提出批评,认为这是非历史的,由此而生成的政治理论"既不能解释人类经历的种种政治灾难,也不能解决现实中的政治困境,更不能为人类的未来指点迷津。这些困难不能以所谓的有限理性去辩护,只能从历史的视野去分析"。理论的力量应当来源于对人类历史经验的深刻把握,从而具有真正的指导意义。事物具有的时间性使社会科学理论必须奠基于实践可行性分析。

所谓时间性,指的是某种概念在现实世界中的展开方式,通过这种展开,概念与实践达到某种一致的结果。结果可能符合概念的预期,也可能背离预期。任何观念必须在时间性中情境化才能获得其实践,只有经过这样的验证与修正,政治理论才能具有实践意义。20世纪以来中国政治思想史研究所采用的民主—专制叙事是在西方历史经验中生成的,与中国的历史经验关系如何,这就是一个需要通过历史政治学来验证的问题。"政治学理论中的国家理论、政体(民主)理论、政府理论和政党理论几乎都是特定国家特定历史经验的产物。……对于中国和很多非西方国家来说却是非历史性的,甚至与这些国家的历史经验存在巨大张力乃至冲突关系。这就是为什么虽然现代性意味着统一性或相似性,即越来越多的国家接受了现代性概念诸如民族国家、政党、民主,但它们在实践中所展现的国家治理却有着天壤之别。"

价值观念与社会理念的产生有其特定的历史经验土壤,社会理念与其历史路径构成人类实践样态。社会理念的生命力不仅在于其价值规范性，更在于实践路径的生成。历史政治学的要旨就在于对政治价值与理论生成路径的历史经验研究，从而揭示政治价值与政治理论的时间性与实践性。"历史政治学之所以采用历史进路，是因为就事物的性质而言，政治是历史的，并且首先是历史的。"[19]对社会理念之实践条件的揭示不是为了拒绝跨文化的学习，恰恰相反，只有在对社会理念之生成路径、实践条件有了透彻理解了之后，跨文化的学习才是有效的。

基于历史政治学的探究，我们首先可以厘清中国思想史研究中概念与中国文化、中国社会的错位现象。例如启蒙与愚昧、民主与专制、有神与无神、神圣与世俗、传统与理性、政治与宗教等概念的区分，在西方历史社会中有着较为典型的意义，而在中国历史社会中，科举与门第、士人与百姓、尊尊与亲亲、礼乐与刑法、方内与方外等概念的区分更有意义。以西方的概念看来中国无疑是有启发的，但不能取代中国的自我理解。正如任锋所指出："一个地区和民众漫长深厚的政治思想与政治制度实践，是该地区政治学发展的第一基础。对于他者经验智慧的借鉴学习，应以此为前提。"[20]

20世纪中国哲学社科的主流做法是西方概念的植入与本土化。以哲学为例，"原封不动地把西方哲学搬到中国，这是西方哲学在中国；西方哲学在中国取得新形态，这是中国化了的西方哲学。前者是对西方哲学的译述，后者意味着西方哲学在中国获得了发展和出新，表现了中国哲学家在建构自身理论时的创造。"[21]西方哲学在东方获得了新的形态，固然可称为发展，但中国传统的思想义理在这种新的哲学体系中成为一种新的东西，谓之中西哲学的综合创新。中西哲学的综合创新的经验基础是什么？基于中西比较所建构的中国哲学偏重于理论形态，存在于学院的科研活动与教学活动之中，对中国社会影响甚微，更谈不上对西方哲学的影响。而付出的代价是，传统的中国思想在大学中、在学理中几乎消失了。例如现代中国哲学中的"本体"概念，是西方哲学观念与中国固有概念之综合，这种综合固然可以自成为一种理论，然而它缺乏经验基础。没有人按照这种本体概念的方式来理解世界。它不同于西方的哲学观念，也不同于中国传统的观念，那么这种结合中西思想所创造的哲学概念意义是什么？其意义可能是为了证明中国思想可以与西方哲学汇通，以求融进世界历史的普遍叙事。

中西社会与观念之间存在错综复杂的关系，二者的结合必须立足于中国自身的历史经验与概念系统，并参照现代化要素加以调整，而不能以某种理论形态消灭中国固有的历史经验与概念系统。进入21世纪以来，中国走出了一条独特的发展道路，在哲学社会科学的学科视野中如何理解中国道路，这个问题离不开中国的自我理解。在政治领域，封建专制之说是他者之视角，仅供参考，在当代的语境中究竟如何理解我们自身的政治经验？中国固有的政治概念可能已经不足以表达当代处境的复杂性，因此，我们的政治思想史研究本然地带有古今比较的性质，以求一种融汇古今而获得恰当地自我理解的政治理论。任锋的治体论研究是历史政治学所获得的重要成果，对中国思想史的研究或有启发。

四、治体论对中国政治思想史研究的突围

在现代西方诸种政治意识形态的影响下，产生了中国政治学学科规范，并由此展开对中国历史政治的自我审查。离开了现代西方政治标尺，我们根据什么来衡量中国政治？进而，我们能够衡量现代西方政治标尺本身吗？任锋认为现代心智不一定能够理解古典心智，"当前的政治思想研究，既要抵抗各种现代意识形态的收编和

俘获，避免成为某种主义心智的传统证成，还要反思现代学术分科的切割和宰制，也要对于传统里层累积成的诸种门户标签具备反省意识（如经史、汉宋、经学今古文）。"[22]

西方古今之争的双方分别处在自由与德性的两端，表达政治原则的基本范畴与中国传统政治存在差异。中西之间如何沟通需要深刻的政治洞察，而不能简单地以某种单向的立场来评判对方。基于现代经验所产生的诸种主义不足以概括人类历史所经历过的，以及未来将要经历的复杂性。因此，我们需要基于更长期的历史经验来审视现代政治主张的尺度。中国自古即是广土众民的多族群国家，我们只有对中国传统政治及其学理的意涵形成更深入的理解，才能审查古今之争中双方各自的理据。任锋提醒我们："如何领会中国学术传统通人通学的精神理念，把握经史经世之学的真精神？这就需要我们准确而深入地潜入传统思想世界，力求如其所是地呈现其间的多声部演奏。敬畏并倾听先贤智慧，整全地再现其运思精义，而非站在虚妄的现代立场肆己私智，是走向心智成熟的起点。"[23]

国人将西方之所以成功的原因视为拯救中国的解药，将西方视为中国模仿的对象，而将中国种种传统因素视为致败之源。任锋将这种说法形象地概括为"负资产"。为了清理这些负资产必须启蒙，"五四"新文化运动代表了第一次启蒙诉求，20世纪80年代以来革命叙事远去，开始了第二次启蒙。任锋认为，这两次启蒙虽然在内容上有所不同，但其内在理路是一致的，"它（新启蒙主义）的时代精神根源是鲜明的80年代思想解放潮流（对应思想界的'新启蒙运动'），以政治体制改革的民主化为中心主题。在权力政治、时代精神的改革压力下，学界围绕这一主题借由开放学习再次从西方取经，着力引进西学资源，'输入学理'的喧腾同样大胜过消化积累、潜心涵咏。"[24]在彼岸理想（西方发达国家）的指引下，中国道路就有了可以模仿的现成路径，人们所争论的，不是过模仿西方的哪些内容，如何模仿。

西方理论传至中国需要经过本土化之后才能适用。但"本土化"本身难道不正是意味着西方范畴的某种限度吗？在宪制构成的诸要素中，中国特别强调礼与法、政与俗之间的辩证关系，基于治理与教化导向的礼法共同体既非自由，也非不自由，其间自有其价值规范及其社会文化心理。正是这种在历史中长期积淀而成的文化心理结构差异，使得现代政治经验的普适性成为一个问题。那么，中国的自我理解应该是什么呢？

《立国思想家与治体代兴》一书从治体论的角度对中国政治思想史作了新的解读。以"治体论"来概括中国古代哲人的政治构想，是一个极具理论生长性的概念。"所谓治体论，是指出于一种政治秩序构造的体系意识，围绕政治社会秩序的关键要素及其构造演进提出诸多概念、观念与议题，进而形成的一个秩序理论范畴。就概念而言，治道、治法、治人、治纲、治术、治具、纪纲法度是其重要构成，而国体、政体、政道、规模、宪章、典制是其约等义的同类概念。"[25]在对治体的分殊中，任著主要区分了"变革思想家"与"立国思想家"。"变革思想侧重治道原理重构的理想型取向与经制事功学侧重治法演进的保守立国取向，开拓出了近世以降立国思维一显一隐的双重源流。"[26]变革意味着对现实政治秩序与政治经验在一定程度上的否定，要求以某种政治理想为原则，拆解现实政治秩序，以构造理想的政治；立国即围绕着国家建构与国家治理的实现，对作为政治价值原则的立国之本与政治实践的立国时刻作全方位的探讨。

立国的治体思考以纪纲法度为核心，体现出治道、治法与治人的有机结合。其中，道法互具，道是政治价值、政治原则与政治方式的根源与价值体现；法就其抽象意义上是指纪纲、法度，包括具体的政治制度、祖宗之法、礼仪规范、法律条例与政治惯例。在理学看来，道统最尊，道体是形而上者，现实的法度与法术是器用层面，是用，是形而下者。器用虽出于道体，实非道体。这样的区分引向对现实法度与器用在价值尺度上的贬低，对现实政治设施及其秩序的批判意识，而凸显出道体之崇高。

立国与变革之间既有共通的治体指向，又存在复杂而深刻的分歧，二者共同衍生出治体的丰富内涵。立国思想与变革思想的复调象征着中国治体传统对立国之本与立国时刻的深刻把握。任锋认为儒家更化有理想主义和现实主义两种思路，"二者在宋代政治思想中的表达，其实是变法思想家与立国思想家的代兴。其中的区别，正在于是否能正视并尊重现实政治体立国的本初经验与其治体构成。"[27]对现实政治体的理解其实取决于对儒家最高道义及其象征（三代）的理解。这些理解构成近世儒者的历史观，进而影响对现实政治的判断。

对道德的信仰使朱子弱化了历史分析的维度，不能更切实地解释治乱本原。在政治领域，道德正气固然可以激励人心，匡扶此世，但多数人的利益博弈，对制度成败的影响可能更大。如若我们假定人皆可成为君子，乃至于圣人，那么历代政治得失的分析就无多大意义了。当然，这并不妨碍理学政治思维中对纪纲法度的强调，在天理之公的指引下，朱子不仅要求政治应有公共精神，并强调"礼乐者，皆天理之自然"[28]，赋予礼乐制度极高而保守的面向。

朱子对圣人与道德的信仰对后儒影响深远。黄宗羲《明夷待访录》以公私对比三代以上与三代以下，与程朱的历史观如出一辙。

其对君主制的反思与批判在中国传统的政治思想上有创造性的突破，这一点是毫无疑问的。尤其是，这种批判启发了清末以来的革命者对中国传统政治的反思，被认为是近代政治启蒙的先行者。从政体角度来看，走出君主制，思考更丰富的政体可能是一种进步，然而，这种进步只有基于政体的功能分析才成立。遗憾的是，自明末以来，在对君主制的批判中，道德批判压倒了政治功能分析。人们对政体的道德性诉求压倒了政治体的功能诉求。在黄宗羲对君主制的批判中，重在公与私的道德谴责。近代革命以来君主专制话语的兴起，过于匆忙地将西方现代政体的成功视为道德优势，与宋明理学中的道德话语相结合，形成对中国传统政治新的道德批判。这种批判与宋明理学对三代以下的政治批判在政治思维上是一致的，都是基于道德来分析政治功能。对于宋明理学来说，三代以下君主的道德缺陷是私意把持天下，现代革命话语只不过把这私意更加显明地表述为统治阶级的利益。

　　道德与政治效用的关系是复杂的，道德可以产生一定的政治合性与感召力，从而带来政治效用。但需要注意的是，政治中的道德不同于作为个人行为正当与否的道德，政治道德更多的是由政治后果与政治责任决定的。以此观之，任著所说的"变革思想家"与"立国思想家"存在着深刻的政治思维上的差异，其根本原因在于理学家的道德信仰和由此而产生的三代信仰、圣人信仰，以及后世对特定政体及其政治价值的信仰。朱子相信君心正而天下正，黄宗羲相信君不私天下而后治，近代以来的变革者则将中国政治成败归之于能否建立民主政体。

　　三代理想是理学家的政治标尺，在这种想象的历史标尺的指引下，理学家发出了对现实政治的批判，呼吁回向三代的政治改革，理学家从中找到的关键变量是道德，尤其是君主的道德。与之相似，西方是近现代中国政治的标尺，在与西方的比对中，国人作出了最为严苛的自我省察，从中找到的关键变量是政体。在理学家的理解中，秦汉以下因私天下而不能治，在中国近现代社会思潮中，中国因专制政体而不能治。至于中国文化及其伦理观、价值观，因其导向专制政体而需要加以革除。理学家要求回向三代，晚清以来则要求学习西方，此皆有失对中国何以自立的深入体察。

正如对圣人道德的信仰使理学弱化了历史分析的维度，将西方作为模仿对象也使现代中国政治弱化了历史分析的维度。如若缺乏对中国政治的历史分析，只是过于简单在以西方理论来评判中国历史政治的性质与得失，这容易导致使用西方理论的教条化，因而其对中国历史政治的种种判断适成现代政治的自我主张，而非中国政治本然如何。

历史研究并不天然地导向中国政治自身结构方式及其治理经验，西方理论约束下的历史审察同样可以声称自己是一种历史的态度，因此，历史政治学欲对治现代政治的自我主张，其关键不在于引入对中国政治的历史研究，而在于突出历史性、时间性、情境性在政治理想与政治实践之间的特殊意义。无论是理学以三代为理想，还是现代以西方为理想，都需要还原政治实践的历史性、时间性构成，才能把握政治结构诸要素的结构方式。就此而论，治体论所揭示的立国—变革之复调是历史政治学分析的应有之义。

任锋的治体论研究向我们表明，基于中国自身的政治话语与政治经验可以审视政治得失，而不是只有通过西方政治概念才能进行政治分析。甚至恰恰相反，西方政治概念与中国历史政治经验并不对等，其分析效用反而不如中国本土概念。

五、结语

现代中国思想史研究背负着沉重的现代化使命，汲汲于寻找中国思想史中的现代因素，以求融入以西方为主导的世界历史及其普世话语。但其实更为重要的问题是，我们对现代的理解是否深入？西方的现代样态与现代化路径是中国的模仿对象吗？具体到我们一直所追索的现代宪制问题上，"所谓宪制，即一个政治体得以构成和维系的根本要素组合。宪制要素涵括多样类型，如共识、先例、习惯、礼俗与法律、制度。它们对于权力的塑造和规约经历了长期演进。"[29]这种对宪制的理解超越了单单以政治权力—权利关系为主要指标来评判政治好坏的现代政治宪法理论。以治体之深阔复杂来阐释中国宪制传统中的历史经验，是一个内在且体现系统性的做法。基于此，治体论以历史政治学的方法揭示立国与变革的气质差异，变革思想家高扬纪纲与道义，立国思想家对道义与治法的结合作了更切历史实情的思考，二者共同促成了治体论的成熟。

治体论的提出，其价值不在于作为总名能否囊括包罗万象的中国古代思想，而在于能否将古代政治思维与宪制传统的诸要素准确地揭示出来，从而超越概念的简单类比，使我们对中国传统社会及其思想有更深刻的理解。对于中国来说，传统与现代并非截然不同的两段历史。在历史政治学的视野中，现代科学的突破虽然极大地改变了社会形态，但价值理念的历史生成与实践路径的结构与性质是稳定的。

西方思想的实践路径有其特定的历史经验，并成为现代世界的主流，但这并不意味着西方的思想与制度获得了超越经验的品格。同样，中国的历史经验理应获得相应的理论意义。历史政治学将理论还原为经验，将经验提炼为理论，使二者的结合成为本源意义上的人类理性，指导人类的政治实践。历史政治学研究方法的要义就在于揭示概念的原初历史经验，使思想不徒为空洞的理念，如此可避免思想史研究中的空疏。

因为中国文明的现代处境，中国思想史研究内在地包含着古今中外的比较性质，观念的交互指涉错综复杂。这需要我们采用坚实的研究方法来厘清人类社会的诸种要素之间的结构关系。社会要素的结构关系的比较不能只是概念的替代，必须以历史经验为基础，这样才能获得概念的有效性，从而使跨文化、跨领域的比较研究成为可能。因此，中国思想史的研究需要改变单方面让中国向某种西方标准看齐的做法，不能只是单方面地让中国融入某种现代世界，而是要在现代世界的视野中，基于中国自身的经验，形成我们对何谓中国、何谓现代更透彻地理解。中国思想史研究的目的不是让西方的概念与价值理解中国，获得中国形态，而是让中国在视域融合中理解自身。

注释

[1] 苏国勋：《从韦伯的视角看现代性——苏国勋答问录》，《哈尔滨工业大学学报》2012年第2期。
[2] [德]马克斯·韦伯：《学术与政治》，冯克利译，生活·读书·新知三联书店，1998，第29页。
[3] [德]马克斯·韦伯：《韦伯作品集Ⅴ：中国的宗教 宗教与世界》，康乐、简惠美译，广西师范大学出版社，2004，第332页。
[4] 苏国勋、黄万盛、吴飞等：《走出韦伯神话—〈儒教与道教〉发表百年后之反思》，《开放时代》2016年第3期。
[5] 孙向晨：《论家：个体与亲亲》，华东师范大学出版社，2019，第7—10、21页。
[6] 白彤东：《韩非子与现代性——一个纲要性的论述》，《中国人民大学学

报》，2011年第5期。

[7][美]弗朗西斯·福山：《政治秩序的起源：从前人类时代到法国大革命》，广西师范大学出版社，2004。

[8]蔡元培：《怎样才配做一个现代学生》，载《蔡元培全集（第5卷）》，1997，浙江教育出版社，第478、475—480页。

[9]同上注。

[10]胡适：《中国哲学史大纲》，华东师范大学出版社，2013，第31—33、304页。

[11]同上注。

[12]彭永捷主编《论中国哲学学科合法性危机》，河北大学出版社，2011。

[13]王晓朝：《跨文化视野下的希腊形而上学反思》，人民出版社，2014，第193—194页。

[14]班固：《汉书》，中华书局，2005，第937页。

[15]朱熹：《四书章句集注》，中华书局，1983，第10页。

[16]任锋：《中国政治传统研究与历史政治学的可能性》，《学术月刊》2020年第1期。

[17]赵鼎新：《什么是历史社会学》，载《中国政治学（2019.2 总第四辑）》，中国社会科学出版社，2019。

[18]杨光斌、释启鹏：《历史政治学的功能分析》，《政治学研究》2020年第1期。

[19]杨光斌：《什么是历史政治学》，载《中国政治学（2019.2 总第四辑）》，中国社会科学出版社，2019。

[20]姚中秋：《历史政治学的中国议题》，载《中国政治学（2019.2 总第四辑）》，中国社会科学出版社，2019。

[21]陈卫平：《西方哲学的中国化与当代中国哲学的建构》，《学术月刊》2004年第7期。

[22] [23] [25] [26] [27] [29] 任锋：《立国思想家与治体代兴》，中国社会科学出版社，2019，第36、36、46、38、575、31页。

[30] 任锋：《新启蒙主义政治学及其异议者》，《学海》2015年第5期。

[31] 朱熹：《朱子语类》，载《朱子全书（第十七册）》，上海古籍出版社、安徽教育出版社，2002，第2973页。

文明双峰之间的好奇与穿梭

——潘岳先生《秦汉与罗马》读后

□ 田飞龙[①]

秦时明月汉时关,秦汉边塞雄风与王朝政治建构相得益彰,是中华文明进取、综合与奠基的历史高峰。条条大路通罗马,地中海大帝国的商业文明、法律制度与政治智慧,引发西方后世模仿和世界性的赞许,是人类文明早期政治起跳屈指可数的模范。《秦汉与罗马》立意二者之间,是一篇立足于中西政治文明深度比较的长文,也是潘岳先生继《战国与希腊》之后推出的第二篇研究性文章。此类研究雄心勃勃,试图以中西"同时段"的"伟大历史"的二元比较,呈现中国政治文明的"大一统"原理与制度构成,并科学认知西方政体的古今之变,在"四个自信"的政治站位下展开针对"东方专制主义""历史虚无主义"及"历史终结论"的深层反

[①] 田飞龙,北京航空航天大学法学院副教授、一国两制法律研究中心执行主任。本文原刊于《经济观察报》2020年9月14日,原标题为《文明双峰之间的好奇与穿梭》。

思与批判，凝聚奠定切合新时代的文明自信和话语权。《秦汉与罗马》从福山关于中国作为第一个"现代国家"的政治秩序论出发，以驳斥"东方专制主义"落脚，试图以大跨度的历史比较塑造一种中西对话的"平等"语境，展现中华民族在回答"大规模政治共同体"如何可能问题上的核心智慧与制度成就。在诸多同时段的历史比较课题上，秦汉与罗马是真正具有奠基性和结构性的代表，在中西政治文明制度化意义上远超前后的任何时代。秦汉与罗马也分别对应了中西方真正的"轴心文明"，各自回答了彼此政治秩序建构的若干基本问题。《秦汉与罗马》就是在探索中西轴心文明的深层结构。作者恰似在人类文明两个极高峰之间，在最典型的历史时段内，怀着无比的好奇往返穿梭，试图发现双峰各自发育耸立的历史秘密和可为今人汲取的制度智慧。

潘岳文章以极大篇幅处理了秦汉建制的特色和优势，敏锐捕捉了这一时段政治文明的结构化与制度化特征。周的"礼崩乐坏"标志着"礼乐共同体"的失败，而战国是这一失败的结果，也是填补该模式之"国家理性"维度缺失的起点与过程。孔子在礼乐秩序失败的基础上一边反思，一边重述，奠定了后世儒家的基本精神秩序与伦理政治的仪轨，但在严格的国家理论与制度理性上并不严谨，不可能塑造福山眼中的"现代国家"。

中国国家建构的绝对理性维度由法家完成，法家以严酷的功利主义和规则理性建构了人类最早期的大型现代国家，这是中国古典政治文明的重大成就，也是福山由衷赞叹的历史根据。但秦制法家以耕战为中心，以吏为师，激发人心之竞争和功利，却涤荡了人心之仁义与廉耻，物极必反，二世而亡。汉承秦制，休养生息，《过秦论》与《治安策》寻求汉制特色及平衡，董仲舒天人三策及其儒家新义奠定汉代国家哲学之理性基础，在强大国家之外着力重建伦理社会，协调教化人心秩序，终于在汉武帝的"帝业"框架中成就巅峰性的文治武功。与秦汉相比，三代之治、春秋战国之类皆为序章、素材和处境，汉之后的各朝损益则是在秦汉大一统制度的总体框架内进行内外要素的调适，有局部创新，无结构性颠覆。若需要给这一结论加上一个恰当的学术性脚注，钱穆先生的《中国历代政治得失》最为精当，其从汉制立论，详述中国政治制度的基本要素和千年流转，从中折射出"贤能政治"的一贯传统和治理奥秘。潘岳文章就是为了揭示中国政治文明的"贤能政治"传统，解析"大一统"文明的制度密码。

与秦汉同期文明相比，地中海区域的罗马则深陷"战国"式的地缘战争之中，以"战斗民族"姿态与传统完成了环地中海的西方帝国建构。罗马历史，长时段可以区分为罗马王政时代、共和国时代和帝国时代。与秦汉可比的历史时期是共和国后半段与帝国时代。罗马共和，是罗马政治文明的奥秘所在。潘岳在文章中声称希腊提供了西方的精神基因，罗马则提供了政治基因。这一论断颇有"片面深刻"的意味，因为希腊在政治上也贡献了"民主"，而罗马在精神上则接纳了基督教，开创了真正的帝国，故所谓精神与政治殊难别异。但潘文凸显罗马的政治根性，则具有显著的合理性：其一，希腊的政治是袖珍的城邦政治或者人类童年的"小共同体"政治，整体希腊从未建构为严谨的政治秩序，故希腊可贡献政治的价值元素和制度原型，但难以构成成熟的政治文明；其二，罗马自身存在从共和到帝制的制度跃迁，在共和的精神和制度基础上"演化"为帝国而不是"折断"重组为帝国，保持前后的基本政治文化与制度的延续性，这是罗马构建大规模政治共同体秩序的伟大成就，是希腊所不能及的；其三，共和国末期西塞罗的"文治"与恺撒、屋大维的"武功"共同推动了罗马共和国的帝国转型与建制，其中的"军政"因素深刻塑造了罗马帝国的政治心智与行为模式，并对后世西方的"民主帝国"建构有直接影响。罗马是战争塑造的，罗马是政治建构的，罗马是在对城邦政治学的批判超越中完成自我定位的。"罗马模范"成为西方后世的共和国与帝国的共同背景，因为罗马无论是共和国还是帝国，都是西方历史上的巅峰。西方早期现代以来的一流政治思想家，无论是马基雅维里、孟德斯鸠还是卢梭，甚至联邦党人，都以罗马为政治范例和荣光。在西方人回溯自身古典来源的学术和政治习惯中，罗马是首站，是榜样，是全领域的教科书，而希腊则是更遥远但可勾连的必要背景和渊源。《秦汉与罗马》对罗马共和及帝制的历史解析，抓住了西方政治文明的内核与要害。

但罗马又是不幸的，潘岳文章对这一政治的不幸进行了客观理性的探求：其一，罗马以战争立国，但没有能力完成军事体制的"宪制化"，军队的私人化与军人干政成为罗马动荡及最终衰亡的重要来源；其二，罗马的基层政权建设与官僚理性化程度严重不足，罗马共和国与帝国的制度架构中，上层与中心是高度法治化和官僚化的，但中下层及边缘则是高度封建化甚至私人化的；其三，对蛮族的征服及"罗马化"并不成功，诸多的蛮族部落被归并到罗马军队甚至取得罗马公民权，但并未真正接受罗马文化和罗马公民规范，蛮族的反叛、逆袭与挑战是罗马衰亡的重要原因；其四，"罗马之后无罗马"，证明了罗马帝国的政治脆弱性，证明了从希腊城邦经罗马共和国而跳跃至罗马帝国的西方政治秩序变迁，出现了内在崩解与反复，替代罗马帝国的是"东方化"的东罗马、碎裂化的西欧蛮族王国、破坏性的中亚游牧帝国以及去政治化的基督教共同体。罗马的刀光剑影、奢侈腐败与其留在人类历史记忆中的帝国荣耀，共同构成了复杂多层的罗马形象。罗马是光辉的，"罗马治下的和平"是客观的历史成就,但这一光辉成就是有代价的,罗马自身及其治下的行省和族群都要承受罗马衰亡起伏带来的无尽痛苦。在《罗马盛衰原因论》中,孟德斯鸠对罗马荣耀和罗马腐败几乎是同等深入地进行了历史考察和分析,对我们认知罗马的"两面性"颇有助益。

以世俗帝国的治理指标而言,秦汉与罗马各有优劣,秦汉指向"大一统",罗马指向"帝国和平"。但是罗马还受到一种特殊的精神挑战:基督教。罗马是泛神主义的,每征服一地并不消灭其本地神灵,而是诸神和谐相处,皆在罗马帝国的保护之下。因此,罗马帝国本质上是世俗主义帝国,多神传统是一种体现宗教宽容与文化包容的精神秩序。基督教改变了这一切。基督教本质上是反罗马的,与罗马帝国争夺"基层群众"和信仰权力。"上帝的归上帝,恺撒的归恺撒"只是一种调和主义的平衡法则,实际的历史过程是充满斗争和血腥的。基督教诞生于罗马帝国初期,是帝国秩序的异己力量,无论是精神信仰还是社会组织,皆不在帝国建制之内。帝国对基督教采取了先严厉镇压后整体皈依的极化政策,但"基督国教"以上帝之城凌驾世俗帝国,并不以维护帝国秩序为目标,甚至国教化政策还进一步加速了帝国的精神崩解。西罗马帝国灭亡之后,西欧进入了基督教共同体与蛮族王国长期并存的中世纪,基督教实现了超国家的普遍主义存在,甚至在公元11世纪经由教皇法律革命实现了以教会法为"神圣宪法"的法律秩序大一统。潘岳文章在"基督国教"一章中对世俗帝国与神圣宗教的冲突性质与后果进行了考察和分析,呈现出西方政教关系在罗马的紧张属性。

当然,潘文对秦汉与罗马的比较,由于主题过于宏大,牵涉细节繁多,加之文章的写法夹叙夹议,趋近于"政治散文",从而在有关比较议题及其核心判断上或有值得商榷与补充的余地。比如,文章对于"秦制汉化"的具体思想过程与制度论辩在叙事论证上颇有跳跃甚至有所遗漏；对罗马制度变迁的复杂性分析不够深入；对"罗马之后无罗马"应做辩证理解和阐释；对罗马制度中最为关键的罗马法的形成、吸纳与理性化缺乏聚焦；对"大一统"的价值根基和目的论阐释还不够，而对罗马制度中"自治"的宪制价值及其历史演化的潜力评价偏低。此外，对福山的"现代国家论"也需要准确理解，谨慎对待，福山对秦汉"国家能力"的高度评价是有前提和框架的，甚至有严格的保留，对秦汉制度在法治与责任制上的不足颇有批评，文章适宜对福山理论进行批判性、有节制的理解和运用。

总之，潘岳先生的《秦汉与罗马》选取了人类历史之"轴心文明"定型期最具典范性的东西两端的代表进行了宏大而深邃的钩沉、比较、判断与论证，解析了中国"大一统"政治文明的历史建构过程和制度规范原理，亦呈现出同时段西方罗马共和到帝国变迁之思想背景和制度逻辑。文章整体论证上"形散神不散"，注意在精选的比较议题上进行"问题对问题""制度对制度""思想对思想""人物对人物"的二元化、直线型的深入比较，行文兼具思想性、故事性和论辩性。当代中国复归中华文化本位，马克思主义中国化进入新时代的深度和解与整合阶段，迫切需要对中华文明进行"同情的理解"和"理解的创造"，使得民族复兴与人类命运共同体建立在正确理解和认同的自身文明基础之上。

然而，文明不是封闭的自说自话，而是在比较互鉴之中识己及人，故中西文明的深层比较与对话是不可跳跃的历史理性环节。以秦汉对罗马，抓住了要害，比较了要点，得出了较为准确的历史结论，从而在一定程度上克服了宰制国人政治文化心智已久的"东方专制主义""历史虚无主义"及"历史终结论"等不严谨及误导性的西化理论，试图在真正平等和理性的基础上以持续性的文明对话重建中国自身的文化自信，并以此为基础巩固和提升道路自信、制度自信和理论自信。但这样的"平等对话"带来的自信结论和解释范式，是否能够让国人真正信服，是否可以通达西方的当代人心，达到真正的相互承认的平等，甚至在平等基础上进一步探索中华文化世界性表达的方式和空间，这些疑问依然悬而未决，故我们在文明比较和理论建构的道路上依然任重道远。

在此意义上，潘文已然是一种富有战略眼光和理论担当的自觉叙事方式和正面思想建构的积极尝试，长短得失之间展现了中华文化在当代的一种进取意志和谋略。潘文充分理解到"文化自信"乃是一国安身立命、续展文明、护佑万民的意义根基和团结依据，是其他层面之自信与创造的最深层的规范因素。在文化与制度关系的理解上，潘文擅长以典型思想人物和典型历史事件为依托，展现制度选择背后的文化心智与实践机缘，侧重对制度发生与演变进行文化层面的有意识的互动分析和因果关系的重建。潘文在最终关于"东方专制"的回归论辩中，没有落入一种"文化民族主义"的窠臼，而是持有真正平等和多元的文化对话立场，展现了中华文化固有的和平属性与互动互鉴的理性品质。立足秦汉的中华文明理解，与立足罗马的西方文明理解，因其尺度、智慧与历史影响，而可以是一个绵绵不绝的比较与对话课题。潘文试图为我们搭建沟通东西方主体文明的历史理性桥梁，尽管其中仍有若干有待深入探究的张力、谜题和细节在有限的叙事篇幅里未能尽然呈现和处理，但这种带着当代文化与制度冲突之问题意识而返回古典场景进行历史钩沉与智慧比较的理论担当和科学方法论，以及这一宏大的文明比较工程的理论前景与解释功效，颇值得高度肯定和进一步期待。

学思践悟

发挥儒家在当代宗教与文明对话中的积极作用

□ 郭齐勇[①]

现时代文明间的交流互动，无论是空间还是时间，深度还是广度，与过去相比，完全不可同日而语。但历史上文明间交流、互鉴的经验，仍值得我们认真咀嚼与借鉴。

文明间交流、互动、发展有什么规律呢？以儒学为主流的中国文化与佛教、伊斯兰教、基督宗教的文化交流、互鉴的成功经验与未来前景如何呢？

印度佛教于东汉传入我国，经过魏晋南北朝的格义，成为中国传统文化的有机组成部分，至隋唐时期蔚为大国，形成中国化的佛教宗派，如华严宗、天台宗、禅宗等，终而与本土的儒、道文化鼎足而三。继而，儒释道融为一体，至宋明时期经过知识人改造，形成为道学（或理学），传到东亚，道学（或理学）成为整个东亚的

[①] 郭齐勇，武汉大学国学院院长、教授。本文原刊于《半月谈·文化大观》2020年1月刊，原标题为《文明对话、交流、互鉴的经验》。

精神文明。

伊斯兰文化与儒家文化的会通也是文明交流对话的典范。正是在回儒学者以儒诠经、以回补儒、回儒兼修的良性互动中，伊斯兰教在明清时期实现了中国化，而且形成了回族。自此，伊斯兰文化成为中华文化的有机组成部分。

西学东渐主要是指基督宗教文化等西方文化与中国文化相冲突又相融合的过程。17世纪初，以利玛窦为代表的传教士来华传教。经过曲折复杂的历史过程，不仅西方宗教，而且整个西方文化，包括科技文明传入中国。基督宗教逐步中国化了，它也成为中华文化的有机组成部分。

佛教东传、伊儒会通、西学东渐的发展过程中，中国本土的儒、道文明之所以能够与佛教、伊斯兰教、基督教文明在碰撞中交融，最主要的是它们有根本的相通处。以儒家为例，儒家文明与佛教、伊斯兰教、基督教文明既有区别、差异，又有内在的认同与深层的一致性。佛、伊、耶的戒律、圣训与儒家的训条、格言有相互会通处，双方在孝敬父母、生活伦理、教化民众、中庸之道等方面，在私德与公德上，也有深刻的一致性。儒家八德（孝悌忠信礼义廉耻）、五常（仁义礼智信），在佛、伊、耶的道德之德目中，大体都能找到相应的名目与内涵。

特别值得注意的是，佛、伊、耶与儒家文明交流互鉴中，佛、伊、耶的大德大师在双方理论与实践的融会贯通上做出了非凡的贡献。如东晋大德慧远兼顾儒佛两方面的特点与尊严，对中国佛家伦理观与礼制的确立及中国佛教对王朝态度的确立，起了重要的作用。隋唐天台、华严、禅宗的领袖与学者都致力于儒佛的融合。明末清初的王岱舆、清初的刘智，都是著名的伊斯兰教学者，他们深通中国文化，特别是儒学，把伊斯兰教义与儒学结合起来，使两者交融互补。西方传教士利玛窦于明万历年间来华传教，服儒服，读儒书，以汉语著述的方式传播天主教教义，并传播西方天文、数学、地理等科学技术知识，他的著述对中西交流做出了重要贡献。

中国文化、儒家文化在亚洲与世界文明交流互鉴中，在与诸子百家，特别是与佛道二教相互批评相互取长补短的过程中，所以硕果累累，延绵不绝，最为重要的原因是中国文化、儒家文化自身的性质：和而不同，兼容并包，开放多元，博采众长。中国文化，包括儒学，它的同化力、融摄力很强，善于消化吸收不同文明与文化的因素与成果，壮大并丰富自身。我们现在所说的"国学"，并不是汉民族的专利，其中汇聚了历史上多民族的智慧，是中华各民族共同创造的、共同拥有的文化精神资源，正所谓"一体多元""和而不同"。我国不同时空、不同民族、地域的丰富多彩的文化不断交流融合，其中还伴随着中外文化的碰撞、交流与融合。整个中国文化史可以说是一部各民族文化互动、融合的历史，是多元一体的中华各民族的文化史。

儒学不是中国的专利，它属于东亚各国。儒学自宋代以后，特别是明代以后，就是东亚社会共有的思想资源，日韩越及东南亚等国家和地区在尔后的发展中也形成了自己的儒学传统，都有创造性。儒家文化就在家国天下中，它在中国、日本、韩国、越南、东南亚等地的发展，都是自然形成的，是很自然的过程，滋养了这些地域、社会的方方面面。儒学成为汉字文化圈的主要精神导向是自然形成的，儒学就是一种文明、一种修养，它浸润家国天下的各个层面。因此，儒学是一种社会形态和文化形态，它不是意识形态也不是宗教，它是一种儒家士人主导的文化，当然它有自己的知识系统、价值系统与信仰系统。

中国文化、儒学的发展史是"开放包容、互学互鉴"的历史,恰好证明了"文明因多样而交流,因交流而互鉴,因互鉴而发展。"

今天,中国文化、儒学面临新的挑战,面临新的发展契机。首先是文明间的对话与交流,此外还有日新月异的科学技术(如人工智能)的挑战,以及现代公民社会个体自主自由意识和民主社会的挑战。儒学也需要自我扬弃与转型,它不可能像在传统社会那样包打天下,它在今天应与时偕行,吸取时代的精华,回答时代的问题。儒学自身有自由的传统,也可以在现时代借鉴西方文明而调适上遂,返本开新。

当前,人类面临科技与商业文明的挑战,儒家、基督宗教等传统所面临的共同危机是"超越"性的旁落与意义世界的坍塌。现代神学思潮企图消解神化,重视经验与过程,并日益俗世化,由他世的性格转变为现世的性格。由此来看,儒耶二者正可接近。在现代多元文化架构下,持守"即凡即圣"理念的儒家,比之基督教反而有一定的优势,可以把这一睿智运用于当下。

我们可以从伊斯兰教、佛教、基督宗教与儒家、道家传统中找到共识与普遍性伦理。比较宗教学启发我们重视儒家资源的终极性及人在现代的安立问题,发挥儒家在当代宗教与文明对话中的积极作用。

全球化趋势正激烈加深根源意识并导致本土化的响应,地域、族群、宗教信仰、语言、性别、阶级、年龄的矛盾冲突屡见不鲜,有时甚至相当尖锐,这正是文明冲突与对话的背景,恰恰表明文明间理解、沟通与对话的必要。

文明对话、交流、互鉴的经验无非是两条:一方面,我们应当与时俱进,健康发展,返本开新,创造转化,特别是不能封闭,而要坚持开放多元,对话交流,尊重他者,吸纳百家;另一方面,我们要有文化自觉与文化自信，自有定力，反对随波逐流，迷失自我。今天我们处在更大的文化交流的时代，因此一定要有文化自觉，深入开展文明对话。文化自觉是文化交流、文明对话的前提。我们首先要认识与尊重自己的传统文化，进而尊重其他文明传统，这样才有益于自身文明的创造性转化及世界各民族文明的相互理解、对话、交流与互动。

我们必须重视普遍价值。在杜维明看来，作为儒家伦理核心价值的"仁"，即忠恕之道够得上是全球伦理，或者说忠恕之道是普世价值的儒家表达。儒家认为，"己所不欲，勿施于人"是恕道，是人与人之间相处的消极原则，与之对应的积极原则是忠道，即"己欲立而立人，己欲达而达人"。儒家的仁爱，正是忠恕之道一体两面的展开。杜维明指出，这两条原则应成为人类"责任宣言"的基本原则。你的生存发展与我的生存发展不是零和游戏，而是宽容、沟通、双赢。他进一步指出，儒家"爱有差等"进而推己及人，恻隐之情的向外推展，及"仁者与天地万物为一体"的观念，应视为人类与自然协调、平衡、和谐的原则。

近些年，我在前贤基础上提出了新六伦、七伦重建的问题，即对五伦做出创造性改造。新六伦或七伦之新，在于各伦增加了新的内涵，更强调平等、互动、互补，且增加了同事一伦与群己一伦。正常的同事关系、上下级关系有助于现代职业伦理的建构，正常的群己关系有助于新的社群、公民道德与文明间的对话。这两伦的健康重建，可应对个人与社会、国家、人群之间或陌生人之间的交往，乃至调整人类与天地、山河、动植物类的关系，处理好自我与他者的关系问题。

儒学发展机缘巧合，有时代、地域的背景、制约与需求。儒学在今天中国大陆的复兴与重建，说到底还是自身的社会需要。经济发展了，社会安定了，自会有这种需求，这是很自然的事情，人终究要找到自己精神信仰的归宿与故园。现在有的青年学子出现心理失衡，十分焦虑，精神包袱排解不开，原因是多方面的，可能是个人心理问题，或源自家庭，也可能是社会的因素。这可以用国学智慧来加以调节。中国传统的价值理想与人生信念，特别是儒、释、道、耶、回与宋明道学（或理学）中的智慧，会给我们提供一些心理调节的资源，首先是人生的目的与意义的贞定，乃至宇宙意识的开发。中国文化中充满着生命与生存的大智大慧，需要我们慢慢咀嚼、体验与实践。

古代中国的"礼法"与"礼法之治"

□ 俞荣根[①]

退休赋闲,抗疫宅家,习惯使然,偏爱曾经的老本行,又捉摸起清人"刑为盛世所不能废,亦为盛世所不尚"的话。那是乾隆年间编的《四库全书总目提要》中的,针对的是大名鼎鼎的《唐律疏议》。细品其味,觉得在古贤心中,唐律不过是"刑"而已,按今天的法律分类,属"刑事法典","盛世"不能废"刑",又不崇尚"刑治"。那么,所"尚"者何?

晚清国衰,改法制以图强,于是学东洋,师西洋。东洋的浅井虎夫著《中国法典编纂沿革史》,写道:中国古代法"皆公法典之属,而私法典乃无一焉"。另一位研究中国法律史"之父"的中田薰教授认为,中国古代就是"律令法"。"律令"都属"公法","律",便是"刑律"。

请来的西洋先生也不看好我们的法律"国货"。英国人梅因的《古代法》,是法学名著,风靡欧亚。据说他得出一个"定律":

[①] 俞荣根,西南政法大学教授。本文原刊于《孔子文化》2020年第2期(总第40期)。

一个国家文化的高低，看它的民法和刑法的比较就能知道。大凡半开化的国家，民法少而刑法多；进化的国家，民法多而刑法少。前几年有敢于较真的学者撰文说，《古代法》中没有这样的文字，那是误解误传。问题是，这误解误传得太久了，加之它与东洋先生所见高度一致，三人市虎，弄得不少人信此为真，埋怨自己祖上法制"不文明""落后"。

我们从东洋西洋学到不少好东西，发展了自己。但就事论事，这"重刑"一条，怕是被洋先生们带进沟里了。

若按照洋先生们的说法，悠久灿烂的中华文明竟是靠"刑治"维系过来的。借用一句网络语言：用脚趾头都可以判它不成立。帝制时代靠"刑治"维稳的朝代是有，最典型的便是秦王朝。"焚书坑儒""赋役三十倍于古"，以为"重刑轻罪"，可以"以刑去刑"。结果，"坑灰未冷山东乱"，弄得个二世而亡。刑"为盛世所不尚"，正是"秦鉴"之真谛。

上世纪六十年代，我有幸负笈燕园。虽然那里曾有"第一张大字报"，运动得没让我们多读几句书，但耳濡目染还是有的。京师大学堂改建为北京大学后，第一位开设"中国法制史"课程的陈汉章先生，是被章太炎、黄侃、顾颉刚、范文澜等赞誉的一代"魁儒"。

老先生严斥上述种种观点是闭着眼睛说瞎话："近今法学家遂谓中国古代法律公法、私法不明，民事、刑事无别。此眯目而道黑白者也。"他指出，古代法之要旨在"礼"。其后接这门课程教鞭的，先有归自东洋的辛亥志士康宝忠先生，继为留学西洋、堪与严复等比肩的翻译大家冯承钧先生。奇就奇在，他们都认定"吾国昔日之法"是"礼"。

"礼"中求法，可谓识其三味。那么，其法之形态若何？

"三代"之时，夏有"夏礼""禹刑"；商有"殷礼""汤刑"；周有"周礼""九刑"。那是一个"礼—刑"结构体制，其特点是礼外无法，法在礼中，出礼入刑。

春秋战国，礼乐崩坏，"刑"挣脱"礼"而一端独大，造极于嬴秦，形成"独任刑罚"的秦制。这也是"律令法"发轫时期。

汉承秦制，又在法制领域向"礼"回归。魏晋便有了"引礼入法"的刑律典，至隋唐而大备。史称《唐律疏议》"一准乎礼"。这便是我们中国法律史教科书中讲的"礼法结合""礼法合治"。这里的"法"，只是"律"，即刑事法典。"律"便是"律令法"的主体。

汉代向"礼"回归，除了"引礼入法（律）"，还有"律外之礼"这个更重要的面向。它又分走两条路径，一是庙堂"礼典"，一是民间礼俗习惯法。两者都是"律令法"无法包容的。

帝制时代的第一部"礼典"制定于西晋，取名《新礼》，与刑法典《泰始律》一起颁行于泰始年间，标志着"礼—律"结构的新型法律体制形成。进至唐代，《永徽律疏》和《大唐开元礼》双璧同辉，"礼—律"体制由是定鼎，成为宋、明、清"礼典""律典"之圭臬，其特点是以礼率律，律外有礼，礼律互辅。

古代社会的维系，仅靠"礼典"和"律典"自上至下的"礼治"和"刑治"是远远不够的，在相当程度上得助于"乡治""村治""寨治""族治""家治""会（行会）治"等方式的民间"自治"。

1925年，梁启超用他那枝生花妙笔，深情回顾其家乡茶坑村的"乡治"实况。茶坑是梁氏聚居之地，自治机关名曰"叠绳堂"，由年高德劭者组成，享有乡治最高权力。其运作经费来自"尝田"的租金，支出主要用于祠堂祭祀、先祖坟墓拜埽、办"乡团"负责治安、浚治淤塞河道、办有三四所蒙学等。"叠绳堂"会议处理最多的事项为"纷争之调解或裁判"。他考察后的结论是:"此种乡自治,除纳钱粮外,几与地方官全无交涉(讼狱极少)。"

古代社会的"自治"受"礼—律"体制保障,主要依据于礼俗习惯法。正是这些礼俗习惯法,使礼义扎根于社会土壤,渗入百姓心田,成为一种信仰,成为一种生活的常理、常情、常识,并一代代口耳相传,在生活中反复训练。人的社会化就是礼俗化。人们都能清楚地知道,依据自己的身份、年龄、性别,应该怎样视听言动,也都能预计得到自己行为后果。这是一种在空间上全覆盖、在时间上全充盈的规范群,一种无处不在、无时不有的"无法之法"。

以家法族规为例,费成康在撰写《中国的家法族规》的时候,仅仅过目的家法族规就有"上万种"之多。再以契约为例,据学者"保守的估计",截至上世纪八十年代为止,仅中外学术机关搜集入藏的明清契约文书的总和,"在1000万件以上"。中国古代的民事关系基本上赖有这样的"无法之法"加以规范和调整,以至于不论朝代如何更替,民间物和债的关系、婚丧嫁娶和祖宗血脉、财产的承继关系得以维系而不败乱。

这种由礼典、律典、礼俗习惯法组成的古代法律体系,以什么词语表述最为妥贴?先儒早有定论,名曰"礼法"。

《荀子》书中,"礼法"一词出现四次。荀子是将优良的"治法"称之为"礼法"的第一人。

近代学者蒋楷,重光"礼法"词义。1911年前后,他在青岛为法政科学生讲课时指出:"西法,法法也;中律,礼法也。"学界誉之为亚里士多德著作翻译"第一人"的吴寿彭先生,在翻译亚里士多德《政治学》的时候认定,诺谟(nomos)这个名词包括了

"'法律''制度''礼仪'和'习俗'四项内容",而在中国经典时代,能与之对应的,便是"'礼法'这类字样"。

所谓"礼法",并非将"礼""法"视为两个实体的"礼+法""礼与法""礼率法",也非

"引礼入法""礼法合一""礼法结合"之"礼"之"法"。它是一个双音节词汇,一个法律概念,一个法哲学范畴。古代中国,欲有所作为者,所"尚"非"刑",非"刑治",而是"礼法",是据"礼法"之"礼法之治"。唯"礼法之治",而成就"礼义之邦"。

"周虽旧邦,其命维新"。今日之中国,早已远辞农耕模式,聚族而居的乡村、宗族"自治"亦一去不可复制。追溯古代社会的"礼治之治",并非发思古之幽情,"维新"的前提还是得追寻"旧邦"固有法文化之"自我",破译中华法系和古代中国"礼法之治"历四千年不衰的遗传密码,撷取其中之治国理政智慧,开出"礼法之治"新境界。揆诸今日,在日益完善的当代法律体系中,厘定国家一代"礼典",延续和发展中华礼制与礼仪,当在时宜。

江山胜迹我辈登临
——谈中国历史传承中的文化基因

❏ 王学典①

"江山留胜迹,我辈复登临。"唐代诗人孟浩然在登上襄阳名胜岘山时,面对如画的万里江山,又由前朝文物胜迹联想到历史的盛衰兴亡,于是发出了这样的感叹。1929年,正值民族危亡之际,湘潭人为纪念陶侃、何腾蛟等民族英雄,在其衣冠冢下的峭壁上,刻下"江山胜迹"四个大字,以示中华文化尚未断绝,江山仍在等待后人。2016年,习近平总书记在中国文联十大、中国作协九大开幕式上的讲话中再次引用"江山留胜迹,我辈复登临",激励广大文艺工作者不忘初心、砥砺前行。"江山胜迹"在历史长河中的反复映现,是一个具体的例证,印证了中华文明的历史传承虽几经波折,却从未中断。

---

① 作者王学典,山东大学儒学高等研究院执行院长兼《文史哲》杂志主编、教授。本文原刊于《光明日报》2020年10月21日。

一、所有的族群都在追溯自己的源头

纵观古今，放眼寰宇，古埃及文明、古印度文明、古巴比伦文明等数个古老文明早已湮灭，只有华夏文明继自古昔，数千年来未曾断绝，这在人类文明史上是独一无二的。许多学者都曾追问，是否华夏文明在原点时就携带了某种类似于"基因"的东西，而这种"基因"保证了历史传承的延续性？要回答这一问题，就必须追本溯源，从本民族历史的源头处探问。我们在谈论"中华"或"华夏"的概念时，一般将起点追溯到"三皇五帝"时，近代以来几次重大的史学论战，也几乎是围绕着"三皇五帝"是否真实存在而展开。其实不唯我国，每个族群在进行历史讲述或历史研究时，都要追本溯源，如土耳其认定自己是东罗马的继承人；欧洲人在谈及西方文明时，总是"言必称希腊"；日本、越南等现代民族国家也都在向远古追寻本民族历史的源头。绝大部分人相信，一个族群或文明有机体自其伊始形态时就携带了某种类似于"基因"的东西，既然是"基因"，当然能左右一族群的发展方式和走向，因此研究"源头"问题也就等同于研究自我本身。

那么，在不同文明形态的历史发展脉络上，果真存在着类似于生物学概念的"基因"吗？我们不妨先以远邻为镜，观照这一问题。西方人关于哲学、文艺、历史、科技的论述，都将近代以来的西方文明追溯至公元前800年爱琴海畔的那个小城邦。而事实上，至文艺复兴时期，欧洲人的"希腊"成分已所剩无几，希腊语几乎无人能懂，古希腊的文化遗产不过是被封存的残卷。"希腊"忽然以这样一种辉煌面貌被人们再度关注，与欧洲地缘政治的变动，德国浪漫主义、现代性与古典主义之间的角力有着千丝万缕的关系。近年来的一些西方历史学家已开始重新审视西方文明的源头问题：

近现代的"雅利安"文明究竟是否与古希腊存在一脉相承的关系？"希腊"是否只是西方中心主义观念下被发明出来的一个幻象？在西方学界引起大地震的历史学家贝尔纳指出了一个长期为人们所忽略的事实：西方人自幼被灌入脑海的、"希腊"本质是欧洲的或雅利安的概念直至19世纪上半叶才形成。在这样的情况下，我们很难说，今日的欧洲继承了昨日古希腊身上的什么"基因"。因为他们的历史被中断得太久了！而我们对于华夏文明起点的追溯和认领，则完全不同于欧洲。在我们漫长的历史中，是否真有持续一脉的基因？如果有的话，这种基因是什么，又是什么塑造了这种基因？

二、中华民族的基因：超越种族血缘认同的文化认同

幸而我国自古就有修史、撰史的传统，自《尚书》《春秋》起迄今从未断绝。除了官方编纂的史书，我们还有地方志、文人笔记、石刻碑刻等浩如烟海的历史材料。这些材料为我们追寻历史发展的"基因"问题提供了答案，也提供了证据。纵观中华民族史可以发现，在我们的历史中确实有一些广及四海，渗透进每个阶层的，并且持续传承未曾发生断裂的东西，我们可以用"基因"或民族特性来指称。这里所谈的这种基因或民族特性，指的是文化，姑且称其为"文化基因"。

中华民族自古以文化为族群认同的纽带，而不是以种族、血缘或地域为认同纽带。这一本质特征远在统一的秦朝形成前就已定型，春秋时，周天子与各国诸侯均与夷狄通婚，韩愈概括《春秋》，认为"夷狄进于中国则中国之，中国退于夷狄则夷狄之"，孔子有言"微管仲，吾其被发左衽矣"，足可见华夏是以"礼"这样的文化概念作为区分"华夏""夷狄"之标志的，执华夏礼者皆华夏。以文化为族群认同标志的文化基因，对于中国历史的发展传

承具有决定性的建构作用。文化是春风化雨、润物无声的,也是可以通过学习而接受的,以文化作为维系族群的纽带,既为大一统国家的形成奠定了基础,也使"统一"成为华夏族群的本能驱动——自有周一代,"统一"就是中华世界唯一的理想形态,也是最终形态。

三、温柔敦厚的价值追求

除了以文化为族群纽带,中国历史上还有一个形成甚早、延续至今的文化基因,保证了中华文明的"向心"与延续,那就是建立在儒家话语之上的对"温柔敦厚"的追求。"温柔敦厚",语出《礼记》,其指的决不仅是人的性格或态度,而是个人对于大道的追求,对民众、家国、集体的深厚感情和悲悯,或者可称为"集体性考量""整体性思维"等。在四海升平时,"温柔敦厚"使一个人与邻为善、乐于助人,在天灾人祸时,"温柔敦厚"使一个人为了他人、家国可以慨然赴死。在我国历史上,不乏一些"露才扬己"的天才式人物,如屈原、苏东坡、文天祥等,他们在历朝历代的人民大众中受到广泛的喜爱与推崇,这些人物,虽然其行为可能不流于时俗,但其天才式的锋芒背后,是对民众与家国的深深眷恋与悲悯,仍无改其"温柔敦厚"的本质。"温柔敦厚"的文化基因依然可追溯到中华文明的源头即,先秦时期的文献典籍中。华夏传统中一些鲜明的文化特质,如好仁、不武、中庸等,甚至诗歌的声韵对偶,楷书的端正庄严等艺术倾向,无不生发于"温柔敦厚"。在抗击新冠肺炎疫情的过程中,无数慨然赴武汉的医务人员、志愿者、解放军战士等,以他们的实际行动,再次印证了我国历史传统中"温柔敦厚"的文化基因,这是与追求个人英雄主义、自由主义的西方文明完全不同的文化形态。

四、中华文化塑造了中华民族

关于"文化基因",可谈的还有很多,上面只是暂捡最核心的两种谈谈。这里还存在一个必须回答的问题,是什么塑造了华夏历史的这种文化基因?我以为,将其归之于地理,归之于种族特性,归之于以农业为主的生产方式,归之于历史的偶然,都不恰当。中国无论从地理的辽阔程度,还是包含民族的数量、文化形态的丰富程度来说,都可谓体量巨大,地理的辽阔又决定了各地区农业生产形态的不同,因此以上几点都不足以解释这一问题。文化的问题,最终还是要从文化中找寻答案。

文化是可以被引导和塑造的。中国从汉代起尊崇儒家学说,唐宋时期的政治家又以非凡的政治智慧设立并发展了以儒家经典为考试内容的科举制度。科举制使儒家的精神追求、文化倾向与普通大众的人生之间形成了无法脱钩的紧密联结,从科举制开始,儒家文化开始突破社会的上层,渗透至社会的每个阶层。文化具有可引导性、可塑造性,那么,如何讲述历史、讲述历史的源头就是塑造文化的重要手段。中国历史上历朝历代帝王的封禅巡守,以及几乎持续整个封建王朝时期的尊孔祭孔,其实都是维系族群历史记忆,保持文化基因传承的外在形式。西方人"言必称希腊",不断地讲述希腊文明如何恢宏,也正是欧洲人塑造近代欧洲文明"合法性"的历史叙事。而回顾自身,辉煌多样的文明形式,自源头时期就具有的海纳百川的文化包容心态,"温柔敦厚"的价值追求,是我们的文化在伊始时期就赐予我们的宝贵财富。换句话说,中国历史的文化基因从根上来说是健康的、有活力的。但是,历史告诉我们,如不用心维护和引导,基因也可能发生变异。放之于当下,如何讲述历史,如何追溯历史记忆,正是维持文化基因健康持续的关键所在。

"江山胜迹",是传统、历史和文化传递给我们的健康基因,而只有"我辈"反复地"登临",才能保证优秀的文化基因继续健康地传承下去,留待后人。

《周易》的协商思想及其当代价值

谈火生[①]

习近平总书记指出,"社会主义协商民主在我国有根、有源、有生命力,是中国共产党人和中国人民的伟大创造"。这个"根"与"源",既来自中国共产党人的政治实践,也来自中华文明孕育的协商文化。《周易》是中国协商文化的重要源头之一,《周易》中的"兑卦",不仅较早提出了协商观念,而且对协商的原则、方法和作用有深入的思考。

关于"兑卦",历来有不同解释。其中,影响最大的一种是释"兑"为"悦"。但在漫长的易学研究史上,也有学者对这一解释方向有所保留,认为"兑"亦有"言说"之义。例如,王夫之在《周易内传》中指出,"兑"既为欣悦之"悦",又为"言说"之"说",且二者"义固相通"。在笔者看来,释兑为"言说"之"说",能对"兑卦"作出更为融贯的解释,也可以与现代协商民主理论展开对话。

[①] 谈火生,清华大学政治学系副教授。本文原刊于《光明日报》(2020年7月31日)。

一、"朋友讲习"与"民劝矣哉":协商的内涵和意义

"兑卦"的象辞是"丽泽,兑。君子以朋友讲习",用"丽泽"和"朋友讲习"解释"兑"。"丽泽"是自然之象,"朋友讲习"是人事之象。兑在自然界的形象是"泽",因此,由上兑下兑组成的"兑卦"所对应的自然形象就是"两泽相丽",按照程颐的解释,其结果"互有滋益"。君子观此象,应以"朋友讲习"的形式效法自然。从人来讲,兑的形象是"口",两个兑就是两口相对、相互交流,这是"朋友讲习"这一意象的卦象根据。

按照儒家思想,人际关系中有五种最重要的关系,即五伦:君臣、父子、夫妇、兄弟、朋友。其中,父子、夫妇、兄弟属于家庭关系,朋友、君臣属于社会和政治关系。象辞拈出"朋友"一伦作为"兑"之形象,强调"兑"发挥作用主要在社会政治领域,协商内容主要是公共事务。同时,"朋友"在五伦中最为平等,体现了协商的基本要求。就此而言,象辞选择"朋友讲习"作为"兑"的核心意象,并引申出平等对话、理性交流为其主要内涵,可谓独具匠心。

如果说"兑卦"的象辞揭示了协商的内涵,那么,其彖辞则讨论了协商的作用和意义:"说以先民,民忘其劳。说以犯难,民忘其死。说之大,民劝矣哉!""说之大,民劝矣哉"是对协商功能的总体评价:兑之道多么伟大啊,它可以有效引导和说服民众。具体言之,这种引导和说服包含两个层次:其一,协商提高民众对政策的认同,"说以先民,民忘其劳";其二,协商提高民众对政治共同体的认同,"说以犯难,民忘其死"。这里强调的就是协商能有效塑造民众的政治认同,即使面对生命危险亦在所不辞。

二、"天"与"孚": 协商的根据和原则

在象辞中,"兑卦"提出了协商的根据和原则:"刚中而柔外,说以利贞,是以顺乎天而应乎人"。"天"即"天道",这是具有超越地位的价值根源和正当性根据。在协商过程中,参与者在提出主张和理由时必须合乎天道,否则不足以服人。

如何做到合乎天道呢?"兑卦"从卦象出发,提出了"刚中"和"利贞"的要求。"刚中而柔外"指兑的形象,初爻和二爻均为阳爻,阳刚得中,故云"刚中";三爻是阴爻,阴为柔,在外,故云"柔外"。将"刚中"这一象征运用于人事尤其是协商场景,就是"说以利贞",即在对话中要动机纯正、坚守正道。在"说以利贞"原则下,"兑卦"在象辞和二、五爻的爻辞中又提出了协商必须遵循的两个原则。

第一,平等原则。"兑卦"象辞以"朋友讲习"作为"兑"的主要意象,如上所述,五伦中"朋友"一伦是"平等"的。当然,协商中的平等是一种理想状态,现实中更多是各种等级式关系。"兑卦"所要传递的信息是,尽管等级式关系不可避免,但在协商这个特定场景和时刻,参与者需将各种社会身份暂时悬置起来,以朋友相待。唯此,才有真正的协商。

第二,真诚原则。"兑卦"的二、五两爻,阳刚居中,有中心诚实之象,故九二和九五的爻辞均以"孚"命之。孚者,诚信也。九二的爻辞是"孚兑,吉,悔亡"。尽管九二履不当位,但仍然能够得吉而悔亡,关键就在于以真诚的态度参与对话(即"孚兑"),体现"刚中"和"说以利贞"的要求。九五的爻辞是"孚于剥,有厉"。九五居君位,从协商角度讲属于决策者,职责是对不同意见进行抉择。九五的爻辞警告:如果"孚于剥",就危险

了。"剥"者，阴消阳也，此处的阴是指上六。下文会讲到，上六参与协商的态度是不正确的，它不是"顺乎天"，而是试图引导对话朝着对自己有利的方向发展。此时的九五，需要在九四所代表的正确意见和上六所代表的错误意见中选择，而只有从公共利益出发，才能抵御上六的诱惑。

三、"和"与"商"：协商的方式和前提

如果说"刚中""利贞""顺乎天"等讲的是协商所应遵循的根据和原则，那么"柔外"和"应乎人"强调的则是协商的方式。

"应乎人"不仅要求"说"的内容要合乎天道、应乎民心，而且要求"说"的方式顺乎人情。它强调协商必须采取适当方式，才能取得良好效果。"兑卦"初、三、四、六这四个爻均着眼于此。其中，初、四两爻从正面立论，三、六两爻从反面立论。

初九的爻辞是，"和兑，吉"，强调以和顺、平和、和而不同的态度参与协商对话。首先，初九虽为阳爻，但居兑之初，地位卑下，能够以和顺态度待人接物；其次，初九虽地位卑下，但阳爻居阳位，为得其位，有"刚中"之德，故能始终保持平和心态，不卑不亢；最后，初九和与之相应的九四均为阳爻，此为无应，无应则无所牵挂、无所羁绊，在协商中可以做到公而忘私，对不同意见不偏不倚、和而不同。

九四的爻辞是"商兑未宁，介疾有喜"。"商"应理解为"商度"，即对不同观点进行斟酌、权衡和考量。"商兑"就是"以商度为特征的内在对话"，这是协商的前提。这一思想与当代协商民主基本理念不谋而合。按照协商民主理论，"协商"一词有两层含义：一是慎思，即个体自身对议题进行审慎思考；二是对话，即个体之间就所关心的议题展开理性讨论。这两层含义相互关联、相互

促进。尽管我们不能说"兑卦"提出了协商民主的思想，但"兑卦"九四确实指出了协商中非常重要的一个面向——慎思，而且阐明了慎思的原则——"介疾"，即介然守正，不为各种片面信息或偏私观点所诱惑。

三爻的爻辞是"来兑，凶"。"来"是迎合，"来兑"就是以谄媚逢迎的方式展开对话。从爻象上看，六三阴爻居阳位，不中不正，处上兑下兑之间，对不同观点左右逢迎，有柔外之态而无刚中之德，这既不符合"孚"的原则，也无法达到朋友讲习"互有滋益"的效果，还可能导致对话中的极化现象。上六的爻辞是"引兑"，就是在对话中试图通过各种隐蔽手段，引导对话朝对自己有利方向发展。从协商角度讲，它违背了"刚中"的要求，所以象辞对它的评价是"未光也"，即这种做法在动机上是不光彩的，在效果上也不会成功。六三和上六的共同点是，它们都没有"孚"作为基础，都背离了"兑"之道，是协商中需要反对的两种错误倾向。

四、"兑卦"协商思想的现代启示

"兑卦"对协商问题的思考对于今日之协商民主建设有着重要启示。

首先，应更加全面地理解协商的内涵。在"兑卦"中，作为"说"的"兑"至少有三种不同表现形式：第一，九四"商兑"中的个体慎思；第二，"说"（shu），表现为象辞中的"朋友讲习"，旨在通过平等真诚对话达成"顺乎天"的共识；第三，"说"（shu），表现为象辞中的"说以先民""说以犯难"，这是一种面向民众的沟通，旨在通过"应乎人"的沟通进行有效动员。"兑卦"描述的协商，确实是一种更为全面的协商观念。

其次，应以系统的观点看待协商民主建设。协商系统理论是协商民主理论近年来新的发展趋势,而"兑卦"中已有协商系统的思想萌芽。兑卦的六个爻,下面三爻代表协商阶段,上面三爻代表决策阶段。除六三和上六是对错误协商倾向的批评外,其余四个爻分别承担不同角色。初九和九二属于普通协商者;九四居大臣之位,要对协商中提出的不同意见进行权衡和筛选,供决策者参考;九五居君位,是决策者,需要基于协商成果作出最后决策。在"兑卦"勾勒的协商图景中,不同位置的人各司其职共同完成从协商到决策的过程。

最后,应深刻认识协商过程的复杂性。现实生活中,参与协商的人很多时候不一定能够将公共利益置于私人利益或集团利益之上。对此,"兑卦"早有警示,并讨论了协商可能出现的错误倾向:六三的"来兑"和上六的"引兑"。它秉持"孤阴不生、孤阳不长"的基本理念,探索如何保证"阳"所代表的积极力量在协商和决策中的主导性地位。就此而言,"兑卦"提出了如何处理协商中的私利的问题,对于我们思考这一议题具有一定的启发。

我国古代乡约文化与社会教化

□ 沈小勇[①]

广袤的乡间社会如何进行整合和秩序建构,一直是中国传统社会的重要议题。在中国历史上,乡约作为约束乡村居民日常行为规范的"契约性"约定,在一定程度上有效整合了广大民众的道德认知,具有独特的社会教化功能和社会整合功能,特别是通过各种处世规范与道德要求等影响着人们的价值观认知和内在精神生活的转变。乡约原意主要是指在乡村社会为了端正民风、敦风化俗、安定社会秩序而自发订立的乡规民约,不过后来乡约逐步发展成为一种以教化为目的的基层社会的组织形式,并与保甲、社学、社仓等形式结合,实现了对乡村社会的教化与有效管理。

一、乡人相约教人善俗

根据现有资料考察,乡约滥觞于北宋的吕大钧,以《吕氏乡约》为后世遵奉的依据。《吕氏乡约》的主旨精神从一开始就坚持

---

① 沈小勇,中共杭州市委党校教授。本文原刊于《学习时报》(2020年11月6日)。

"来者亦不拒，去者亦不追"的立约原则，建立了以儒家伦理精神为核心并倡导乡村自我约束管理的道德教化体系。组织上，每约有"约正一人或二人，众推正直不阿者为之。专主平决赏罚当否"。在《吕氏乡约》中，专门提出了"德业相劝、过失相规、礼俗相交、患难相恤"四大纲目，勾画了儒家式的美好道德乡村。如"德业相劝"中提到"德"，强调要"见善必行，闻过必改"，要"能治其身，能治其家，能事父兄，能教子弟"，要"能救患难，能规过失，能为人谋，能为众集事"等；在"过失相规"中，专门强调过失分为"犯义之过""犯约之过"和"不修之过"；在"礼俗相交"中，专门强调了婚姻丧葬祭祀之礼，明确了庆吊、遗物和助事等礼俗之交；在"患难相恤"中，提及七大患难之事，即水火、盗贼、疾病、死丧、孤弱、诬枉、贫乏，都作了详细的救恤说明。《吕氏乡约》不仅在道德规范上有所倡导，也明确了道德惩罚的内容，如"犯义之过，其罚五百（轻者或损至四百三百）。不修之过及犯约之过，其罚一百（重者或增至四百三百）。犯轻过，规之而听及能自举者，止书于籍，皆免罚，若再犯者不免"。

正如吕大钧所言："乡人相约，勉为小善。"不难看出，乡约中这些具体的道德规范和要求无不倡导修身齐家、孝悌忠信，无不标举礼义廉耻、美化风俗，通过乡约的规范旨在劝人向善，从而达到改善社会风气的目的。吕大钧的思想特别受到了古礼的影响，乡约的原则与《周礼》十二教的教化精神一致，还继承了《礼记》的乡饮酒礼。后世的乡约，基本上都突出了相互礼让的仪式，倡导里仁之美。《吕氏乡约》被视为乡约的鼻祖，融合乡约与乡礼，主张乡人自治和劝人向善，追求美好的道德愿望，这些都对后世产生了很大影响。

乡约在宋以后颇受到社会的关注和推崇，如朱熹就重新发掘了乡约的教化意义，还对《吕氏乡约》作了必要的"增损"，阐扬了乡约的核心精神、组织制度等，使乡约无论作为规约还是组织都更为明晰。朱熹认为，修乡约并不是为了单纯的学术研究，而是要号召人们在乡村真正实行，是为了"彼此交警"和"教人善俗"，朱熹在修订中重点对"礼俗相交"部分作了增补，根据长幼尊卑的顺序，列举了造请拜揖、请召送迎、庆吊赠遗等诸多礼节，各项礼仪的规定都非常具体翔实。可以看出，朱熹更加重视乡约的道德感化和礼仪条规作用，这也就强化了乡约对社会风俗影响的功能。

二、乡约化民保甲安民

到了明代，乡约的社会教化功能越发受到重视，明代的乡约吸收了《吕氏乡约》的思想，同时非常注重宣讲教化活动。各地也纷纷以《吕氏乡约》为蓝本，进行宣讲活动。明太祖就非常重视乡村社会教化，令行乡约，还有所谓"洪武六谕"的行世，即"孝顺父母，尊敬长上，和睦乡里，教训子孙，各安生理，毋作非为"，这也成了明代教化的主要内容。明代的地方官也竭力提倡乡约，并使乡约逐步发展为一套较为完善的管理体系，成为扬善纠恶、教化人心、管理社会的组织机构。

明代不少名臣大儒都竭力推行乡约，如方孝孺、王阳明、吕坤、陆世仪等都作出了很大贡献。王阳明制定和实践的《南赣乡约》就是明代乡约教化的典范之作。《南赣乡约》也称《阳明先生乡约法》，内容包括谕民文告和具体规条。规条共十六条，包括了约内人员和彰善纠过簿册的设置、约众会饮的开支、纠过彰善的方式以及乡约所遇疑难杂事的处理等，乡约也规定了禁止的事项，如阴通贼情、贩卖牛马和下乡要索等。《南赣乡约》中所强调的重点仍然是儒家伦理规范，所谓要达成"良善之民"，形成"仁厚之俗"的社会风气。正如王阳明在乡约中所言："故今特为乡约，以协和尔民，自今凡尔同约之民，皆宜孝尔父母，敬尔兄长，教训尔子孙，和顺尔乡里，死丧相助，患难相恤，善相劝勉，恶相告戒，息讼罢争，讲信修睦，务为良善之民，共成仁厚之俗。"不过，与《吕氏乡约》自下而上和乡人自治性质不同，《南赣乡约》更强调自上而下，体现了官治的传统，特别是与保甲法的结合更突出了官方主导下的乡村整体建制，乡约的组织也更加完整，乡约机构成为政府督促的乡村组织，以此维持乡村的公正。《南赣乡约》的推行，对当时南赣地区的社会风气和治安维护等起到了积极的影响作用。

传统的乡约制度真正融合乡约与保甲，使得两者合二为一的则自吕坤开始。吕坤推行的《乡甲法》既继承了乡约制度的道德教化一面，又加入了保甲制度的组织力量，具有"教民"和"治民"两种功用，用乡约劝善惩恶，用保甲缉奸弭盗，正如吕坤所言："约主劝善，以化导为先。保主惩恶，以究诘为重。"吕坤的乡甲约在乡治制度上是一个创新，不仅体现在对乡约领袖的培训，更体现在构建了乡约和保甲合一的严密乡治组织。约内之民众按照十甲四邻的办法组织起来，十家为一甲，十甲为一约，每甲有甲长。五家为一组，由本家加上前后左右四家为四邻。这种划分并不固定，而是相对的。十甲四邻的作用就在于互相劝化，如出现恶行就告知甲长、约正等，所谓一家有罪，九十九家都有干系，这也使得奸盗无处藏身，乡村美德能够得到弘扬。吕坤的乡甲约对后世乡约的推行也产生了广泛影响，如清朝名臣张伯行等人就继承和发扬了吕坤的办法，寓乡约于保甲，大力倡导乡约保甲互相助益，以乡约化民，以保甲安民。

三、乡约为纲治乡三约

乡约文化本以道德感召和行为劝诫为要旨，旨在扬善和惩恶。但随着乡约文化的推行，乡约制度越来越多地承担了基层社会治理和百姓实际生活的诸多具体问题，从婚丧嫁娶、日常来往、地方治安到经济安民、教育感化等，都离不开乡约的全面推行。自宋推行乡约以来，保甲、书院、社仓等也陆续建设，明代的保甲、社学和社仓更是普遍，保甲以维护乡村秩序稳定为要，社学则重在教育未成年子弟，社仓侧重于乡间救济。王阳明在推行乡约实践中，不仅重视发挥保甲在地方治安的作用，同时也大办社学，培育教育年轻子弟。但当时保甲、社学与乡约三者还是独自发挥作用，并没有形成体系。到明代黄佐推行泰泉乡约才开始有意识地将保甲、社学、社仓和乡约一并推行。

明代章潢结合前人乡约推行经验，他专门论述了保甲、乡约、社仓和社学四者的作用，主张这四个办法要并用，发挥各自的作用。在他看来，保甲使人不敢妄为，乡约使人劝以为善，社仓能够厚民生，社学能够振民德，这四者要综合运用起来。他甚至还建议在乡里可以选取一个地方建乡约亭，两旁建社仓和社学，这样不仅容易管理，还能方便本地的乡民。章潢在乡约制度中还编列了这四者的具体做法，可以说考虑得面面俱到，他的乡约思想对后世也产生了很大影响。

在明清乡约文化推行中，传统的乡治理论也日益成熟完备，乡约和保甲、社学、社仓之间逐步形成成熟理论体系。明末清初江南大儒陆世仪重视乡约教化，他崇尚"三代之治"，认为传统乡约制度对乡约、保甲、社学和社仓这四者的关系还不清晰，意义还不明了，因而不能达到理想的"三代之治"。他的《治乡三约》系统总结和厘清了四者关系,典型地体现了传统乡治理论的体系化成果。陆世仪认为,这四者的关系应是"乡约为纲为虚,社学保甲社仓为目为实",应该是"约一乡之众,而相与共趋于社学、共趋于保甲、共趋于社仓"。陆世仪的"治乡三约"特点鲜明,以乡约为总精神,以社学的教约、社仓的恤约以及保甲的保约这"三约"为支柱,系统地总结了乡约推行中诸要素和关系的协同处理。"治乡三约"可以说是一纲三目、一虚三实,实际上既倡导了乡村的道德伦理精神,又旨在解决好乡村学习教育、乡村经济合作和乡村安全自卫三大具体问题,可以说构建了相对完整的乡治体系。

我国传统的乡约从最早由地方士绅发起,到绅士自办和官倡民办并行不悖,历经增损、改良和不断完善成熟,有力地发挥了乡村教化、社会救助、治安维稳、文化传承等社会作用,在历史上发挥了重要的作用。

发挥乡贤文化在乡村治理中的作用

□ 王彩霞[①]

乡贤文化是由传统乡贤创造的根植于家乡的本土文化,是中华优秀传统文化的重要组成部分,其核心是"贤"。深刻理解传统乡贤文化的内涵,挖掘传统乡贤乡村治理中讲仁爱、重民本、崇正义的经验与智慧,有利于弘扬传统乡贤文化,有利于促进乡村治理现代化。

一、乡贤文化与乡村治理有深厚渊源

在国家治理现代化发展的背景下,乡村治理的现代化显得尤为重要。2015年中央一号文件《关于加大改革创新力度加快农业现代化建设的若干意见》提出:"创新乡贤文化,弘扬善行义举,以乡情乡愁为纽带吸引和凝聚各方人士支持家乡建设,传承乡村文明。"乡贤文化作为传统文化的重要组成部分,不但包含着见贤思

---

① 王彩霞,山东管理学院中华文化教育与发展研究所教师。本文原刊于《中国社会科学报》(2020年8月19日)。

齐、任人唯贤、举贤让贤等特点，符合社会主义核心价值观的要求；而且传统乡贤参与乡村治理有着深厚的历史渊源。古代皇权不出县，县以下的乡村社会治理主要依靠的就是乡贤。周代王置六乡，由三老掌教化；汉代每乡设三老，年五十以上，有修行，能率众为善，且"乡先生殁则祭之于社"。由此可见历代对乡贤治理乡村的肯定以及对乡村治理人选之"贤"的重视。

当下乡村治理的"现代化"不仅要处理好人与自然之间的主客体关系，解决好生态问题，重视绿色可持续发展；还要处理好人与人之间的关系，讲求和谐发展。遗憾的是，当下农村个别地区存在着为求发展而急功近利、重经济轻人文和重管理轻治理等不良现象。今天要治理好乡村社会，就必须深入了解我国乡村的历史和传统文化，对传统乡贤的乡村治理经验和智慧进行总结和反思。创新乡贤文化，就是在国家层面对传统乡贤以人格影响人心、以智慧带动发展、以德性润化风俗的乡村社会治理经验进行总结与反思；在社会层面树立贤人榜样，形成见贤思齐的良好风尚，促进移风易俗；在个人层面鼓励修身养性，追探道脉，表征乡里。这些宝贵的经验，对于今天我们建设高度文明的社会主义新农村，依然意义重大。

二、"贤"是创新乡贤文化的重点

首先，"贤"是乡贤在乡村治理中表现出来的德与智。"贤，多才也"（许慎《说文解字》）。传统乡贤是我国历史上特殊的文人群体，是联系政府和民众的纽带。一方面，传统乡贤是乡规民约的制定者和实施者。乡规民约是以外在礼仪、习俗等形式存在的显性或隐性规约系统，是调节家族和邻里关系的参考标准，是构建和谐邻里关系、维护社会基本秩序的重要准则。传统乡贤除了一部分本来就是当地的名门望族，还有很多是离职（即退休、罢官、丁忧等）卸任回乡的官员，大都拥有丰富的生活阅历和社会治理经验。他们制定乡规民约以倡导礼治，稳定乡村秩序。在彼时教育不普及、多数民众文化素质不高的情况下，这是杜绝不文明行为、抑制不和谐现象、营造良好社会风气的有效手段，体现了传统乡贤之"智"。另一方面，传统乡贤也是公序良俗的示范者。土匪流寇来了，他们挺身而出，组织乡民共同抵抗，表现出非凡的智谋和勇略；地震、洪水、干旱等自然灾害来了，他们带头捐资赈灾，以济饥民，而且修路筑桥兴水利，有备无患，表现出无私奉献的精神和先天下之忧而忧的情怀，体现了传统乡贤之"德"。

其次，"贤"是乡贤在乡村治理中所表现出来的善与义。"善，德之建也"。一方面，传统乡贤在乡村治理之中注重推行教化，积善行德。他们大都熟悉儒家学说以及佛道学说中有利于社会稳定的成分，自觉诵《诗》习《礼》研究《春秋》，践行儒家优秀文化，著书立说，设义学办教育，为后代留下了丰富而宝贵的文化和文学产品。他们是优秀传统文化的创造主体，以自己的模范行动承担起为天下教化的责任，在一定程度上推动了社会的进步。另一方面，传统乡贤注重维护社会公平正义，拒绝与恶、黑势力同流合污。传统乡贤是扶正压邪的担当者，"从道不从君，从义不从父"，也就是说当君、父违背道义之时，他们所遵从的是道义而不是君、父。作为深通儒家学术的传统乡贤，他们深知自己作为乡村中最有文化者应该对"道义"负责。所以他们在朝为官公正严明、秉公办事，不屈从权势；在野则善于调解百姓矛盾，讲明是非曲直，使双方矛盾得到公正的和解。传统乡贤所表现出来的不畏权贵的风骨和勇于批判黑暗势力的使命感，称得上"宁鸣而死、不默而生"。

传统乡贤立言、立德、立功，创造并形成了扎根家乡的具有凝聚人心、促进社会和谐作用的乡贤文化。由于这一文化植根于家乡，对一般民众而言天然带有亲切、自然、熟悉的气息，从而更容易被民众接受，有利于维护基层社会的稳定。在当前乡村治理现代化进程中，为了解决好个人与社会、经济与文化、物质与精神等方面的问题，需弘扬优秀传统乡贤文化。

三、新乡贤助力乡村治理

中国自古以来就是一个农业大国，中国文化从本质上而言是乡土性的。历史上传统乡贤成功的乡村治理经验为我们提供了很多可以借鉴的模式，当前乡村治理的现代化发展应以传统乡贤的乡村治理经验为鉴，取其精华、去其糟粕，使其实现创新发展。

第一，现代乡村社会治理需要发挥"新乡贤"的积极作用。今天农村的乡贤与传统乡贤已有很大不同，他们大都具有现代文化知识，可被称为"新乡贤"。但在对优秀传统乡贤文化的继承和创新方面，他们和传统乡贤一样，是践行传统乡贤精神的核心力量。新乡贤不仅能像传统乡贤一样，接地气、有乡气，作为乡民所熟知的榜样人物更容易被认可，起到道德引领的作用；而且还能为乡民带来现代的新知识、新技能、新思路。为此，国家以及地方政府应出台相应的政策引导或者助力"新乡贤"返乡。当然，乡村社会的发展日新月异，新乡贤"少小离家老大回"，回到家乡后也有一个熟悉情况的过程，应积极寻求地方政府和当地乡民的支持帮助。

第二，现代乡村社会治理的理念是"治"，而治理有别于管理。管是一种自上而下的沟通形式，管理者与被管理者之间是"我—他"的关系；而治则是一种自下而上的沟通形式，是地方管理者深入一线与民众平等对话交流而发现问题、解决问题的关系，这是"我—你"的共生关系。乡村社会治理必须激发乡村民众的内生动力,通过治理实现由被动发展向主动发展的转变。通常而言,乡村民众的事情既不可包办代替,也不可强制推行。在这个过程中,新乡贤的作用就如同润滑剂,可以居中起到缓冲和调和矛盾的作用。当然,新乡贤只有放下身段与基层民众站到一起,谋求解决与乡民切身利益相关的问题,如传统乡贤所做的"修路筑桥兴水利""捐资助学办学校"等,才能真正发挥上传下达的纽带作用。

第三,拓宽现代乡村社会治理的路径。传统乡贤的乡村治理经验表明,基层社会的治理应注重引导示范、宣传教化,对基层矛盾的处理不应只是疾风骤雨式的,而应该如春风化雨般对乡民进行潜移默化的教育,教化是向现代乡民普及政策知识、促进乡风文明的重要手段。自党的十九大报告提出实施乡村振兴战略以来,国家出台了一系列扶持乡村发展的强农惠农富农政策。在这个过程中,由新乡贤出面向民众介绍和普及国家政策法规,由于他们在民众中的威望,常常可以取得较好的效果。

时代在发展、社会在前进,传统乡贤的一些理念和处事方式等有些可能已经过时,需要在构建现代乡村社会治理模式基础上与时俱进,不断进行创新与发展。"天下兴亡,匹夫有责"。在新农村建设中,应该充分发挥新乡贤的作用,并号召民众主动参与社会治理,自觉培育和践行社会主义核心价值观,积极为社会主义新农村的和谐发展建言献策。

文化强国的核心是文明内聚力

❏ 谢茂松 牟坚①

实现社会主义"文化强国"的远景目标,以中国传统的"体用"论观之,"文化强国"之"体"是文化价值观所形成的文明内聚力,这就是习近平总书记所说"我们生为中国人,最根本的就是我们有中国人独特的精神世界,有百姓日用而不觉的价值观。"

要深刻理解"文化强国",就离不开对于百年来的中国近代史以及五千多年中华文明史的双重理解。1840年鸦片战争暴发,英国等西方列强纷纷入侵中国,当时的中国以及中华文明之存亡接续如2600多年前之"不绝若线",《公羊传·僖公四年》记载:"夷狄也,而亟病中国,南夷与北狄交,中国不绝若线。"

就五千多年文明史而言,中华文明作为世界史上唯一的连续未断裂的文明,在历史上曾屡次遭逢类似如2600年前存亡接续般的危机与挑战,春秋之后则有南北朝、宋元之际、明清之际等,但中华

---

① 谢茂松,国家创新与发展战略研究会中国文明和中国道路研究中心主任;牟坚,中国社科院中国历史研究院研究人员。本文原刊于《环球时报》2020年12月4日。

文明每次都能克服危机与挑战，使得文明传统保持延续性，其中最为关键的就是中华文明的内聚力。其价值观就是《礼记》所说"亲亲"与"尊尊"，也即是孔孟的"仁义之道"，"亲亲"之"仁"代表和谐，"尊尊"之"义"代表秩序，二者形成文明体内部必有的张力。内在之价值发而为制度，则是政治层面的"设官分职，任贤使能"与社会层面的家族、宗族、家庭之孝道，这也就是"百姓日用而不知"的制度化生活安排。政治层面的"设官分职，任贤使能"则落实为科举出身的士大夫阶层对于"修己治人""内圣外王之道"的政治与教化的双重责任之承担，中国政教之秩序乃是大一统之秩序。政立基于教，文教凝聚于儒家士大夫阶层对于以经、史之学为核心的中华文明原典之传承与诠释。

《五经》在宋以前承担提供文明秩序之功能，以《史记》《资治通鉴》为代表的史书一以贯之的是中华文明意识，维系、延续的是文明传统。宋元以下《四书》地位上升到与《五经》几乎同等的地位，朱子穷其一生之力完成的《四书》诠释所形成的"朱子学"建构了极强的文明内聚力，如此才有能力同化此后入主中原的蒙元与满清政权，朱子的《四书章句集注》成为蒙元与满清两朝科举考试依据之标准。蒙元与满清显示了中华文明的内聚力与民族融合之一体两面，唯有朱子学所建构的超强文明内聚力，才有根本能力来达致民族融合。这也显示中华文明内聚力在具有的延续性同时也具备创新性，唯有创新之活力才有延续力。文明传统之延续就如流动的活水一样，无分过去、现在、未来之水，延续与创新实为一体两面。循此方可在文明史长时段的纵深中深刻理解今日"中华优秀传统文化创造性转化、创新性发展"的文明意涵。

中国在近现代面对西方列强之侵略而欲救亡图存，就必须完成现代化，这一现代化转型绝不同于小国船小好掉头而无有文明冲突压力,乃是超大国家、大文明体的现代化,必经曲折、艰难之痛苦,甚至一时为了器物层面的快速现代化而在某一历史阶段否定自己的文明。这一决绝否定从历史长时段而言,是克服文明久则生弊的自我修正,同时表面上是学习外来文明,同时在根底处是激活文明体内部丰富性的某些资源,这就是马克思主义中国化的题中之义。马克思主义中国化既是现代中国的实践,同时也是中华文明传统融合马克思主义的过程,"化"之义甚深。

一旦中国在器物层面快速现代化,中国从站起来到富起来再到强起来,则中国由对于发展器物的信心发展到对于文明的信心,更深刻地意识到近现代中国不绝如缕之根本在于最深处的文明内聚力,中华民族的伟大复兴最终在根本上乃是文明复兴。回顾中国近现代史,中国在救亡图存,在迈向现代化的历史过程中,真是"过了一关又一关",我们过了多少关,真是"绝知此事要躬行"。中国在救亡图存的危机与现代化的挑战中一方面"扶危继绝",让中华文明得以延续,重建了大一统传统,另一方面又在经受西方文明、现代化的激荡中发展、创新了中华文明传统。

在这个意义上我们一方面理解国家对于考古学的高度重视,中国考古发现展示了中华文明起源和发展的历史脉络,提供了文明内聚力的信史支撑,另一方面深刻理解"十四五"规划对于"四史教育"——党史、新中国史、改革开放史、社会主义发展史教育的重视,同时"四史"与中国文明史又构成连续与发展、创新的全体贯通的一体关系。这也是在中华文明史的纵深中把握作为中华文明自觉继承与创新者的中国共产党对于士大夫精神及其"日新其德"精神的继承与创新。正是中国共产党承担在现代中国继承、创新中华文明内聚力的文明使命。围绕举旗帜、聚民心、育新人、兴文化、展形象的使命任务,促进满足人民文化需求和增强人民精神力量相统一。

名教：古代中国的核心价值观

□ 苟东锋[①]

　　名教是我国古代以"名"为核心的教义和教化系统。那么，"名"是什么？"名学"有怎样的发展？历史上有着怎样的名教模型？名教对当代有什么启示？上海市哲学社会科学规划优秀课题《名教思想研究》（批准号为2015EZX001）围绕上述问题展开了深入讨论。

　　每个成熟的社会都需要一套核心价值。核心价值的价值主要在于告诉人们什么是对的，或者真理在哪里、道在何方。非如此，民众不能聚拢在一起而成为一个社会或国家。当代中国基于自身的发展而提出核心价值观建设的问题，也是这个道理。不过，当代的核心价值观不能向壁虚构，而应当有一个底座。这个底座主要就是古代中国的核心价值观，一言以蔽之即"名教"。

---

　　① 苟东锋，华东师范大学哲学系副教授。本文原刊于《社会科学报》第1695期第5版（2020年3月5日）。

一、"名"的问题与"新名学"

所谓"名教",顾名思义即以"名"为核心的教义和教化系统。那么,"名"是什么?在中国的语言文化系统中,"名"是一个极为特别而重要的术语。现代中国学术界对"名"的研究经历了一番曲折。现代中国学术的产生始自中西文化交流,在中国人最开始接触西方文化和思想时,就有人敏锐地发现中国传统思想缺少逻辑学和知识论。于是,一些中国学者在弥补中国文化短板的心理驱使下,一方面去翻译西方的逻辑学著作,另一方面则惊奇地发现原来在儒家和道家之外,墨家、名家等思想中不乏一些相当于逻辑学的内容。这些内容往往围绕"名"的问题而展开,于是,一门叫作"名学"的学科就此产生。"名学"既指翻译的西方逻辑学,也指围绕"名"的问题的中国古代逻辑学。

然而,"名学"自诞生起就处于一种尴尬境地。面对强大的西方文化以及作为其文化特长的系统的逻辑学和知识论,原本立志于建立中国逻辑学的"名学"很容易蜕变成一种从中国古代思想中挑拣材料而拼凑逻辑学的行为。这种"以西解中"的方法不仅有碍于我们理解古代思想的原貌,而且更致命的问题是会使人对这门学科的必要性产生怀疑。"名学"在民国时代成为一个学术热点,胡适、章士钊等知名学者均投身其中。然而,在当时就有人对此提出质疑,比如陈独秀就不无讽刺地说:"如适之(胡适)、行严(章士钊)辛辛苦苦地研究墨经与名学,所得仍为西洋的逻辑所有,真是何苦!"此种"名学"的政治性远大于学术性,梁启超就毫无隐晦地指出,名学是"增长国民爱国心之一法门"。

尽管如此,"名学"依然有其历史价值和学术意义。其最大的意义就是,在一种中西思想比较的视域中发现"名"的观念在中国思想中的重要价值。正是意识到这一点，并伴随着本世纪初以来有关中国哲学"合法性"问题的讨论，一种不再拘泥于"以西解中"的方法，并将"名"视为中国哲学最重要的观念的"新名学"产生了。"新名学"要求重新且全面研究"名"的问题，这样一来，原来为"名学"所忽略的儒家和道家的"名"的问题就凸显出来。其中，居于儒家名学核心位置的名教问题便首当其冲了。

二、两种名教的模型及其缺陷

上述学术史的介绍使我们看到，很多时候，一个学术问题的出现似乎并不由问题本身决定，而是由学术研究的方法和视角决定，名教的问题正是如此。当我们将目光重新集中到名教问题时就会发现，名教的意义远大于此前对其的理解。

近代以来，人们要么简单地将名教等同于"纲常名教"的封建制度加以批判，要么仅在"名教与自然"之辩的意义下将其视为中国哲学史上一段特殊时期的问题。随着"新名学"研究的开展，一些学者注意到，"名"的话题虽在先秦时代引起了各方讨论，表现为"名辩思潮"，但先秦以后这个话题似乎消失了。实际上，"名"的问题在先秦以后不仅并未消失，而且变成了一个关键问题。随着儒学升格为经学，"名"的问题主要以儒家名学的形式存在，只不过由此前的理论形态潜藏为以"名教"为形式的实践形态。

"名"在中国思想中的含义丰富，一般可以理解为符号、概念、语言、文字和文化等。儒家对"名"的理解则大为不同。儒家的"名"主要指与人密切相关的名分义（包括名声义），可以说，"名"即人的本质，"正名"就是"成人"。具体来说，名分是指君、臣、父、子、夫、妇等一个社会中的各种职分及其对应的仁、义、礼、智等德行。在儒家看来，如果人人都能各守其名、各尽其义，就能建成一个理想国。名教的目的就在于实现这一儒家的价值理想，所谓"君臣父子，名教之本也"（《后汉纪》）。作为一种实践哲学的名教，其目的主要不是阐明儒家的价值理想，而是设法使人产生践行儒家道德的动力，从而让更多人认同儒家的价值观。从道德动力角度来讲，历史上出现了两种名教模型。

  一种是两汉名教。汉代儒者发现，为了使人们遵行名分，可以对那些名分践行得好的人进行表彰，给予其美好的名声和其他奖励。于是，人们为了获得好的名声，就不得不去践行自己的名分。这种方法就是《颜氏家训》中讲的"劝其立名，则获其实"。这个办法是有效的，而且对中国社会影响深远，但也有其弊端。因为按照孔子仁学的基本精神，道德行为应当纯粹发自内心，是自己觉得义当如此才去做的，而不是迫于外在的评价。所谓"古之学者为己，今之学者为人"。于是，一些儒家精神的继承者就觉得，这种名教是对自己的一种限制和束缚。这一理论危机促进了魏晋名士精神的形成。

  另一种是宋明理学。宋明理学家都不反对其所从事的是一种名教的事业。在理学产生的前夜，儒家的价值理想被佛教和道教挤压到狭小的空间，缺乏生气。为了重新焕发人们对儒家价值理想的热情，宋儒借鉴佛道二家并继承了先秦思孟学派的精神，强调儒家的价值理想是一种内在的"心性之学"。"心性之学"使儒家重获生机，然而这种学说却暗含着人人自觉做君子之意。可是按孔子思想，人不必都做君子，社会中的大多数只是普通平民，所谓"民可使由之，不可使知之"。如此一来，对于普通人来说，宋明理学实则拔高了对他们的道德要求。这种理论危机后来被清代新义理学发现并控诉为"以理杀人"，这也构成了近代以来人们批判儒学的一种主要基调。

三、名教的遗产及其当代启示

上述名教思想史的回顾使我们看到，古代儒家核心价值观的践行主体存在着二元对立的情况，其中一极是君子（士），另一极是平民（民）。先秦儒家对这两种人是区别对待的，按照孔子思想，"君子谋道不谋食"，"忧道不忧贫"，君子应当将理想置于现实之上。平民则允其将现实作为第一原则，如孟子说，"民之为道也，有恒产者有恒心"，"无恒产而有恒心者，唯士为能"。然而先秦以后，当儒家学说成为社会的指导思想，便难免以某种统一标准要求一个社会的所有人。如此一来，当两汉名教站在平民立场时，自然对君子的立场有所忽略，宋明理学站在君子一面，则对平民一面有所忽略。

近代以来，中国社会的人群结构发生了翻天覆地的变化，其中一个显著变化趋势是，君子和平民二元对立的格局正在解构，公民社会的格局正在形成。从古今之变的视角看，公民可以理解为既是君子又是平民的人。这一格局变化决定了古今儒家问题视域的转变，古代儒者关注的重点是学为君子还是甘为平民，由此"义利之辩"就成为第一问题。当代儒学则应当思考一个既是君子又是平民的公民何时为君子，又何时为平民，这是一个"公私之辩"的问题。由此可见，当代中国的核心价值观应当在"公私之辩"的框架下建构，这或许就是社会主义核心价值观分为国家、社会和公民三个层次的原因。

名教更大的启示在于提醒人们，核心价值观是一个实践哲学的问题，因而更重要的工作不是理论上的阐述，而是设法使人们萌生践行的动力。在这方面，传统儒家的两种名教模型依然可以发挥作用。只不过在"公私之辩"的架构下,不管是两汉的"劝其立名"还是宋明的"心性之学",都应置于私德培养的领域,且需注意各自的理论局限。至于公德的建设,则应当在"法治"的框架下创建一种新的传统。

墨家和现代灵知

□ 李竞恒[①]

墨家教团基本伴随着秦朝一起走向毁灭,汉代或许还有一些残存,但也仅仅是历史的灰烬了。在西汉中期以后,基本不再有墨者活动的痕迹,《墨经》的传承也几乎断绝,除了晋朝鲁胜等极少量的注,或明代李贽、清朝汪中那样的迷狂怪诞之人尚有对墨学的肯定言论,墨学本身其实已经成为死去几千年的木乃伊。

只是到了晚清,才又有人开始研究墨学,将其作为救世的新方法,试图通过复活一个死去了两千年的古代异端思想,来完成对今世的拯救。根据王汎森研究,这种试图复活死去多年古代异端来救世的想法,在晚清比较常见,而且是走向激进主义,走向毁坏传统的第一步。如章太炎赞美盗跖、商鞅、王充、刘歆、曹操等异端:"当异端一个个被从坟墓中唤醒,一个个站在历史的幕前时,也正是传统的基础一步步崩坠的时候,章太炎把久为士人所不愿道、不

[①] 李竞恒,四川师范大学巴蜀文化研究中心教师。本文原刊于《南方周末》(2020年8月13日)。

敢道的异端,一一表彰,并寄深意,这些作为,便直接或间接地促发清末民初传统的大崩溃"(王汎森:《章太炎的思想》,上海人民出版社,2012年,第204页)。晚清墨学从坟墓中复活,也正是在这一背景下的产物,是为了打倒一个延续了两千年演化秩序的武器。

谭嗣同在讨论"仁"时,除了引用孔学的"仁""性"之后,便迅速提到墨学的"兼爱",认为墨学之兼爱就是"仁"。"善用爱者,所以贵兼爱矣";"呜呼,墨子何尝乱亲疏哉!……不达乎此,反诋墨学,彼乌知惟兼爱一语为能超出体魄之上,而独任灵魂,墨学中之最合以太者也"(《仁学》)。谭嗣同要冲决一切落网,破除纲常名教,将复活墨学作为手段之一,用其调和佛教和基督教,用爱无等差的"兼爱"取代传统的等差,并辅之"以太"等近代科学术语。

到了梁启超那里,墨学得到了更高评价,1904年梁启超作《子墨子学说》提道:"今欲救之,厥惟墨学,惟无学别墨而学真墨";"墨子之政术,民约论派之政术也。泰西民约主义起于霍布士,盛于陆克,而大成于卢梭。墨子之说,则视霍布士为优","墨子论国家起原,与霍氏、陆氏、卢氏及康德氏之说,皆绝相类者也";"墨子之政术,非国家主义,而世界主义、社会主义也"。到了1922年写的《先秦政治思想史》中,也认为:"墨子固自有其最高之精神生活存,彼固以彼之自由意志力,遏其物质生活几至于零度以求完成其精神生活者也。古今中外哲人中,同情心之厚,义务观念之强,牺牲精神之富,基督而外,墨子而已"。由此可见,从晚清一直到民国,梁启超对从坟墓中复活的墨学,寄予了强烈的希望和高度评价,将其视为救世良方,并且赞扬其同情心、义务和牺牲精神,和耶稣一样伟大,其政治思想和卢梭、康德是同一高度的。显然，梁启超是要将墨学作为引入基督教思想、欧陆启蒙思想的对接桥梁，落脚点仍在摧毁两千年来的自然演进。

墨学从坟墓中的复活，一直伴随着晚清以来激进主义的发展过程。1905年10月《民报》第一号，"图画"就刊登黄帝、卢梭、华盛顿、以及"世界第一之平等博爱主义大家墨翟"，将其视为卢梭式的"平等博爱主义大家"。李泽厚提到："时间过去了一二百年，墨子在近代中国再一次被重新发现。《民报》第一期撇开孔孟老庄，把墨子捧为'平等博爱'的中国宗师，刊登了臆想的墨子画像。连梁启超在《新民丛报》上也呼喊'杨学遂亡中国，今欲救亡，厥惟学墨'。当时及以后，从各种不同角度治墨家墨学和服膺墨子者盛极一时"（李泽厚：《墨家初探本》，《中国古代思想史论》，天津社会科学院出版社，2004年，第66页）。

到了新文化运动时期，墨学更是得到了各种赞美，如"打孔家店的老英雄"吴虞，就在《墨子的劳农主义》一文中认为："他的通约，就是卢梭的《民约论》；他的主张，就是劳农主义了"；胡适则将墨子视为天人："这是何等精神！何等人格！那反对墨家最厉害的孟轲道'墨子兼爱，摩顶放踵利天下，为之'。这话本有责备墨子之意，其实是极恭维他的话。试问中国历史上，可曾有第二个'摩顶放踵利天下为之'的人么？"

偏保守稳健的士人，则对墨学复活持否定态度。如张之洞就认为，墨学属于"至为狂悍"的学说："《墨子》除《兼爱》已见斥于孟子外，其《非儒》《公孟》两篇至为狂悍，《经》上下、《经说》上下四篇，乃是名家清言，虽略有算学、重学、光学之理，残不可读，无裨致用（《劝学篇》）"。民国时期四川的保守派史学家刘咸炘也对墨学进行批评："翟之说适与朱反，重大群而以之没小己，其视天下也，惟有大群之效率耳。凡在群之中皆当服其首领，舍身家以奉公利，自首领以下皆等视之，即父亦群之一耳，故曰无父"（《群治》），墨家教团是只有大共同体，而没有多层次等差的多元小共同体的丰富结构，这是无父的本质。

1922年，对于当时各种鼓吹复活墨学尸体的声音，柳诒徵评价到："疑经蔑古，即成通人。扬墨诋孔，以传西教。后生小子，利其可以抹杀一切，而又能尸'国学'之名，则放恣颠倒，无所不致"（《柳教授覆章太炎先生书》）。他对晚清以来各类复活远古异端思潮的现象看得很清楚，复活墨学、商鞅等远古幽灵，其实是为了传播各类奇怪的"西教"极端思潮。此外，墨学还可以打着"国学"的旗号，对汉代以来中国的主流历史文化传统作无所不至的彻底摧毁和抹杀。柳诒徵对晚清民国知识界的观察，其实同样可以印证到当代，比如王小波自称"墨子门徒"，理由就是"墨子很能壮我的胆。有了他，我也敢说自己是中华民族的赤诚分子，不怕国学家说我是全盘西化了"（王小波：《知识分子的不幸》）。

柳诒徵在1922年的观察和预言，在数十年后1996年的王小波身上继续应验，这确实是一个荒谬的画面。晚清民国以来那些试图通过复活远古异端木乃伊以"冲决罗网"的潮流，让笔者想到了沃格林（Eric Voegelin）对"灵知主义"（Gnosticism）的论述，在灵知主义的本体论中，"是通过对一个'陌生的'、'隐蔽的'神的信仰来实现的，这位陌生的神是来帮助人的，带给人他的消息，给人指示逃脱此世之恶神的道路……拯救的工具就是灵知本身"（[美]埃里克·沃格林：《没有约束的现代性》，张新樟等译，华东师范大学出版社，2007年，第20页）。

普罗米修斯是古老、陌生的提坦之神，最终成为了灵知主义者永恒的精神象征，是反抗宙斯所统治这个世界的盗火者。晚清以来对墨子等古代异端知识的发掘，正是希望这些陌生异乡之神的知识，能够逃脱两千年来"孔孟之道"这一"宙斯"的统治和家园，用遥远而陌生的《墨经》作为获得解放的"诺斯"知识。这个意义上，从谭嗣同到王小波，就是中国现代灵知人不断寻找远古异乡之神的过程。

活出人生的意义

□ 康晓光[1]

导读：本文是中国人民大学公共管理学院教授、中国公益创新研究院院长康晓光在"传一沙龙"第五期上的主题分享。康晓光结合自己的生命历程与儒学思考，以"活出生命的意义"为题进行了深入而真诚的分享。康晓光认为，追问并寻找生命的意义是人区别于动物、植物、石头等的本质。他说，经历了人生三个重要的转折之后，自己此刻的人生态度是，不再只一味地追求伟大和不平凡，而是也去体验日常平凡生活的美好与幸福，而这美好与幸福就在于爱，爱自己、爱亲人、爱朋友、爱工作、爱一草一木、爱山山水水、爱日月星辰……他认为，爱是使人生有价值、有意义的根本，而人生是否成功的标志则是有没有人也爱着你。在这个意义上，他说，伟人和普通人是共通的。

"活出人生的意义"，这是一个非常大的题目，也是一个货真

---

[1] 康晓光，中国人民大学公共管理学院教授、中国公益创新研究院院长。本文原载于儒家网（2020年1月16日）。

价实的"终极问题"。子曰:"朝闻道,夕死可矣!"

今天来到这里,主要是想围绕这个话题,和各位年轻的朋友做一个坦诚的交流,并不是说我有什么更高明的东西,只是我比各位多活了二三十年,有更长一些的人生经历,也有更长时间的思考,仅此而已。怎么讨论这个问题呢?我选择的方式是,把我自己这几十多年来思考这一问题的历程,与各位朋友分享一下,在此基础上,进行交流讨论,希望我们都能有所收获。

一、人之为人就在于不断追寻人生的意义

人生有意义吗?这种问题值得思考吗?记得上大一的时候,读《爱因斯坦选集》,他多次提及人生意义的问题,有几句话印象很深,大概意思是,人生的意义可能永远也找不到,但是人之所以为人,最本质的特征就是他要去问这个问题。如果一个人不思考这样的问题,他和其他动物、植物、石头有什么区别?人区别于其他东西,就在于人会思考这个问题。没有确切的答案也不要紧,人生最有意义的事情,可能就是一直在追问和寻找人生的意义。活着,但不思考这样的问题,无论在俗世中多么成功,在我看来都是失败的。

执着地寻找人生的意义,这就是人之为人的本质。执着地追问人生的意义,这本身就是人生中最有意义的事情。

在我拥有自主意识的全部阶段里,对人生意义的思考贯穿始终。这种思考一次次地"推倒重来",经历了很多"循环"。想明白了,过一段又糊涂了,再思索,又明白了,过一段又糊涂了,于是再思索……在每一个阶段,好像都找到了自己的答案,但都只能平静一段时间,过几年又开始糊涂了。这种循环记不清经历了多少次。比较重大的节点,有三四次。我相信,只要我还活着,这个过

程就不会终止。也许这就是一个永无止境的过程，也许根本就不存在终极答案。今天我之所以同意与各位朋友交流这个命题，是因为此刻我"又"觉得想明白了。

在填写国内的某些制式表格时，"宗教信仰"一栏，我会选择"无"。其实，我不是严格意义上的"无神论者"，因为我信仰儒教。儒教的特点是既有宗教的特质和功能，同时又非常理性和人文。之所以自封为"无神论者"，是因为那些制式表格中没有"儒教"这一选项。对人生意义的求索始于少年时代，归宗儒教是四十岁以后的事情了，在此之前，我的的确确是一个严格的无神论者。所以，我是在世俗、理性的时代背景下寻找和确认自己的信仰，是在尼采所谓"上帝死了"的情境中，开始探寻人生的意义。对宗教信徒而言，"人生的意义"不是问题，教义已经给出了权威答案，只要"信"就行了。无神论者要自己去寻找答案。

二、梦想"伟大"

我的探寻人生意义的历程大致可以划分为三个阶段：上高中之前是第一阶段；从高中算起到女儿出生是第二阶段；母亲去世至今是第三阶段。

我出生于1963年，1979年上高中。上高中之前这一阶段属于毛泽东时代。受到外部大环境的强烈影响，懵懵懂懂地但也是很真诚地把实现共产主义理想作为自己的人生意义。

小的时候，从六七岁慢慢开始懂事，一直到上小学和初中，官方的共产主义教育是深入人心的。那个时候唱《我们是共产主义接班人》，是发自肺腑的，真的时刻准备着为共产主义理想献身。那时候心理感觉也很好，好像自己生活在最幸福的国度里，时刻想着要去解放全世界的受苦人。那时候对我影响最大的是一些文学作品和人物传记，尤其是《钢铁是怎样炼成的》，它讲述的故事以及它的作者奥斯特洛夫斯基的人生故事，给我非常强烈的震撼。一直到今天，我都跟我女儿说，这本书你应该看一看，那是一个不同的世界，一种不同的人生，我们应该知道，人可以有不同的活法，人类世界也可以有不同的模样。还有就是初中的时候，接触《物种起源》，读有关达尔文进化论的一些科普读物，达尔文的一生对我影响也很大。我现在在中国人民大学开了一门课叫"社会科学经典文献导读"，《物种起源》列入必读书目。再有就是《史记》里的一些人物，不仅仅是帝王将相，包括荆轲、聂政，他们身上的那股侠气，不是街头流氓的那种不要命的匪气，而是那种真正的"侠之大者，为国为民"的侠气，一直到今天，一想起来还有一种荡气回肠的感觉。受他们的影响很大，时常会拍案而起，少年时代的影响可谓至深至远。

可以说，就是这样一些来自西方文化和中国传统文化中，对社会、国家、天下的一种担当，铸造了我的人生观和世界观——总想去追求伟大，伟大的目标、伟大的事业；总想超越平凡，成就非凡的人生。

三、回归儒家

1979年上高中之后，进入了邓小平时代。1976年是一个重要的分水岭，毛泽东去世了，随后的中国发生了天翻地覆的剧变。

改革开放带来的最严重的后果，就是把我前十六年树立起来的理想、对世界的理解改变了。要改革，就必须要否定现实，现实如果很美好，改什么呢？现实一塌糊涂，才需要改。这一方面，是对上一个时代的批判；另一方面，国门洞开，接触到了外面的信息。以前所有的认识，人生观、世界观受到冲击了，很痛苦、很茫然。

20世纪80年代的年轻人，还是在追求伟大，还是在忧国忧民。那时候思考中国的问题也很简单，就是跟美国比较一下，跟美国一样的就是正确的，不一样的就是错的，所谓"改革"就是使中国变成美国那样子。真正独立地思考"大问题"是从1989年开始的。那一年之后，开始摆脱流俗，独立自主地思考国家的命运、自己的命运。整个90年代都是在真正脚踏实地思考这些问题。到这个阶段，三十多岁以后，自己的知识和阅历逐渐积累，思考问题的能力也有了提升，而且中国的改革开放已经过了二十年。到了这个阶段，无论中国社会的发展，还是我们自己的成长，已经具备独立思考的条件。这时候，我逐渐意识到"全盘西化"这条路走不通，而且不是最理想的道路。斯大林体系也不理想。所以，在探讨中国的未来出路的时候，我逐渐回归中国自身的传统，开始去理解中国的传统。到了90年代后期，我开始从理性和知识上认祖归宗，认同儒家。在儒家这里，不仅找到了此生的追求，也知道怎么战胜死亡的恐惧，怎么样在死亡面前得到安宁。要想更好地成就自己，就要成就更多的他人，为这个民族，为这个人类，为这个世界，做一些好的事情。这一阶段，还是追求"伟大"，只不过儒家的人生理想和社会理想取代了此前的共产主义理想的位置。

四、人生的意义：把"天赋之仁"发扬光大

如果要用一个字概括儒家思想的精髓那就是"仁"。"仁"有"感通能力"的含义，"仁"亦有"同情""怜悯"的含义，所以"仁"指人与人之间的相亲相爱，所谓"仁者爱人"。儒家认为，"仁"是人与生俱来的本质属性，人生的最高理想就是使"天赋之仁"得到充分发挥，而"行仁之方"就是"己欲立而立人，己欲达而达人"。

人对爱的最初体验来自家庭，亲子之间的爱是最原始的、最强烈的、最纯粹的、最持久的，也是一个人能够感受到的最初的、最直接的爱。正是在家庭内部，在亲子之间，人"有生以来第一次"感受到了爱，认识了爱，也学会了如何爱人。我们来到这个世界上，感受到的第一样东西就是人类情感中最美好、最真挚、最自然、最强烈的父母对儿女的爱。人类之爱源于家庭，但是人类之爱不能止于家庭，所以要由"亲亲"而"仁民"而"爱物"，这才是"仁"的真实含义。儒家的理想就是将家庭内部的人际关系准则推广到家庭之外，不但用爱来组织家庭，也用爱来组织社会，乃至天下，乃至宇宙，达到"天地万物一体之仁"的境界。

《大学》把儒家所推崇的理想的人生价值与人生轨迹概括为"三纲领八条目"。所谓"三纲领"为"明明德""亲民""止于至善"。所谓"八条目"为"格物、致知、诚意、正心、修身、齐家、治国、平天下"。"格物""致知""诚意""正心"是"修身"的方法，而"修身"不是最终的目的，"修身"是为了"齐家""治国""平天下"。这就是儒家"内圣外王"的"成己之道"。

这个过程就是把仁爱之心不断地由内而外、由己及他，直到亿万苍生、甚至千秋万代的过程。儒家讲的人生意义，就在于不但要成就自己，也要成就他人。所以，儒家一般不讲什么"利己利他"，而讲"成己达人"。而成己和成人本质上是没有差别的，是一个硬币的两面。我们要成就自己，怎么成就自己？就是不但要修身，把自己搞好，不但要齐家，把自己的小日子过好，还要治国平天下。如果你仅仅是把自己的事弄好了，还算不上一个君子，更不是贤人，更不是圣人。一个真正的君子，一个真正能把仁爱之心这样一种天赋潜力充分发挥出来的人，一定是以天下为己任的，一定是要造福更多的人。这是把自己与家族、村落、社会、国家乃至全人类、宇宙万物融为一体的过程。

五、超越死亡：把"小我"融入"大我"

任何人都要面对死亡。渴望生而惧怕死是人的本能。儒家认为，人生是有限的，死是不可避免的，而且不相信"神不灭"或"灵魂不死"。儒家认为有生就有死，不追求灵魂的不死，不追求小我的永恒存在。但是，儒家也追求永恒，也不想死了之后一了百了，或者是灰飞烟灭、一无所有。那么，儒家如何超越"死亡"和"有限"达到"永生"和"无限"呢？儒教解决这一问题的策略是将"小我"融入"大我"，借助"大我"延续"小我"的生命。儒家在三个层面回答这个问题。

第一，繁衍后代，通过族群的绵延，延续自己的生命。每个人不仅是我自己，我既是祖先生命的继承者，也有义务把生命传承下去，也就是说，每个人都有传宗接代的义务。在这个过程中，通过家族的延续，克服个体的有限。个体只有几十年的生命，但是家族可能延续几百年、几千年。在这个层面就有可能获得对有限生命的某种超越。因此，中国人非常重视传宗接代，非常讲究慎终追远。

第二，作出有利于集体的功业，而且能够惠及后人。这也就是《左传》里讲的"三不朽"，"太上有立德，其次有立功，其次有立言"。也就是说，我们要想超越有限的生命，那就在此生此世，通过立德、立功、立言，不仅成就自己，也造福他人，而且仅仅造福于当代还不够，最好还能泽被后世，所以《左传》强调"虽久不废，此之谓不朽"。通过我们此生的所作所为，通过造福当代的人，造福子孙后代，造福千秋万代，让我们的影响一直存在下去，据此实现某种意义上的永生。这就是儒家追求的东西！不是肉体的不腐，不是灵魂的不灭，而是对他人的积极的影响"虽久不废"，也就是"不朽"。这种影响体现在人文系统中就是历史的记载，所以中国的历史的意义和作用非常大，历史的审判就是末日的审判，流芳百世就是上天堂，遗臭万年就是下地狱。当我们通过建功立业，把自己一生的作为和一个更大的群体、更大的事业融为一体的时候，我们就获得了某种意义上的永生。

第三，最高的层面是"天人合一"。就是说，我们的人生境界、我们的知与行都达到了与天道合一的层面。这就是所谓的"天地境界"。你和天地融为一体，天不灭，你就不灭，这个时候就是真正的永恒。这就是儒家所期望的永恒。实际上，儒家对人的期待很高，人不仅能够遵循天道，还可以"赞天地之化育""与天地参"，就是说天地有其不足，人类有可能和天地合作，创造出只有天地两种东西在的时候创造不出来的东西。

四十岁以前，在儒家这里，我给自己找到了人生的意义。但是，在这一阶段，儒家的价值观和世界观，还停留在理性的层面，并未深入内在情感世界，还没有与我的生命融为一体。从理性和知识的层面认同儒家，转向对儒家的内在认同，是一个全新的阶段，以我女儿的出生为标志。

六、养生送死的感悟

2000年我的女儿出生，那个时候我三十七周岁，有些读者还没到这个岁数，对笔者现在讲的很多东西，可能理解不了。我越来越觉得，没有家庭生活，人是不能成熟的。我不相信一个没有家庭生活的人能够成熟，而且仅有原生家庭还不够，还要有你自己的家庭，你自己要成家，要抚养你的儿女，最后要给自己的父母养生送死，这些问题你都处理完了，你的人生才有可能是完整的人生。自己不养孩子的话，你永远体会不了什么叫"可怜天下父母心"。2003年，我写过一本书叫《起诉——为了李思怡的悲剧不再重演》，没有能在大陆出版，是说一个小女孩的妈妈吸毒被抓走，小女孩自己在家饿死了，直到尸体发臭才被发现的故事。那个小女孩正好跟我的女儿同龄。如果我没有女儿，顶多也就是骂两句，或者写一两篇评论，也就完了，不会这么投入，不会这么认真，不会去专门调查，再写一本书。那段时间辗转反侧不能入眠，这就是感同身受。

2018年，母亲去世了。《礼记》等经典讲到的许多东西，特别是丧葬、祭祀这些事情，如果没有相关的经历，是不可能真正理解的。我自己如果没有经历母亲去世，以及前前后后的事情，可能也只是文字上的理解，只不过是知道古代有那么一些礼制。我经历了之后才知道，它们是人类情感的一种自然表达。《礼记》里说，"礼源于俗"，就是说礼来源于风俗习惯；还有一句话，"礼缘情而作"，是说礼是从人的情感出发来制定的。又比如《孝经》讲我们怎么对待父母，"居则致其敬，养则致其乐，病则致其忧，丧则致其哀，祭则致其严"，以前读的时候，更多的只是把它理解为一种习惯、一种礼俗、一种制度，但是当自己经历过之后，就明白了这都是人类情感最自然的流露、最真实的表达，而不是外在的强制，不管是风俗习惯的强制，还是国家立法的强制。

这个过程中，我对儒家的理解、对中国文化的理解，变化非常大，感受完全不一样了。我越来越感觉到儒家文化不是一门知识、一门学问，它真的是一个文化，是一套内化于心、外化于行的价值观，是真正影响我们的思维和行动的东西。在自然、真切、全身心投入的家庭生活中，我才真正地理解了儒家。我们不能像读一本小说、读经济学、读物理学那样去读经典，而是要学而能用，知而能行，这才是真知。

七、无论伟大或平凡，人生都有意义

2018年我的母亲去世，几个月前我的舅舅去世。母亲去世的时候我写了一篇文章——《妈妈的回忆》，舅舅去世的时候我也想写一篇文章，但迟迟没有写，因为写的时候，我一直在思考一个问题：普通人的人生价值是什么？

那些旷世伟人可以凭借立下的丰功伟业得以不朽，那么芸芸众生呢？那些普普通通的人，像我妈妈、舅舅、姐姐、许多的朋友，难道他们的人生就没有意义吗？没有价值吗？他们的人生意义和价值在哪里？普通人，过着平凡生活的人，他们的人生有没有意义？这个问题从我母亲去世之后一直纠缠着我。

三个月前，谷禹，我的一个好朋友的儿子，去世了。只有二十九岁，非常年轻，人生计划还没有来得及展开就撒手人寰，孩子也才刚出生，不满周岁。我也写了一篇纪念文章，叫《站台上的话别》。谷禹生前可能没怎么读过儒家的经典，但是他一直到死都在想，怎么样让自己的人生更有意义，怎么样为父母、为妻子、为孩子、为他人做点事情。临终见我的时候，说希望我帮他把书出版。他写的是什么呢？他把一个癌症患者自己能够体验得到，但是他人体验不到的感受写下来，通过这样来让其他的患者减少一些痛苦。他那么痛苦，还在做这个事情，但他完不成这个任务了。谷禹没能实现自己的梦想，没能造福他人，甚至没能报答父母的养育之恩，没能陪伴妻子白头偕老，没能把女儿养育成人，而且至死也没有获得安宁。但是，他的生命仍然是有意义的，他的故事同样令人感动。谷禹的人生的意义就在于，他用自己的梦想、追求、快乐、苦难，以及那种常人不曾经受的痛苦、恐惧与绝望，告诉我们人生要有梦想，要有担当，要坚强，要及时行动。他一直到死，都想为他人、为社会做点事，以此来确认自己的价值，尽管他没有做到就离开了。我发现，只要有这个想法，哪怕没有做到，他的人生照样可以打动我们，让我们怀念。

发生在眼前的这些生生死死，生命中至爱亲朋的相继离去，改变了我思考人生意义的方式。人生意义有多种多样的形式，不见得就得是伟大，也不见得必须有多少人铭记你。无论普通人还是伟人，天赋的人性都是一样的，人性中都有仁爱这种本质，都有爱人的潜力。所以，我追问的问题是：一个伟人和一个凡人，他们的人生意义的共同之处是什么？不同之处是什么？

每个人的本性都是一样的，都拥有天赋之仁，而使人生有意义的就是让这种共同的人性发扬光大，所以，赋予一个伟人和一个普通人的人生以意义的东西是一样的，那就是"爱人"。人生的意义在于爱人，在这一点上，伟人和凡人没有区别。伟人与凡人的人生意义，没有"质"的差异，只有"量"的差异，或者说，差异仅仅表现在"数量""规模""程度"上。伟人以自己的丰功伟绩，造福许多当代人，乃至造福许多世代的许多人，也因为如此，他们得到了许多人，乃至许多世代的许多人的爱戴。而普通人能够影响的人数就少多了，相应地，怀念他、爱戴他的人也少多了。

换个通俗的说法，人生的意义就是"我曾经爱过人"；人生成功的标志就是"也有人爱着我"。就此而言，伟人与凡人没有差异。

凡人的平凡生活之中也寄寓着人生的意义。在每日的生活中，感受世界对我的爱；在每日的生活中，爱这个世界。这就是幸福！幸福就在日常生活中，就在伦常日用中，不需要毕生追求才能得到，也不是漫长苦痛之中间或出现的短暂瞬间；幸福，无时不在，无处不在，关键就在于我们能不能感知她的存在。

八、知其不可而为之，不以成败论英雄

人生的意义在于尽心尽力地爱人，尽心尽力地爱这个世界。是否尽心尽力，取决于我们自己；能够给多少人带来幸福，由不得我们自己，还取决于"时"或"运"。所以，儒家对于仁者，只要求"尽心"，只要求"己欲立而立人，己欲达而达人"，只要求"亲亲仁民爱物"，不要求必须达成多么大的成就。

归结为两句话：首先，要有"知其不可而为之"的担当和勇气；但是，"不以成败论英雄"。只要尽心尽力了，那就都是真英雄，都是真君子，都是顶天立地的大丈夫。其实，这两句话就道出了伟人与凡人的人生意义的异同——伟人无非就是成就了"外王功业"的仁者；凡人就是时运不济，只能独善其身的仁者。伟人与凡人的内在世界实无差别，差别仅仅在于"际遇"及"外在贡献"。尧舜是圣人，颜渊照样是圣人。颜渊是谁？"居陋巷，一箪食，一瓢饮，人不堪其忧"，按照世俗的标准来看，他活得很惨，但是他照样是公认的圣人。

《论语》开篇三句话讲得非常好。"学而时习之，不亦说乎！有朋自远方来，不亦乐乎！人不知而不愠，不亦君子乎！"这三句话讲的是君子的三种人生境界。"学而时习之"，"学"就是所谓"闻道"，"时"就是老天、时代、社会给你机会，"习"就是践行，"之"就是你闻的道，这句话就是说，你求道而得道，时代又给了你机会让你去实践所得之道，也就是实现人生理想，这是君子人生的最高境界，所以说"不亦说（同悦）乎"。"悦"是高兴的最高境界。退而求其次，如果没有这个"时"，你不可能去实践你的理想，但是还有一些志同道合的朋友与你"同声相应，同气相

求",那也不错啊!此所谓"有朋自远方来,不亦乐乎"。最不幸的是什么?是"人不知"!你得道了,也想把它实现,但是时运不济,甚至没有人理解,更甚至被误解,受迫害,但是即使这样,还能够"不怨天,不尤人",继续按照你认为正确的处世之道去做自己,独善其身,这不也是一位顶天立地的君子吗!所以,孔子说"不亦君子乎!"处于这三种境界中的人,所成就的事业显然是不同的,但是儒家认为他们都是真君子。在这种意义上,儒家"不以成败论英雄"。

没有非凡经历的普通人的人生也可以有意义。不要总去外部寻找人生的意义,不要总以为伟大的人生才有意义,普通人的人生同样也可以有意义。在平凡的日常生活中,我们要找到人生的意义,这种意义就是爱,爱自己、爱亲人、爱朋友、爱工作、爱一草一木、爱山山水水、爱日月星辰,幸福和意义就在其中。

九、认同自己,与世界和解

临终之际,谷禹对我说,他不怕死,也不缺少爱,但就是得不到"安宁"。什么是安宁?人怎样才能得到安宁?不只是临终之际,日常生活中,如何获得内心的安宁?关于这些问题,如果我们看关于死亡和临终关怀的书,答案就是两点:第一点是接受自己,认同自己;第二点就是与世界和解。

但是,接受自己不等于自暴自弃、随波逐流,与世界和解也不是无条件地接受这个世界,甚至是同流合污、助纣为虐。爱自己,首先就是要克服自己的不足;爱这个世界,也不仅仅是要去爱它美好的东西,也要去和它不尽如人意的地方、和它的黑暗、不公正的地方作斗争,甚至是献出我们的生命。所以曾子才会说:"士不可以不弘毅,任重而道远"。孟子才会说:"威武不能屈,富贵不能淫，贫贱不能移"。我们当然要承认我们自己能力有限，要接受我们无能为力的结果。我们承认有很多无奈，不可能随心所欲地改变世界，而且世界也不可能十全十美。当我们最终能够认同自己，与世界和解，可能我们就能比较平静、从容地离开这个世界，获得安宁。最关键的是：我们曾经爱过这个世界，而且我们为它的更加完美付出过努力！

如果非要让我做个总结的话，我想这么说：活到现在，对人生意义的探索与认识，从向外寻求转为向内寻找，从追求伟大到感悟和享受平凡生活中的幸福；不再纠缠伟人与凡人的"差异"，而是去寻找他们的"共性"；不再执着于外界的承认，而是寻求内在的自我认同；既追求伟大和非凡的东西，也要体验此刻平凡生活的美好。这就是我此刻的人生态度。

2020年1月12日

张謇、南通与文庙

❏ 刘根勤[①]

缅怀张謇的最好方式,自然是重修南通文庙,赓续华夏文脉!

最近,因为习近平总书记的沪苏之行,张謇刷屏了,他被称为"民营企业家的先贤与楷模"。个人认为,这个评价"极高明而道中庸"。

永远不能忽视普及与教化的价值,原因有一点:居然有人惊呼,原来"张骞"与"张謇"不是一个人。

我怀疑我和他们,读的不是一个国家的中学。

不过不读书的人也有他的好处,就是时常会有发现新大陆的惊喜,而且,也会提供一些新鲜的角度。

比如说,张骞"凿空西域",是"一带一路"事业的先驱,他侧重对外,张謇作为中国近代化事业的代表,比较侧重于"内循环",但绝非"内卷化",他做了超级多的增量工作。

[①] 刘根勤,中山大学中国古典文献学博士,现任中山大学传播与设计学院副教授。原文载于儒家网2020年11月23日。

张謇的伟大，是中学历史教科书所无法体现的，也是主流媒体所不便弘扬的。他几乎体现了清末民初那样一个"三千年未有之大变局"中，一个中国读书人，所能达到的极致。

张謇的身份，有无数种，书生、状元、社会活动家、国务活动家、企业家、艺术家，还有与梅兰芳的的戏曲与书画互动，与沈绣创始人沈寿女士的复杂关系，每一条都是爆款话题。但如果要用一个字来涵盖他，那就是"士"，一个大写的士，真正的国士无双，而不是时下某些善于走秀与带货的专家。

时人喜欢用"儒商"称呼那些有学历有气质有财富的人。余英时可谓代表，他继承了福泽谕吉的"和魂洋才"概念，发明了"士魂商才"这个说法。

这个说法表明新颖，其实没什么创意。《论语·季路》中，孔子对治理者也就是"士"的要求就是三点：第一是"庶之"，就是让人口增加。大家知道，人口增加有两种方式，一种是吸引移民，用脚投票，另一种是让人民有强烈的生育冲动。第二是"富之"，其实勤劳致富是中国人的本能，只要不去限制即可。第三是"教之"，讲究礼义廉耻，习文练武，保卫自己的利益与秩序。这个统治者可谓"善治"者了。

带领老百姓繁衍、致富、学习文武之道的，就不是商人了，而是企业家，而是"士"。

理想的政府官员是这样的角色，越到地方上，这样的角色就越来越需要民间人士分担。在善良政府的框架下，"绅士"是县以下有效的治理者，他们在朝为官，在野为绅，中间的流通机制与渠道，十分畅顺。

晚清以来，中国人对外是睁眼看世界，对内是争取汉人的权利与权力，同时推动社会的发育，掀起了轰轰烈烈的近代化运动。

作为中国近代仁人志士的代表，张謇参与了清廷与民国的许多顶层设计，在北京、南京与上海都留下了浓墨重彩的事迹，但他一生立德立功立言的主要舞台，还是南通。

提到张謇与南通，很多人都会想到"一个人与一个城"。这不是自媒体时代标题党式的哗众取宠，而是名副其实。一位伟人，接近"无中生有"，以一己之力，缔造了一座名城。

现在看南通，通江达海，上海后花园，苏北第一城，得天独厚，前途无量。而在2000年前，这里才有人迹，1000年前，这里才有基本的村镇，到了近代，这里却被吴良镛院士称为"近代中国第一城"。这一切，都离不开那位离开满人帝都回乡建设的状元郎张大人。

张謇一生的核心理念是"实业""教育"与"慈善"，还有著名的"棉铁主义"。从1895年到1926年的30年中，张謇他创造了不可胜数的"第一"。第一家股份制纺织企业——大生纱厂（1899），第一家农业股份制企业——通海垦牧公司（1901），最早的民办师范——通州民立师范学校（1903），第一座现代化的长江码头——天生港码头（1904），最早的公路——港闸公路（1905），最早的新式托儿所——南通新育婴堂（1906），第一所设完全科的女子师范——通州女子师范学校（1906），第一所纺织专科大学——南通纺织专门学校（1913），第一所水利学校——河海工程专门学校（1914），第一所刺绣职业学校——南通县立女红传习所（1914），第一所盲哑学校——南通盲哑学校（1916），第一家气象台——军山气象台（1917），第一所新型戏曲学校——伶工学社（1919），第一家海外公司——南通绣品公司美国分公司（1920），第一条铁路——大生三厂至青龙港铁路（1921），等等。张謇还是复旦公学（复旦大学前身）、上海高等实业学堂船政科（大连海事大学前身）、江苏省水产学校（上海海洋大学前身）、同济医工学堂（同济大学前身）和国立东南大学的创建人。他一生共创办了20多家企业，370所学校。这大禹治水般的气度，沈寿刺绣般的功夫，对江苏的贡献，可谓范仲淹之后第一人。

吴良镛院士认为，张謇所领导的事业及所创造的"南通模式"，对于当时和现在的中国城市建设，都有重要启发意义。南通近代城市建设具有源于传统、走向近代的特性，它正是一种源自中国本土、采纳先进文化的城市现代化道路。南通的全面建设来自张謇卓越的发展实业、拉动经济和系统的社会规划，也包含了很多创新之处。更重要的是，张謇的贡献在于为中国城乡发展与区域发展问题的真正解决提供一些历史借鉴。

1992年，我读《历史大观园》杂志，知道中山大学在它的中区草坪南侧，树立了著名的中国近代十八先贤铜像，其中就有张謇。几年后，我来广州，第一时间去参观。其中很多人，经历了许多争议、溢美与否定，而张謇，却以无比的低调与坚定，屹立至今，魅力愈增。

胡适这样评价张謇："张季直先生在近代中国史上是一个很伟大的失败的英雄，这是谁都不能否认的。"

因为胡适的地位，这段话被很多人引用与虔信。我就不明白了。胡适或许是政治家与学者，但他的成绩并不能令人信服，他本质上还是一个文人，一个一不小心就会崇拜俄国的留美文人，他去评价一位前辈，一位伟大的政治家，很难做到公允。他也承认，"他（张謇）独力开辟了无数新路，做了30年的开路先锋，养活了几百万人，造福于一方，而影响及于全国"，请问，这样的人，如果都叫失败，他们那些所谓的民国大师，岂不是一文不值？

唐太宗曾经问大唐军神李靖，为什么陈寿对诸葛亮的军事能力评价有所贬低？李靖的回答是：但史官鲜克知兵，不能纪其实迹焉。相比于陈寿与易中天，李靖肯定有绝对的发言权。

张謇有无数的光环，被历史的尘埃遮没，需要刮垢磨光广播弘扬。光环的背后，他是一位儒生。殖产兴业如此，移风易俗如此，重修南通文庙，更是如此。

1903年张謇东渡日本考察，看到日本陈列"甲午胜清之战器"，他对此深有感触。他认为，我们更要利用文物古迹宣传教育民众，发扬英雄人物的爱国主义精神。

文天祥是南宋抗元英雄，他从镇江脱险后北渡至扬州，经高邮、泰县到南通，最后在南通石港卖鱼湾渡海南归，继续坚持抗元斗争。南通人为纪念文天祥，在卖鱼湾建渡海亭。民国初年亭圮而毁。1915年，张謇重建了渡海亭，并撰书《重建宋文忠烈公渡海亭记》，镌刻于亭内石碑。南通观音山镇的义马墓，为文天祥的乘马之墓，建于南宋。同年，经张謇修缮增设墓碑，亲书碑名"宋文山义马墓"。

明代中后期倭患严重，南通经常受到侵袭，当地人民在抗倭斗争中留下了大量历史遗迹。1919年，张謇修缮了倭子坟，在坟上面构建了京观亭，并题《京观亭匾跋》，赞颂曹顶，"三百年称其功不绝，因名之曰京观"。1921年，张謇修缮了曹公祠和曹顶墓，并立《重修曹公祠碑》。他题联颂扬曹顶，"匹夫犹耻国非国，百世以为公可公"，"北郭留名单家店，南山增气曹公坟"。塑曹顶提刀跨马像，弘扬曹顶的爱国主义精神。

如今，这些历史纪念性建筑和抗倭史迹，早已被各级政府列为文物保护单位。

最能体现张謇儒家本色的事迹，还是他主持重修南通文庙。

南通文庙位于南通市区人民中路14号。初建于宋初太平兴国五年，距今已有1000多年历史，作为尊孔祭孔和文人交流的重要场所，文庙展现了南通作为历史文化名城的深厚底蕴。

南通文庙现仅存之大成殿为明代结构，重檐九脊庑殿式建筑，面阔五间，进深三间。殿内为抬梁式结构，内36根柱构成柱网。柱头有卷刹，下安墩式柱础。梁间彩画，系清代修葺时绘，殿前有装设石栏的月台，与大殿相连，月台下有三株生机盎然的粗壮古银杏，在四合院的东围墙，1981年新辟一条文庙碑廊，集中保存原置于明伦堂等处的石碑20块，最早的为明洪武十五年（1382年），最晚的为清道光四年（1824年）。1983年6月公布为南通市文物保护单位。

1921年，张謇对南通文庙建筑进行维修，包括泮池、栏杆及坊墙垣亭，更换腐朽木柱楼架，油漆门窗廊柱，整理屋面，粉饰墙面，整理场地。张謇甚至对文庙里祭祀礼器也作了添置和更新。南通文庙现为市级文物保护单位，是江苏较为完整的文庙建筑群。

最近的一次要追溯到20世纪80年代。由于年久失修，文庙的大成殿建筑屋面破损严重，出檐椽子大小不一致，重檐弯曲变形，有渗漏的现象，墙面粉饰层裂纹泛碱，维修保护刻不容缓。为了让这一珍贵的历史遗存得到更好保护，并重现昔日的雄伟气势，南通市文化馆先后于2008年进行一次彩绘保护，和2010年3月正式启动了文庙大成殿土建维修工程。维修本着修旧如旧的原则，采用科学方法进行保护性维修，恢复其历史原貌。

如今的文庙跟之前对比明显有很大的差异，无法见证它的繁华，就只留下大成庙一座建筑。

更糟糕的是，这样一个祭祀孔子、缅怀张謇的地方，被当地有关部门当成了创收的工具。21世纪初，他们做出决定，拆除文庙围墙，搬掉文庙碑廊，拍卖围墙内"儒学道"（土地），供开发商砌楼房开店。消息传出，百姓哗然。许多有识之士写出一系列专文，呼吁、请求立即停止实施这一破坏文物的决定。然而一切努力均遭拒绝。由于商业楼的横空出世，南通人世世代代仰慕的文庙大殿飞檐翘角，也从此在视野中消失了，去了也只能发出深深的叹息。

南通历史短浅，但能后来居上，是基于江苏文化厚积薄发的特征，更因为是有了张謇这样继往开来的伟大人物。文庙是他一生事功的源头，是教育的核心，是社会的灵魂，也是中国能够"迭代"进步的密码。我们缅怀张謇，复兴文化，重修南通文庙，是保护华夏文脉的不二选择。

从清代初期至中期，孙奇逢、黄宗羲、顾炎武、王夫之、汤斌、张伯行数人从祀孔庙后，儒学日衰，古礼渐微，再无增补从祀名单一说，也罕有人配得上这个荣光。以张謇一生行止，绝对必要也可以进入曲阜文庙。

重修文庙是一大端，还有，要保护好张謇的隔代传人，那些改革开放的主力军，不绝如缕的民营企业家群体，这才是缅怀张謇与弘扬张謇精神的题中应有之义。

当代儒林

在特区修一条国学路

——访深圳大学国学院院长景海峰[①]

□ 杨琦 张少华 洪梓霖

一、南下深圳三十五年拓荒者

"跟我去深圳吧。"1985年初,当时正在援建深圳大学的汤一介向学生景海峰发出了南下的邀请,"深圳是中国改革开放的前沿,有很多发展的空间。"汤一介先生于1984年成立了深圳大学国学研究所。就这样,景海峰跟随恩师来到这座充满无限可能的城市,来到了深圳大学。那一年是深圳经济特区建立的第五个年头,景海峰27岁,刚从北京大学哲学系研究生毕业。

先从北京搭火车到广州,再从广州转站到深圳下车,两千多公

---

① 本文原刊于《深圳大学报》2020年10月25日。景海峰,1985年至今任教于深圳大学。1991年,为香港中文大学新亚书院"明裕"访问学人;1997—1998年,为美国哈佛大学"燕京"访问学者;现任深圳大学国学院院长、哲学系教授,武汉大学兼职教授、国学专业博士生导师,中山大学中国哲学专业博士生导师,香港中文大学中国哲学与文化研究中心通讯研究员;兼任中华孔子学会副会长、中国现代哲学研究会副会长、中国哲学史学会常务理事等。

里的路程，景海峰终于到达了深圳。在经济还不是很发达的年代，稍显简陋的罗湖站吞吐着经济特区日渐增多的客流量。他记得罗湖站当时"搭了一个铁皮棚，售票处和出站口也是临时设置的"。

深圳大学由于校区初建，各种设施亟待完善。教工宿舍只有几栋，刚搬来的老师不得不合住，一套房子要住上三家人。"这放在现在是不可想象的，但当时就是这么一个条件，还是比较艰苦的，但对于我而言总算是有了个落脚的地方。"景海峰微笑着说。

当时经济特区的概念还很新，时值潮头，带着点"实验性质"的经济特区吸引了来自四面八方的人，而这片方兴未艾的土地也亟待一群实干创新的力量来建设和发展。景海峰回忆道："那个时候，初来深圳的人都有一种精神上的振奋感，觉得以后可以做很多事情，对未来充满各式各样的向往。大家聚在一起时都是兴高采烈的，争着说要怎样怎样，想法都很宏大，这样一种集体情绪让我印象特别深刻。"

二、修国学路成如容易却艰辛

1984年秋，深圳大学打出改革开放后国内第一面"国学旗"，展现了极大的文化抱负，也被赋予了开启中外文化交流的使命。20世纪80年代，海外、港澳的学者要走陆路来内地，深圳是必经之地。依托经济特区的优势，背靠时代浪潮，在成立之初，国学研究所就和香港的几所大学建立了学术联系，邀请港大、港中大的教授前来交流讲学；他们创办了学术集刊《中国文化与中国哲学》，在人民出版社出版；与当时国家教委的全国高校古籍整理工作委员会合办了两届"中国学"研讨班，请来像饶宗颐、刘述先、赵令扬、杜维明等港台学者，交流海内外的中国文化研究情况。"来自全国各高校的青年教师聚在一起，大家都是初次接触到外面的情况，很觉得新鲜。"景海峰说。领时代之新潮，开风气之先河，深圳大学国学所在对外开放的历程上深深刻下一笔。

国学研究所刚刚成立时，每年就有三四万块钱的购书经费拨给研究所资料室。景海峰打趣说："这在当时算是一笔巨款，那时候书的定价都只有几毛钱。"大批的港台书、学术资料进入到学校。"这点在当时是很不容易的，正是这批资料让我们开始对1949年以后的港台、海外学界有了比较多的了解。"景海峰说道，"到1989年，资料室已经有了3万册左右的藏书，其中一大批是从北京琉璃厂购买的古籍，也有一些内陆学者捐赠的图书。"

到了20世纪90年代初，深圳在经济发展上一往直前，而文化的发展却稍显落后了。一同陷入沉寂的还有国学研究所。当初的创建者相继离开了深圳，只剩下景海峰一个人。直到1998年景海峰从哈佛大学做访问学者归国后，国学研究所在他的努力下，以"文化沙龙"的形式复苏，国学星火重燃，于无声处，惊雷四起。2004年，国学研究所成立二十周年，景海峰主编了一本论文集《传薪集》，取意薪火相传。在他看来，国学之火不应也不能够熄灭，它会在华夏大地上，在民族热血中，代代相传。

三、开放并包国学路任重道远

功利化思潮席卷当今社会，人们更多关注一些和现实生存有直接关联的事物。根植于传统经典的国学，这种带有人文关怀和精神祈向的文化都面临着挑战。在景海峰看来，国学面临的可能不是复归的问题，更可能是重新置入的问题，国学的发展依然任重而道远。

"今天的国学要有一个新的形态，这是一种活的姿态，不断生长、适应，而它的内核又是不变的，这才是一种有意义的文化。"

景海峰说。近代以降，国学经历了西学冲击，经历了被批评被否定的过程，再到中西融汇，吸纳外来的先进思想，如今，国学迎来了新的时代——既保留主体性，又批判接纳传统与西方文化。景海峰认为，这是当今儒学应有的发展方向：对外顺应全球化浪潮，开放包容；对内承古起今，并激发国人心中的文化情感。"就是说，新的国学的承载方式是人心，每个人都应该发自内心地热爱并去传播这种文化。"

从最早召开全国东西方文化比较研究协调会，到后来连续主办多届影响广泛的国际儒学大会，再到参与《儒藏》编纂工程……景海峰觉得，这些于国学复兴而言只是一种助力，让国学活动形成品牌效应才是重中之重。所谓的品牌效应不只是为了唤起国人的共鸣，更是能向其他国家讲好中国故事的软实力。

在2020年举办的第四届中国阳明心学高峰论坛上，景海峰就提出："儒家文化不同于西方的科技文化，它是一种软性的力量，其特有的柔韧性和包容度，更适合思考当代社会的很多问题。"在他看来，文化的内涵和无声的效能更具有民族特色，是对人类共有精神世界的丰富。国学的复兴和现代转型具有重要的现实意义。

"儒家倡导天人合一。"景海峰认为，儒家是用生活理念去理解终极意义，如何将儒家精神贯彻到自身，如何"知行合一"，这是古代儒家就面临的问题，他希望在国学现代化转型期能回答和实现。

转眼三十五年过去，深圳已然成为景海峰的第二故乡。"所以深圳大学对我而言，不是我可以观照的对象，而就是我自己。"他见证了深圳大学的成长，也感受着深圳经济特区的腾飞。景海峰认为深圳是一座时刻在进步的城市。在深圳的这些年，他时刻感受着这座城市欣欣向荣的生机。来自五湖四海、四面八方的思想观念，使他的思想时刻活跃着，他在时代前沿探索，追问并思考着国学的现代化转型，以期发出不同的声音。

"改革开放几十年，深圳在经济领域是走在全国前列的，有很多创举。那么现在文化创造的重担也历史地落在了深圳的肩上，因为深圳是中国向世人展示新文化的窗口。我想深圳应该在这方面有一种气度，有一种担当，有当仁不让的情怀。"景海峰说。

人文学院哲学专业讲师臧勇：正如景老师在采访里所说，深大不是他关照的对象，深大就是他自己——这是一位创业者回顾跋涉路程的肺腑之言，正是这批先驱者的脚踏实地与自强不息，才有了深大今天的成就与模样。不只是国学所的发展，整个人文学院文史哲学科的建设成型，也是他们心血的结晶，而这一结晶也为深圳特区的人文精神建设与文化事业发展贡献良多。"筚路蓝缕，前人既开其先；发扬光大，我辈宜善其后"，他们身上的那种广博、包容、沉稳、耐心的品质，和富有前瞻视野与探索创新的精神，值得我们后来人薪火相传，把前人开创的道路拓宽光大。

2016届国学班罗婉：提起景院长，眼前首先浮现的，一定是一位儒雅的学者形象。无论何时，他总是笑眼盈盈、温文尔雅，令人如沐春风。犹记七年前国学班赴山东访学，临别前晚大家于宴席上畅谈哲学、人生、理想，兴高之处学生与老师们举箸击盂、对酒当歌，景院长也全无架子，与我们唱作一片，像孩童般天真可爱。时至今日已然步入社会多年，忆起这些国学班就学的日子，还时时感动与感念。

2019届人文学院研究生华叶田：如果问最初入学的我，我会说景老师是一位严谨且严肃的学者，在我跟老师读研时，和老师联系不算太多。读博之后，或因年岁见长，也可能是因为是最后一年，反而和老师亲近了许多，保持着更多的联系。师门聚会时老师会讲述自己的生活经历,和我们开玩笑,同学生打成一片。时至今日我仍愿意说老师是一位令人敬佩的严肃专业的学者,但同时,他也是一位温和亲切的长辈,我为我的学术旅途中遇到这样一位老师而感到幸运。

"述而不作"是重振儒学的可能性路径：记李景林先生

□ 周若愚[①]

中国式的立言方式——"述而不作"，重在学术、思想、文化之生命整体性和生生的连续性。也许，这是重振儒学和中华文明，使其成为当代性的活的文化精神的一种可能之途径。

在2020年夏出版的新著《孔孟大义今诠》中，66岁的南阳籍哲学家、北师大博导李景林阐述了这一观点。

因为触及儒学当代性等焦点问题，李景林的观点在学界和传统文化爱好者中引起较大反响。

一、从方法论角度试解儒学学术之"蔀"

《孔孟大义今诠》是"孔学堂文库"系列丛书中的一部。该丛书由政府专项资金资助出版，"旨在让优秀的学术成果得以向非专

---

① 周若愚，南阳全媒体记者。本文原刊于《南阳日报》文化版（2020年7月17日），原标题为《"述而不作"，是重振儒学的一种可能性路径》。

业的传统学术爱好者普及，同时汇集中国文化研究的高水平学术成果，便于学界学者间的交流与碰撞"。

李景林身兼中国哲学史学会和中华孔子学会副会长，在中国哲学史、儒家哲学、道家哲学等领域颇负盛名。《孔孟大义今诠》40余万字，精选了李景林近30年来创作的25篇文章，堪称其学术思想的总结和精华。全书共分孔子大义、孔孟之间、孟子大义、孔孟大义综论四部分，在自序中，李景林写道：近百年来中国学术文化建设之缺乏原创性因而收效甚微，"今欲救此失，重振儒学和中华文明为当代性的活的文化精神，借资先儒先哲'不作''不立'之诠释传统，乃一种可能之途径"。

孔子曾自称"述而不作，信而好古"。其所谓"述而不作"，要在通过经典系统的重建与诠释以建立切合于当下生活的思想系统，实寓"述"以为"作"。孔子所开创的儒家思想，成为中国思想学术之主流。其依止于经典重建的"述、作"之义，亦成为中国哲学思想建构的基本方式。

李景林认为，正是得益于这一治学方式，中国历代儒者不像西方哲学家那样着力于推翻一个体系以建立一个新的体系，而是着眼于经典意义系统的重建，以面对时代问题、因应当下生活。其立言方式，表现为"述而不作"、不立之立的特点。

20世纪初，西风东渐，纳入西方学术框架体系似乎成了中国传统思想学术现代转型的一个必经之路。民国初年的"整理国故"运动，即以中国传统学术为一种散乱无系统的客观资料，而用西方现代的学科模式和学术规范对之进行分类研究，以形成现代意义的学科体系，儒学亦被纳入西方"哲学"的概念框架中来进行研究。而中国历史上原本没有"哲学"这一概念。

在李景林看来，这一研究方法，与中国古代学术立言方式不同，其立意在"创作"，对于中国现当代学术体系的建立固然具有很重要的意义，但也存在很大的问题：此一"创作"，"乃以古学为无生命之研究客观和过去时意义之知识，其'创作'之原则与概念模式全部由外'拿来'，导致了中国学术和文化既失其主体性，亦无由关联切合于社会生活"。

李景林学识精湛，对西方哲学和哲学史同样颇有研究。学界认为，他的观点，并非囿于一地的井蛙之见，而是站在中西方哲学研究的视野中，从学术实践中感悟、生长出来的。

出版社在新书的推荐语中，称《孔孟大义今诠》"秉承孔子'述而不作'之传统……'不作'恰是思想文化传统不断转生于当下的传承途径"。李景林则谦虚地说自己"鲁钝"，"学力不逮，于孔孟大义，无能有'作'，唯'述'而已"。这也是新著取名"今诠"的由来。

二、由两位宛籍哲学家见证学术观百年之"变"

李景林这一学术观点，与同乡先贤、哲学前辈冯友兰有所不同。

李景林是南阳城区十二里河人，在他的各种学术头衔中，南阳人最为熟悉的，莫过于他的中国冯友兰专业委员会副会长的身份——河南或者南阳举办冯友兰学术研讨会、纪念会等活动，他如有时间必定参加。

李景林是受冯友兰影响走上哲学研究之路的。小学时，他曾听老师自豪地讲起冯友兰的事迹，虽年幼不知哲学含义，这一幕却深深地印在了脑海中，影响了他的学业与人生——1978年，在填写高考志愿表格时，李景林填报的三所重点大学的第一志愿都是哲学专业。他后来被吉林大学录取，先后攻读了哲学学士、硕士和历史学博士学位。

世纪哲人冯友兰是南阳唐河人,一生著述繁富,但学界最常称道的,是他第一个系统运用现代学术方法,参照西方的哲学观念,梳理中国哲学发展的历史脉络与发展线索,建构中国哲学的学术体系,实现了中国思想学术由古典向现代的转型。李景林认为,冯友兰对中国哲学学科建设贡献甚巨,"冯先生的努力,使得儒学能够在现代学术水平上与西方哲学、学术思想和文化进行交流与沟通"。

"冯先生那一代人,具有传统的深厚学养和文化人格。因此,冯先生虽然用西方的理论体系观照、研究中国传统思想学术,但他的解释和阐释是原原本本的,是忠于中国传统文化的,是儒学的,他自身与他的学术之间有着血肉联系。"然而随着时间的推移,这种研究方法所表现出的抽象化、非历史的倾向,把儒学研究带上了一条学院化的道路,使之与民众社会生活相脱离,而趋于"知识化"的一极。学院派儒学与生活越来越"隔",渐渐缺失原创内容和生命力,造成了学术研究与中国传统文化、中国传统学术与当下民众生活之间的两歧。

倡导"述而不作",是对传统学术方法的再认识,但未必是对冯友兰学术理念的背离。采访中,李景林背诵了冯友兰书中的一句话:"吾人本亦可以中国所谓义理之学为主体,而作中国义理之学史。并可就西洋历史上各种学问中,将其可以义理之学名之者,选出而叙述之,以成就一西洋义理之学史。"然而,"近代学问,起于西洋,科学尤其著者。"这段话表明,在哲学与哲学史的研究中,冯友兰始终保持着清醒的方法论自觉,采用西方理论体系观照中国哲学、撰写中国哲学史,是他有意识的选择。

"西方塑造了近代世界体系与学术体系"的时代已经过去,百年后的今天，重新认识、再次运用深植于中国本土的学术方法来研究中国的学问，对于李景林来说，同样是一个清醒的选择。

三、以教化特质倡导儒学与生活之"融"

《教化——儒学的精神特质》这篇文章，是《孔孟大义今诠》全书的绪论。

20世纪80年代末，李景林即拈出"教化"这一观念来诠释孔孟及儒家的思想系统，他认为，教化是儒学一个核心的观念。作为哲学的儒学，有其自身特点，以教化为旨趣，而不专主于认知性的理论建构，这是它不同于西方哲学的地方。自确立这个理论后，数十年来他一直在阐释、充实、完善这一理论，"我是一个很笨的人"，李景林这样解释自己在学术上的坚守。

两千多年的农耕文明中，儒学一直表现着整个中华文明的显性特质。20世纪初以来，由于儒学产生和巩固的历史背景不再，加之西方文化以强势经济为载体对中国本土文化产生极大的冲击，再加上一段时间内我们对传统文化的打压和否定，使得目前儒学这一精神资源变得很脆弱。儒学既失其制度性依托，又逐渐失去了它与社会生活的联系，所具有的经世致用与浸润人心的作用也已式微，甚至产生了诸如"游魂说""博物馆说"等悲观评价。

身为著名儒学学者，李景林不可避免地关注儒学的现代命运与未来发展。他认为，百年来儒学在社会的现实层面虽有断裂，却并未断绝。儒家文化在中国人的心中仍然活着。原因在哪儿？就在于儒学教化的力量。儒家的特性在教化，教化会落实到人的人格和精神气质里面，所以不可能轻易断掉。

然而，不可否认的是，在学术层面上，现代的儒学研究退居学院化一端，被纳入现代西方的学术规范和思想框架，导致作为中国文化学术的整合基础和人伦教化的超越性本原的传统儒学，转而成为现代学术分科中之一"科"，成为一种无关乎社会生活的"理论"和析出于历史连续性之外的"知识"，使之难以构成为中国现代文化重建的一个活的文化生命动力。它在现实中也不再作为一种思想创造的来源，也无由参与中国当代思想创造活动，而仅成为一种历史知识。

李景林认为，中国哲学研究目前所用的概念、名词很多是从外面拿来的，与传统没有关系，同时也与社会生活、世道人心没有关系，发挥不到儒学特有的教化作用。所以，未来学院儒学的发展一定要借鉴传统精神，进行一种思想创造，以契合世道人心，解决当代问题。这样，中国未来文化才会有一个自我发展的方向，即文脉与血脉的延续。

附录

儒家网2020年度十大好书

儒家网年度十大好书评选的基本原则是：

甲．所选图书应持儒家立场，要有价值关切和文化情怀，思想学术类的应当有思想创见、学术新得，大众普及类的应当持论中正、文辞优美。

乙．名著新版、修订再版、文献整理、典籍点校，以及境外（含台港澳）出版的图书，不参与评选。

丙．评委由儒家学者组成，通讯匿名投票，过程不公开。

根据评委的投票结果并经儒家网编辑部综合评议，儒家网2020年度十大好书评选结果最终揭晓（大致分为思想学术类和大众普及类），现予公布，名单如下。

一、思想学术类（著者序齿排名）

01杨泽波著《儒家生生伦理学引论》
02李景林著《教化儒学续说》
03朱勇著《儒者论法》
04梁治平著《为政：古代中国的致治理念》

05赵峰著《四书释讲：文明全景中跨语境理解儒学》

06严春宝著《新加坡儒学史》

07田丰著《王船山体用思想研究》

08屠凯著《舆图换稿：明清之际的中国法哲学》

09张清江著《信仰、礼仪与生活——以朱熹祭孔为中心》

10冯茜著《唐宋之际礼学思想的转型》

二、大众普及类

01鲍鹏山著《孔子原来——被误解的孔子》

02柯小刚著《诗之为诗——诗经大义发微卷一》

03范云飞文、李波书《金石藏礼——汉碑的二十种风骨》

04陈来著《儒家文化与民族复兴》

05李中华著《中国文化通义》

06吴钩著《宋仁宗：共治时代》

07姜广辉著《新经学讲演录》

08《孔子·儒学·儒藏：儒家思想与经典——国图名家讲座集》

09张定浩著《孟子读法》

10刘余莉著《志于道：如何认识中华传统文化》

儒家网编辑部敬告

孔子纪元2572年暨耶稣纪元2021年1月6日

三、思想学术类十大好书简要评介

【杨泽波著《儒家生生伦理学引论》】中国文化有鲜明的特色，儒家作为其主流，自有卓绝独到之处。本书以内觉为阿基米德之点，从孔子学理中分疏出欲、仁、智三性，证成了三分法，强调孔子思想实际为三分结构，全然不同于西方通行的感性、理性之两分。这种新方法，不仅足以破除本体没有时间性的陈旧观念，树立生生意识，实现性善与性恶、心学与理学的真正会通，对天人合一古老传统给予全新解释，更可以为解决西方道德哲学的一些重要难题贡献儒家的独特智慧。本书是作者三十多年潜心研究儒家心性之学综合消化后的系统表述，实为造论之作。儒家生生伦理学的义理结构有很强的合理性，不仅是儒家的，也是世界的，今后或有望成为一种具有普遍意义的思想范式。商务印书馆2020年6月出版。

【李景林著《教化儒学续说》】本书着重从儒学作为一种形上义理体系与社会信仰系统之关系入手，来揭示教化儒学的思想和文化内涵。在儒家的形上学系统中，"教化"作为一个存在实现先行的观念，标志着一种本人的存在实现以证显道体的哲学进路。在教化儒学这一论域中，本书对儒家的人性论、道统论、人格养成论、王道政治理念、文化认同、哲学的内容与方法之关系等相关理论课题，也都有精深的研究，提出了一系列独到的见解。中国社会科学出版社2020年2月出版。

【朱勇著《儒者论法》】中国古代法律的发展演变，无论是法律的制定，还是法律的执行，始终为一大批由读圣贤书出身的儒者所主导；一部中国法制的历史就是由儒者所主导的儒法结合的历史。儒者的主导使得中国古代法律的构建与演变始终符合儒家对人性与法律的基本判断。本文集是作者基于儒者的立场，从不同角度对中国法律发展历程的思考。重点涉及两大主题：关于中国古代法律体系的架构、关于中国古代法律的基本特征。关于中国古代法律体系的架构，作者认为，在中国古代，实际发挥调整社会关系、构建社会秩序的法律体系包括祖制、六事法、乡规民约三大组成部分。关于中国古代法律的基本特征，作者提出了中国古代社会基于人文精神的道德法律共同治理模式，以权利换和谐的社会秩序实现路径；分析了中国古代法律的自然主义特征，及化解亲情义务与法律义务冲突的解决模式。本文集对再现中国古代法律的历史原貌、探讨其制定宗旨以及实际发挥的功能和作用，具有重要学术价值。法律出版社2020年1月出版。

【梁治平著《为政：古代中国的致治理念》】中国古代为政思想不但表现于政治、法律、军事、外交等方面，更涵括经济、社会、伦理、教育及宗教诸议题，其意旨精微，内容宏富，源远而流长。本书择取"天下""为公""民本""家国""礼法"五种观念，由语词演变、观念结构、意义系统及制度形态诸方面入手，探究其含义，追溯其源流，揭示其古今之变，期以展现古代中国人的致治理念与实践，同时为今人认识传统和再思中国提供更多可能。生活·读书·新知三联书店2020年6月出版。

【赵峰著《四书释讲：文明全景中跨语境理解儒学》】本书试图在文明全景中深度解读"四书"。文明全景视野包含两个基本面：一是从世界文明的进程来审视中国历史文化的变迁，二是从神圣文明与世俗文明的整体来把握每一次时代变迁的特点。据此，本书聚焦于三个时代语境的互动：先秦语境、宋代语境和现代语境之间的差异及其在转进中可能遇到的问题。作者力图在文明全景中打通古今语境，与经典对话，实现与古圣先贤的倾心交谈，由现代的处境体会他们的选择的深层用心，并从他们的视角透视我们的处境的深刻意蕴。社会科学文献出版社2020年6月出版。

【严春宝著《新加坡儒学史》】该书按照新加坡的历史分期和新加坡儒学的主要内容特点，对新加坡儒学史上有关儒学的重要人物和重大事件等，都做了尽可能详尽的记录，力图展示新加坡儒学传承的历史全貌，是关于新加坡儒学传承历史研究的第一部通史。它全面系统地总结了儒学在新加坡传承与发展的全部历史过程，填补了学术界中长期存在的一个空白、弥补了儒学史研究中的一个重要缺憾。广西师范大学出版社2020年9月出版。

【田丰著《王船山体用思想研究》】本书比较整全地呈现出船山体用思想结构及其相较于道学传统的差异性。船山体用之基本义是气作为宇宙全体的变合流行，其无方所无定体，无法被抽象为不变本体，人只能在聚散变化之用中见体。此义在性论层面即性日生日成，性体不是初生之际受命于天的某种不变本体，而是来自天之生生之德。继善成性，以后天之习使其不断充实生成，接近精纯整全之天德，此为由用生体。民族文化历史可视为民族之性的生成丰富，其中最重要的资源，一则为先圣经典的传承与诠释，二则为国史对丰富境遇的描述与持守。通过经学去理解经典，通过读史来磨练扩充其伦理政治德性，这个过程既是其个体习与性成的体用相生，也是整个民族历史不断生成并持守自身一以贯之的过程。中国人民大学出版社2020年6月出版。

【屠凯著《舆图换稿：明清之际的中国法哲学》】法学新古典主义是一种对传统法哲学予以创造性转化的方法。它试图赋予古典法思想以现代分析形式，促使他们以新型且系统的表述，为今天的人们提供实践理据。本书运用法学新古典主义方法，通过对李贽、顾炎武、王夫之、黄宗羲等十个人物思想的个案研究，展现了明清之际中国法哲学的面貌。法律出版社2020年7月出版。

【张清江著《信仰、礼仪与生活——以朱熹祭孔为中心》】先圣作为"道"的象征,成为"神圣"介入其生活世界的基本方式,不仅是用以界别自身与异端的价值根基,更是其实践成圣工夫的意义基础,从中清楚可见朱熹对于神圣价值的信仰和守护方式。正因如此,信仰、礼仪与生活的复杂关联,在朱熹祭祀孔子的实践中获得了很好的呈现,由此可以更深刻地理解儒者生命实践的展开方式及深层意涵。本书站在宗教学视角探讨朱熹对于神圣价值的守护和信仰方式,对于宗教学和中国哲学的研究来说,有必要的意义和价值,而作者也试图通过对朱熹祭孔这一特定生活实践行为的分析去表明,一种特定的宗教学视角和方法可以如何被用来分析儒者与儒家传统中的相关问题。中国人民大学出版社2020年6月出版。

【冯茜著《唐宋之际礼学思想的转型》】古人如何理解"礼",是礼学思想史叙述的基本视角。礼是人为创作,还是自然生成?圣人制礼的实质是制作经典,还是保存历史制度?礼如何实现教化的意义?对这些核心议题的不同探讨,构成了传统礼学演进发展的张力。礼学发展到唐宋之际,以文本解释为主的汉唐注疏传统日渐枯竭,宋人开始在"追法三代"的信念下,为"礼"重建思想根基。本书梳理了从赵匡、杜佑、聂崇义、刘敞、陈祥道,再到李觏、王安石、张载、二程、吕大临的礼学研究,最终落脚在朱熹对于不同礼学方法与思想的统摄上。这些唐宋之际的思想家对礼的规范性来源和人性论基础进行了重新阐释,由此实现了礼学思想与礼仪实践的历史转型。生活·读书·新知三联书店2020年9月出版。

四、大众普及类十大好书简要评介

【鲍鹏山著《孔子原来——被误解的孔子》】本书是一本带有强烈问题意识的著作,提出今天人们对孔子存在的误解与偏见,并有针对性地自问自答了这些问题，言之有据，持之成理，学术根基深厚；一扫长期以来的反孔偏见和无知，返本开新，彰显孔子本来风貌，又有时代高度；所写的孔子是可崇敬的圣人气象，又是有血有肉的、有缺点又能涵养自省的人，在平凡中蕴积着伟大；文章短小精粹，文字简明而又风趣，使人爱看，一看到底。中国青年出版社2020年1月出版。

【柯小刚著《诗之为诗——〈诗经〉大义发微卷一》】现代学科划分常把《诗经》归作文学、文献学和历史学的研究对象。于是，《诗经》作为经书的意义被遗忘，《诗经》所承载的诗教传统亦因之而断绝。本书从齐、鲁、韩、毛四家诗说及宋明诸家《诗经》阐释出发，结合当代问题意识，重新激活《诗经》经学阐释的诗教义涵，回应时代问题。通过大义发微式的经典解释工作，作者希望能把《诗经》文本重新带回活生生的思想现场，建立古今对话和中西对话。正如作者是一位跨界人士，这本书本身也是"跨界之作"。它跨越了生活和学术，既要帮读书人找回生活的诗意，也要为辛苦劳作的普通人找到古典智慧的引领。华夏出版社2020年9月出版。

【范云飞文、李波书《金石藏礼——汉碑的二十种风骨》】本书选取中国书法史上最有代表性的汉碑精品二十件，对蕴藏其中的礼乐传统、礼仪制度与祠祀活动等予以提炼和解读，旁及汉代政治、军事、地理、历史等不同层面，汇集成二十篇赏析作品，旨在通过讲故事的方式将汉碑透射入年轻读者的内心。为了满足读者的视觉体验，本书由一位书法名家花费一年时间逐一临摹二十件汉碑，将汉碑雍容典雅、端庄朴实的风格予以再现，一方面再现汉碑的风韵气质，另一方面也呈现出当代书法家走进汉碑、体验汉碑、参悟汉碑的生命历程。整部书图文相配，由汉碑释文、拓片局部、书法创作以及赏析作品四者融合。其中若干临摹件可制成小卷，风格古典雅致，宜于读者单独欣赏。清华大学出版社2020年5月出版。

【陈来著《儒家文化与民族复兴》】在新时代，我们应该如何认识传统文化？中华民族如何复兴？清华大学国学院院长陈来先生重新审视传统文化、国学，重塑儒学的社会价值，阐明中华民族复兴的条件。中国人重视的"以人为本""协和万邦""极高明而道中庸"等处世原则，都是"日用而不知"的文化传统。陈来先生倡导传统文化在新时代的创造性转化，希望现代人学习王阳明、朱熹等大思想家的智慧，提升人们的精神境界。中华书局2020年7月出版。

【李中华著《中国文化通义》】本书以通俗易懂的语言对中国文化产生的根源与背景、基本要素、价值系统、基本特征、传播及对世界的影响、对外来文化的受容与排斥、现代化与未来前景多个方面进行了深入浅出的阐释。既反映了中国文化的全貌，又凸显了中国文化的诸多亮点。世界图书出版有限公司2020年3月出版。

【吴钩著《宋仁宗：共治时代》】宋仁宗究竟是平庸之主还是后世帝王效仿的对象？这个问题一直存在较大争议。本书以时间为线索，详细讲述了宋仁宗的一生，既包含他作为个体所经历的喜怒哀乐，更着力刻画他作为皇帝要面临的重重考验。作者通过回顾宋仁宗的一生，致力于回答"什么样的皇帝才是称职的皇帝""为什么这样一个大家普遍忽略的平庸之主，却缔造了中华文明的黄金时代"这两个重要的问题。作者吴钩是著名宋史学者，本书乃是他所写的第一部人物传记，有别于其他"吴钩说宋"之纵览、概说宋朝的历史作品。广西师范大学出版社2020年4月出版。

【姜广辉著《新经学讲演录》】本书作者回答了以下重要问题：中华民族是怎么来的？中华文化的"根"与"魂"是什么？中

华文化自古以来所传承的"核心价值观"都有哪些？本书率先对在当今时代如何推动传统经学获得创造性转化和创新性发展的问题作出了系统的回应与实践：即开创"新经学"，并以"新经学"为平台，重建中华民族共同的"人文信仰"。作者强调中华文化的"根"就是"六经"，"六经"所承载的核心价值观就是中华文化的"魂"。"六经"去，则学无根；学无根，则国无魂。因此，只有用价值观的理论，用"根"与"魂"的概念去看待经学，经学研究才能获得新的生机。"新经学"最显著的特征就是要从价值观的理论视域来研究经学，即以"新经学"为平台，重建中华民族共同的"人文信仰"。中国社会科学出版社2020年9月出版。

【《孔子·儒学·儒藏：儒家思想与经典——国图名家讲座集》】本书由国家图书馆（国家古籍保护中心）和北京大学《儒藏》编纂与研究中心联合编选，为国图名家讲座系列之中国古代哲学讲座的整理汇编，以"儒家文化为中华民族的复兴"开篇，题宏义精。本书既是一部有关中国传统文化核心思想——儒家思想的概貌剪影，也是前辈名家在读书治学的同时，结合自身的平生阅历，对人生处世、人文社会、自然环境等方面的哲学思考。不仅适合有志于中国古代文化研究的青年学生，也适合每个期望美好生活、有意反省人生的普通读者。北京大学出版社2020年1月出版。

【张定浩著《孟子读法》】本书从训诂、修辞和义理三个角度逐节解读《孟子》全本，探寻其雄阔简劲的文章笔法，感受其博而能约的历史眼光，体贴其明德新民的微言大义，从而认识古典和当下的交互，体会自我与世界的关系，感受学问与生活的融合。通过本书，读者不仅能明了《孟子》这部经典历久而弥新的原因，更能领会经典之于个人成长的意义和作用。译林出版社2020年5月出版。

【刘余莉著《志于道：如何认识中华传统文化》】本书由作

者在"学习强国"和"人民网"等媒体关于传统文化的讲座整理而成,一共十五讲。围绕"志于道:如何认识中华传统文化"这一主题,厘清了中华传统文化的主要思想脉络,并联系当前的社会现实,从传统文化与人生幸福、安身立命、心理调适、中国式管理、社会和谐、社会主义核心价值观等方面,深入剖析了传统文化的当代价值,可为当今各阶层人士修身齐家、管理企业、治国理政的重要参考。世界知识出版社2020年10月出版。